BASTEI LÜBBE

Thutmosis III. - Herrscher über den Nil

Die Biographie des Sohnes der Hatschepsut

Francis Fèvre

Aus dem Französischen von
Jnga-Brita Thiele

BASTEI LÜBBE

BASTEI-LÜBBE-TASCHENBUCH
Band 61 368

Deutsche Erstveröffentlichung

Printed in Great Britain, Juli 1996
Einbandgestaltung: Theodor Bayer-Eynck, Coesfeld
Titelbild: Museum Luxor, Archives Giraudon
Satz: hanseatenSatz-bremen, Bremen
Druck und Bindung: Cox & Wyman Ltd.
ISBN 3-404-61368-6

Inhalt

Griechen-
land
Anatolien
[Kassiten]
[Hethiter]
Ägäis
[Mitanni]
Wassuganni
[Assyrien]
Euphrat
Tigris
Ugarit
Naharina
Kadesch
Knossos
Phönikien
Mesopotamien
Amurru
Byblos
Kreta
Megiddo
Babylon
Palästina
Jerusalem
Kanaan
Gaza
Libyen
[Ägypten]
Nil
Rotes Meer
Theben
Der östliche
Mittelmeerraum
zur Zeit
Thutmosis' III.
Nubien
Stadt
Kanaan = Land
[Assyrien] = Eroberer-
reich
1. Feldzug
nach Megiddo
8. Feldzug
gegen Mitanni
Grenzen des
Imperiums Thutmosis' III.

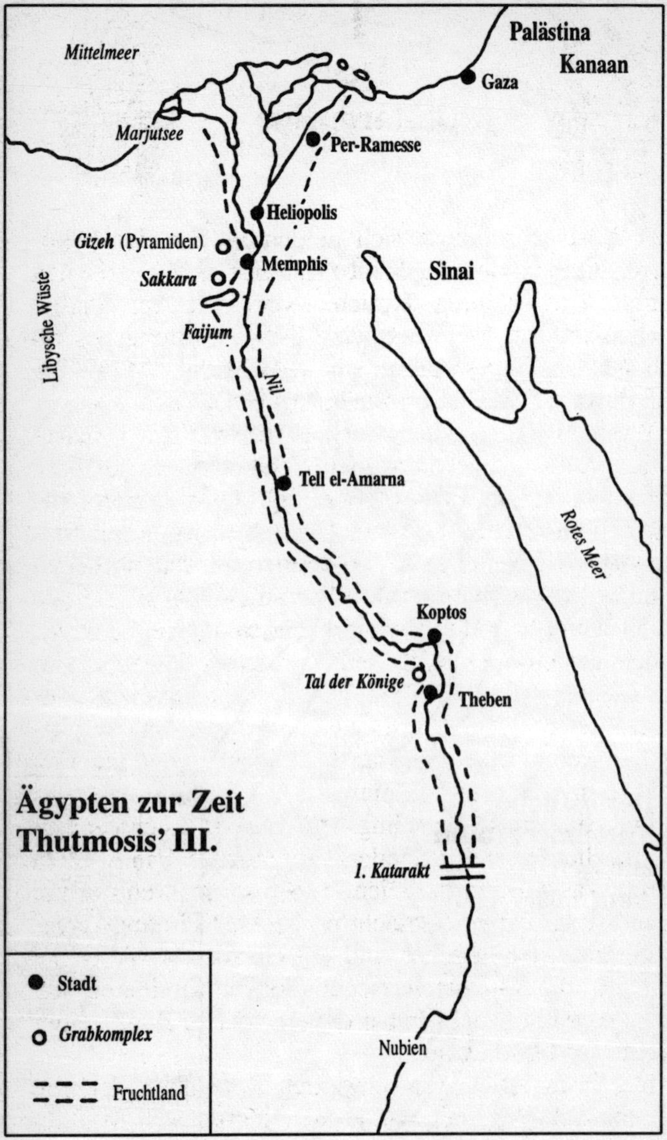
Mittelmeer
Palästina
Kanaan
Gaza
Marjutsee
Per-Ramesse
Heliopolis
Gizeh (Pyramiden)
Memphis
Sakkara
Sinai
Faijum
Libysche Wüste
Nil
Tell el-Amarna
Rotes Meer
Koptos
Tal der Könige
Theben
Ägypten zur Zeit
Thutmosis' III.
1. Katarakt
Stadt
Grabkomplex
Fruchtland
Nubien

1
Der Bastardprinz

Der Wurfspeer bohrte sich in den Stamm der Sykomore, so hoch, daß der Knabe ihn nicht mehr erreichen konnte. Das stämmige Kerlchen versuchte, den Stamm hochzuklettern, aber das erwies sich als hoffnungslos. So ließ sich der junge Krieger mit verdrossener Miene am Fuß des hundertjährigen Baums ins Gras sinken.

Weshalb hatte er sich auch ein solches Ziel ausgesucht, wo es an Büschen doch nicht mangelte im Park des königlichen Palastes? Prinz Thutmosis verbrachte viel Zeit damit, durchs Unterholz zu streifen, immer bereit, irgendwo eine in der Gluthitze des thebanischen Sommers eingeschlummerte Ente aufzuscheuchen. Seine Leibwächter hatten ihm beigebracht, den Speer zu handhaben, seinen noch bebenden Arm anzuspannen, damit das Geschoß die Beute traf, anstatt ziellos irgendwo ins Blattwerk zu schnellen. Doch die Versuchung war zu groß gewesen angesichts der mächtigen Bäume, die den Palast seiner Ahnen beschatteten.

Die Hitze dieses Frühlingstages steigerte sich ins Unerträgliche; selbst der Lendenschurz wurde dem Knaben lästig. Was würden die Dienerinnen sagen, wenn er ihn irgendwo im Papyrusdickicht versteckte? Thutmosis legte bereits ein herrisches und entschlossenes Wesen an den Tag; die ihm zugewiesenen Sklaven fürchteten ihn. Doch es würde nicht lange dauern, bis es Aset, seiner Mutter, zu Ohren kam.

Der Prinz strich den schwarzen Zopf glatt, der ihm auf die Schulter fiel; die Frauen hatten sein schönes

Haar eigens so geflochten, daß er es nicht durcheinander bringen konnte. Sein geschorener Kopf glänzte vor Schweiß; plötzlich zur Ruhe gekommen, friedlich zu Füßen des ehrwürdigen Baumes lagernd, unterschied sich der Kronprinz des Pharaonenreiches in nichts von Tausenden anderer Knaben seines Alters.

Seine Gesichtszüge, nicht weniger feingeschnitten als die der Prinzessinnen der Dynastie, seine vorstehenden Wangenknochen und die leicht gebogene Nase verrieten jedoch das Erbe der Thutmosiden, dieser thebanischen Herrscher, die seit vier Generationen ihren Sitz im Herzen des nach der verheerenden Hyksos-Invasion wiedervereinigten Ägypten hatten. Der Knabe trug denselben Namen wie sein Vater und sein Großvater. Er wußte, daß die Hoffnungen eines ganzen Volkes auf ihm ruhten, auf jeden Fall jedoch die seiner Lehrer; der alte Hofbaumeister Ineni erinnerte ihn oft genug daran. Er hatte Thutmosis' Urgroßvater, den Pharao Amenophis, noch gekannt, und die Erzählungen des alten Gelehrten weckten in dem Jungen grenzenlose Träume.

All diese großen Könige hatten mustergültig regiert und die Zwei Länder Ägyptens nach der Vertreibung der Eindringlinge neu geordnet. Das Delta mit seinen unwegsamen Sümpfen und das fruchtbare, dichtbevölkerte Niltal lebten wieder in Harmonie miteinander, der Pharao wurde geachtetet und lenkte aufs neue die Geschicke der Welt. Sie hatten ein Zeitalter des Friedens und des Wohlstands begründet, das die Schreiber in ihren Werken priesen. Thutmosis schnappte all dies in Form von Gesprächsfetzen auf, wenn er an den Empfangstagen durch die Palastsäle wanderte, wo sich die in lange Leinengewänder gehüllten Würdenträger zu Hunderten einfanden, um dem Pharao ihre Aufwartung zu machen. Sein Vater war an solchen Tagen für ihn fast unsichtbar. Außerdem hätte er ihn auch kaum erkannt, mit seiner Bartperücke, der Doppelkrone der Zwei Länder auf dem Kopf und dem schweren goldenen Brustschild. Wahrscheinlich hätte ihm der solchermaßen vergöttlichte Herrscher sogar ein bißchen Angst eingejagt . . .

Viel später, in einer fernen Zukunft, würden die Menschen zurückblicken und dieses gesegnete Zeitalter als das Neue Reich und seine Familie als die 18. Dynastie bezeichnen, jene Dynastie, der man die Wiederherstellung Ägyptens und die Blütezeit dieser glanzvollsten aller Zivilisationen zuschreibt, das letzte Aufflammen vor dem unaufhaltsamen Niedergang. Dreitausendfünfhundert Jahre vor unserer Zeit träumte das Königskind am Fuße der Sykomore.

Thutmosis betrachtete den Palast, dessen riesiger Park groß genug war, um einen See, unzählige Dickichte, Wiesen und prächtige Gärten zu umfassen. Außerdem war er gesäumt von einem Labyrinth von Prunkräumen und düsteren, verschwiegenen Gemächern, ganz zu schweigen von den Unterkünften der Dienerschaft, die sich in der Umgebung ausbreiteten und den Königspalast von Theben zu einer zweiten Stadt neben der eigentlichen Stadt machten.

Thutmosis wäre zu gern durch die staubigen Gäßchen geschlendert; er träumte von diesen lärmenden Menschenmengen, den Märkten, von denen die Dienerinnen seiner Mutter erzählten. Doch wie hätte sich ein Herrschersohn in diese übervölkerten Viertel verirren sollen, wenn nicht hoch auf einem Wagen, von seinen bewaffneten Leibwächtern und Schreibern umgeben, die stets darauf bedacht waren, das gaffende Volk zurückzudrängen? Ein solcher Ausflug war nicht nach dem Geschmack des neugierigen Knaben; da war es besser, die Reichshauptstadt mit ihren am anderen Ufer des gewaltigen Nils aufragenden Befestigungsmauern ganz aus seinen Gedanken zu verbannen. Der Lärm der glanzvollen Stadt drang manchmal bis zu den Palastterrassen herüber, von denen aus der Prinz die grüne Tallandschaft betrachtete, das Reich der Lebenden – das Schwarze Land, wie der ägyptische Bauer es nannte, weil es von fruchtbarem Nilschlamm durchtränkt war. Wohl hatten ihm seine Lehrer auch von anderen Städten im Norden erzählt, großen Städten vergangener Zeiten, älter noch als das herrliche Theben, doch der Knabe hatte von dieser weit zurückliegenden Epoche nur eine vage Vorstellung. So viele Königsnamen hatte er aus dem Mund der Priester im Haus des Lebens vernommen – dieser Stätte der Gelehrten, dem lebendigen Kulturgedächtnis der Priester –, daß der kleine Thutmosis oft den Faden während ihrer lehrreichen Unterhaltungen verlor.

Wir können wohl annehmen, daß die Priester und Schreiber von Theben ihm die lange Litanei ihrer Königslisten ersparten, diese fünfzehn Jahrhunderte, die bereits unter der unumschränkten Herrschaft Dutzender von Pharaonen verstrichen waren, ein in der Menschheitsgeschichte einmaliges Beispiel einer stabilen Zivilisation. Sein Vater und Großvater genügten Thutmosis: Er war stolz, der dritte Träger dieses Namens zu sein!

Seine Mutter Aset sprach ihn mit diesem stolzerfüllten und zugleich besorgten Gesichtsausdruck aus, den er so oft an ihr bemerkte.

Der Wurfspeer hatte sich den vielen anderen Spielzeugwaffen zugesellt, welche die Handwerker des Palastes für ihn gefertigt hatten, damit er sie schließlich irgendwo im Gebüsch verlieren konnte . . . Es gab so viele Möglichkeiten des Zeitvertreibs im Park des Palastes. Würde er sich trauen, die schmale Barke ins Wasser hinauszuschieben, die am Ufersaum des kleinen Sees lag? Dieses Spiel war den Erwachsenen vorbehalten, die sich gerne die unergründlichen Sümpfe des Deltas im fernen

Norden und die Jagd auf Wasservögel ausmalten. Der Prinz seinerseits träumte von großen Expeditionen zum anderen, dem südlichen Ende des Landes, ins wilde Nubien, Tor zum unerforschten und geheimnisvollen Schwarzafrika, in dem der nährende Nil entsprang. Thutmosis hatte seinen Vater nicht dorthin begleiten können, doch die von diesen Jagdzügen mitgebrachten Trophäen hatten ihn sehr beeindruckt: Die Löwen- und Leopardenfelle, Elefantenstoßzähne und Nilpferdköpfe faszinierten ihn ganz besonders. Sein Vater, Pharao Thutmosis II., war als Jüngling ausgezogen, diese an die wilde Savanne angrenzenden Landstriche zu erkunden, das Land Kusch, wo die Haut der Menschen noch schwärzer war als die Erde des Niltals. Warum konnte er als Königssohn nicht auch dorthin reisen, da doch sein Vater mitunter gegen diese Vasallen ins Feld zog, die sich nur zu oft gegen seine Schreiber und die dem Herrscher des Reichs zustehenden Steuern auflehnten?

Aset, seiner Mutter, würde diese Idee gar nicht gefallen, da war er sicher. Es würde nicht mehr lange dauern, bis sie irgendwo im Park des Palastes auftauchte, begleitet von Dienerinnen, vielleicht auch von den anderen Nebenfrauen, die Thutmosis so oft zum Lachen brachten. Aset war nicht die Königin . . ., nicht einmal eine zweite Gemahlin, hatte er murmeln hören: Die Schreiber hatten unter seinem fragenden Blick sogleich das Thema gewechselt. Aset ging oft mit ihren Gefährtinnen spazieren, in vornehme, durchscheinende Gewänder gehüllt, aus so feinem Leinen, daß es aus unsichtbaren Fäden gewebt schien. Sie sangen gerne und tanzten zum Rhythmus kleiner, hölzerner Klappern im Freien oder auch in den prunkvollen Innenräumen, wenn die Anwesenheit der Würdenträger im Palast die königlichen Frauen ins Innere des Harems verbannte, wo die Diener des Oberhaushofmeisters über ihre Abgeschiedenheit wachten.

Thutmosis liebte diese Feste; er drückte sich zusammen mit den anderen Kindern des Hofs in eine Ecke des mit erbaulichen Fresken geschmückten Saales und sah diesen schönen Frauen zu, wie sie lachten und sangen, einen Parfumkegel auf den schwarzen Haarflechten befestigt.

Aset, deren geschminktes Gesicht unter der schwarzen Perücke noch kleiner und zarter schien, warf ihm hin und wieder einen kurzen Blick zu, aber sehr viel mehr lag ihr daran, die Blicke ihres Gebieters, Thutmosis' II., auf sich zu lenken.

Der junge Prinz war darüber nicht allzu verstimmt. Er liebte seinen Vater, diesen großen Mann, der es nicht für unter seiner Würde hielt, mit ihm zu spielen, ihn im Scheinkampf in die Luft zu werfen und sich ihm in seinem vollen Prunkstaat zu zeigen, wenn er auf dem Streitwagen mit seinen Offizieren zur Jagd ausfuhr. Dem vollkommenen Glück am nächsten kam der Knabe, wenn die Streitrösser über die zur Wüste führenden Straßen dahindonnerten, an der hoch aufragenden Gebirgswand vorbei, die hier die westliche Begrenzung des Niltals bildete. Hier lag das Tor zum Reich der Toten, und die Diener drohten den ungezogenen Rangen oft mit einem Ausflug in die Gefilde von Jalu, dieses geheimnisvolle Jenseits, das verborgen lag im Roten Land – der Sahara, die Thutmosis erst ganz selten geschaut hatte.

Der Knabe hatte sich jedoch fest vorgenommen, diese Gefilde eines Tages zu erkunden, an der Spitze einer Heerschar untadelig aufgereihter Krieger. So hatte er sie unter dem Balkon der königlichen Tribüne vorbeidefilieren sehen, wenn Thutmosis II. seine Truppen aussandte, irgendeine Revolte in den nubischen oder asiatischen Grenzgebieten niederzuschlagen, die sein Großvater zum besseren Schutz des von Wüste umschlossenen Niltals erobert hatte.

Die Sonne neigte sich langsam dem Horizont zu, und Thutmosis wußte nicht mehr, wie lange er schon im Garten umherstreunte. Aset würde nicht mehr lange auf sich warten lassen.

Diese letzten Tage des Schomu – der letzten der drei ägyptischen Jahreszeiten, vor dem Julihochwasser – waren die beschwerlichsten; erst bei Sonnenuntergang erwachte das Leben langsam wieder. Nur kleine Unruhestifter wie Thutmosis hielten sich überhaupt tagsüber im Freien auf.

Diener kamen herbeigelaufen, Thutmosis erhob sich, bereit, den Abgesandten der königlichen Konkubine Folge zu leisten, doch sie grüßten ihn nur im Vorüberlaufen, ohne ihm weitere Aufmerksamkeit zu schenken. Er kannte sie nicht; gehörten sie vielleicht zum Haushalt der Ersten Gemahlin, der Königin des Palastes, Hatschepsut? Thutmosis begegnete ihr oft; sie war stets von einem kleinen Gefolge von Würdenträgern umgegeben, vielbeschäftigt, aber immer freundlich. Sie versäumte nie, ihm zuzulächeln, ihm mit ihrer schmalen Hand über den Kopf zu streichen. Ihre schlanke Gestalt, ihr zartes Gesicht gefielen dem Knaben. Sie sah so jung aus, obgleich Aset Thutmosis ihr wahres Alter verraten hatte: Die zierliche Hatschepsut war älter als sein Vater, sie hatte schon fast ihr dreißigstes Jahr erreicht.

Hatschepsut faszinierte den Knaben, zumal die Dienerinnen gelegentlich mit anzüglichem Unterton die Ähnlichkeit zwischen seinen Gesichtszügen und denen der Herrscherin kommentierten. Aset hüllte sich in Schweigen, aber Thutmosis lachte nur darüber; er wußte wohl, daß Hatschepsut und sein Vater, Thutmosis II., Bruder und Schwester waren, beide Kinder Thutmosis' I. Hatschepsut war Erbin des königlichen Blutes der Dynastie, da sie von zwei königlichen Elternteilen abstammte – dem Pharao Thutmosis I. und der Königin Ahmose, ihrerseits legitime Tochter des Pharaos Amenophis I. und seiner Schwester. Thutmosis II., der Vater des jungen Prinzen, verdankte seinen Thron dem zweckdienlichen männlichen Primat, das einer Königin untersagte, sich die Doppelkrone aufs Haupt zu setzen . . . Doch seine Abkunft war durch seine niedrige Geburt befleckt: Die Tatsache, daß seine Mutter nur eine königliche Dienerin war, beraubte ihn jeglicher Vorrangstellung seiner Halbschwester gegenüber. So war er gezwungen, sich mit ihr zu vermählen, um die Regierung antreten zu können und die Anerkennung durch die Priester und Schreiber als Herrscher zu erlangen. Dem kleinen Thutmosis waren diese dynastischen Spitzfindigkeiten vertraut. Er verstand jedoch nicht recht, warum Aset, seine Mutter, so abseits gehalten wurde.

Thutmosis war Asets Liebling, und dieser Gedanke beglückte ihn, aber ihm lag auch viel an seinem Rang als Prinz, der dank seines Vaters jetzt schon sicher sein konnte, daß sein Schicksal nicht das der gewöhnlichen Sterblichen sein würde!

Asets Stimme übertönte das Geplapper der Diener; bald würde der Abend hereinbrechen über das in drükkender Hitze daliegende Tal. Hier ging die Unbekümmertheit der Jugend einmal Hand in Hand mit der Gunst der Stunde: Thutmosis war es vergönnt, sorglos zu spielen, seine Familie regierte in Frieden. Ägypten hatte einen schönen Tag erlebt, unter einem wie gewöhnlich wolkenlosen Himmel, und der Palast würde sich zur Nacht den zum Fest geladenen Würdenträgern und ihren Gemahlinnen öffnen. Das einfache Volk würde vielleicht aus der Ferne den schrillen Klang der Musik vernehmen, doch bald würde wieder Ruhe einkehren über dem Nil. Die Träume der Menschen würden sich zu jenem unsichtbaren Doppelgänger, dem Ka, emporschwingen, der während dieses kurzen Erdenlebens über sie wachte und sie später dann in alle Ewigkeit im großen Dasein des Universums verkörperte, das von Dutzenden verschiedener Götter dirigiert wurde.

Auch Thutmosis' Träume stiegen zum Himmel empor, zusammen mit so vielen anderen, ohne Zweifel verschönt durch die Hoffnung auf ein außergewöhnliches Geschick: Er hatte noch viel zu lernen . . . Wie hätte er wissen sollen, daß das Los der Könige zwar viele Freuden beschert, die gewöhnlichen Sterblichen verwehrt bleiben, doch auch furchtbare Prüfungen bereithalten kann, wie sie einem auf göttlichen Maßstab zugeschnittenen Schicksal angemessen sind?

*

Die schwülheiße Überschwemmungszeit war endlich vorbei. Diese Jahreszeit, Echet genannt, hatte auf einer Strecke von mehr als tausend Kilometern entlang des Nils den nahrhaften Schlamm zurückgelassen, der die Erde fruchtbar machte; die sonnigen, aber milden Monate des Projet waren endlich da, und Thutmosis war wieder ein Jahr älter geworden. Neunmal bereits hatte er die Wasser langsam steigen und die Felder der Bauern überfluten sehen, ohne daß jemand sie hätte aufhalten können oder wollen.

Dem Sohn des Pharaos bedeutete der Erntekalender wenig; er würde eines Tages andere Aufgaben zu übernehmen haben und ohne Zweifel, wie sein Vater und sein Großvater vor ihm, schon zu Lebzeiten des regierenden Pharaos an der weltlichen Macht teilhaben. Keinem Monarchen wäre es in den Sinn gekommen, die Erziehung des zukünftigen Herrn über die bekannte Welt irgendeinem Lehrmeister zu überlassen, der die Gunst der Prinzen und Nebenfrauen genoß, aber nicht über große Bildung verfügte. Das Kind entsprang dem Schoß der Frauen. Der König aber nahm langsam Gestalt an in den Händen der Weisen in Amuns Haus des Lebens, seiner geistigen Väter.

In Theben baute man seit der Wiedererstehung Ägyptens unter der Herrschaft der thebanischen Fürsten ausschließlich auf den Lokalgott und seine Diener: Amun war zur wichtigsten Gottheit des ägyptischen Pantheons aufgestiegen. Thutmosis wußte bereits die Namen der verschiedenen Götter und ihre Attribute aufzuzählen, die sonderbaren Tiergestalten zu erkennen, in denen sie auftraten, und am rechten Ort und zur rechten Stunde die passenden Gebete an sie zu richten. Ihre undurchsichtigen, vielschichtigen und oft feindseligen Beziehungen zueinander waren ihm kein Geheimnis mehr.

Die Zankereien des Harems schienen ihm oft kaum der Rede wert, verglichen mit den Kämpfen in der Welt der Unsterblichen, in welche ihn die Priester im tiefsten Inneren des Tempels von Karnak, der Domäne des Gottes Amun einweihten, dem hinter hohen Mauern sorgsam verborgen liegenden Götterpalast. Die Ermordung des Osiris durch Seth, seinen teuflischen Bruder, die eifrig gehütete Vorherrschaft eines jeden Gottes über seine Provinz – seinen Nomus – erinnerten an menschliche Niedertracht. Die verschiedenen Götterfamilien, welche die Theologen im Laufe der Zeit erdacht hatten, um eine im Stich gelassene ältere Gottheit und den neuen Gott einer regierenden Dynastie miteinander in Einklang zu bringen, gemahnten an die Ambitionen rivalisierender Prinzen.

All diese Überlegungen, die ein heutiger Betrachter dazu anstellen mag, hatten in der verzauberten Kinderseele natürlich keinen Platz, genauso wenig wie im Bewußtsein seiner Zeitgenossen, in deren Augen die ungeheure Komplexität des Universums entsprechend kunstfertige Erklärungen erforderte: Das Wunder des

Nils, das in der Wüste Leben erblühen ließ, mußte doch wohl seinen Ursprung im unsichtbaren Reich des Göttlichen haben.

Thutmosis war schon sehr früh der Obhut der Amunspriester übergeben worden, doch einen Pharaonensohn sperrte man nicht im Tempel ein: Die Ägypter schätzten das Familienleben, die Freude, ihre Kinder um sich zu haben, viel zu sehr, als daß sie ihnen in jungen Jahren ein Mönchsleben aufgezwungen hätten. Überhaupt lebte niemand in jener Zeit ein Einsiedlerleben, wie Angehörige anderer Religionen es sich in späteren Zeiten als Bußübung auf der Suche nach Erlösung auferlegen sollten: Die Ägypter waren Genußmenschen, die Vorstellung einer Erbsünde war ihnen und ihren Priestern fremd.

Der Knabe trug nicht den Namen Amuns. Der Name seines Geschlechts war eine Huldigung an Thot, diesen weisen und gelehrten Gott des Schattens: Thutmosis mochte diese Entscheidung bedauern, aber in dieser Welt des frühen Altertums, in der jeder Akt seine Bedeutung hatte, wurden Namen nicht aufs Geratewohl vergeben. Schon die Sprache bannte die Wirklichkeit in eine Magie, in der das Wort Schöpfer der Dinge war. Namen zeichneten oft ein ganzes Porträt. Und fast immer setzte der Name das Neugeborene in Beziehung zu einem Gott. Wenn wir heute einzelne Personen mit nur einer Silbe benennen, dann handelt es sich um im Laufe des Lebens entstandene Verkleinerungsformen. Thutmosis – wir verwenden die hellenisierte Form seines Namens – hieß tatsächlich Mencheperre Thutmes; Thutmes bedeutet »von Thot erschaffen«.

Amun war der Schirmherr des königlichen Bluts, er stand in Verbindung mit dem Namen der Pharaonen, die in direkter Linie von zwei Elternteilen abstammten, in deren Adern dieses kostbare Naß floß, er war der Hüter des geregelten Gangs der Welt . . . Der Pharao war gewissermaßen der Uhrmacher der Götter; seine Aufgabe war es, das überaus komplizierte Räderwerk der menschlichen Geschicke in Gang zu halten – unter der erleuchtenden Führung der in Schatten gehüllten Götter. Die Bastarde der Dynastie mußten sich an andere Götter halten . . . Thot war kein übler Schirmherr, wenn auch sein Tempel in Hermopolis, im fernen Norden, es nicht aufnehmen konnte mit der mächtigen lokalen Niederlassung eines Amun, der immer mehr mit der obersten Gottheit verschmolz, Re, der Sonne, Vater alles irdischen Lebens.

Denn Thot war die Weisheit, der Schreiber, der Gott einer Erinnerung an uralte Zeiten und der Gott der Mäßigung, und der junge Lehrling im Haus des Lebens mußte oft an den würdevollen Ibis denken, der die sympathische Gestalt des Gottes verkörperte. Der menschengestaltige Schatten des Amun mit der hohen Kopfbedeckung, dem rätselhaften Faltenwurf, der seinen Körper einschnürte wie ein Leichentuch, wirkte auf den Knaben nicht weniger faszinierend. War er sich bereits der Notwendigkeit bewußt, einen Pakt mit dem Gott – oder vielmehr mit seiner allmächtigen Priesterschaft – zu schließen, um dereinst regieren zu können wie sein Vater? Für ihn, das Kind einer königlichen Dienerin, konnte es nur von Vorteil sein, sich eine solche Legitimation zu sichern, wie es auch Thutmosis I. hatte tun müssen: Den im Schatten des Harem Geborenen wurde nichts geschenkt.

Allein die Stärke ihres Arms konnte ihre Herrschaft in dieser Epoche sichern, in der die Herrscherinnen von hundertprozentig königlichen Geblüt so außerordentlich mächtig und präsent schienen.

Thutmosis, dritter Träger seines Namens, war ein eifriger Schüler. Die Entdeckung dieses so geheimnisvollen

Universums begeisterte ihn, es schien ihm, als könne er das Geheimnis der Schöpfung ergründen. Die feinsinnigen Bemerkungen der Priester waren gewiß nicht unbeteiligt an der Begeisterung des Knaben für die esoterischen Lehren der ägyptischen Kosmogonie. Sie wußten durchaus um ihre Doppelrolle: Einerseits waren sie gestrenge Lehrer, die Druck ausüben, züchtigen – aber schlägt man vielleicht den Sohn eines lebenden Gottes, den zukünftigen Herrscher des Landes, wie einen gewöhnlichen jungen Schreiber? – und andererseits ergebene Diener, die einem jeder kritischen Beurteilung entzogenen jungen Menschenwesen einen schmeichelhaften Spiegel vorhalten.

Solchermaßen von Schmeicheleien umgeben, schritt Thutmosis von Monat zu Monat voran auf dem Pfad der Erkenntnis; eines Tages würde er Oberhaupt der Priester sein, so wollte es die Tradition. Denn war der Pharao nicht der Erste unter den Priestern, der Mensch, der nach allgemeinem Glauben mit den Göttern sprach?

Die Erziehung des Pharaos gehörte zur Aufgabe der Priester, und die des Amun waren voller Stolz über das Vertrauen, das der Herrscher ihnen entgegenbrachte. War dieses Vertrauen seitens Thutmosis' II. gerechtfertigt? Der junge Thutmosis, sein Sohn, hatte es mit einem der höchsten Diener des Amun, Hapuseneb, einem Getreuen des Herrscherhauses, und dessen Untergebenen zu tun. An ihm führte kein Weg vorbei; der Oberpriester des Amun hatte eine Art moralisches Anrecht auf die Erziehung des Knaben. Welchen Gebrauch würde er davon machen?

Der junge Thutmosis würde sein Königshandwerk bald erlernen, aber seine Einführung in das Priesteramt nahm einen großen Teil seiner Zeit in Anspruch, und diese fromme Tätigkeit würde in den kommenden Jahren immer mehr Aufmerksamkeit und Hingabe erfordern. Die Priester des Amun erwarteten dies; es war der Preis für den Pakt zur Legitimierung des jungen Bastards!

Und so kam der Kronprinz aus dem Palast in den großen Tempel von Karnak, in seinem Alter zweifellos noch mit wenig ausgeprägtem Bewußtsein für die Entfernung, welche die Welt der sterblichen Herrscher von jener des Gebieters über das Jenseits trennte; für ihn war dies die Gelegenheit, das malerische Panorama des Niltals zu entdecken, die Bauern auf ihren Feldern, die Szenen des Alltagslebens im Herzen der am dichtesten besiedelten Region des gesamten Planeten.

Ohne es zu wissen, war er zum Bindeglied zwischen dem politischen Herrscherhaus und den Dienern des Gottes geworden. Der Pakt gründete sich auf seine Person: Sollten die Priester die Legitimität der Monarchen anfechten, so würde dies ihre Autorität über die thebanische Provinz in Mitleidenschaft ziehen und damit letztendlich die Einheit des ganzen Landes und seiner zweiundvierzig Provinzen destabilisieren. Andererseits besaß Amun auf den beiden Ufern des Nils eine Vielzahl von Feldern, Tausende von Bauern, und in den Kreisen der mit der Einziehung der königlichen Steuern betrauten Schreiber flüsterte man, daß in den geheimsten Kammern seines Tempels Tonnen von Gold aufgehäuft seien.

Eine neue, durchaus weltliche Macht wurde in diesen Jahrhunderten der Sanktionierung der ägyptischen Monarchie geboren. Das politische Gewicht der Amun-Priesterschaft wuchs im Schatten unter Ausnutzung der zunehmenden Macht des Königtums, seines wachsenden Reichtums, der von den Feinden der Reichsgrenzen gewonnenen Beute. Die Priester unterstützten den Pharao, schweigend und ergeben, unerbittliche Zeugen der menschlichen Eitelkeit. Wenn der Pharao diese durch das Wort Amuns zu legitimieren wünschte, mußte er ihnen schon einen kleinen Teil dieser himmlischen Segnungen zukommen lassen. Die Priester der anderen Götter, die den Dienern des Amun bei königlichen Empfängen begegneten, spürten wohl, daß das Neue Reich sie, was die königliche Freigiebigkeit betraf, auf schmale Kost setzte.

Das gerade im Entstehen begriffene Bewußtsein eines Kindes in ihren Händen zu halten, war das beste Unterpfand einer großen Zukunft für die Priester des Amun. Der Knabe würde für alle Zeiten ein Getreuer des Gottes von Karnak sein und das Seine zum Bemühen um die Vollendung des göttlichen Bildes beitragen. Bald schon sollte – von den Priestern geschickt in Umlauf gesetzt – der Mythos von der Zeugung des zukünftigen Pharaos durch Amun selbst entstehen, der für die Dauer einer Nacht in der Person des königlichen Vaters fleischliche Gestalt angenommen habe.

Der Gott von Theben hatte sich bereits großzügig bei der Aura und den Wesensmerkmalen anderer Gottheiten bedient, wie etwa bei Ptah, dessen Ansehen als Schöpfergott seinen Höhepunkt zur Zeit der frühen Dynastien erreichte, die ihren Sitz noch in Memphis, der ersten Hauptstadt am Rande des Deltas, hatten. Die Verschmelzung mit Re war längst unanfechtbar und die eher unbestimmten Zuständigkeiten des Amun waren durch die Aneignung anderer Götterpersönlichkeiten immer verschwommener geworden. Diese Tatsache mag uns unbedeutend erscheinen, ist aber von größter Bedeutung für eine Epoche, in der alle Dinge des Lebens und des Universums das Werk der Götter sind.

Der junge Thutmosis träumte davon, die Statue Amuns zu sehen. Bestimmt wäre er erzittert vor diesem in ein Leichentuch gehüllten Gott auf seiner Prozessionsbarke, die in den Tiefen eines düsteren Saals in

Karnak aufbewahrt wurde. Die gemalten Augen des Götterbildes hätten sich auf den Unverfrorenen gerichtet, und sein eng am Körper gehaltenes Zepter hätte wie eine Drohung gegen den Sterblichen gewirkt. Niemals würde die Pharaonenkrone der hohen, mit zwei Federn geschmückten Kopfbedeckung des Herrn über das Universum gleichkommen.

Thutmosis grübelte über diese nicht sehr angenehmen Gedanken nach, doch noch ahnte der Knabe nicht, wie zwiespältig die Haltung der Priester war. Worum ging es ihnen? Um die Person dieses künftigen Kriegers, der zwar Sohn eines Pharaos, aber auch einer Konkubine war? War es nicht vielmehr das Bild des Pharaos, eines Menschen aus Fleisch und Blut, der im Namen ihres Gottes sprach, das sie in dieser Gesellschaft erhalten wollten, um es zum Garanten für den geregelten Gang des Universums zu machen, wie es ihren theologischen Vorstellungen am nächsten kam? Würde Thutmosis wirklich der ideale Thronfolger sein? Sein Blut war unrein, durch seine Mutter sowieso, aber auch sein Vater war ein Bastard. Ebenso Thutmosis I. Es wurde viel getuschelt; selbst der mächtige Hapuseneb schreckte vor übler Nachrede nicht zurück, wenn er auch vielleicht keine Komplotte schmiedete.

Genaugenommen war es das geheiligte Blut der Dynastie, das Blut, das von den Göttern stammte, welches es zu befördern galt: Es floß in den Adern der Frauen der Dynastie. Und ohne diesem ihrer Obhut anvertrauten zukünftigen Monarchen gleich abschwören zu wollen, fragte man sich: Sollte man wirklich alles auf die Erziehung dieses Sohns des Thot setzen?

Thutmosis II. sorgte sich nicht um die Zukunft. Die Priester zögerten, von Zweifeln geplagt: Dieser Prinz würde zweifellos ein guter Schüler sein – wie er bereits zu erkennen gab – und ein eifriger Streiter für Amun, doch die wahre Legitimität war auf seiten der Königin – Hatschepsut – und das königliche Paar hatte keinen männlichen Erben hervorgebracht. Amun hatte ihnen wahrlich keine leichte Aufgabe gestellt! Wenn Thutmosis II. und Hatschepsut nur einen Sohn gehabt hätten, wäre der kleine Thutmosis schnurstracks zu seiner Mutter Aset zurückgeschickt worden, ohne eine Spur des Bedauerns auf seiten der Priester!

*

Der Dienst im Amun-Tempel verlangte dem jungen Prinzen viel ab, aber glücklicherweise boten der Palast und seine Pracht ihm Gelegenheit, seine ungestüme Natur auszuleben. Die Thutmosiden waren rauhe Krieger; ihren Ruf verdankten sie eben dieser Kampfkraft, ihrem Mut, sich unter den Augen ihrer Armee ins blutigste Getümmel zu werfen: Thutmosis hatte auf den Schlachtfeldern von Nubien bis Asien wahre Wunder vollbracht. Die Überlieferung machte aus ihm einen großen Feldherrn, dessen Tugenden sich zuerst in seinem Sohn und dann in seinem Enkel verkörpern sollten, auch er einziger männlicher Abkömmling seiner Linie.

Thutmosis II. war dieses Erbes würdig: Hochgewachsen und kraftvoll scheute er den Kampf nicht und führte seine Truppen furchtlos zum Frontalangriff, Grundelement der Kriegskunst jener Epoche. Die Feldzüge waren indes seltener geworden seit der Thronbesteigung des zweiten Thutmosis, ob nach Nubien oder nach Asien, und beschränkten sich nunmehr auf die Aufrechterhaltung der Ordnung bei den tributpflichtigen Nachbarn.

Die Zeiten waren friedlicher als unter dem vorigen Herrscher, dessen Regierungszeit auf die unruhige Periode des Wiederaufbaus nach der Invasion der Hyksos folgte. Diese aus der syrischen Wüste eingedrungenen

Nomaden hatten im 18. Jahrhundert v. Chr. die soziale und politische Ordnung Ägyptens zerstört – womit sie dem Mittleren Reich den Todesstoß versetzten – und sich des Nildeltas bemächtigt. Diese Region war zum Tor nach Ägypten geworden, offen für Eindringlinge aus der syrischen Wüste, diesem Kreuzweg, den so viele wandernde Völker des Altertums benutzten. Dies sollte zum Unglück des Landes nicht die letzte Zerstörungswelle bleiben.

Ahmose, ein Ahne Thutmosis' II., hatte, wie es sich für einen thebanischen Fürsten gehörte, die Herausforderung der Tradition angenommen und die Eindringlinge vertrieben. Diese hatten sogar die Unverschämtheit besessen, sich auf dem Pharaonenthron niederzulassen und zwei eigene Dynastien zu begründen, wenn auch das oberägyptische Niltal und Theben sich niemals wirklich unterworfen hatten!

So entstand ein Geschlecht thebanischer Befreier, die zuerst nur lokale Dynastien stellten, und später dann, ab Ahmose, zu Pharaonen des gesamten Landes aufstiegen. Dieser hatte weniger als hundert Jahre vor der Geburt des späteren Thutmosis III. die glorreiche 18. Dynastie begründet. Der größte Teil der heute bekannten großen Pharaonen entstammte dieser Linie, von den Thutmosiden bis zu den Amenophiden, Echnaton und natürlich dem jungen Tutanchamun. Einzig die Ramessiden gereichen den nachfolgenden Dynastien noch zur Zierde.

Nach Ahmose hatte Amenophis I. unbehelligt den Thron besteigen können, und in der Folge war es den Thutmosiden gelungen, das Staatswesen zu festigen, zunächst unter Thutmosis I., der den Krieg nach außen getragen hatte. Die epischen Schilderungen seiner nubischen und asiatischen Feldzüge – nach Palästina und Syrien – erfüllten den jungen Prinzen mit Jubel. Er malte sich den Aufprall der bei spektakulären Sturmangriffen ins Getümmel geworfenen Streitwagen aus: Erst vor kurzem hatten die Ägypter diese schreckliche Waffe übernommen, die bis dahin ihren Feinden den Erfolg gesichert und Panik unter den Ägyptern ausgelöst hatte.

Wie hätte sich der Knabe vom Atem dieses Heldenepos nicht zutiefst ergriffen fühlen sollen? Sicher schwor er sich, die Eroberungstradition seines Großvaters bald wiederaufzunehmen.

Der Prinz würde es sich nicht verzeihen, den kleinen Kranz von Ländereien, den sein Großvater, Thutmosis I., zwischen die fremden Länder, aus denen Invasionen drohten, und das schöne Niltal gelegt hatte, wieder zusammenschrumpfen zu lassen. Die Hyksos waren die ersten Besatzer des Tals seit dem Beginn des pharaonischen Zeitalters zwei Jahrtausende zuvor. Seitdem wußte man um die Verletzlichkeit des Tals in einer Welt, die zu groß war, um sich allein vom Nimbus des Herrschers mit der Doppelkrone beeindrucken zu lassen.

Also übte Thutmosis sich, spannte den Bogen und warf den Speer, schwang das Schwert wie ein braver Offizier, unter den beifälligen Blicken der Truppenkommandeure. Der Knabe hatte gewisse körperliche Fähigkeiten, wenn er auch niemals die athletische Statur seines Vaters erreichen würde. Er machte seine relativ geringe Körpergröße – die Niltalbewohner verfügten nie über den klassischen Körperbau ihrer südlichen Nachbarn, der Nubier – durch eine Ausstrahlung und vor allem eine Vitalität wett, wie man sie bei einem Kind selten findet. Das Temperament der Thutmosiden war nicht zu verkennen.

Schon seit frühester Kindheit versammelte sich zu Kriegsspielen ein Kreis von Getreuen um den Thronprinzen. Die so entstandenen Freundschaften mit den jungen Armeeoffizieren sollten sich einige Jahre später als wertvollstes Gut eines bedrohten, mit dem schmachvollsten aller Schicksale konfrontierten Pharaos erweisen. Amenemheb würde ihm ein Leben lang Gefolgschaft leisten und ein ausgezeichneter General werden. Ti – sein Freund von Kindheitstagen an – würde Jahrzehnte hindurch über das Leben seines Gefährten wachen, dieses kleinen, in die Wirren einer tollgewordenen Dynastie verstrickten Gottkönigs.

Als Erwachsener sollte Thutmosis oft an diese glücklichen Augenblicke zurückdenken, in denen er voll kindlicher Unbeschwertheit vom Ruhm träumte, beflügelt von den Hornsignalen der Wache, vom Dröhnen der Schritte Hunderter von Männern, die ihre großen Schilde und einen Wald von Lanzen vor sich hertrugen. Welch ein Glücksschauder für ihn, den Amun dereinst zum König salben sollte! Doch Thutmosis II. stand in der Blüte seines Lebens – er war noch keine dreißig Jahre alt – und dem Knaben wäre es nie in den Sinn gekommen, an den Tod dieses jungen, von ihm so sehr geliebten Vaters zu denken.

Die Kriegsspiele waren von begrenzter Dauer: Nur zu oft mußte der Prinz die Waffen niederlegen und in den friedlichen Palast mit seinen zivilisierten Zeremonien zurückkehren ... Seine Kampfgefährten folgten ihm, doch sie mußten sich bezähmen: Hier gab es keine Kämpfe, kein Wettlaufen, keine tollkühnen Sprünge über wackelige, aus den Körpern der Freunde gebildete Bollwerke. Zu der kleinen Gesellschaft der Palastkinder gehörten auch Mädchen, denen es an Temperament nicht mangelte, doch die Jungen verachteten ihre Tänze und die Holzfiguren, die sie fein herausputzten.

So lernte Thutmosis, mit den Sprößlingen seiner großen Familie umzugehen, diesen Kindern, die eines Tages ihrerseits Garanten der Unsterblichkeit der Pharaonen sein würden. Die Erzieher gaben ihm zu verstehen und auch seine Mutter, die sanfte Aset, flüsterte ihm in ernstem Ton zu, daß er eine seiner Halbschwestern heiraten werde und daß die Zeit zweifellos nicht mehr fern sei.

Und so wich die kindliche Naivität des wilden Knaben einer an ihm ungewohnten Nachdenklichkeit. Wer würde seine Frau sein? Nofrure, die Erstgeborene seines Vaters und der großen königlichen Gemahlin Hatschepsut, Bewahrerin des göttlichen Blutes der Dynastie?

Nofrure war die Älteste, und dem ganzen Hof war aufgefallen, wie ihre Mutter sie verwöhnte. Die junge Prinzessin war bei jedem Fest dabei, geschmückt wie eine Königin. Hatschepsut legte Wert darauf, ihre Legitimität zu unterstreichen. Bei Thutmosis löste dies vages Unbehagen aus. Der Knabe spürte wohl die Angst seiner Mutter, der Konkubine, die von ihrem Gemahl um so weiter ferngehalten wurde, je größer Hatschepsuts Autorität wurde.

Dann war da noch die kleine Meritre, Nofrures jüngere Schwester, die zweite Tochter von Hatschepsut und Thutmosis II.: Sie vervollständigte diese Frauenkaste, der gegenüber Thutmosis sich recht allein fühlte. Es wurde ihm kein Bruder geboren, der ihn hinsichtlich der Zukunft der Prinzen des Geschlechts beruhigt hätte. So floß das Leben dahin, von Jahreszeit zu Jahreszeit, und öffnete dem Knaben nach und nach die Augen über diese seltsame königliche Palastgemeinschaft . . . Aset sprach mit ihm oft über diese Heiraten, über vergangene Zeiten, ohne daß der Knabe ihr rechte Aufmerksamkeit schenkte. Er hatte einen Gott, seinen Vater . . .

2
Der kleine König

Dem Prinzen und Erben des Pharaonenreichs wurde von Tag zu Tag bewußter, wie anstrengend das Leben eines Herrschers ist. Seine Einweisung in das Handwerk eines Königs mit all seinen lästigen, peinlich genau festgelegten Riten hatte begonnen, als ob die Lektionen der Amunspriester nicht ausgereicht hätten, die Tage dieses jüngsten Sprößlings der Thutmosiden auszufüllen.

Der Knabe verlor kein Wort über seine Müdigkeit. Er schickte sich darein, bei einem Empfang nach dem anderen hinter der hohen Silhouette seines Vaters stehend, den endlosen Zug der Würdenträger zu beobachten. Seine Aufmerksamkeit schweifte inmitten des Stimmengewirrs aus unterwürfigen Lobpreisungen und Bitten mitunter ein wenig ab, doch er hielt sich stets bereit, auf einen väterlichen Befehl, ein besorgtes Lächeln Thutmosis' II. zu reagieren.

Heute zelebrierte der Pharao das Fest des Gottes Min, der düsteren Gottheit von Koptos, dieses übernatürlichen Wesens, das den geheimnisvollen Tiefen Schwarzafrikas entstammte. Das Fest war von großer Bedeutung, denn Min war ein wichtiger Gott im ägyptischen Pantheon, Schöpfer und Garant des diesseitigen Lebens, eine Nebengottheit des Re und des Amun. Thutmosis liebte diesen Sommertag, an dem er wie jedes Jahr ungeduldig der verschwenderischen Fülle einer exotischen Dekoration und prunkvollen Inszenierung entgegenfieberte: Es waren nicht nur die zahllosen Opfergaben, die Min erhielt, die faszinierten, sondern vor allem die Ausstattung, die den Pharao bei der Zelebrierung der Riten umgab. Sie hatten die für den Gott typische afrikanische Üppigkeit bewahrt, die einer dem Wüstental fremden Mentalität entsprang. Der Pharao geleitete zu den schrillen Klängen der von den Priestern gespielten Musikinstrumente einen weißen Stier, das Symbol des Min. Er ließ in stundenlangen, den Augen gewöhnlicher Sterblicher äußerst kompliziert erscheinenden Riten den Mythos des Gottes, die lange Geschichte der Erschaffung des Universums, an der Min mitgewirkt hatte, zu neuem Leben erstehen.

Thutmosis sah seinen Vater laufen, Waffen schwingen, beten und singen, in außergewöhnlichen Gewändern, mit verschiedenen Kronen angetan, und träumte am Abend von zukünftigen Tagen, wenn auch er von Min und so vielen anderen Göttern auserkoren sein würde, sie zu feiern.

Solche Festlichkeiten – die für den Herrscher Teil seines, sicherlich prunkvollen, Alltags waren – boten dem Thronfolger Gelegenheit, die Schönheiten des großen Tals zu entdecken, im Kielwasser eines vom strahlenden Glanz des Ruhms umgebenen Vaters. Das königliche Gefolge bestand immer aus Dutzenden großer Barken, und es gab keinen schöneren Anblick, als wenn an den Kais von Theben die riesigen Segel gehißt wurden.

Die Menschenmassen am Ufer, die Jubelrufe und Grußbezeigungen machten diese Flußfahrten zu einem wunderbaren Erlebnis: Der schmale Streifen des Fruchtlandes – nur wenige Kilometer zu beiden Seiten des nährenden Stroms – bot eine ideale natürliche Kulisse für die öffentlichen Auftritte des Pharaos und Tausende von diesen Glanzstunden des Königtums mitgerissene Zuschauer.

Thutmosis II. hatte langjährige Routine in der Wahrnehmung dieser protokollarischen Pflichten. Er hätte um keinen Preis auf sie verzichten wollen, aus Treue zum Vermächtnis der Thutmosiden, vor allem aber auch, weil seine Legitimation von dieser ständigen Darstellung als großer geistlicher Würdenträger abhing, dessen Aufgabe es war, den Göttern des Pantheons im Namen der Lebenden, die von den geheimen Tempelräumen ferngehalten wurden, zu huldigen.

Sein Sohn dagegen hatte sich mit seinen Kinderaugen an all diesen Wundern noch nicht sattgesehen. Alles erschien ihm aufregend: die Hügel, die sich des Abends in gespenstische Schatten hüllten, die Wüste, die im Süden so nahe an den Fluß heranrückte. Noch mehr aber fesselten ihn die Mysterien der Menschen. Die Priester mit ihrem strengen Blick erinnerten ihn natürlich an seine Lehrer in Karnak, aber es gab so viele verschiedene Geistliche in so unterschiedlicher Aufmachung, daß sie ein äußerst reizvolles Schauspiel boten. Je nach Anlaß hüllten sie sich in Leinengewänder oder Leopardenfelle, trugen die verschiedenartigsten Kultgeräte, rezitierten geheimnisvolle Gebete, die der junge Prinz aus dem doch hochgelehrten Munde seiner thebanischen Erzieher noch nie vernommen hatte.

Die Zahl der Tempel in der Umgebung der Hauptstadt ging in die Dutzende, und wann immer er an der Seite seines Vaters durch das gewaltige Tor unter einem Pylon, der einer Festung würdig gewesen wäre, hindurchtrat, schnürte es ihm die Kehle zu. Wenn auch die Rufe der Menschenmenge im Inneren der heiligen Mauern verklangen, blieb doch die Schar der Priester, welche die Vorbereitungen für die Opfer trafen, die Fußfälle der hochgestellten Schreiber des lokalen Nomus (Verwaltungsgebiet Provinz), und oft genug bezog der Prinz die an seinen Vater gerichteten Lobpreisungen auf sich selbst. Die Kämmerer, Richter und Befehlshaber der Armeekorps dachten im übrigen auch nicht daran, ihn davon auszuschließen. Schließlich war er der mutmaßliche Thronfolger, der einzige und begünstigte männliche Erbe, und jeder wußte, daß er dem Pharao schmeichelte, wenn er die Tugenden seines Nachfolgers pries.

Der Knabe mit seinen zwölf Jahren kostete diese angenehmen Seiten des Lebens in vollen Zügen aus, nicht ohne sich zuweilen über seinen Vater zu wundern, der inmitten dieses Wirbels von Ehrungen plötzlich in Lethargie verfiel. Die langen Reisen, die ihn von Theben fortführten, schienen Thutmosis II., der doch im besten Alter stand, beschwerlich zu werden. Er unternahm keine großen Expeditionen mehr, beschränkte sich meistenteils auf Reisen ins obere Niltal, fern vom Delta und noch weiter von den wilden Grenzgebieten. Thutmosis II. fing sich bald wieder, zur Beruhigung seiner Vertrauten; doch man beeilte sich, das sorglose Kind aus der Nähe dieses erschöpften Vaters zu entfernen. Der Sohn der Aset verfügte über einen ausreichend ausgestatteten und eifrigen Hofstaat, um alle Sorgen von ihm fernzuhalten. Sein Vater war kaum dreißig Jahre alt, und trotz all seiner Bemühungen, es zu verheimlichen, wußte der Hof um seine anfällig gewordene Konstitution. Warum nur hatten es die Götter auf diesen Ersten unter den Menschen abgesehen, dessen imposante Statur doch einst die Offiziere Thutmosis' I. verblüfft und ihnen Hoffnung gegeben hatte?

Der Vater, in all seiner Herrlichkeit, mit der Krone und seinem besten Staat angetan, und der Kronprinz wohnten gleichwohl auch weiterhin all jenen Festlichkeiten bei, die das ägyptische Jahr gliederten. Wurde während der Erntezeit der Gott Min gefeiert, so gab das alljährliche Ansteigen des Nils Anlaß, Amun, den Lieblingsgott der thebanischen Fürsten, zu ehren. Dabei blieben Thutmosis II. lange, mühselige Reisen erspart: Der Tempelbezirk von Karnak lag in Sichtweite seines

Palastes, auf der anderen Seite des Niltals, soweit diese Bezeichnung in der Überschwemmungszeit noch einen Sinn ergab. Nur die auf Anhöhen angelegten Dörfer und ihre Wäldchen ragten wie Inseln aus der glitzernden Wasserfläche. Mit der Überschwemmung war auch das Leben zurückgekehrt; der lebenspendende Schlamm setzte sich im Verborgenen unter den Bootskielen ab ... Dann war es Zeit, die Götter zu ehren und die Prozessionsbarke des Amun ans Licht zu bringen.

Dieses Schauspiel war dem Prinzen Thutmosis vertraut: Der Sinn der Riten, Gesänge und Trankopfer, die sein Vater zelebrierte, war diesem zukünftigen Priester des großen Lokalgottes kein Geheimnis mehr. Und doch war die langgezogene Prozession auf dem Nil, von der auf ein hochbordiges Schiff geladenen Barke des Gottes angeführt, immer wieder dazu angetan, den kleinen Landesherrn mit Stolz zu erfüllen.

Doch auch hier legte Thutmosis II. in diesem Jahr, 1505 v. Chr., nicht die Energie und das Auftreten an den Tag, welche die riesige in der Umgebung der Stadt versammelte Menschenmenge von einem Sohn der Götter erwartet hätte. Er hielt sich fern von diesen an Gerstenbier berauschten Menschenmassen ... Seine Untertanen mögen sich keine Sorgen gemacht haben angesichts des langsamen Schritts der königlichen Gestalt zwischen den Ehrenspalieren, doch auf den Geleitschiffen des Hofstaates wurden vielsagende Blicke getauscht ...

Die unheilschwangere Atmosphäre, die in jenem Jahr am Hof herrschte, mußte auch dem Prinzen auffallen. Sein Vater empfing wenig, erschien nur selten auf dem königlichen Balkon, um die Paraden nubischer Bogenschützen und der Streitwagen-Elitetruppen abzunehmen. Der dritte Thutmosis bedauerte diese Zurückgezogenheit seines Vaters, während Hatschepsut, die königliche Gemahlin, mit großer Sorgfalt das Hofprotokoll aufrechterhielt. Es kam dem Königssohn so vor, als sähe er sie ununterbrochen inmitten einer Schar aufmerksamer Diener das Leben des schläfrig gewordenen Palastes regeln. Er, der von Feldzügen in weite Fernen träumte, wie sie sein Großvater Thutmosis I. einst unternommen hatte, mußte sich mit den Erzählungen alter Haudegen begnügen. Die Ufer des Euphrat waren zum Mythos geworden, die Landschaft von Naharina ein unerreichbares Ruhmesfeld an den Grenzen eines Syrien, zu dem Thutmosis II. seine Schritte seit Beginn seiner Regierungszeit nicht mehr gelenkt hatte.

Ohne es sich eingestehen zu wollen, mußte Thutmosis eine bittere Bilanz der Herrschaft seines Vaters ziehen. Wohl hatte er unmittelbar nach der Geburt seines Sohns noch den syrischen Kleinkönigen den Kopf zurechtgerückt, wovon die Lobredner heute noch berichteten, doch Thutmosis kannte die Beredsamkeit dieser Hofpoeten inzwischen gut genug, um hinter den phantasievollen Schilderungen ihrer Heldensagen die Dürftigkeit der tatsächlichen Kriegstaten zu erahnen.

Der enttäuschte junge Krieger dachte zurück an den Zug der nubischen Gefangenen, der vor einiger Zeit die träge gewordene Hauptstadt aus ihrer Langeweile aufgeschreckt hatte. Sie waren weder die ersten – Thutmosis II. hatte schon bei seiner Thronbesteigung eine Revolte in Kusch niedergeschlagen –, noch würden sie die letzten sein, solange die schwarzen Völker dieser Landstriche mit ihren Aufständen regelmäßig den inneren Frieden des Pharaonenreichs störten, denn die Nubier waren voller Freiheitsdrang und von großer Tapferkeit. In den Augen des Prinzen war nicht viel Ruhm damit zu erringen, daß man ein Armeekorps entsandte, damit es einige Hüttendörfer dem Erdboden gleichmachte und Menschen verschleppte, die den in ordentlichen Reihen antretenden Bataillonen nicht gewachsen waren.

Was blieb vom Ruhm der Thutmosiden, dieser kriegerischen Pharaonen, deren erster die Zügel des Reiches mit militärischer Strenge fest in die Hand genommen und mit lang vermißter eiserner Faust die Schreiber und Priester, Provinzgouverneure und Lokalrichter seinem Willen unterworfen hatte? Ein ausgedehnte Weisungskette verband die verschiedenen Verwaltungsebenen, und der ganze Hof fand sich plötzlich in einer ausgeklügelten Hierarchie durchorganisiert, die einem marschierenden Armeekorps alle Ehre gemacht hätte. Der zukünftige Pharao mußte es sich wohl eingestehen: Diese strikte militärische Ordnung, die sein Großvater eingeführt hatte, gehörte mittlerweile der Vergangenheit an . . .

Der prekäre Gesundheitszustand Thutmosis' II. hatte seinen kriegerischen Ambitionen ein Ende gesetzt; die Offiziere bezähmten mühsam ihre Ungeduld in Erwartung des Tages, an dem der junge Prinz seinerseits die Truppen in die Schlacht führen würde. Er war zwölf Jahre alt, und bald würde die Zeit gekommen sein, ihn, wie einst seine Vorgänger, offiziell zum Mitregenten zu machen; noch einige Jahre, und dieser Feldherr würde sich an den Grenzen des Reichs auszeichnen, als Erbe der Kühnheit seines Großvaters.

Thutmosis spürte wohl, daß die Lobpreisungen der Anführer der Bogenschützen und der Befehlshaber der Palastgarden übertrieben waren, doch die Schmeicheleien verstärkten seine Begierde, an den Angelegenheiten des Reichs teilzuhaben, auch wenn das Kind, das er eigentlich noch war, instinktiv in der väterlichen Protektion die Billigung dieser vermessenen Gelüste suchte. Im Verlaufe von nur zwei, drei Jahren hatte der Kronprinz die Gesundheit seines Vaters verfallen sehen. Dem Pharao fiel es immer schwerer, seine Kraftlosigkeit zu verbergen, und seine stattliche Gestalt konnte niemanden mehr darüber hinwegtäuschen: Dieser Mann wäre gar nicht mehr in der Lage gewesen, sich ins Schlachtgetümmel zu stürzen.

Thutmosis konnte sich die Grundlage einer erfolgreichen Herrschaft nicht anders vorstellen. Natürlich war der Pharao ein hoher geistlicher Würdenträger; er regierte mit Hilfe einer Verwaltung, die in jener Zeit nicht ihresgleichen hatte, das größte besiedelte Tal des Mittelmeerraums, aber er blieb doch in diesem unruhigen Jahrhundert vor allem anderen eine militärische Autorität. Der Prinz brauchte nach Idealbildern kühner Fürsten nicht lange zu suchen: Der Begründer seiner Dynastie, Ahmose, hatte seinen Vater und seinen Bruder in der Schlacht verloren, und es war für diese Männer undenkbar, sich von ihrer Familienlegende loszusagen.

Sekenenre, der thebanische Edelmann und Vater von Ahmose, der sich gegen die Hyksos aufgelehnt hatte, hat der Nachwelt sogar ein Zeugnis der Gewalttätigkeit seiner Zeit hinterlassen: Sein mumifiziertes Skelett trug die Spuren der ihm von der gegnerischen Armee zugefügten Verletzungen, Preis der Kühnheit eines in der Schlacht gefallenen Reichsgründers.

Der Hof beobachtete seinen Herrscher Thutmosis II. Ein jeder dachte an seine eigenen Interessen und fand in der unmittelbaren Vergangenheit Anlaß, auf bessere Tage zu hoffen. Für den Sohn des Pharaos war dieses Ende der Regierungszeit Thutmosis' II. eine qualvolle Zeit, hin- und hergerissen zwischen dem Schmerz, seinen Vater trotz dessen zähen Willens, die Macht zu bewahren, so geschwächt zu sehen, und der Furcht vor den schwierigen nächsten Jahren, die dem halbwüchsigen König bevorstehen würden.

In seinen Alpträumen beschwor der Thronerbe seine

Ahnen herauf: Sollte er sich dem Geist seines kühnen Großvaters, Thutmosis' I., weihen und sein Volk zur Eroberung ferner Länder führen, welche die Sicherheit des Reichs garantieren würden, unter Vernachlässigung der internen Zwistigkeiten? Sollte er sich lieber der Weisheit seines Vorfahren Amenophis' I. erinnern, dessen friedliche Herrschaft ein so gutes Andenken hinterlassen hatte, daß er beim einfachen Volk allgemeine Verehrung genoß? Würde die Gefahr von feindlichen Horizonten oder von den Ägyptern selbst ausgehen? Die Götter schienen ihre Antwort noch zurückzuhalten, um Thutmosis II. in seiner Bedrängnis eine letzte Atempause gönnen . . .

*

Thutmosis II. hätte gern mehr Zeit mit seinem einzigen Sohn verbracht. Er spürte die Besorgnis des Knaben, und diese unbestimmte Furcht verstärkte seine eigene Bestürzung angesichts seines gesundheitlichen Verfalls inmitten seiner besten Jahre. Rund fünfzehn Jahre war es her, daß sein Vater, Thutmosis I., ihn mit seiner Halbschwester Hatschepsut zusammengegeben hatte. Die aus dieser Verbindung hervorgegangenen Töchter bereiteten ihm Freude, aber als typischer Ägypter seiner Zeit zeigte er doch eine deutliche Vorliebe für seinen Stammhalter . . .

Seine Familie war wie ein Spiegelbild seiner Herrschaft. Sie war nach den Maßstäben seiner Zeit eher dürftig. Ein Mann bemaß seinen Wert nach der Anzahl der Frauen, die er hatte ernähren können, und eine Schar plärrender Kinder trug sehr zu seiner Überzeugung bei, im Diesseits erfolgreich gewesen zu sein.

Natürlich war das Los des Pharaos nicht mit dem gewöhnlicher Sterblicher zu vergleichen: Diesem lebenden

Gott stand ein unerschöpflicher Harem zur Verfügung; nur sein Wille und das Ausmaß seiner Begierden bestimmten den Umfang seiner Nachkommenschaft. Die Gelüste eines Mannes sagen viel über seine Person aus: Thutmosis II. hatte nur eine einzige königliche Gemahlin von sehr hohem Rang. Keine andere Frau hätte mit ihr konkurrieren können, während andere große Herrscher, wie etwa Ramses II., sich eine Vielzahl offizieller Gemahlinnen hielten. Doch auch Thutmosis I. hatte seine nächste Familie nicht weiter ausgedehnt, ohne daß man seine Vitalität und seine Autorität deswegen hätte in Zweifel ziehen können; das königliche Blut ihrer Gemahlinnen machte großen Eindruck auf diese Bastardprinzen. Die Königinnen dieser aufblühenden 18. Dynastie bildeten eine eigene Linie, die der Ahmessidinnen, Trägerinnen der Gene des Pharaos Amenophis, des leiblichen Sohnes zweier erbberechtigter Königskinder.

Daß diese Frauen in der dynastischen Hierarchie eine so hohe Stellung einnahmen, führte jedoch keineswegs zu einer Beschränkung der Zahl der Konkubinen und anderen Dienerinnen, dieser wehrlosen Geschöpfe, derer sich der Pharao ohne Skrupel bediente. Aset gehörte zu diesen Palastfrauen, die nur zu glücklich waren, ihrem Herrn zu gefallen. Wer hätte da daran gedacht, Rechte einzufordern? Wenn sie das Glück hatten, einen Sohn zu gebären, konnten ihre Sprößlinge vielleicht in die höchsten Ränge der dem Thron nahestehenden adligen Erben aufsteigen. Dies war natürlich recht zufallsabhängig, und doch hatte die Bosheit der Götter oder vielleicht auch ihre schändliche Nachlässigkeit der Menschenwelt gegenüber am Ende dieses 16. Jahrhunderts v. Chr. eine solche Situation geschaffen.

Das Königspaar, Bruder und Schwester – oder vielmehr Halbbruder und -schwester –, das vermählt worden war, um die Geschicke Ägyptens zu lenken, repräsentierte zwei verschiedene Linien, die sehr auf ihre jeweiligen Rechte bedacht waren: ein schlechtes Omen für das Neue Reich, das doch Garant einer hochentwickelten Zivilisation sein sollte. Während der Herrschaft Thutmosis' I. waren Thutmosiden und Ahmessidinnen gütlich miteinander ausgekommen, wie die Königinmutter bezeugen konnte . . . Thutmosis II. und Hatschepsut hätten dasselbe tun sollen! Die schon bejahrte Herrscherin erinnerte sich wehmütig ihres kühnen Gemahls, und diese ehrfürchtige Ergebenheit war sicher Grundlage einer nach innen hin friedlichen Herrschaft gewesen.

Bei Hatschepsut lag der Fall ganz anders: Thutmosis II. hatte sie niemals beeindrucken können, zumal die junge Prinzessin selbst von herrischem Temperament war. Die Zuneigung Thutmosis' I. zu seiner ältesten Tochter, die Aufmerksamkeit, die ihrer Erziehung gewidmet wurde, und die Tatsache, daß der alte König, vom Tod seiner beiden älteren Söhne verstört, sie ständig um sich haben wollte, verschärften noch die nie dagewesene Situation, die dem Pharaonenreich bevorstand.

Hatschepsut war wie ein Kronprinz aufgewachsen, ihrem Halbbruder gleichgestellt und zweifellos bei Hof höher geachtet, da Thutmosis II. nur der Sohn einer Nebenfrau war. Niemals hatte der Pharao von dieser ausschließlichen Liebe zu seiner Tochter abgelassen, und diese war, allen Gebräuchen zuwiderlaufend, zu einer Frau mit dem Geist und den Ambitionen eines Herrschers herangewachsen, doch mit einem weiblichem Körper, einer überaus zarten und gefälligen Hülle, die sie nur zu gern gegen die stattliche Gestalt ihres Halbbruders eingetauscht hätte.

Vielleicht hatte es seinen Grund, daß die Götter diesem so wenig harmonierenden Königspaar keinen männlichen Erben gewährt hatten? Hätte Hatschepsut sich das überhaupt gewünscht? Thutmosis II. mußte die Letzte der Ahmessidinnen um ihrer selbst willen achten, nicht als Mutter des zukünftigen Königs von Ägypten.

Seite an Seite im Prunksaal hofhaltend, machten die königlichen Ehegatten eher den Eindruck zweier gemeinsam vor die schwere Staatskarosse gespannter Fürsten. Jeder von ihnen hatte eigene Rechte geltend zu machen, und Hatschepsuts theoretische Unterlegenheit konnte der genauen Beobachtung der Höflinge nicht standhalten, die ihrerseits froh waren, die königlichen Differenzen für sich ausnutzen zu können. Der Pharao war Herr über das gesamte diesseitige Dasein, die Dinge und die Menschen, unumschränkter Herrscher und Hohepriester. Niemand wäre auf die Idee gekommen, seine Oberhoheit über das Leben beschneiden zu wollen. Eine solche Aufgabe überforderte zuweilen den Mann, der mit ihrer Verkörperung betraut war, konnte ihn sogar erdrücken, und wenn man auch grundsätzlich zu Beginn des Neuen Reiches nicht über mangelnde Ehrfurcht vor dem Monarchen klagen konnte – drei Jahrhunderte später sollten die letzten Ramessiden sich nach diesen glücklichen Zeiten zurücksehnen –, so war der vollkommene Gehorsam dem Manne gegenüber, der das Königtum verkörperte, doch nicht so selbstverständlich . . .

Hatschepsut hatte es richtig vorausgesehen. Die Königin hatte ein Wort mitzureden in den Angelegenheiten des Reichs. Sie stand als Hohepriesterin mit der Fruchtbarkeit des Lebens und vor allem mit der Göttin Hathor in Zusammenhang. Ihr königliches Blut sicherte ihr einen ganz besonderen Platz im Herzen der Amunspriester. Das Wissen um solche Verbündete macht nicht unbedingt bescheidener. Im Kriegsfalle übernahm die Königin ohne Zögern die Regentschaft über das Reich; der Tod des Königs machte sie zu einer Art grauer Eminenz, zu einer mächtigen Gestalt im Hintergrund, die durch ihren zum Pharao aufgestiegenen Sohn die politischen Fäden zog.

Die Tochter Thutmosis' I. sollte niemals den stolzen Augenblick erleben, in dem ihr Sohn die Doppelkrone oder den blauen Kriegshelm aufsetzte. Thutmosis II. dachte oft daran und schmunzelte insgeheim: Es war einer der wenigen Erfolge seiner Herrschaft, seine Gemahlin um eine solche Nachkommenschaft gebracht zu haben . . . aber auch die junge Frau sann ihrerseits darüber nach. Die rivalisierenden, sich in unablässiger Konfrontation gegenüberstehenden Ehegatten müssen wohl recht häufig dem lauernden Blick ihres Alter Ego begegnet sein.

Die beiden Herrscher waren jetzt um die dreißig Jahre alt, und wenn Hatschepsut auch älter war als ihr Halbbruder, sah man es ihr doch nicht an: Die Zartheit ihrer Gesichtszüge, ihre zierliche Gestalt gaben ihr den Anschein ewiger Jugend. Nur der Ernst ihres Gesichtsausdrucks und die Sicherheit, die aus ihren Augen strahlte, konnten vielleicht Zweifel an ihrer scheinbaren Sanftmut wecken. Kein Kummer zehrte an der Königin von Ägypten; sie betrieb ihre Angelegenheiten mit unbeugsamer Energie, während ihr Gemahl die Lenkung des Landes dem überließ, der sie ergreifen wollte. Wohl waren die Thutmosiden von vielen Anhängern umgeben, aber man muß den Widmungen in den Gräbern höhergestellter Diener, den Statuen, die Hatschepsut den wichtigsten Würdenträgern zum Zeichen der Dankbarkeit schenkte, doch entnehmen, daß die treuesten Diener Thutmosis' I. sich fast alle auf die Seite ihrer Herrin schlugen.

Solche Akte der Majestätsbeleidigung lassen sich nur durch die Schwäche des Monarchen und die konfliktbeladene Beziehung zwischen den beiden Protagonisten erklären; sollte doch das königliche Paar eigentlich seine

Kräfte vereinen, wie die Götter es vor ihm getan hatten, um das Menschengeschlecht und alle Dinge des Universums zu erschaffen. Glaubte man nicht auch, daß die Erde dem Schoß des Urmeers entstiegen sei? Als Frucht des Samens des Gottes Atum, einer Erscheinungsform der Sonne, des Lebensprinzips, war die Menschenwelt zunächst eine Insel gewesen, wie sie auch von den Obelisken vor den Tempeln symbolisiert wurde.

Die Kraftlosigkeit des Pharaos erklärt sich zweifellos durch seine Krankheit, die in den zeitgenössischen Schriften kaum erwähnt wird. Seine Schwäche und die ungewöhnliche Stellung seiner Gemahlin hatten die Vereinigung der beiden Hoffnungsträger des Landes zu einer Beziehung gemacht, die wenig mit ehelicher Gemeinschaft zu tun hatte: Das Innere des königlichen Gemachs und des Palastes wurde für die Dauer von fünfzehn Jahren zum Schauplatz einer Auseinandersetzung, in deren Verlauf jede Seite der anderen Verletzungen zufügte, ihr die Hände band und es ihr unmöglich machte, die Zukunft ihres Thronanwärters zu sichern.

Diese Entwicklung hatte schon mit der Geburt Thutmosis', des illegitimen Kronprinzen, begonnen, ohne daß sein Auftritt für die Rivalität zwischen den Ehegatten ursächlich gewesen wäre. Sie hatte lediglich die Differenzen weiter verschärft. Ein männlicher Nachkomme stärkte die schwache Position Thutmosis' II. und warf Schatten des Zweifels auf den königlichen Schoß seiner Halbschwester und ihre Fähigkeit, den Fortbestand der Dynastie zu sichern. Welch beißenden Spott mußte sie wohl über sich ergehen lassen, die Erbin, der Liebling ihres Vaters, von seiten des amtierenden Pharaos, der imstande war, seine klägliche Legitimation als königlicher Bastard durch den unreinen Schoß von Dienerinnen fortzupflanzen und sich dessen auch noch zu brüsten. Man kann den Schmerz dieser beiden Geschöpfe angesichts ihrer jeweiligen ureigensten Schwäche nachempfinden: der kraftlose Mann, der sicher außerhalb eines Kreises von Offizieren und Jugendgefährten wenig Unterstützung in seiner nächsten Umgebung fand, und seine große Gemahlin, die seit ihrer Jugend gegen den weiblichen Körper wütete, der sie jeglicher Rolle von geschichtlicher Bedeutung beraubte.

Auf das Unverständnis der jungen Jahre – einer Kinderzeit, in der die Liebe des Vaters auch über die Eifersüchteleien des Harems hinaus geteilt werden mußte – folgte mit der erzwungenen Heirat die direkte Konfrontation mit diesem anderen, dem Ehegatten, dem rücksichtslosen Vertreter des parallel zum eigenen verlaufenden Zweigs des königlichen Stammbaums. Hatschepsut und Thutmosis verabscheuten sich aus unterschiedlichen Gründen: Zusammengenommen waren sie das, was jeder einzelne gerne gewesen wäre, wie zwei Teile eines grausam zerstückelten Körpers. Das Schicksal verkehrte die Komplementarität dieser beiden Lebensprinzipien des Königtums ins Gegenteil, die Bruder und Schwester in einer Heirat vereinte, die für die Ägypter die Garantie der Unsterblichkeit des Tals bedeutete. Niemand sonst praktizierte diese Endogamie, die von allen Gesellschaftsformen seit Anbeginn der Zeiten abgelehnt wurde und Ursprung genetischer Mißbildungen war. Den Menschen dieser fernen Vergangenheit schien es jedoch einleuchtend, daß nur eine solche Verbindung jenes Wesen aus Fleisch und Blut mit den so dringend benötigten göttlichen Eigenschaften hervorbringen könne, den Pharao . . .

Im Laufe der Jahre durchdrang der Haß auf den anderen, der ihr Leben trübte und jedem der beiden täglich den Spiegel seiner eigenen Unvollkommenheit vorhielt, die beiden Herrscher des Landes immer mehr . . . Die Fähigkeit, die Zukunft der thebanischen Dynastie zu repräsentieren, wurde zum Dreh- und Angelpunkt einer in anderer Hinsicht nicht sehr aktiven Politik. Der junge Bastard Thutmosis bestärkte Hatschepsut in der bei ihr schon zwanghaft gewordenen Vorstellung von der ungerechtfertigten Dominanz der Thutmosiden-Prinzen über das heilige Blut der Ahmessidinnen, der legitimen Königinnen, die zum Opfer der verfehlten Entscheidungen der Götter geworden waren.

Hatschepsut war nicht die Frau, klein beizugeben, und wenn sie Thutmosis auch keinen Thronanwärter entgegenzusetzen hatte, begann sie doch, Verbündete zu suchen. So wuchs der junge Prinz in einer Atmosphäre der Intrigen auf, auch wenn die dynastische Opposition niemals in offene Rebellion überging: Es ging eher darum, diese doppelköpfige Hydra fest zu etablieren, obwohl die tatsächliche Befehlsgewalt doch eigentlich von dem amtierenden Pharao allein hätte ausgehen müssen, während man darauf wartete, daß die Götter über das Los Thutmosis' II. entschieden. Schließlich wagte niemand, Voraussagen darüber abzugeben, welches Schicksal den Protagonisten dieser antiken Tragödie vorbehalten sei, die den Verfassern der griechischen Literatur zur Ehre gereicht hätte.

Vorerst sorgte sich der junge Thutmosis vor allem um die Gesundheit seines Vaters und hielt sich in der Nähe seiner Mutter, deren Sorge und hektische Betriebsamkeit nicht geeignet waren, seine eigenen Befürchtungen zu zerstreuen. Er hatte wohl sagen hören, daß Hapuseneb die große königliche Gemahlin, deren Vater gewaltige Bauarbeiten in Karnak in Auftrag gegeben hatte, in hohen Ehren hielt. Aber der Knabe hatte ohnehin seit kurzem gelernt, den so bescheiden tuenden Priestern zu mißtrauen. Während seiner Lehrjahre im Tempel war er sich ihrer Macht bewußt geworden. Aset wußte, daß man sich vor ihnen hüten mußte, doch es lag ihr nicht daran, den jungen Thutmosis gegen seine Lehrer aufzuhetzen: Schließlich mußten nicht alle Priester so sein wie dieser Ränkeschmied. Was die anderen Würdenträger des Reichs anging, so handelte es sich zum großen Teil um alte Gefährten Thutmosis' I., wie zum Beispiel den Baumeister Ineni, fast als ob Thutmosis II. nie recht mündig geworden wäre. Eine solche Präsenz war günstig für Hatschepsut, deren kindliche Liebe zu ihrem Vater allgemein bekannt war: Die Berater des Verstorbenen freuten sich, bei ihr ein wenig vom Wesen ihres Herrn wiederzufinden.

Thutmosis wußte wohl, daß der Hofbaumeister und seine Leute die Grabstätte Thutmosis' I. an einem für Königsgräber ungewöhnlichen Ort angelegt hatten. Es befand sich in einem Gebirgstal am Saum des Totenreichs, westlich des Niltals, in einer eindrucksvollen Felsschlucht, welche die Archäologen eines Tages »Tal der Könige« taufen sollten.

Der junge Prinz hegte keinen echten Argwohn gegen den Alten, genausowenig wie gegen dessen Gefährten, Ahmose, den Soldaten, dessen Kriegserinnerungen die lehrreichen Erzählungen Inenis untermalten. Würden diese Getreuen es wagen, den letzten männlichen Nachkommen ihres Herrschers beiseite zu schieben? Andere, wesentlich jüngere Höflinge, hatten es verstanden, sich das Vertrauen der Tochter Thutmosis' I. zu erwerben. Die Gespräche im Harem drehten sich immer häufiger um einen gewissen Senenmut, einen Bediensteten von bescheidener Herkunft, vor dem Thutmosis II. sich wohl in acht nehmen sollte . . . Man flüsterte seinen Namen in Verbindung mit dem der Prinzessin Nofrure. Er sollte ihr Erzieher werden, wenn Anubis sich erst der Seele des alten Ahmose angenommen hätte. Ein solcher Vertrauensbeweis seitens Hatschepsuts beunruhigte Aset. Sie spürte, wie das Netz sich immer enger zusammenzog.

Die Gegenwart des jungen Prinzen konnte diese düsteren Gedanken unweigerlich verscheuchen, obwohl ihr bewußt war, daß das Ende dieser ungewissen Situation näherrückte. Sein zartes Alter würde ihn nicht vor der Niedertracht der Erwachsenen bewahren. Doch sie würden es nicht wagen, Hand an den von seinem Vater offiziell benannten Nachfolger zu legen. Wer außer ihm konnte schließlich die Krone tragen?

*

Thutmosis II. starb so, wie er gelebt hatte, sozusagen auf halber Strecke, im Alter von kaum dreißig Jahren. Seine Krankheit beschleunigte noch ein klägliches Geschick, wenn man nach dem in der neuen Nekropole der Pharaonen, dem Tal der Könige, begonnenen und zum Zeitpunkt seines Todes noch unvollendeten Grab urteilen will. Er bietet das seltene Beispiel eines Herrschers, der außerstande war, Vorsorge für sein zukünftiges Leben zu treffen, ein mindestens ebenso wichtiger Faktor wie sein flüchtiges Verweilen in diesem Tal. Thutmosis II. mußte so seine Geschicke in den Händen des Hofs und seiner Gemahlin zurücklassen, der er keinen schöneren Gefallen hätte tun können, als auf diese Weise den endgültigen Beweis zu erbringen, daß er des Erbes Thutmosis' I. und der Herrscher des Neuen Reiches nicht würdig war.

Sein Sohn empfand ganz anders. Mit zwölf Jahren hatte er seinen Vater verloren, diesen Gefährten, der ihm die Türen des Lebens hätte öffnen sollen, den wohlwollenden Lehrer, den Erwachsenen, in den er ungeachtet aller Maßregelungen sein Vertrauen setzte. Der Vater war sein Vorbild trotz des kläglichen Bildes, das die Würdenträger des königlichen Gefolges häufig von ihm zeichneten. Was bedeutete das dem neugierigen, temperamentvollen Prinzen schon? Für ihn blieb dieser Vater der große Krieger, der Erste unter den Offizieren, imposant in seiner Rüstung, der Thutmoside, der imstande war, die Wüstenhorden zu bändigen. Dieses Bild genügte ihm, auch wenn er spürte, daß das Leben sich beeilen würde, ihm andere, weniger gefällige Spiegel vorzuhalten.

Doch diese Stunde gehörte der Trauer, der Schmerz verdunkelte die schönsten Tage; er würde der bevorstehenden Zeit einen bitteren Beigeschmack verleihen, die den Trauernden alles Zeitgefühl verlieren ließ. Jeder Morgen brachte düstere Gedanken, und die Leere des Palastes half dem Kronprinzen nicht, seine seelische Erschütterung zu überwinden. Eine Zeitlang würden sich die Höflinge und die Würdenträger rarer machen, würde es keine Festlichkeiten und Musikanten geben. Sie würden die verödeten Gänge, die leeren Säle den Konkubinen und den Dienern überlassen; alle darum bemüht, die Freunde von gestern zu meiden, die vielleicht die Rivalen von morgen waren im ungewissen Ringen um die Errichtung einer neuen protokollarischen Hierarchie.

Noch sprach niemand öffentlich von der offiziellen Nachfolge. Thutmosis II. befand sich noch in der Obhut der Einbalsamierer. Falls die Hypothese über seine Todesursache – eine Hautkrankheit – zutreffen sollte, waren die verschiedenen Medikamente und Heiltränke aus den ägyptischen Arzneibüchern wirkungslos. Das galt für viele Erkrankungen. Zweifellos führten die königlichen Hofärzte bereits Operationen durch und waren in der Lage, alltägliche Leiden zu behandeln. Betrachtet man die in den Verstecken des Tals der Könige gefundenen Mumien, so weisen Rheumaleiden, endemische Erkrankungen und andere schreckliche Krankheiten, die ihre Spuren im Knochengewebe hinterlassen haben, auf wenig beneidenswerte Daseinsbedingungen hin. Das ägyptische Volk hatte sicher viele Gemeinsamkeiten mit denen der weniger begünstigten Länder unserer Zeit, die den Medien den Anblick einer von frühester Kindheit leidgeplagten Menschheit bieten.

Thutmosis II. verblaßte zu einem Schatten, niemand wußte, wo sein ausgeweideter Leib lag. Die Gelehrten offenbarten ihre mittlerweile jahrhundertealten Verfahren nicht, mit denen man die leere Hülle des Körpers in jenes gelbliche Pergament verwandelte, das so trocken war wie die Haut eines in der Wüste verschmachteten Tieres. Vieles war der unsterblich machenden Wirkung des Natronsalzes zu verdanken, aber es bedurfte der menschlichen Kunstfertigkeit, noch die letzten Gehirnreste durch die Nasenlöcher herauszuziehen und das Innere des Brustkorbs mit einem Salbenverband aus aromatischen, antiseptisch wirkenden Kräutern auszustopfen. Damit trat man in die Nacht des Anubis ein, und die siebzig Tage der langsamen Verwandlung waren nicht mehr von Bedeutung. In den Augen der Lebenden existierte Thutmosis II. schon jetzt nur noch auf den Wandgemälden seines Palastes, und diese wirkten in jenen Tagen des Gedenkens noch lächerlicher als während seines Siechtums.

Das Grab des Toten mußte in aller Eile hergerichtet werden. Kein Pharao war jemals ohne diese Totenwohnung geblieben, von der aus er in die Ewigkeit einging. Die Entdeckung des Grabes von Tutanchamun, einem späten Nachkommen der Thutmosiden, der die von diesen kriegerischen Pharaonen eingeläutete 18. Dynastie zu einem kläglichen Ende brachte, durch Carter und Carnarvon im Jahre 1922 hat gezeigt, was ein Pharao alles in seine ewige Wohnstatt mitnehmen mußte. Diese Grabstätte ist eine der ganz wenigen unversehrt gebliebenen des Landes, das einzige ungeplünderte Grab im Tal der Könige und damit das beste Beispiel für diese königlichen Monumente des Neuen Reiches. Angesichts des Durcheinanders von Statuen, Truhen, Stoffetzen und hölzernen Dienerfiguren, die sich in den wenigen Kammern des Grabes stapeln, fühlt man sich eher an das Inventar eines ganzen Palastes erinnert als an eine Grabstätte, die den Körper zur letzten Ruhe aufnehmen sollte. Die Sargkammer ist etwas ordentlicher eingerichtet, aber die ineinander geschachtelten Särge lassen auch hier das Ausmaß der getroffenen Vorkehrungen erkennen.

Diese materielle Vorsorge, dieses geradezu besessene Herrichten einer Art Arche Noah, die einem einzigen Wesen ein luxuriöses Leben im Jenseits garantieren sollte, offenbart uns die sehr materialistische Vorstellung, die man sich in jener Zeit vom Unbekannten machte. Niemals wieder würde der Zyklus der Ewigkeit so genau auf das menschliche Bild zugeschnitten sein, ein gutes Beispiel zum Vergleich mit den nüchternen jüdisch-christlichen Riten einer uns näherstehenden Epoche. Ägypten erscheint dagegen noch wie ein Zeuge des uralten Fundus der Menschheit, ein nahezu unveränderliches Gedächtnis.

So versteht man eher, warum die Pharaonen so ängstlich darauf bedacht waren, ihre Paläste der Nacht vorzubereiten. Die kontinuierliche der Entwicklung seit den mehr als tausend Jahre vor der Zeit unserer Thutmosiden errichteten Pyramiden wird deutlicher . . . Man kann nicht umhin, den unglücklichen Thutmosis II. zu bedauern, den der Tod im qualvollen Wissen um sein unvollendetes Meisterwerk ereilte. Dieses unfertige Grab mußte schwer auf der Seele des Herrschers über die Menschheit lasten, der nun nicht einmal dem Übergang in die Ewigkeit gefaßt entgegensehen konnte. Wie würde es seinem Ka, diesem unentbehrlichen Doppelgänger, ergehen, am Rande der Wüste umherirrend, seiner Heimstätte beraubt? Thutmosis II., ein Geisterkönig? Für wen würde man den Totenkult zelebrieren, für eine abwesende Seele?

Die Grablegung wurde in größter Hast vorbereitet, ohne daß man Hatschepsut vorwerfen könnte, ihren verstorbenen Gemahl vernachlässigt zu haben, doch offenbar wurde nicht zu erwartet, daß sie sein Andenken so heilig halten würde wie das ihres Vaters.

Als ein französisches Archäologenteam unter der Leitung von Maspero 1881 ein in der Felswand des Tals der Könige entdecktes Versteck öffnete, fand man dort neben zahlreichen anderen Herrschern auch die mumifizierten Überreste des unglückseligen Thutmosis II. So hatten die Wechselfälle der Zeit die hochmütigen Herrscher aus dem Tal der Könige schließlich doch auf eine Stufe mit ihrem bedauernswerten, zu früh verstorbenen Zeitgenossen verwiesen. Nach der Schändung der Gräber – ab der 21. Dynastie – durch Plünderer, welche die Wachsamkeit der geschwächten Pharaonen um das Jahr 1000 v. Chr. wenig fürchteten, hatten die verzweifelten Priester die Mumien unter größter Geheimhaltung aus ihren Gräbern geholt und in ein gemeinsames Versteck umgebettet. Alle Thutmosiden fanden sich dort und auch Hatschepsut. Eine kuriose Genugtuung für Thutmosis II., daß so all diese Herrscher ihrer ewigen Wohnstatt beraubt wurden, ganz gleich, ob es ihnen gelungen war, diese großartigen unterirdischen Denkmäler, deren Farbenpracht uns noch heute staunen macht, beizeiten zu vollenden. Keiner von ihnen war den Fährnissen der Zeit entgangen, und die Seelen der toten Pharaonen sollten für alle Zeiten auf den wüsten Hängen des Tals der Könige umherirren.

Der Kindkönig hielt sich in der vordersten Reihe des Leichenzugs, als würdiger Nachfolger, der für die Fortführung der lebensnotwendigen Tradition zu sorgen hatte, ohne daß seine Trauer und Erschütterung seinen ersten Auftritt als Herrscher beeinträchtigen durften. Der Anblick des schwer beladenen Katafalks, den man zum Tal der Könige zog, würde ihm für immer im Gedächtnis bleiben, als ob dieser dem Leben entrissene Vater und er selbst nur Marionetten des stummen Schmerzes in einem von den Göttern inszenierten Puppenspiel wären. Das Hinscheiden seines Vaters sollte keine markante Erinnerung in den Annalen hinterlassen, doch Thutmosis III. würde dereinst für die Verherrlichung dieses schon fast vergessenen Namens durch Monumente und Widmungen sorgen.

Der Prinz war noch zu jung, um den Trauerzug ganz allein anzuführen. Hatschepsut nahm als große königliche Gemahlin ihre Stellung im Rahmen der Palastfeierlichkeiten ein. Sie führte den Zug der Klageweiber auf dem Weg zur mächtigen Felswand des Westgebirges, von wo aus die Schar der Würdenträger und die Eskorte zur Felsenschlucht und den Geröllhalden des von Thutmosis I. eingeweihten heiligen Tals weiterzog. Dort würde der unauffällige, schon fast unter Geröll verborgene Eingang des Grabkorridors den Sarg verschlingen; noch einige Dutzend Meter weiter ins Herz des Gebirges hinein, und der Sarkophag würde im Licht der Harzfackeln für alle Ewigkeit seinen Platz im Inneren der Sargkammer einnehmen. Die Trauernden würden sich mühsam einen Weg durch die in den Nebenräumen aufgehäuften Schätze bahnen, und dann würde die Nacht hereinbrechen, auf ewig hinter diesen für alle Zeiten verschlossenen Türen. Schließlich brauchte man nur noch den Gang zu versiegeln und wie die Menschen damals glaubten den Eingang des Grabes zu verbergen. Thutmosis mußte unaufhörlich daran denken; auch er würde von nun an für alle Zeit allein sein: ein lebender Gott unter den Menschen . . .

Diese Erinnerungen an eine unglückliche Kindheit, die unerfüllte Liebe zu seinem zu früh verstorbenen Vater, haben den Prinzen sein ganzes Leben lang begleitet. Noch viele Jahrzehnte später drängten diese geheimen Gefühle an die Oberfläche. Selbst noch als alter Mann auf dem Höhepunkt seines Ruhms suchte der Pharao sein Schicksal, das durch das Drama des vorzeitigen Tods seines Vaters und die Anfechtung seines Herrschaftsanspruchs durch die große Königsgemahlin durchkreuzt worden war, durch wundersame, in Stein gehauene oder auf Papyrus verewigte Schilderungen zu retuschieren. Der Alptraum des Prinzen hatte seine Wurzeln in eben diesem Beerdigungstag: Man erkennt dies in der erbaulichen Szene der Inthronisation des jungen Thutmosis durch Amun persönlich. Der Gott habe Thutmosis II. gestützt und Thutmosis III. geweiht . . .

Diese Geschichte, die mit erheblicher Verspätung zur für zukünftige Generationen bestimmten offiziellen Version wurde, zeigt, daß es mit der glücklichen Kindheit an jenem Tag vorbei war. Der Bericht von der durch Amun getroffenen Wahl läßt unsere auf harte Fakten bedachten Zeitgenossen ungerührt. Wie sollte man auch daran glauben, daß die Statue des Gottes während einer religiösen Zeremonie, plötzlich zum Leben erwacht, das Haupt geneigt und sich dem auserwählten Knaben zugewandt habe, vor dem Vater und den anderen Würdenträgern? Man ist geneigt, an eine Manipulation mittels einer mit Gelenken ausgestatteten Statue oder schlicht an eine Ausgeburt der Phantasie zu glauben . . . Der alte Thutmosis III., dem es vor allem darum ging, die Usurpation durch Hatschepsut vergessen zu machen, indem er vorgab, noch zu Lebzeiten seines Vaters gekrönt worden zu sein, war er selbst getäuscht worden, glaubte er ehrlich an das Wunder? Oder muß man dies für die Manipulation des gutgläubigen Volkes durch einen Pharao halten, den es immer noch rasend machte, nach dem Tode seines Vaters von der Macht ausgeschlossen worden zu sein, für die Propaganda eines Herrschers, der nun seinerseits bemüht war, den königlichen Mythos von der göttlichen Geburt in Umlauf zu setzen, wie seine Feindin Hatschepsut es vor ihm getan hatte? So hatte sie der Seele ihres verstorbenen Gemahls getrotzt, um ihre Macht als Königin zu festigen, hatte den jungen Bastard geringschätzig beiseite geschoben im Namen des göttlichen Blutes des Amun, der sie an ihres leiblichen Vaters Statt gezeugt habe . . .

Über die politische Auseinandersetzung auf dem Feld der Ewigkeit, die Konfrontation zweier Ungeheuer von maßlos übersteigertem Ego hinaus, spricht hieraus noch heute die Seele des zutiefst verstörten Kindes zu uns.

Diese Szene, in der Thutmosis II. miterlebt, wie sein Sohn in Anwesenheit der Hohenpriester und Würdenträger von dem Gott anerkannt und auserkoren wird, ist der Grundstein zur Legitimierung der Herrschaft Thutmosis' III. nach der Machtanmaßung der Hatschepsut. Doch darf man das an seinen Vater geschmiegte Kind, so dicht vor der in Stoff gehüllten Statue Amuns mit den faszinierenden, gemalten Augen, darüber nicht vergessen . . . Für die beiden Bastarde, die unter dem Makel ihrer Geburt zu leiden hatten, ging dieser Mythos sicher weit über bloßes politisches Kalkül hinaus; die Geschichte vereint ihrer beider Schicksal in einer Fabel, die uns – wenn auch unbeabsichtigt – zarte Hinweise auf durchaus menschliche Seelenqualen überliefert.

3
Die zwei Mütter

Das Jahr 1504 vor unserer Zeitrechnung wäre düsterer kaum vorstellbar gewesen: Nach dem Tode Thutmosis' II. sah sich die Herrscherfamilie der schwierigen und stets heiklen Aufgabe gegenüber, den Machtübergang zu organisieren. Dies bedeutete mehr als die simple Weitergabe des Zepters im Rahmen der Erbfolge. In den meisten Fällen hatte der Pharao einen männlichen Erben im regierungsfähigen Alter, oder er hatte Vorkehrungen getroffen, indem er einen erwachsenen Bastard mit einer legitimen Tochter verheiratete. Im vorliegenden Falle wurde die Angelegenheit jedoch durch die Minderjährigkeit des Königssohns kompliziert. Thutmosis III., der Sohn des Verstorbenen, sollte als rechtmäßiger Erbe des Geschlechts regieren, aber sein jugendliches Alter – er hatte gerade erst sein dreizehntes Lebensjahr vollendet – verwehrte ihm noch den Zugang zum Thronsaal. Wäre er nur einige Jahre älter gewesen, das Leben dieses Prinzen, der Gang dieses Jahrhunderts, in dem Ägypten den Höhepunkt seiner Macht erreichte, und die Entwicklung des gesamten östlichen Mittelmeerraums im zweiten Jahrtausend vor Christus wären anders verlaufen!

Als volljähriger und anerkannter Herrscher, durch seine Garde getreuer Offiziere, die Gefährten seiner Jugend, gestützt, wäre es dem Erben Thutmosis' II. sicher nicht weiter schwergefallen, der ersten Gemahlin für ihre aufopferungsvolle Sorge um ihren kranken Halbbruder zu danken, um sie sodann auf die glanzvolle, aber rein ehrenamtliche Rolle der Hohepriesterin Amuns herabzustufen ... Sie hätte gewissermaßen die protokollarische Funktion einer zweiten Mutter übernommen. Ihrer beider Leben wäre völlig anders verlaufen. Der Pharao hätte eine friedliche Regierungszeit genießen können und es nicht nötig gehabt, sich in den Augen der Geschichtsschreiber für die Demütigung zu revanchieren, die der junge Thutmosis in den kommenden Jahren und, schlimmer noch, volle zwei Jahrzehnte hindurch erleiden sollte.

Wer weiß, ob Thutmosis III., wenn er seine Volljährigkeit erreicht hätte ohne auf Opposition und Brüskierung zu treffen, der Welt den furchtbaren Wutschrei entgegengeschleudert hätte, den er so nach der lang ersehnten Befreiung von der ersten Gemahlin seines Vaters nicht zurückhalten konnte. Ohne Zweifel veränderte die schwere Prüfung, die der Prinz durchmachen mußte, sein Wesen ... Sie sollte einen zaghaften jungen Mann in einen Herrscher verwandeln, der darauf versessen war, seinen Ruhm bis zu den fernsten Horizonten zu verbreiten, als ob er den verhaßten Geist seiner bösen Stiefmutter bis in die fernsten Winkel der »Neun Bogen« zu verfolgen suchte. Die Geschichte des Landes blieb davon nicht unberührt. Der durch das Mißgeschick eines einzigen Menschen entfesselte Sturm sollte seinerseits weitere Turbulenzen von ungeheurem Ausmaß auslösen. Damit wurde ein regelrechter menschlicher Mahlstrom in Gang gesetzt, dessen Wogen den gesamten Orient, diesen Nährboden einer der größten Zivilisationen der Welt, mehr als ein Jahrtausend lang erschütterte.

Solche Gedanken lagen der ersten Gemahlin Hatschepsut fern. Als Angehörige einer Epoche, in der geschichtliche Entwicklungen kaum absehbar waren, stand ihr eher ein von der unveränderlichen Ordnung der Götter beherrschtes Universum vor Augen, von ewigem Kreislauf geprägt, ganz nach dem Ebenbild der Nilschwelle. Der Mensch, und sei er auch ein Pharao, war nur ein Rädchen in diesem kosmischen Gleichgewicht Amuns und der Seinen. Die stolze Hatschepsut gab sich mit dieser bescheidenen Rolle zufrieden ... Die traditionelle Aufgabe der Regentin bestand darin, das Reich zu bewahren, ohne allzu viele für den jungen König schwer zu handhabende Reformen in die Wege zu leiten, und den Knaben auf seine Aufgabe vorzubereiten. In friedlichen Zeiten war eine solche Regentschaft keine allzu schwierige Angelegenheit, zumal die Berater des vorigen Herrschers sich zur Verfügung hielten. Kein Bereich der pharaonischen Verwaltung lag in irgendeiner Weise im argen ...

So begann die Regentschaft der Hatschepsut im Namen Thutmosis' III., der in den Annalen als Pharao geführt wurde. Auch wenn er noch nicht regierte, war der junge Prinz jetzt offizieller Träger des Titels. Sein Name, ein bedeutungsreiches Symbol im alten Ägypten, lautete damals noch etwas anders als viel später während seiner tatsächlichen Herrschaft. Unmittelbar nach dem Tode seines Vaters hieß er Thutmosis, aber auch Mencheperkare, ein Wort für Jugend, das gleichzeitig den Ka des Gottes Re pries, ein Name, den er später verwerfen würde ... Ein durchaus normaler Vorgang in einer Zeit, in welcher der Name als magisches zweites Ich das wahre Wesen des Menschen ausdrücken sollte. Oder war es der Wunsch, eine schmerzliche Jugend hinter sich zu lassen?

Der moderne Historiker weiß, daß das Drama bereits schwelte, auch wenn die Chroniken dieser beiden Jahre der Regentschaft keinen Hinweis auf eine offene Krise geben. Die ersten Monate verliefen reibungslos, der gekrönte Prinz hielt sich im Kielwasser seines weiblichen Vormunds, während das von dem verstorbenen Pharao hinterlassene Zweiergespann sich angestrengt bemühte, als allmächtiger Herrscher des Landes aufzutreten. An archäologischen Stätten finden sich bis zum heutigen Tage Statuen, welche die beiden miteinander in Verbindung bringen, Wandreliefs zeigen sie vereint, viele Tempel des Tals tragen die Spuren ihrer Gegenwart. Man könnte sie für Mutter und Sohn halten, über die protokollarische Beziehung hinaus, und fast möchte man diesen von zwei Müttern geliebten Prinzen glücklich preisen.

Thutmosis III. verdankte der Gegenwart Hatschepsuts viel. Sie kannte das Räderwerk des Hofs und der königlichen Verwaltung in- und auswendig. Zu Zeiten der Regierung ihres Vaters und ihres Gemahls hatte sie alles über die Komplexität der Provinzen gelernt, dieser zahlreichen kleinen Territorien, in die das Tal aufgeteilt war. Sie waren Überreste langvergangener Epochen, in denen sich jeder Stammesklan so gut wie möglich mit dem mächtigen Nil einrichtete, mit seinen Hochwassern und den Sümpfen an seinen Ufern. Es galt, die verschiedenen Ämter des Palastes sinnvoll zu organisieren, um jede einzelne Provinz bestmöglich verwalten zu können. Auch wenn die Hierarchie der pharaonischen Schreiber allgegenwärtig und überall ähnlich gestaltet war, mußte der Herrscher sich doch um sehr unterschiedliche Verhältnisse kümmern. Eine Provinz in der Nähe von Theben, die mit einem Netz von Schreibern überzogen war, warf nicht die gleichen Probleme auf wie etwa ein kleiner Nomus im fernen Delta, der vom Niltal durch die Sumpfgebiete eines Nilarms abgeschnitten und den Streifzügen von Plünderern aus der so nahegelegenen libyschen Wüste ausgesetzt war. Der Pharao mußte jeden einzelnen Nomus so lenken, wie ein besorgter Vater eines seiner Kinder anleiten würde, mal eine Garnison in ein unruhiges Grenzgebiet des Reichs entsenden, mal seine Kornspeicher öffnen, um eine Hungersnot an den Grenzen Nubiens zu verhindern.

Diese fast schon imperiale Vorstellung von der Regierung des riesigen Tals war jedoch allein nicht ausreichend. Die Vasallen des Herrschers waren völlig von ihm abhängig. In der überwiegenden Mehrheit repräsentierten sie die leistungsfähigste Verwaltung des Altertums, aber der Pharao mußte seine Gouverneure dennoch überwachen, damit sie sich bei der Verwaltung der Provinzen keine Freiheiten herausnahmen. Das Volk verzieh dem Sohn der Götter seine Entscheidungen, hätte ihm jedoch jede Schwäche gegenüber den allzu menschlichen Gelüsten seiner begehrlichen Diener übelgenommen. Die Richter sprachen besseres Recht, wenn sie sich von einem Schreiber überwacht fühlten, der ein offenes Ohr für die Beschwerden der geschädigten Bauern hatte.

In jener Zeit der Regentschaft hätte die Versuchung, sich eine etwaige Zaghaftigkeit des Herrschers zunutze zu machen, groß sein müssen, doch es geschah nichts dergleichen. Die 18. Dynastie war noch jung, und die Thutmosiden hatten es verstanden, ihnen treu ergebene Familien in Schlüsselpositionen der Verwaltung einzusetzen. Glücklicherweise kam es auch zu keinerlei Erhebungen in den Grenzgebieten. Thutmosis war noch zu jung, um in den Kampf zu ziehen, und seine Offiziere dösten in einer Ruhe vor sich hin, die ihnen wenig zusagte.

Im Inneren des friedlichen Reichs konnte Hatschepsut ihre Energie unter äußerst günstigen Bedingungen entfalten. Monat für Monat wurden weitere Tempel wiederaufgebaut, Stadtmauern erhöht. Das Land hatte sich von der Invasion der Hyksos erholt, aber mehr als tausend Kilometer Niltal hatten unter einem Jahrhundert des Kriegs und des erbitterten Kampfes gegen die Eindringlinge schwer gelitten. Nichts wurde jemals wirklich fertiggestellt in einem Zeitalter, in dem Nachrichten und Nachschubtransporte mit menschlicher Geschwindigkeit reisten, der Strömung des Flusses folgend, in dem die menschliche Arbeitskraft die einzige nutzbare Energiequelle darstellte.

Der junge Thutmosis fand nichts auszusetzen: Sein Vormund hätte nicht im Traum daran gedacht, ihn anläßlich einer Reise nach Koptos, einer Prozession zum Tempel des Min oder des Amun im Palast zurückzulassen. Hierin profitierte er von der Aufmerksamkeit einer zweiten Mutter, die darauf achtete, daß man dem offiziellen Träger des Pharaonentitels alle ihm zustehenden Aufmerksamkeiten erwies. Thutmosis war ausreichend damit beschäftigt, das lästige Protokoll der königlichen Auftritte zu absolvieren. Allein schon das morgendliche Aufstehen und Ankleiden des Königs waren regelrechte Zeremonien. Jedes Stück der königlichen Bekleidung hatte eine symbolische Bedeutung, und so mußten das schwere, goldene Brustschild und mal diese, mal jene Kopfbedeckung unter der Krone getragen werden. Schmuckstücke, Gewand und sonstiges Beiwerk vervollständigten die prunkvolle Aufmachung. So verwandelt, mußte der junge Mann zunächst im Inneren des Palastes die Ehrenbezeigungen des Hofes entgegennehmen, in gemächlichem, genau an die minuziös festgelegten Riten angepaßtem Tempo. Er verließ den Palast unter dem Schutz der Eskorte, wobei jeder Würdenträger seinen festen Platz hatte, den er um nichts in der Welt einem anderen abgetreten hätte. Drei Schritte mehr oder weniger im Verhältnis zum nächsten Kämmerer, zum zweiten Propheten, waren von größter Bedeutung hinsichtlich seiner Stellung, die nach Gutdünken und Laune des Pharaos variieren konnte.

Diese Rolle befriedigte Thutmosis jedoch nicht. Er hatte zwar in den Augen des Hofs und des Volks alle königlichen Vorrechte inne, doch die Regentin hatte es verstanden, private Ergebenheit recht schnell in offizielle Anerkennung zu verwandeln. Thutmosis begriff jetzt, daß sie sich nicht umsonst solche Mühe gab. Sie übernahm die Regierung des Landes, und er war ihr dankbar dafür, aber die Untertanen sollten es auch wissen. Der junge Herrscher wollte die Bewunderung, die er für sie empfand, nicht verhehlen; er wußte, wie sehr die Zukunft seiner Herrschaft von dem Mut der Regentin abhing. Sie zeigte sich bei jeder Gelegenheit an seiner Seite, als Hüterin des Königtums. Sehr bald schon spürte Thutmosis, wie seine Untertanen ihrer gewahr wurden, gebieterisch und ihrer Stärke sicher. Schon nach wenigen Monaten maßte sie sich die Leitung von Prozessionen und Zeremonien an, ohne daß ihr männliches Gegenstück etwas dagegen hätte sagen oder tun können. Der Prinz wurde sich seiner Abhängigkeit bewußt. Er setzte all seine Hoffnungen in sie, wollte an ihre Uneigennützigkeit glauben, daran, daß sie die Dynastie stärken und ihm den Weg ebnen wollte. Er sah sie immer noch als Lehrmeisterin, die ihn in die Geheimnisse der Macht einweihen würde, und hielt Asets Mißtrauen für mütterliche Eifersucht. Im Laufe der Zeit begann die eine Krone die andere in den Schatten zu drängen.

Hatschepsut beriet sich unverhohlen mit ihren Anhängern und forderte Thutmosis auf, mit ihr gemeinsam zu erscheinen, ohne ihn näher über den jeweiligen Anlaß zu informieren, erst recht informierte sie ihn nicht über die Angelegenheiten des Reichs. Zwischen Furcht und unvernünftiger Hoffnung hin- und hergerissen, leistete Thutmosis ihr Beistand, trat als ihr Begleiter auf.

Hatschepsut setzte nunmehr eine regelrechte Anerkennung der Dualität des monarchischen Prinzips durch, die tatsächlich zu ihrer Machtergreifung wurde. Von jetzt an trug jeder der beiden eine Krone, und allein dieses Symbol kennzeichnete schon die Ambivalenz der Situation. Thutmosis III. hatte gegen diese in aller Öffentlichkeit bekanntgegebene Entscheidung nicht protestiert; er sah keine Möglichkeit dazu, doch die Art und Weise, in der die Aufteilung erfolgte, war noch demütigender. Es handelte sich nicht darum, daß jeder von beiden das Symbol des Pharaos tragen würde, die aus der roten und der weißen Krone zusammengesetzte Doppelkrone, welche deutlich machen sollte, daß der König von Ägypten nichts sei ohne die Einheit des Tals, sondern um eine Auflösung dieser doch so wesentlichen Verbindung. Hatschepsut würde die Krone Oberägyptens, der Legitimität und der Hauptstadt Theben tragen und dem jungen Pharao die Krone Unterägyptens, des fernen Deltas, überlassen, Symbol eines zweitrangigen Ägypten . . .

Diese Symbolik wäre eher sonderbar als ärgerlich gewesen, wenn sie es nicht der Königin möglich gemacht hätte, die Ehrfurchtsbezeigungen der Würdenträger ganz offiziell auf sich zu ziehen. Die Regentschaft war institutionell geworden und die geteilte Krone zum beredten Lohn ihrer Mühen.

Thutmosis III. hatte diesem für das Bild der thutmosidischen Monarchie zerstörerischen Ehrgeiz nichts entgegenzusetzen. Die Monate vergingen, und der Jüngling spürte, daß die mütterliche Protektion, welche die erste Gemahlin seines verstorbenen Vaters ihm angedeihen ließ, mehr ihrer Vorsicht dem Hof gegenüber entsprang als der Absicht, den Thronanwärter auf die ihm bevorstehende Rolle vorzubereiten.

Die Königin machte ihre Züge so geschickt wie beim Damespiel, das bei den Ägyptern so beliebt war. Hatschepsut und Thutmosis waren nicht die einzigen wichtigen Figuren in diesem Spiel, und der Jüngling wurde sich des Umklammerungsmanövers, dessen Opfer er war, von Tag zu Tag bewußter. Hapuseneb, erster Priester des Amun, hatte sich schon längst in aller Öffentlichkeit für ein Lager entschieden. Die großzügigen Geschenke Thutmosis' II. waren in Vergessenheit geraten; der Priester wurde nicht müde, die Größe des vorherigen Pharaos, des unglücklicherweise zu früh Verstorbenen, zu beschwören. Er brüstete sich mit der Freundschaft Hatschepsuts, die ihn bald beauftragen würde, Monumente zu Gedenken Thutmosis' I. zu bauen, des neuen Königsbilds der Legende dank seiner Tochter Hatschepsut. Der illegitime Zweig der männlichen Erben wurde wohlweislich unterschlagen, und Thutmosis III. raste vor Wut über diesen Raub an der Erinnerung, den man ihm aufzwang, ein zweiter Tod seines armen Vaters . . .

Bei wem hätte er sich beklagen können? Sicherlich nicht bei Nehesi, dem Kanzler nubischer Herkunft. Er war ein bedingungsloser Anhänger der Königin, und seine hervorragende Stellung war angesichts seiner Herkunft mehr, als er je zu hoffen gewagt hätte. Bescheidene Diener konnten einzig und allein durch die Gunst der Fürsten, denen sie in ihrer Jugend gedient hatten, in hohe Positionen aufsteigen, aber ein Nubier gelangte selten zu so hohen Ehren in der Verwaltungshierarchie. Die von ihrer Überlegenheit überzeugten Ägypter betrachteten die Menschen aus dem Lande Kusch als Sklaven. Nehesi würde eines Tages beweisen, daß er gewillt war, bis ans Ende der Welt zu reisen, um noch den kleinsten Wunsch seiner anspruchsvollen

Herrscherin zu befriedigen. Dieses Beispiel veranschaulicht die Aura der Königin, die Würde und Autorität in sich vereinte, abgesehen von der unbestreitbaren Legitimität ihres Blutes.

Ebensowenig hätte der Oberstkämmerer Amenhotep den Beschwerden Thutmosis' III. sein Ohr geliehen, und das gleiche galt für die meisten von denen, die in Zukunft die Zügel des Staates in Händen halten sollten. Alle hatten sie bedingungslose Treue geschworen. Hatschepsut berief sich auf ihre Verbundenheit mit dem alten Pharao Thutmosis I., schürte ihre Gier angesichts der Gelder des Staatsschatzes oder bezauberte ganz einfach diese mediterranen Männer, welche damit zufrieden waren, einer Frau zu dienen, die man für schwach genug hielt, um sie eines Tages entmachten zu können. Ein Teil der Amun-Priesterschaft hatte Mitgefühl mit dem im Tempel von Karnak erzogenen jungen Prinzen, aber die Sorge um die eigene Zukunft hieß sie schweigen. In Hapusenebs Tempel hatten die Wände Ohren!

*

Im Laufe der Monate manifestierte sich die Regentschaft der Königin Hatschepsut immer deutlicher, und die Höflinge machten sich ihre Gedanken über die Absichten dieser Frau. Thutmosis III. war nahezu fünfzehn Jahre alt, er hatte schon fast die Statur eines Erwachsenen, und viele erwarteten bereits, ihn bald seine Herrschaft antreten zu sehen. In jener Zeit vollzog sich der Wandel vom Kindheits- zum Erwachsenenstatus viel schneller als heute, die Übergangszeit der Jugendjahre findet in den Schriften und volkstümlichen Erzählungen kaum Erwähnung. Die Beteiligung der jungen Prinzen an der Regierung noch zu

Lebzeiten ihres Vaters weist ebenfalls in diese Richtung.

Hatschepsuts Ambitionen begannen selbst die unbekümmertsten unter den Anhängern Thutmosis' III. zu beunruhigen. Aset muß es schwergefallen sein, ihre Besorgnis zu verbergen, und bald kam ein unerfreuliches Gerücht auf, auch wenn die beiden Herrscher weiterhin alle offiziellen Zeremonien gemeinsam zelebrierten. Senenmut, der Günstling der Königin, hatte die Nachfolge des alten Soldaten Ahmose als Erzieher von Nofrure, der ältesten Tochter Hatschepsuts und Thutmosis' II., angetreten.

Normalerweise wurde durch Ernennungen dieser Art das königliche Protokoll nicht erschüttert. Die Töchter des Königs wurden zu Priesterinnen erzogen, in der Erwartung, daß eine von ihnen auserwählt würde, die Nachkommen eines an die Spitze des Reichs gestellten Halbbruders zu gebären. Aber in dieser, trotz aller äußeren Anzeichen wohlgeordneter Verhältnisse, zunehmend verworrenen Periode der Regentschaft war die Neuigkeit von Bedeutung. Der Veteran Ahmose hatte über die älteste Tochter Thutmosis' II. und Hatschepsuts gewacht, solange die Prinzessin einfach nur ein Königskind war. Damals hatte sich niemand um sie gekümmert, doch mit dem Tod des Pharaos, der Regentschaft Hatschepsuts und der absehbaren Ohnmacht des jungen Thutmosis III. dem Machtstreben der Königin gegenüber hatten sich die Gegebenheiten der Thronfolge grundlegend geändert.

Schon jetzt wußte man nicht mehr, hinter wessen Herrschaftsanspruch man sich stellen sollte, und die Nachricht von der Ernennung des Senenmut warf ein ganz neues Licht auf die Sache. Jeder versuchte zunächst, Näheres über den Günstling der Königin zu erfahren. Die alten Hofbediensteten wurden mit Fragen bestürmt, man erinnerte sich der Eltern des ehrgeizigen Schreibers, arme Diener, die in die Dienste der königlichen Familie eingetreten waren und sich schon seit deren Kindheitstagen ganz besonders an Hatschepsut angeschlossen hatten. Senenmuts Vater und Mutter hatten es verstanden, sich unentbehrlich zu machen, ohne über ihren Stand hinauszugreifen, wie Tausende anderer schattenhafter Gestalten, von denen die Herrscher hier und da eine Geste, ein Antlitz wahrnahmen, anläßlich des Ankleidens, der Körperpflege oder einer anderen Handreichung. Offenbar hatten sie sich die Dankbarkeit der königlichen Familie verdient, da es ihrem Sohn und anderen Mitglieder seiner Familie gelungen war, nach und nach die Stufen der Schreiberhierarchie zu erklimmen, obschon der Aufstieg Senenmuts mehr der Königin selbst als den großen Würdenträgern der Verwaltung zu verdanken war.

Nach den auf Befehl des Senenmut errichteten Statuen zu urteilen, besonders denjenigen, die ihn geradezu als aufmerksamen Vater zeigen, die kleine Nofrure auf seinen Knien, hatte er sich von seiner Herkunft ein äußerst bescheidenes Auftreten bewahrt. Soll man hierin der Bildhauerkunst glauben, von der man weiß, daß sie strengen Regeln gehorchte, daß sie die Könige in ihrer Maßlosigkeit ebensosehr stereotypisierte wie alle anderen Menschen nach ihrer jeweiligen gesellschaftlichen Stellung?

In dem Falle wäre Senenmut ein beleibter Schreiber mit kahlgeschorenem Schädel gewesen, ein im Grunde recht durchschnittlicher Niltalbewohner. Nach den Befürchtungen Asets zu urteilen, dürfte jedoch zumindest der Charakter des Mannes zu seiner äußeren Erscheinung in Gegensatz gestanden haben.

Solange die alten Gefährten Thutmosis' I. noch die leitenden Positionen der pharaonischen Verwaltung bekleideten, wurde das zahlenmäßig beschränkte und eingeschüchterte Gefolge Thutmosis III. zwar auf Distanz gehalten, ohne daß es aber ansonsten zu Feindseligkeiten gekommen wäre. Mit der Einsetzung Senenmuts trat eine neue Generation der Diener Hatschepsuts – und nur der ihren – in den Vordergrund der imperialen Bühne. Thutmosis III. machte sich nicht mehr allzu viele Illusionen über die Dauer der Regentschaft, seine Freunde ebensowenig, wenn es sie auch schmerzte, den jungen Herrn des Niltals einmal mehr warnen zu müssen.

Das Gerücht bestätigte sich nur zu bald: Senenmut war tatsächlich der offizielle Beschützer der Prinzessin Nofrure und erschien von jetzt an bei allen offiziellen Zeremonien. Die Absicht der Regentin war klar: Ein solcher Erzieher mußte aus dem jungen Mädchen eine wahrhaftige Königin machen, gewissermaßen zur Erbin ihrer Mutter. Die Lage spitzte sich rasch weiter zu: Nofrure wurde ein offizieller Titel verliehen, sie trat als Herrscherin im königlichen Protokoll auf, und Ägypten hatte plötzlich drei Regierende an seiner Spitze, ein in Zeiten des Friedens und der Einheit des Landes noch nie dagewesenes Phänomen!

Die Verdrängung des unglückseligen Thutmosis III. von der Macht hat ihren Ausgangspunkt in diesen düsteren Monaten, in denen die Heimlichkeiten und Fallstricke der ehrgeizigen Hatschepsut ein immer engeres Netz um den machtlosen Pharao legten. Nichts sollte die nun zur Reife gelangten Pläne der Königin Ägyptens verraten. Thutmosis III. würde stets an ihrer Seite sein, so unvorstellbar schien ein Königsmord dieser von ihrer Legitimation durchdrungenen Frau, doch er sollte niemals herrschen . . . Man ahnte es wohl bei Hof, wenn man den mit den Reichsjuwelen ausstaffierten jungen Mann sah, der stets übergangen wurde.

Hatschepsut hatte ihre letzten Skrupel verloren, und das wahre Königspaar bildeten nun Hatschepsut und ihre älteste Tochter. Ein revolutionäres Matriarchat nahm Gestalt an im kühnen und stolzen Geist der Regentin. Senenmut war der unentbehrliche Handlanger dieses friedlichen Staatsstreichs gewesen, der männliche Beschützer, dessen Aufgabe es war, die Freunde Thutmosis' III. einzuschüchtern, falls sie etwa daran gedacht hätten, sich gegen seine Herrinnen aufzulehnen. Er verschaffte ihnen die Zeit, ihr frevelhaftes Vorhaben in die Tat umzusetzen.

Hatschepsut hatte die Reaktion des jungen Pharaos überschätzt: Der desillusionierte Thutmosis, dem seine Mutter – nun selbst nur noch die ehemalige Konkubine eines toten Königs – keine große Stütze war, klammerte sich hartnäckig daran, weiterhin in der Öffentlichkeit aufzutreten, innerlich rasend vor Wut. Er schickte sich darein, die beiden strahlenden Frauen zu eskortieren, er, der nur zwei Jahre zuvor die Hoffnung des ganzen Niltals gewesen war, Sohn des Re . . . Seine Demütigung beschleunigte sein Erwachsenwerden, seine Jugend lag weit hinter ihm, und Haß gegenüber seiner »bösen Stiefmutter« trat an die Stelle jedes anderen Gefühls und verdrängte die mit den anderen Höflingen geteilte Bewunderung für den Mut und die Verwegenheit dieser Frau in den hintersten Winkel seiner Seele. Wenn nur sein Vater diesen Blick gehabt hätte, der allen Männern von Theben Trotz bot . . .

Die Pharaonen haben zahlreiche schriftliche Zeugnisse ihrer Werke hinterlassen, selbst der unsinnigsten davon, aber die prägnantesten Spuren ihres ureigensten Wesens, das politische Testament dieser mit menschlichen Problemen konfrontierten, in Liebe und Haß verstrickten Demiurgen, muß man doch im Stein suchen. Hatschepsut bildete da keine Ausnahme, und sie hat große Sorgfalt darauf verwendet, ihre eigene Version ihrer Machtergreifung in ihrem Totentempel darzustellen, heute unter dem Namen Der el-Bahri, Kloster des Nordens, bekannt, der ihm tatsächlich erst sehr viel später verliehen wurde.

Man kann aus Echnaton, dem Ketzerkönig, nicht klug werden, ohne sich mit seiner Stadt Tell el-Amarna auseinanderzusetzen, die unter seiner Regierung weit entfernt von Theben erbaut wurde. Er sagte sich damit zugleich von der Hauptstadt und von Amun, ihrem Schutzgott, los. Die geheimsten Gedanken Hatschepsuts irren noch immer zwischen den verfallenen Mauern von Der el-Bahri einher. Sie bewahren die Hinweise auf jene unruhige Zeit, in der Thutmosis seinen Thron verlor, fast als ob die Steine des wenig später erbauten Tempels die geheimsten Bekenntnisse einer nunmehr siegessicheren Herrscherin und eines von soviel Glanz berauschten Senenmut in sich aufgesogen hätten. Hatschepsut hatte die letzten Schranken durchbrochen, im Schlepptau die ahnungslose Nofrure, das Ganze inszeniert von einem Senenmut, der wohl eher von seiner Liebe zur Königin verblendet als von persönlichem Ehrgeiz getrieben war . . .

Dieser großartige Totenpalast, der jedem Besucher unseres Jahrhunderts im Gedächtnis geblieben sein wird, war im überaus zielbewußten Geist der Herrscherin sicher längst im Entstehen begriffen. Zur Zeit der Regentschaft war es ihr jedoch noch nicht möglich, den heiligen Bezirk am linken Nilufer, der den Totentempeln der Pharaonen vorbehalten war, für sich zu beanspruchen. Keine Frau hatte bis dahin einen Tempel errichtet, der dazu bestimmt war, die Opfergaben der Priester entgegenzunehmen. Ihnen stand ein durchaus prunkvolles Grab in einer eigenen Nekropole zu, in der Hatschepsut sich bereits eine Grabstätte hatte einrichten lassen.

Senenmut und die Königin müssen die Pläne für dieses überwältigende Bauwerk schon gegen Ende der Regentschaft entworfen haben. Senenmut sollte der Baumeister sein. Nie zuvor hatte ein Mensch auf thebanischem Boden ein solches Projekt in Angriff genommen. Mehrere übereinandergestufte Terrassen sollten sich vom Tal aus erheben, vor der steil aufragenden Felswand des Westgebirges, an die der Tempel rückseitig angebaut werden sollte. Ein unterer Hof, ein Zwischenhof und schließlich eine oberste Plattform sollten den Menschen einen langsamen Aufstieg zum Allerheiligsten erlauben, diesem dem Amun-Min, Gottheit der verborgenen Kräfte, geweihten Heiligtum ... Hinter den auf der obersten Terrasse errichteten Tempelbauten würden tief in das Totengebirge getriebene Gänge den wenigen Priestern Zugang gewähren, die zum Kult des Amun und der Hatschepsut in einem unbekannten Land zugelassen waren. Einige Dutzend Meter weiter, unter dem Felsen, würde die neue Grabkammer der Königin angelegt werden.

Schon in den Jahren der Regentschaft hatte sich die Herrscherin von ihrer Vergangenheit als große königliche Gemahlin losgesagt. Ihr in einer Schlucht außerhalb des Tals der Könige bereits eingerichtetes Grab wurde aufgegeben, und Monat um Monat wurde ihr neues Grabmal im eigentlichen Tal der Könige ins Gestein getrieben. Hapuseneb, Hohepriester des Amun, hatte diese höchst religiöse Aufgabe übernommen. Was der Hof nicht wußte: in der Grabkammer würde es zwei Plätze geben, denn Hatschepsut verfolgte bereits den ehrgeizigen Plan, den Sarkophag ihres Vaters aus seiner eigenen Ruhestätte hierher umzubetten. Wie hätte diese Frau, die in ihrer töchterlichen Liebe, vor allem aber auch in ihrem unumschränkten Hunger nach Anerkennung so weit ging, den wehrlosen Jüngling respektieren können, den sie nach und nach seines ganzen umstrittenen Erbes beraubte?

Die rätselhaften zwischenmenschlichen Beziehungen sind in den Königsannalen nicht verzeichnet, und es bedarf der Geduld und des Scharfblicks der Archäologen, um die Steine zum Sprechen zu bringen. Das Heiligtum von Der el-Bahri liefert hier einigen Stoff zum Nachdenken. Der untere Hof sagt uns nichts über den jungen Thutmosis III. Senenmut wollte den Ruhm seiner Herrscherin, der den Gläubigen der Hauptstadt hier zur Schau gestellt wurde, durch nichts schmälern. Schon auf der Zwischenterrasse erscheint der Sohn Thutmosis' II. jedoch in der Kapelle des Anubis, des schakalköpfigen Gottes, der die Verstorbenen zu den Gefilden von Jalu geleitet. Es ist ein in die zweite Reihe verwiesener Pharao, der uns hier präsentiert wird, zweifellos das – mit einigen Jahren Verspätung in Stein verewigte – Bild des jungen Königs, der zwar von einer Zeremonie zur anderen mitgeschleppt wurde, dessen Rechte und Würde jedoch bereits der Lächerlichkeit preisgegeben waren ... Welche Befriedigung zog die Regentin daraus? Ohne Zweifel wollte sie ihre Legende nicht durch die Einkerkerung des offiziellen Titelträgers beflecken. Er war in gewisser Weise das männliche Spiegelbild, der pharaonische Schatten der Herrschaft, dem zu ähneln sich die Usurpatorin abmühte. Er, das stumme, inhaltsleere Bild, und sie, seine kühne Doppelgängerin, mit wahrer Macht begabt, so daß man darüber das traditionelle Bildnis des einen vergaß, um dem weiblichen Pharao zu huldigen.

Keine Spur von Thutmosis II ... Diese Abwesenheit unterstreicht die Bitterkeit, die Hatschepsut der Linie der Bastarde gegenüber empfand. Die Absicht, den Gemahl dem Vergessen preiszugeben, ist offensichtlich, doch die Regentin, welche die Gegenwart ihres Neffen tolerierte, hegte offenbar keinen Groll gegen den Knaben. Wäre dies der Fall gewesen, hätte sie auch ihn aus der Erinnerung zukünftiger Jahrhunderte getilgt. Nachdem sie ihn jeglicher politischen Existenz beraubt hatte, umgab sie ihn mit einem düsteren Beschlagnahmungsritual, wie es die geheimsten Räume des Heiligtums erkennen lassen, am hinteren Ende der obersten Terrasse, in dem Teil des Tempels, der in die Felswand des Westgebirges gehauen wurde. Dort, an einem Ort, den Thutmosis III. während der Herrschaftsdauer der Königin sicher niemals betreten sollte, ist eine aufschlußreiche Szene zu sehen: Drei Säle sind dem Amun geweiht, in unmittelbarer Nähe jener, die für den Totenkult der Hatschepsut vorgesehen waren. Im ersten der Amun-Säle, in dem die heilige Barke für die Prozessionen aufbewahrt wurde, bringen Hatschepsut, Nofrure und Thutmosis III. Opfergaben dar, eine für ägyptische Verhältnisse unpassende Triade. Das Matriarchat ist damit in das offizielle Protokoll eingedrungen. Die Szene zeigt, daß Nofrure in den Augen ihrer Mutter dazu bestimmt war, die Krone Ägyptens zu tragen.

Die dem Totenkult der Hatschepsut geweihten Säle auf der anderen Seite der oberen Terrasse lüften ihrerseits ein wenig den Schleier, der über diesen Jahren des Interregnums liegt. Hinter einer Tür, die es im Öffnen verbirgt, sieht man ein Flachrelief Senenmuts, wie er mit erhobenen Händen dem verstorbenen Thutmosis I. zu Füßen liegt und ihn verehrt. Nicht weiter verwunderlich, wenn man seine Ergebenheit dem Vater seiner Herrin gegenüber bedenkt, doch hinter Thutmosis I. steht Hatschepsut, und tatsächlich ist sie es, der Nofrures Erzieher seine Verehrung oder auch ganz einfach seine Gefühle bezeugt. Eine so ketzerische, von Leidenschaft bestimmte Geste an einem solchen Ort, das zeigt deutlich, wie eng sich das Netz um Thutmosis III. zugezogen hatte!

*

Die folgenden Jahre waren sicherlich die schwärzesten im Leben Thutmosis' III.: Der Heranwachsende, beim Tod seines Vaters kaum zwölf Jahre alt, hatte bereits zwei schmerzliche Regentschaftsjahre hinter sich. Die Hoffnung, daß ihm die Einflußnahme der Königin eine zweite Mutter einbringen würde, mochte die Zurückweisungen und Demütigungen lohnen, die er erdulden mußte. Das Jahr Drei nach dem frühzeitigen Tod Thutmosis' II. brachte für seinen Sohn eine irreversible Verschlechterung der Lage. Jetzt wurde der Betrug für jedermann offensichtlich, ohne daß noch irgendein Zweifel bleiben konnte. Hatschepsut ließ sich zum Pharao der Zwei Länder ausrufen, setzte sich die wiedervereinte Doppelkrone auf das zarte Haupt und läutete damit den Beginn einer Herrschaft ein, die rund zwanzig Jahre dauern sollte.

Zum erstenmal in der tausendjährigen Geschichte des Pharaonenreiches riß eine Frau die Macht an sich, in aller Öffentlichkeit und trotz der Existenz eines männlichen Erben, der noch dazu schon fast in regierungsfähigem Alter war. Nie zuvor hatte ein Prinz eine solche Schmach erlebt, und Thutmosis III. konnte nichts dagegen unternehmen, gefesselt durch tausend Bande, die seit Jahren geschickt geknüpft worden waren. Die Großen des Reiches waren alle treue Anhänger der gottlosen Königin, die friedliche außenpolitische Lage gab keinen Vorwand für ein Eingreifen der Generäle her, die als einzige in der Lage gewesen wären, für eine Wiederherstellung der Ordnung zu sorgen, die für Thutmosis III. und seine Verbündeten bei der Armee von Nutzen hätte sein können. Die gesellschaftliche Lage war stabil, Hatschepsut fiel es nicht schwer, die Tradition der Pharaonen als Lenker des wirtschaftlichen Lebens zu verkörpern, und die Armeekorps scharten sich lammfromm um das pharaonische Banner. Nichts und niemand würde sich dem Sakrileg widersetzen . . .

Thutmosis wäre zweifelsohne lieber gestorben, als diese Marter auf kleiner Flamme erdulden zu müssen. Hätte er die gelehrten Schreiber im Haus des Lebens in Karnak befragen können, hätten sie peinlich berührt, die Nasen in ihren hundertjährigen Papyri vergraben, geantwortet, daß der Sohn der Thutmosiden besser daran täte, seine Hoffnung in die Barmherzigkeit der Götter zu setzen. Nur die furchtbaren gesellschaftlichen Unruhen, die fast tausend Jahre zuvor dem Alten Reich ein Ende setzten, hatten jemals in einen solchen moralischen Ruin geführt. Damals hatten diese Wirren folgende sicher schwerwiegende – wenn auch rätselhaft gebliebenen – Ursachen: eine Hungersnot, den Egoismus der Mächtigen, die Unfähigkeit der Herren des Nils. Was aber hatte er sich vorzuwerfen, der folgsame, der Obhut der Priester anvertraute Knabe, der sich während seiner Einweisung in das Handwerk eines Königs so willig gezeigt hatte, daß das Schicksal und diese anmaßende Frau ihn seines Thrones beraubten? Welcher Fluch hatte ihn zum unschuldigen Opfer erkoren? Eine Verwünschung, welche die Bastardkönige dazu verdammte, ihrer Krone zum Trotz niemals die legitimen Begründer einer Dynastie sein zu können, oder der Fluch der Königinnen von reinem Geblüt, denen ihrer würdige Ehegatten versagt blieben? Da wäre es noch besser gewesen, man hätte ihm nach dem Leben getrachtet, den durchaus natürlichen Trieben der menschlichen Seele folgend, durch einen heimtückischen Dolchstoß, wie er nicht ungewöhnlich war in jenen orientalischen Harems, in denen der durch das erzwungene Zusammenleben geschürte Haß von der Mutter auf die Tochter vererbt wurde.

Nichts, nicht ein Wort erklärte sein Unglück, und er blieb allein seinen Grübeleien über dieses isolierte Dasein als Ausgestoßener überlassen, inmitten all des Prunks und der Festlichkeiten . . . Eine schreckliche Persönlichkeitsspaltung: Thutmosis war der König, der ständig an der Seite der Usurpatorin zu sehen war, der junge Herrscher, der nach außen hin mit pompösen Namen geehrt, mit goldenen Ketten behängt wurde, vor dem sich jedermann in größter Heuchelei zu Boden warf, und zugleich der junge König, der sich plötzlich in die Stille seiner Gemächer verbannt fand, wo er ohne Unterlaß über die rätselhaften Gründe seines Unglücks brütete.

Mochten Aset, seine liebevolle Mutter, und einige mutige Diener ihm auch immer wieder sagen, daß Hatschepsut sich auf ihren Legitimation als Königin von heiligem Geblüt berief, mochte die Tochter Thutmosis' I. sich bis in alle Winkel der Welt dessen brüsten, alle Gesandten der Neun Bogen dazu bewegen, sich vor ihr niederzuwerfen, dies konnte den Gram eines Jünglings auf der Schwelle zum Mannesalter nicht besänftigen, der nicht einsah, daß er die Folgen eines auf die vorige Generation zurückgehenden Hasses erdulden sollte.

Im übrigen ließ die Liebe zu seinem Vater, dessen Andenken zum Gespött geworden war, solche Überlegungen nicht zu. Thutmosis II. hatte in nichts gefehlt, und so mußte Thutmosis III. die Ursache seines Unglücks im zerquälten Gemüt der Königsgemahlin suchen, und nur da . . . Das verführerische Bild einer zweiten Mutter verblaßte im Laufe der Monate zusehends. Fortan sah der Jüngling in den Frauen des Hofs eher Gefährtinnen als Beschützerinnen. Thutmosis, fast schon im Mannesalter, bereit zu amourösen Eroberungen, die so leicht waren für den Herrn des Nils, dem man ohne Unterlaß Konkubinen offerierte, mußte die schlimmste aller Demütigungen hinnehmen. Seine Stiefmutter, deren Liebe er sich im Moment seiner Inbesitznahme der Welt und ihrer jungen Schönheiten ersehnt hätte, hielt ihm einen demütigenden Spiegel vor, versagte ihm jede Zukunft . . .

In dieser traurigen Zeit, in der doch eigentlich der glückliche junge Mann sein Vergnügen und die zärtliche Gesellschaft einer schönen Konkubine hätte genießen sollen, in Erwartung seiner Heirat mit einer fügsamen und ergebenen Prinzessin von Geblüt, blieb kein Raum für etwas anderes als Rachsucht. Hatschepsut beanspruchte das Herz des Ausgestoßenen, erfüllte es mit einem scharfen Schmerz, der sich aus Gefühlen der Bewunderung und des Hasses zugleich zusammensetzte. Bis zu seiner Todesstunde sollte sich der zukünftige Pharao daran zurückerinnern, und sicher findet sich hierin die Erklärung für die Größe seiner Herrschaft – dieser glanzvollsten Zeit in der dreitausendjährigen Geschichte des Pharaonenreichs.

Betrachtet man heute die Flachreliefs und die Wandgemälde im Totentempel der Hatschepsut, findet sich darin nichts vom Wüten jener Zeit, sicher weil sich das eigentliche Drama im Kopf des jungen Herrschers abspielte, mit Ruhe und Frieden eines Reiches konfrontiert, das sich bereits ganz seiner augenblicklichen Herrin verschrieben hatte. Kein Vorfall, nicht ein Zeitzeugenbericht findet sich, der diesem ungetrübten, friedlichen Bild der im übrigen sehr pietätvollen Herrschaft des neuen weiblichen Pharaos widerspräche.

Die Annalen der ersten Jahre von Hatschepsuts Regierung lassen uns fast daran zweifeln, daß ein solches Drama im Gange ist. Der Stein hat die beiden Herrscher, eine schöne Frau auf der Höhe ihrer Kraft und ihren jungen Gefährten, in zwar feierlich würdevoller, doch so versöhnlicher Haltung verewigt. Ein Aspekt, in den Augen der Menschen jener Zeit sicherlich grotesk, erregt unser Aufmerksamkeit: Auf den Tempelwänden erblicken wir nicht etwa einen Mann und eine Frau, sondern zwei Pharaonen, zwei von männlicher Muskulatur strotzende Oberkörper, zwei Kronen und alle Attribute der männlichen Lenker des Niltals in doppelter Ausführung, Bartperücke, Geißel, Zepter und vieles andere.

Die Unwirklichkeit solcher Szenen ist offenkundig und der in diesem Königreich plötzlich ausgebrochenen Schizophrenie angemessen, in der die Schreiber und Gelehrten mit der Usurpation leben, als ob nichts dabei wäre. Sie vergessen die ehrwürdigsten Traditionen einer jahrtausendealten Gesellschaft, die Gebräuche, die tief im Bewußtsein der Stammeshäuptlinge verankert waren, jener gestrengen Patriarchen, die sich hinter dem gutmütigen Äußeren einer liebenswürdigen Gesellschaft verbergen. Wer unter den Kämmerern, Haushofmeistern, Generälen und Hohenpriestern hätte zugesehen, wie seine Frau Helm und Prunkgewänder anlegte, zu einer Maskerade, die auf einen Schlag eine ganze Weltanschauung in Frage stellte, groteske Nachäfferei, widernatürliche Verzerrung einer unwandelbaren Wirklichkeit?

Eine solche Unterwürfigkeit läßt sich nur mit Furcht erklären, mit der Aura einer wohlbekannten Königin, deren Macht schon lange vor dem Tode Thutmosis' II. angefangen hatte, die der Thutmosiden zu untergraben. Stellt man dann noch die persönlichen Interessen des einzelnen in Rechnung, schon kann man sich die wohlwollende Blindheit der Höflinge dieser mit der Bartperücke geschmückten zerbrechlichen Frau gegenüber gut vorstellen ... Selbst die Priester, vor allem sie, werden sich in die Maskerade geschickt haben, als Gegenleistung für zahlreiche Privilegien, die ein stets mißtrauischer Thutmosis I. sich wohl gehütet hatte, ihnen zu verleihen.

Zum Zeichen des mit den Höflingen geschlossenen Paktes wird ein unglückseliger Mann als klägliche Parodie auf das Königtum zur Schau gestellt. Welch verachtenswertes Bild seiner Gefährten und Vertrauten, der alten Diener seines Vaters, die er in seiner goldenen Jugend als gute Untertanen gekannt hatte, mochte fortan die gemarterte Seele des entthronten jungen Pharaos beherrschen? Kein Wunder, daß er später eine der grundlegendsten Reformen der pharaonischen Verwaltung unternahm, wobei er auf jeder Stufe der protokollarischen Hierarchie eine geradezu militärische Disziplin forderte.

Gleichzeitig nun setzt sich zum ersten Mal eine Frau die Krone aufs Haupt, bindet die lange, geflochtene Bartperücke um, nimmt die martialischen Attitüden eines göttlichen Kriegers an, vor einem Hof, der vorgibt, das alles ganz normal zu finden. Und man beglückwünscht die Königin, die endlich für die Reinheit ihres Blutes belohnt wird, das von so großer Bedeutung ist für das Bündnis zwischen den Menschen und den Göttern. Muß man in dieser Usurpation Hinweise darauf sehen, daß das Matriarchat plötzlich in Mode gekommen war? Man weiß, daß Hatschepsut der einzige weibliche Pharao der Geschichte bleiben sollte. Ein Matriarchat hätte nur als Ergebnis einer allmählichen Bewußtseinswandlung entstehen können, als subtile Ausgestaltung einer

Rolle, welche die ägyptische Frau niemals innegehabt hat, genausowenig wie ihre Schwestern in den anderen seßhaften, patriarchalischen Gesellschaften des Mittelmeerraums . . .

Von alldem sprechen die Wände des Totentempels von Der el-Bahri nicht. Dafür erscheint dort Hatschepsut in all ihrer Majestät und inszeniert zum ersten Mal den Mythos der göttlichen Geburt. Die angesichts der religiösen Regeln der Pharaonenzeit und vor allem ihrer Machtauffassung beachtenswerte Begebenheit offenbart uns zweifelsfrei die innersten Gedanken der Herrscherin. In dem Bewußtsein ihrer Vermessenheit schleudert sie zukünftigen Zeiten die gleiche trotzige Herausforderung entgegen wie den eingeschüchterten Männern ihres eigenen Jahrhunderts: Sie sei von Amun gezeugt, zum Ruhme der Unsterblichkeit! Den kleinen Kreis ihrer Diener konnte sie sich untertan machen, doch wie würde das Urteil der Götter und zukünftiger Generationen angesichts solcher Unbescheidenheit ausfallen?

Die Mauern der Zwischenterrasse des Tempels zeigen, wie Amun der Mutter der Königin, Ahmose, beiwohnt; als nächstes sieht man, wie die schöne Frau ihre Tochter, deren göttliches Geblüt damit verbrieft ist, stillt, die lange Perücke zurückgeworfen, darauf die stilisierte Geierhaube, welche die Königinnen zum Zeichen ihrer Würde trugen. Das in den Armen seiner Mutter gewiegte Kind wird sodann allen Göttern präsentiert und trifft auf seinen leiblichen Vater, den wahren Gott der Usurpatorin, möchte man fast sagen, da sie nicht müde wird, ihm nachzueifern und den Bastard Thutmosis III. zurückzustoßen, der diesem für sie unerreichbaren männlichen Vorbild viel zu ähnlich ist . . . In dieser Szene erscheinen der unglückselige Thutmosis II. und sein Sohn nicht. Nur Hatschepsut ist zu sehen, die ermächtigt wird, einen weißen, an den Schläfen anliegenden Schleier zu tragen, Zeichen ihrer zukünftigen Herrscherwürde!

4
Der vergessene König

Die Höflinge beobachten den merkwürdigen königlichen Zug, der soeben die Tore des großen Palastes von Theben durchschritten hat und sich nun an ihnen vorbeibewegt. Ein Pharao von zierlicher Gestalt trägt schlecht und recht die Doppelkrone und den königlichen Ornat, zur Karikatur eines Kriegers geschminkt, ein Halbgott mit feierlich gemessenem Gang. Die merkwürdige Figur führt den Zug an, eingerahmt von Fächerträgern, Soldaten mit ledernen Langschilden, dienstbeflissenen Kämmerern. Hinter ihr ein junger Mann von mittlerer Körpergröße, aber kräftiger Statur, ebenfalls mit den königlichen Attributen angetan, unpassendes Double einer so personalisierten Monarchie . . .

Hatschepsut und Thutmosis III. ziehen aus, der königlichen Autorität landesweit Geltung zu verschaffen, als doppelköpfige Mißgeburt einer dennoch florierenden Monarchie. Was wenige Jahrzehnte zuvor schockierend gewirkt hätte, ist alltäglich geworden; aber jeder hat etwas zu tuscheln, während der königliche Troß vorüberzieht, je nach seinen Überzeugungen. Eins scheint sicher: Die Götter werden ein solches Schauspiel nicht gleichgültig hinnehmen. Wie werden sie es den Menschen kundtun? Hatschepsut, die von ihren Untertanen so hoch geachtet wird, hat sie recht getan, die Fesseln der Tradition in dieser Weise zu sprengen?

Die achtzehn Jahre, die der Sohn Thutmosis' II. nun zählt, wären wohl ausreichend, um ihn alleine über das

Tal schalten und walten zu lassen. Man ahnt schon unter dem goldenen Brustschild das kühne Herz, das Ungestüm der thutmosidischen Herrscher. Doch er bewegt sich ohne Hast im Schlepptau seiner Tante, und die Wachheit seines Blicks verliert sich in der Menschenmenge, als würde er die Existenz einer unsichtbaren Kette zwischen ihm und der allmächtigen Herrin des Nils anerkennen.

Die Schiffe der königlichen Flotte erwarten sie am Ufer des Nils, einige Meilen vom thebanischen Palast entfernt; die Segel sind schon gehißt, der Nordwind wird sie gegen die ruhige, mächtige Strömung des Nils hinauf nach Süden tragen.

Die Prunkentfaltung wird den Traditionen der seit Jahrhunderten nach striktem Protokoll zelebrierten festlichen Anlässe gerecht. Der Thronerbe erbebt schon lange nicht mehr beim Klang der Hörner und Trommeln, er hat gelernt, von den Fußfällen der Höflinge, den Jubelrufen, den von Schreibern in der Hoffnung auf irgendeinen königlichen Gunstbeweis artig vorgetragenen Tiraden keine Notiz zu nehmen. Nichts von alledem ist für ihn bestimmt, und wenn ihm auch das Lächeln eines seiner Freunde aus Kindheitstagen, wie des Offiziers Ti, einen Gruß entlocken kann, zieht er es doch vor, die anderen zu ignorieren, alle jene, die seinen Vater so schnell vergessen haben.

Hunderte von Höflingen und Soldaten werden Maatkare – wie Hatschepsuts offizieller Name lautet – auf ihrer Inspektionsreise nach Nubien begleiten. Maatkare – Wahrheit und Gerechtigkeit in Ägypten – ein stolzer Wahlspruch, aber in seinem Innersten dürfte Thutmosis wohl wenig Gerechtigkeit in der Herrschaft der Usurpatorin gesehen haben. Und was die Wahrheit betraf, die Wahrheit einer Frau, die sich vor aller Augen verkleidet, den Schreibern erstaunliche stilistische Verrenkungen aufnötigt, um ihre offiziellen Widmungen zwischen männlich und weiblich abzufassen, eine Lüge durchgesetzt hat, die den Gelehrten niemals in den Sinn gekommen wäre!

Während das Schiff der Strommitte zustrebt, denkt der vergessene König der 18. Dynastie an diese vergangenen Jahre, an das Reich, das er aus einem thebanischen Palast heraus betrachten kann, in dem seine luxuriöse Abgeschiedenheit ihm immer schwerer erträglich wird. Die Illusionen der Jugend sind verflogen, und Thutmosis durchschaut nunmehr die Raffiniertheit und Effektivität der Falle, welche die letzte der ahmessidischen Königinnen dem Abkömmling der männlichen Bastarde gestellt hat. Er hat Zeit, seinen düsteren Gedanken nachzuhängen, der zweite nubische Katarakt liegt weit entfernt, Hunderte von Kilometern stromaufwärts, aber zumindestens wird diese Reise ihm Gelegenheit geben, fern vom heimatlichen Palast über sein Schicksal nachzudenken und vielleicht irgendeine Schwachstelle in der fest etablierten Herrschaft der Königin zu entdecken.

Die Tage vergingen, eintönig, die Städte wurden seltener, je weiter die Reise sie führte, und auch die Abstände zwischen den bestellten Felder zu beiden Seiten des Flusses wurden immer größer. Die Ausguckposten bemühten sich, Strudel zu vermeiden, welche die Anstrengungen Dutzender von Ruderern, die sich in die langen, hölzernen Riemen stemmten, zusätzlich erschwert hätten. Die immer wilder anzusehende Natur fesselte Thutmosis. Während seine Tante sich im Kreise ihrer Vertrauten, allen voran Senenmut, zerstreute, wünschte Thutmosis III. die Rufe und das Lachen zu vergessen. Er heftete seinen Blick auf die hohen sandigen Hügel, sie ließen ihn an große Weiten, die unbekannte Wüste und das wohl üppig wuchernde Leben jenseits derselben denken. Der junge König fieberte danach, die enge Welt des Tals zu verlassen; es schien ihm, daß eine Herrschaft, die dieser Bezeichnung würdig war, nur mit der Waffe in der Hand am Ende der Welt zu errichten sei!

Die Ägypter der königlichen Flotte warfen gebannte Blicke auf die Wüste so nah am Fluß, das Tal wurde immer enger, bald würden die südlichen Landstriche der Neun Bogen auftauchen, der erste Katarakt kam in Sicht, mit seinen Felsen und Strudeln . . . Hier begann das Land Nubien, aber diese seit Jahrhunderten kolonisierte Grenzregion zeigte vom oberen Niltal Ägyptens wohlvertraute Züge: Zahlreiche Dörfer lagen verstreut, Tempel erhoben sich zu Füßen der Wüstenhügel. Auch wenn die Menschen hier schwarze Haut hatten, galt die Autorität des Pharaos doch uneingeschränkt. Die unbekannten Lande lagen noch hinter dem Horizont, einige Tage Schiffsreise entfernt, in der Nähe des zweiten Katarakts, auf den die königliche Flotte jetzt zusteuerte, nach Umgehung der gefährlichen Felsen dieser ersten Unterbrechung des Nilstroms. Thutmosis III. hatte selten Gelegenheit, die Grenzgebiete seines Reiches und die öden Weiten der nubischen Wüste zu betrachten. Die auf einen schmalen grünen Gürtel zu beiden Seiten des unbezähmbaren Nils reduzierte Vegetation weckte in ihm Befürchtungen, die durch den weiteren Verlauf der Reise nicht besänftigt wurden. Nicht, daß er einen Angriff rebellischer Stämme gefürchtet hätte: Die zahlenmäßige Stärke der Eskorte, die Breite des Stroms und die Gewißheit, daß Garnisonen in der Nähe waren, garantierten völlige Ruhe. Doch mit der Entdeckung der unermeßlichen Weite des Horizonts wurde sich Thutmosis der drückenden Aufgabe des Pharaos bewußt.

Das Tal zu regieren, das Leben dieser Millionen menschlicher Ameisen zu organisieren, die dort zu einer gewaltigen gesellschaftlichen und politischen Pyramide zusammengepfercht waren, schien bereits ein schier aussichtsloses Unterfangen. Diese Grenzen zum Unbekannten zu bewachen, auf Tausenden von Wüstenkilometern, verlangte noch ganz andere Anstrengungen!

Im Laufe der Stunden näherte man sich dem zweiten Katarakt, Felsen türmten sich an den Ufern des Nils, und die Höhe der steinigen Hügel wurde immer eindrucksvoller. Die Schiffe steuerten langsam dem Ufer zu, und bald tauchte eine Landestelle auf, die geradezu unpassend wirkte in dieser wilden Landschaft. Die Flotte war bei Buhen angekommen, einer gewaltigen Festungsanlage, dem Grenzstein des Landes Kusch, der von Hatschepsut gewollten deutlichen Kennzeichnung der südlichen Begrenzung ihres Reichs. Hunderte von Sklaven schufteten auf der Baustelle an einem der größten jemals errichteten Bauwerke, ebenso eindrucksvoll wie die Pyramiden von Gizeh, jedoch militärischen Zwecken geweiht. Millionen von Ziegeln wurden dafür hergestellt, über Rampen zogen die Arbeiterkolonnen die Baumaterialien auf die mit Baugerüsten bedeckten hohen Festungswälle. Die Schreiber hatten nicht gelogen, Buhen war tatsächlich ein steinernes Ungetüm ... Seltsamerweise empfand Thutmosis III. bei der Besichtigung der Baustelle nicht die gleiche Begeisterung wie die Königin.

Was hoffte sie zu erreichen mit diesem Festungsgürtel an der Südgrenze Ägyptens? Wollte sie noch mehr Furcht unter der Mehrzahl der Nachbarvölker verbreiten, endlich den uneingeschränkten Gehorsam der Nubier erzwingen, die von den Armeen des Pharaos so oft in ihre Schranken verwiesen worden waren? Buhen war ein Symbol der Stärke der Usurpatorin – und gleichzeitig Beweis ihrer Schwäche.

Thutmosis III. empfand nicht die Demütigung, vor der er sich gefürchtet hatte. Es bedeutete ihm wenig, sämtliche Grenzgebiete des Reichs mit Städten gepflastert zu sehen, die Tausende von Soldaten beherbergten. Darin kam nur die angeborene Schwäche dieser Frau zum Ausdruck. Niemals würde sie den Bogen oder die Lanze führen können; der wahre Schutz des Landes konnte einzig und allein der Leib des Pharaos sein, und der Hatschepsuts war dazu bestimmt, Kinder zu gebären, nicht eine Rüstung zu tragen!

Thutmosis hatte diese Reise als abhängiger Vasall seiner Tante angetreten, doch er bedauerte es an diesem Tage nicht. Er hatte soeben der Grenzen der Herrschaft seiner Rivalin erkannt. Sie verkündete aller Welt ihre göttliche Geburt, ihre Ergebenheit Thutmosis I. gegenüber, ging sogar soweit, ein männliches Äußeres anzunehmen, und hielt die Zügel der Macht fester als ihre Vorgänger in ihren Händen oder denen ihrer Berater. Doch hinter diesem Steinhaufen erahnte der junge Mann die ganze Verletzlichkeit des einzigen weiblichen Pharaos der Geschichte.

Wenn nun ein Volk käme und ihr die Stirn böte, so wäre sie verloren in all ihrer Anmaßung. Der Bau von Buhen wie auch der anderen Bollwerke würde Jahre in Anspruch nehmen, umsonst. Was nützten meterdicke Mauern, von Vorräten überquellende Lager, wenn Hunderte von Streitwagen unter diesen Mauern vorbeiführen und sich daran machten, friedliche Städte zu verwüsten, die meilenweit im Norden lagen? Hatschepsut war eine Königin der Vergangenheit, sie lebte in der Erinnerung an ein Tal, das von den immensen Weiten der umgebenden Wüsten beschützt wurde. Und doch mußte der Alptraum der Hyksos-Invasionen ihr unablässig gegenwärtig sein. Konnte sie mit dieser Angst leben, da sie der Bedrohung nicht hätte entgegentreten können? Thutmosis III. mußte an seinen Großvater denken, dessen Taten in die Felsen des dritten Katarakts eingegraben waren, weit im Süden. Er zumindest hatte es verstanden, sich Respekt bei anderen Völkern zu verschaffen, indem er sie, so nötig, bis ans Ende der Welt verfolgte, als würdiger Sohn des Horus!

Thutmosis zog aus diesem Beispiel eine andere Lehre als die Tochter des großen Pharaos: Wenn die Götter ihm eines Tages die Macht über das Tal geben sollten, würde er nicht wie ein Opferlamm abwarten, bis er die Schlachtrufe vernahm, bevor er seinen Palast verließ. Thutmosis würde die Geschicke der Welt nach seinem Gutdünken regeln, die asiatischen Städte verwüsten, noch höheren Tribut von den Nubiern einfordern. Nur auf diese Weise konnte das Tal vor Begehrlichkeiten geschützt werden. Dieser Gedanke erfüllte ihn mit Freude, und die Usurpatorin wurde einen Moment lang wieder auf die Stellung einer Regentin herabgestuft, die sie niemals hätte verlassen dürfen . . .

Der vergessene junge König mochte sein gegenwärtiges trauriges Los fortan mit Mißachtung strafen, doch die prahlerische Inszenierung seiner Tante, oder ihre Vorsicht, wenn man den Scharfblick in Betracht zieht, mit dem sie ihre Unfähigkeit zur Kriegsführung wettmachte, gab ihm noch nicht den Schlüssel zur Macht in die Hand . . . Diese Ablenkungsmanöver, diese äußeren Anzeichen von Kampfgeist, die das Land und die benachbarten Monarchen – für den Augenblick – irreführten, verlangten Thutmosis sogar eine gewisse, widerwillige Bewunderung ab.

Im Landesinneren konnte Hatschepsut auf die Unterstützung durch Senenmut, Hapuseneb und viele andere zählen, und dort würde keine Invasion das fest etablierte Joch ins Wanken bringen. Die Abenddämmerung breitete sich über die Wüste, wie auch über die Hoffnungen des Königs. Aus dem Süden würde kein Widerstand kommen, dafür hatten sein Vater und sein Großvater ihre Aufgabe zu gut erledigt. Die Nubier baten die Königin, ihre Geschenke entgegenzunehmen. Bis zur Rückkehr nach Theben würde die königliche Flotte mit Gold, Straußenfedern und exotischen Tieren überladen sein. Die libyschen Nomaden im Westen verhielten sich ruhig; sie konnten es alleine nicht mit den Patrouillen der Soldaten aus den Wüstenoasen aufnehmen. Was die Völker fern im Osten anging, die Kaufleute in den syrischen Festungen oder die mächtigen Könige des Mitanni-Reichs, so hatte Thutmosis nichts von ihnen gehört. Wußten sie von der ungewöhnlichen Situation am thebanischen Hof? Sicher lachten sie über ihn; bestimmt hatte man an den Ufern des Euphrat niemals eine solche Königin gesehen!

Wenn er auch im Augenblick nichts an der Lage der Dinge ändern konnte, schöpfte der junge Anwärter auf die Einsamkeit des Throns aus seinen Reisen zu den Reichsgrenzen doch eine Gewißheit: Ein Pharao, der dieses Namens würdig war, konnte nur ein kühner Krieger und gleichzeitig ein geschickter Taktierer sein, und die Zukunft würde ihm hierin recht geben.

*

Die königliche Flotte war nach Theben, der Herrlichen, zurückgekehrt. Thutmosis hatte sich sehr gefreut, als die Felswand des thebanischen Gebirges am westlichen Horizont auftauchte. Mit fast tausend Metern Höhe war sie der Orientierungspunkt der ganzen Region, das Tor zum Reich der Toten, stolz aufragend über der grünen Ebene und der Hauptstadt eines Reiches, welches sich vom Mittelmeer bis zum Wendekreis des Krebses erstreckte.

In seinen Augen verdiente keine andere Stadt diesen Titel, und der Nachkomme der thebanischen Fürsten konnte sich voller Stolz sagen, daß die Erneuerung seines Landes schon zweimal von diesen friedlichen und fruchtbaren Ufern des oberen Niltals ihren Ausgang genommen hatte. Als das Alte Reich in den gesellschaftlichen Unruhen gegen Ende des dritten Jahrtausends vor unserer Zeitrechnung untergegangen war, hatte sich zunächst die 11. Dynastie, dann die Amenemhet- und Sesostris-Dynastie aus den Reihen der thebanischen Monarchen konstituiert. Diese großen und kühnen Pharaonen des Mittleren Reiches hatten eine dauernde Bedrohung gebannt: Anarchie machte die ohnehin schwierige Bewirtschaftung eines Flusses und eines Tals von schier übermenschlichen Proportionen zunichte. Diese Herrscher hatten der Stadt ihren Adelsbrief verliehen, bevor die schreckliche Invasion der Hyksos im 17. Jahrhundert v. Chr. einmal mehr die Einheit von Ober- und Unterägypten auseinanderriß. Dann hatten die Pharaonen der noch jungen 18. Dynastie das Ruder übernommen, und Thutmosis III. raste vor Wut darüber, seine Energie nicht in den Fußstapfen seiner Ahnen freisetzen zu können.

Ihr Schatten lag jedoch immer noch über diesen weihevollen Stätten, und dies galt nicht nur für das linke Nilufer, auf dem sich ein Totentempel an den anderen reihte, gen Westen, wo jahrhundertelang die Grabstätten angelegt wurden, bevor Thutmosis I. die Tradition der in den Fels des Tals der Könige getriebenen Hypogäen begründet hatte.

Thutmosis III. hatte lange genug im Haus des Lebens studiert, und die Heldentaten der Pharaonen des

Mittleren Reiches werden diesem um ein verehrungswürdiges väterliches Vorbild betrogenen Prinzen wohlbekannt gewesen sein. Wie sein Großvater Thutmosis I., der sich ebenfalls von diesen ungestümen Feldherren inspirieren ließ, wußte auch Thutmosis III. alles über ihre Expeditionen zu den Quellen des Nils, die mit Kreta und Phönizien geknüpften Bande. Unter ihrer Herrschaft legten in Theben Schiffe aus dem gesamten östlichen Mittelmeerraum an. Eselskarawanen brachen auf, die schwierigen Pfade der Wüstengebirge zu bezwingen, die zwischen dem Nil und dem Roten Meer lagen, um Waren von den Küsten Äthiopiens, dem Lande Punt, zurückzubringen. Dorthin gelangten sie mit der Flotte, die im Hafen des schmalen Roten Meeres festgemacht hatte, das sich zum geheimnisvollen Süden hin weit öffnete.

Der Palast von Theben, dieses weitläufige Labyrinth von Flachdächern, vom Blattwerk der Sykomoren beschattet, zeugte von so vielen Reichtümern . . . Thutmosis III. mochte sich seiner nicht so weit zurückliegenden Kindheit entsinnen, seiner Kinderspiele in einer Zeit, in der niemand seine Legitimation in Frage gestellt hätte. Seitdem hatte er andere Stätten kennengelernt, welche die Legende der Pharaonen verkörperten, Grabstätten vor allem, wie die Thutmosis' I., wo er dem großen Krieger gerne huldigte, auch wenn die Priester der Hatschepsut dort allgegenwärtig waren und sich bemühten, jede andere Huldigung in den Schatten zu stellen, ganz der töchterlichen Liebe der Königin verpflichtet.

Thutmosis III. hatte sich noch keine Gedanken über sein eigenes Grab im Tal der Könige oder seinen Totentempel gemacht; die Widrigkeiten seines Schicksals beraubten ihn für den Augenblick jeglicher Ambitionen: Wie hätte er solche Arbeiten anordnen können, die zwangsläufig sehr kostspielig waren und Hunderte von Arbeitern erforderten, solange er nicht regierte? Ihm hätte wohl gerade noch ein Grab in den benachbarten Felswänden bei den Frauen der Dynastie und den weniger bedeutenden Prinzen zugestanden. Da wollte er lieber in einem Loch im Sand verscharrt werden, wie ein Bauer, seinen Körper in Auflösung übergehen sehen, ohne eine andere Form des Überlebens!

Zur gleichen Zeit gab die ihm verhaßte Hatschepsut offiziell ihr Königinnengrab in einer nahe gelegenen Schlucht auf und ließ sich statt dessen eine hochoffizielle Grabstätte im Tal der Könige anlegen. Man munkelte bei Hof, daß die zukünftige Grabkammer mitten im Herzen des westlichen Berges liegen sollte. Zu diesem Zeitpunkt wußte noch niemand etwas von den weiteren Plänen der Pharaonin; die geographische Lage dieses prunkvollen Grabs entsprach genau dem noch zu errichtenden Totentempel von Der el-Bahri, der als sichtbare Front der Anlage auf der anderen Seite an die Felswand des Westgebirges angebaut werden sollte. Thutmosis III. schien es in der Bedrängnis seiner Seele klar, daß seine Tante soweit gehen würde, ihn seines Grabes zu Seiten seiner beiden Vorgänger zu berauben. Sie würde ihn auf einen Platz unter den Frauen verweisen, als äußerste Vergeltung für die der Tochter Thutmosis' I. unerträglichen genetischen Gegebenheiten.

Glücklicherweise waren die Monumente Thebens nicht nur dem Tod vorbehalten: Da waren die Paläste, über Kanäle mit dem Nil verbunden, sorgfältig angelegte Landebrücken und Tempel, die unmittelbar vom nährenden Strom aus zugänglich waren. In den Stadtvierteln tummelten sich Tausende sehr lebendiger Menschen, und wenn Memphis trotz der Unwägbarkeiten des politischen Lebens der große Warenumschlagplatz am Verbindungspunkt zwischen Delta und Tal blieb, so hatte Theben sich doch durch den enormen Konsum, den die Anwesenheit des königlichen Hofes mit sich brachte, eine bedeutende Handelstradition erworben.

Memphis, erste Hauptstadt des Alten Reiches, war an der natürlichen Grenze der Zwei Länder entstanden. Theben war die Bekräftigung des politischen Willens zur Einigung des Landes, die von den Fürsten von Oberägypten ausging, dem Herzen des Landes, während das immer noch hauptsächlich aus Sümpfen bestehende Delta vom dritten Jahrtausend – dem Alten Reich – bis zur Zeit des Neuen Reiches als vorgelagerte Schutzzone diente.

So machte Theben die Nachteile seiner Lage wett – Hunderte von Kilometern vom Delta und dem Zugang zum Mittelmeer entfernt, in ein enges Tal gezwängt, das in den wüsten und unterentwickelten Süden Nubiens mündete. Dem jungen Thutmosis war dieser Widerspruch zwischen einem fortan für die Eroberung von Grenzgebieten offenen Reich und der isolierten Lage Thebens, Abglanz des jahrhundertealten Partikularismus des Tals, noch nicht aufgegangen. Die Invasion von außen rechtfertigte in seinen Augen die imperialen Eroberungszüge Thutmosis' I. voll und ganz. Er hatte sich in Nubien geschworen, dieses Werk des Schutzes der Grenzen durch Präventivangriffe fortzusetzen, aber noch fühlte sich der Thutmoside seiner Stadt, dem Symbol der Unvergänglichkeit Ägyptens, sehr verbunden.

Er kam nicht auf den Gedanken – wie es der nachfolgenden Dynastie klarwurde –, daß Theben schon jetzt zum Symbol eines überalterten, von der Außenwelt abgekapselten Ägypten geworden war. Die Geschichte hielt für das Land eine hervorragende Rolle in dem großen menschlichen Mahlstrom bereit, der sich um die Mitte des zweiten Jahrtausends vor unserer Zeitrechnung im gesamten Orient in Bewegung setzen sollte. Mit dem Auftauchen neuer Völker in der Geschichte würde die Ruhe der ersten seßhaften Reiche der großen Flußtäler – Mesopotamiens und Ägyptens – durch die Invasionen der Indogermanen und die von ihnen ausgelösten Sekundärbewegungen nach und nach zerstört werden. Diese Störungen hatten bereits ihren Anfang genommen mit dem verheerenden Einfall der Hyksos, dieser semitischen Stämme aus der syrischen Wüste, die ab Beginn des zweiten Jahrtausends durch den kriegerischen Druck der indogermanischen Nomaden vorwärtsgedrängt wurden.

Thutmosis III. verfügte natürlich nicht über ausreichenden Abstand, um den Zusammenhang zwischen dem traurigen Ende des Mittleren Reiches und dem tapferen Kampf seiner Ahnen einerseits und dem plötzlichen Durcheinandergeraten des menschlichen Kräftespiels an diesem orientalischen Kreuzweg, diesem Knotenpunkt zwischen Europa, Asien und Nordafrika, dem ersten und wichtigsten Schmelztiegel der Geschichte, andererseits zu erkennen.

Er beschränkte sich darauf, Theben, die Ewige, zu bewundern, noch in Unkenntnis der entscheidenden Rolle, die er in der geschichtlichen Entwicklung spielen sollte. Thutmosis würde das friedliche Ägypten einer Welt gegenüber öffnen, welche immer stärkeren Umwälzungen ausgesetzt war durch das Ringen nunmehr zahlreicher, rivalisierender Zivilisationen, die geboren wurden, zur Vorherrschaft aufstiegen und schließlich wieder erloschen. Wie hätte er ahnen sollen, daß seine kriegerischen Gelüste, durchaus gerechtfertigt zur Überwindung seiner Demütigung, solche Folgen haben sollten, Jahrhunderte und Aberjahrhunderte hindurch?

Im Augenblick jedenfalls bot die Stadt einen äußerst beruhigenden Anblick. Die Siedlungen der Handwerker erstreckten sich bis in die Ebene, die Stadtmauern waren zu eng geworden, und Thutmosis III. sah eine Stadt vor sich, deren Außenbezirke begonnen hatten, das gesamte Umland zu überwuchern. Der junge König hatte zweifellos niemals die Gäßchen der ärmeren Viertel betreten, in denen ein vereinzelter Baum, der sich bescheiden zwischen den Häusern duckte, einer ganzen Familie von Webern oder Töpfern, deren Erzeugnisse sich bald in den königlichen Küchen stapeln sollten, seinen wohltätigen Schatten spendete. Er kannte nur weitläufige Parks, Korridore mit imposanten Wandgemälden. Der einzige Berührungspunkt mit den Massen des einfachen Volkes, Versammlungsort für alle – wenn auch das Volk nicht ins Innere vorgelassen wurde –, blieb der Tempel, und der von Theben war Amun geweiht, dem Schutzgott der Stadt, der an die Spitze der Gottheiten aufgestiegen war, als Theben Reichshauptstadt wurde . . .

Der Tempelbezirk barg für Thutmosis die schönsten, aber gleichzeitig auch die bittersten Erinnerungen. Hier hatte ihn sein Vater der Obhut der Priester anvertraut, damit ein Gelehrter aus ihm werde, ein hervorragend Gebildeter, unerläßliche Voraussetzung für seine zukünftige Verantwortung als König. Seine jungen Jahre hatte er inmitten aufopferungsvoller Priester damit verbracht, von diesen klugen Köpfen zu lernen, das Universum zu verstehen. Welches Kind würde nicht davon träumen, in einer heiligen Stadt zu leben, alles über die Welt und die Sterne zu erfahren, über die hinter allen Dingen verborgenen Götter? Alle diese Geheimnisse endlich erklärt zu bekommen aus dem Munde der Priester, mit unendlicher Geduld, dies kann die Jugenderinnerungen wohl mit einer Aura von Süße und Unwirklichkeit umgeben ...

Karnak hatte den Knaben vom ersten Tag an beeindruckt, und der junge Erwachsene bewahrte die Erinnerung an die Weite, vor allem aber den ungeheuren Gigantismus des Ortes. Es hätte nicht weniger als eine Stunde in Anspruch genommen, einmal um den ganzen Tempelbezirk herumzuwandern – wenn man eilig ausgeschritten wäre. Friedliche Innenhöfe lagen hinter hohen Mauern, Pylone – riesige Doppeltürme am Eingang der Tempel – ragten in den Himmel. Sie für sich allein genommen, brachten schon die ganze geheime Kraft der göttlichen Wohnstatt zum Ausdruck und zeigten, wie in den anderen Tempeln, dem Sterblichen an, daß er hier mit der geheimnisvollen und gefährlichen Welt verborgener Mächte in Berührung kam.

Das Entzücken des Kindes war nach und nach der Einsicht in die Realitäten gewichen: Schon zu Lebzeiten seines Vaters war Thutmosis sich über die Motivationen der Amun-Priesterschaft klargeworden, einer Macht innerhalb des Reichs trotz ihres bescheidenen Auftretens und ihrer bedachtsamen Reden. Die Regentschaft hatte die Heimtücke einiger unter ihnen endgültig offenbart, und für den seiner Rechte beraubten jungen Pharao war die Gestalt Hapusenebs – des ersten Propheten oder Hohenpriesters des Amun – für alle Zeiten untrennbar mit dem Tempelbezirk von Karnak verbunden. Thutmosis wußte, daß er nicht ganz gerecht war; viele Priester bezeugten ihm ihre Ergebenheit, wenn er den Tempel besuchte. Sie führten ihn voller Respekt zur heiligen Barke des Amun, der sich außer den Priestern nur der Pharao nähern durfte, um die dem Herrn von Theben zustehenden rituellen Waschungen zu vollziehen. Was vermochten denn diese

Männer, die ganz in ihrem Amt aufgingen, ihren Vorgesetzten gegenüber, diesen Höflingen adliger Abstammung, die über die Intrigen bei Hofe stets auf dem laufenden und in erster Linie um ihre Reputation besorgt waren?

Angesichts der weitläufigen Anlage mußte Thutmosis, der dritte seines Namens, wohl bedauern, von diesen natürlichen Verbündeten der 18. Dynastie im Stich gelassen worden zu sein; aber solche Reichtümer, angehäuft im Namen des Gottes, ließen ihn wohl auch auf bittere Vergeltung sinnen. Seit der Machtergreifung der thebanischen Fürsten der 18. Dynastie hatten die Amunpriester sich überall breitgemacht, während sie gleichzeitig den neuen Herren des Nils ihre Legitimation lieferten. Doch der Preis, den die Pharaonen dafür zahlen mußten, war immer höher geworden. Die heilige Stadt, die sich vor Thutmosis' Augen erstreckte, legte davon beredtes Zeugnis ab. Hatschepsut ihrerseits mußte wohl doppelten Lohn zahlen an jene, die ihre Usurpation um den Preis waghalsiger theologischer Verrenkungen rechtfertigten, und da war es nicht mehr getan mit ein paar Bauwerken, einigen Goldbarren für den Tempel, Viehherden oder Ackerland in der Umgebung.

Die Königin ließ es sich angelegen sein, dem ersten Propheten einen Teil ihrer Vorrechte in religiösen Dingen abzutreten, und Thutmosis fragte sich, ob die Ambitionen der Diener des Schutzgottes damit befriedigt sein würden, oder ob sie das Erbe Thutmosis' I. Tag für Tag weiter aushöhlen würden. Der junge Monarch hätte nur zu gern seine Wut an diesen dreisten Priestern ausgelassen . . .

Die Annalen des Reiches tragen die Spuren solcher politischen Fehlentscheidungen: Der Pharao war verehrungswürdig nur in seiner ungeteilten Macht, durch das Wohlwollen der Götter geheiligt als Garant eines Lebens, das den Bauern jeden Tag aufs neue durch die Wiedergeburt der Sonne und die Wasser des Nils gewährt wurde. Wenn es den hohen Würdenträgern gelang, sich königliche Schwäche zunutze zu machen, um einen Teil der Führung der Menschen des Reichs an sich zu bringen, würde schon bald die Meute der Familien von Höflingen, Schreibern, Generalen und Nomarchen um den Thron herum nichts mehr übriglassen. So hatte das Alte Reich geendet, in den Anfängen der geschichtlichen Zeit durch die Erschütterungen lokaler Revolten auseinandergerissen.

Der Sohn Thutmosis' II. begann zu träumen – vom Scheitern dieser Herrschaft der Hatschepsut und der vermessenen Priester, denen die Besitzungen des Amun nicht mehr genügten. Er ahnte eine Ära politischer Ungewißheit voraus, eingeleitet von der Frau auf dem Pharaonenthron, die wohl zu Unterhandlungen über diese dem Denken der Zeit aufgezwungene Herrschaft genötigt war. Er mußte feststellen, daß die Herrscherin, die nun seit mehreren Jahren offiziell die Macht ausübte, keine Zurückweisungen seitens einer Priesterschaft hatte hinnehmen müssen, die immer auch Komplize war. Senenmut und die anderen Minister waren sicher wachsam, und diese gebieterische Frau besaß genügend Geschick, genügend Ansehen, daß niemand wagte, etwas gegen sie zu unternehmen.

So blieb der junge Pharao ohnmächtig diesen steinernen Mauern gegenüber, die eine Wand seines unsichtbaren Gefängnisses bildeten. Doch wie konnte er bereuen, daß sein Großvater Thutmosis I. diese Arbeiten unternommen, die uralte Tradition der Verehrung Amuns wiederaufgegriffen hatte, die Jahrhunderte zuvor mit der 12. Dynastie begonnen hatte? Amun war der Beschützer der Stadt, aber auch der Siegesgott, und niemand gab sich darüber irgendeiner Täuschung hin. Ein auf seine Rolle bedachter Pharao kam also nicht umhin, ihm aufs eifrigste zu huldigen, und der ursprünglich dem Amun, aber auch dem Monthu und der Mut, den anderen Mitgliedern seiner Triade, geweihte Bezirk, hatten mittlerweile eine erhebliche Ausdehnung erfahren.

Die Familie des Gottes war von den Theologen nach und nach auf den neuesten Stand gebracht worden, stets in dem Bemühen, die Weltentstehungslehre und die Aufwertung der amtierenden Dynastie in Übereinstimmung zu bringen. Sie spiegelte tatsächlich die ganze jüngere Geschichte Ägyptens wider, und stellte für Thutmosis eine grundlegende – und aufrichtige – Glaubensüberzeugung dar, erklärte doch ihr Schöpfungsmythos die Aura der Thutmosiden und bedeutete für die vergöttlichten Menschenwesen, welche die Doppelkrone der Zwei Länder trugen, ein Unterpfand der Ewigkeit.

Amuns Aufstieg aus seiner bescheidenen Stellung als Lokalgott begann mit der Herrschaft der thebanischen Fürsten, die nach der ersten Umsturzperiode – der Zeit zwischen dem Alten und dem Mittleren Reich – das Mittlere Reich und dann, einige Jahrhunderte später, das Neue Reich begründet hatten. So an die Spitze der ägyptischen Kosmogonie gelangt, ging er daran, sich andere Göttergestalten einzuverleiben, deren Stern in dem Maße ins Sinken geriet, wie die ihnen verbundenen Pharaonen in der Düsternis der Vergangenheit verschwanden. So stand der kosmische Gott Monthu bei den Herrschern in Gunst, bevor die Thebaner an die Macht gelangten. In langvergangenen Jahrhunderten war er zu einem der Hauptgötter der thebanischen Region aufgestiegen, wenn seine Ursprünge auch im Delta lagen, ein Beweis der damaligen politischen Oberhoheit adliger Familien aus der memphitischen Region über das oberägyptische Tal. Seine Geschichte war die aller ägyptischen Götter: Zunächst nur in einem bestimmten Nomus verehrt, war er wie seine Mitgötter lebendiger Zeuge einer auf vorgeschichtliche Zeiten zurückgehenden Entstehung der Götter, Zeiten, in denen jede Region einen eigenen Totemgott begünstigte, der oft mit einer bestimmten Tiersymbolik in Verbindung gebracht wurde. Im dritten Jahrtausend v. Chr. hatte es dann erstmals einen Pharao gegeben, und die Einheit des Tals hatte eine geographische Hegemonie bestimmter Götter ermöglicht, infolge der Herrschaft eines einzigen Königs über das riesige Tal.

So kam es zu Monthus unvermeidlichem Abstieg, als Amun sich in den Vordergrund schob; doch durch eine jener Verschmelzungen, die zu den Spezialitäten der ägyptischen Priester gehörten, durfte der unglückliche Monthu, unter anderem als Mann mit Falkenkopf dargestellt, am Ruhme Amuns teilhaben und nahm alsbald die Gestalt eines Kriegsgottes an. Er blieb nicht allein, da die ebenfalls der thebanischen Region entstammende Mut – die geiergestaltige Göttin – zur Gemahlin Amuns erhoben wurde. Die Menschen des frühen Altertums wollten in der Götterwelt ein übersteigertes Spiegelbild ihrer eigenen Existenz sehen, die einzige Möglichkeit, sich das unergründliche Universum vorzustellen. Durch eine subtile Weiterentwicklung ihrer Vorrechte erschien Mut ebenfalls bald als Eroberergöttin, unentbehrlich für die Verteidigung des Reiches. Und so nahmen die Mitglieder der Familie Amuns im Laufe der Jahrhunderte zunehmend kriegerische Akzente an, in dem Maße, wie die Pharaonen des Neuen Reiches ihre Legitimation auf ihre militärische Stärke und die Eroberung vorgelagerter Territorien als Schutzwall zur Verteidigung des Tals stützten. Nur Chons, der Sohn des Amun, stets mit der krönenden Mondscheibe dargestellt, wurde nicht genötigt, sich den neuen Normen eines nach militärischem Ruhm strebenden Reiches zu unterwerfen.

Solche Entstehungsgeschichten und Komplikationen bedurften schon eines heiligen Bezirks von den Ausmaßen Karnaks, und wenn Thutmosis III. auch noch nicht ahnen konnte, zu welcher Größe Karnak in den nächsten zwei Jahrhunderten heranwachsen sollte, durch die unablässige Hinzufügung weiterer Tempel, Pylone und Obelisken, von den Kapellen ganz zu schweigen, hatte er doch schon jetzt eine der imposantesten Anlagen von ganz Ägypten vor Augen. Ahnte er damals schon, daß eines Tages seine eigenen Tempel und Pylone den Weg vorzeichnen würden für all die teils aufrichtig frommen, teils selbstherrlichen Vermächtnisse zukünftiger Pharaonen, die bestrebt sein würden, es ihm, den Herrn des Nils, gleichzutun?

Doch vorläufig galten seine Gedanken nur den Plänen der Königin. Hatschepsut wollte dem Beispiel ihres Vaters, Thutmosis' I., folgen und den Tempel des Amun weiter vergrößern. Eingedenk des bereits ins Leben gerufenen Mythos ihrer göttlichen Geburt geziemte es sich wohl, daß die Tochter des Gottes ihrem geistigen Vater besondere Huldigungen erwies. Hapuseneb erwartete diesen Gunstbeweis bereits mit Ungeduld, und Thutmosis III. sah sich wiederum um eines seiner Vorrechte gebracht: die Verantwortung für den Dienst an diesem Ersten unter den Göttern.

*

Die Hoffnungen Thutmosis' III. blieben vergebens. Es kam kein göttliches oder menschliches Zeichen in diesen nächsten Monaten, seine Abgeschiedenheit zu durchbrechen. Das Nilhochwasser folgte auf die sengende Hitze des Monats Mai, die Bauern kamen aus ihren Dörfern, um die Felder einzusäen, die Saatkörner von den Hufen ihrer Ochsen in den noch feuchten Schlamm stampfen zu lassen, ohne daß irgend etwas die von der ersten Pharaonin der Geschichte errichtete Ordnung gestört hätte.

Thutmosis III. war nicht eingesperrt; er konnte sich nach Belieben die Zeit vertreiben, sich nicht nur innerhalb des Palastbereichs bewegen, sondern wo immer er wollte, wenn uns auch die Annalen jener Zeit diesbezüglich nicht allzu viele Einzelheiten überliefert haben. Fast schien es, als hielte sich Hatschepsut ein der Sprache und des Bewußtseins beraubtes Geschöpf, das nun in aller Öffentlichkeit umherirrte, mit der Maske eines Königs angetan. Niemand, kein Schreiber, hielt sich weiter mit seiner Existenz auf: In seiner Jugend erwähnen ihn die Flachreliefs noch, in akademischer Manier, doch die Regeln der pharaonischen Kunst waren so erstarrt, daß sie uns keine wirkliche Auskunft über die Stellung Thutmosis' III. im königlichen Protokoll geben können. Einer der ureigensten Charakterzüge der ägyptischen Zivilisation, und nicht ihr unbedeutendster, ist die Beständigkeit ihrer Kunst, die schon zu Zeiten der ersten Pharaonen ein hohes Qualitäts- und Ausdrucksniveau erreicht, das auch in der Folge selten übertroffen wird. Zur Zeit der Hatschepsut ist selbst bei diesen Herrschern der frühen 18. Dynastie, den Erneuerern des Reiches, ein Bemühen um Rückkehr zu den Traditionen zu erkennen, ein Beweis der tiefen Bindung der Niloten an ihr Reich, von dem sie glaubten, daß es wie der Nil ewigen Bestand haben werde.

Die Balance, die Harmonie zwischen den Menschen und der Welt der Götter hatte man sehr früh in der

Person des einigenden Herrschers gefunden, in einer langvergangenen Epoche, die man als goldenes Zeitalter verherrlichte, was die Künstler keinesfalls gehindert hätte, einen Thutmosis in seinem prunkvollen Ornat darzustellen, wenn seine Tante ihm über die unschuldige Jugendzeit hinaus auch nur die geringste offizielle Rolle zugestanden hätte.

Doch wie hätte man diesen jungen Mann darstellen sollen, dessen Existenz in den Augen der schmeichlerischen Künstler und Schreiber von Tag zu Tag immer peinlicher wurde? Thutmosis' Bild wurde zum Problem für eine Kunst, die der Funktion eines jeden Dings, eines jeden Lebewesens durch seine Attribute einen Symbolwert zuwies und sich als Spiegelbild der Gesellschaft verstand. Viel später, Jahre nach dem Tod der Usurpatorin Hatschepsut, entsprach die entfesselte Wut des endlich an die Spitze des Reiches gelangten Herrschers dem Ausmaß der Verachtung, die ihm all diese Höflinge in seiner Jugend entgegengebracht hatten, und er ruhte nicht, bis alles an diese Zeit der Schande Erinnernde ausgelöscht war.

So sind uns nur wenige Bildnisse des jungen Königs bekannt, und seine Gedanken wurden erst recht nicht in Stein gegraben. Durch seine späte Machtergreifung bleibt uns nur das – nunmehr dominante – Zeugnis eines reifen, von Haß getriebenen Mannes, weit entfernt von der Gedankenwelt eines Jünglings an der Schwelle seines Erwachsenenlebens, immer noch hin- und hergerissen zwischen der Bewunderung für diese Frau und dem Schmerz des Verschmähten.

Eine Tatsache beleuchtet jedoch diese Leidensjahre und ist völlig ausreichend, die außergewöhnliche Laufbahn des Monarchen zu erklären, die er in der Folge als Reaktion auf eine Jugend voller Demütigungen einschlug. Zum ersten Mal in der Erinnerung der Schreiber und Priester hatte man dem Sohn der Götter, der Inkarnation der verstorbenen Herrscher, keine Gefährtin gegeben! Aller Logik zufolge hätte Thutmosis III. schon längst mit Nofrure vermählt sein müssen. Die beiden Kinder waren erwachsen geworden, und die junge Frau hätte einen neuen Königssohn zur Fortführung der Dynastie zur Welt bringen können, wenn die Götter dem dritten Thutmosiden nicht unversehens so übel mitgespielt hätten. Nicht nur, daß beim Tode Thutmosis' II. nichts in dieser Hinsicht unternommen worden war, woraus klar hervorgeht, wie wenig dieser unglückselige Herrscher gegen Ende seiner Regierungszeit in der Lage war, in vollem Bewußtsein zu regieren; die Lebenswege der beiden damals etwa zwölf Jahre alten Waisenkinder waren seitdem völlig auseinandergelaufen. Hatschepsut sah ihre Tochter lieber kinderlos.

Den Pharao dieser Verbindung mit der Trägerin des heiligen Blutes zu berauben: eine schlimmere Strafe war in jener Zeit kaum vorstellbar. Natürlich standen Thutmosis III. Konkubinen, Dienerinnen und Sklavinnen in großer Zahl zur Verfügung, derer er sich nach eigenem Gutdünken bedienen konnte, aber eine erste Gemahlin blieb ihm verwehrt. Diesen Urteilsspruch verstand selbst der einfachste Bauer, der selbst des Abends zu seiner Frau heimkehrte, Bestätigung seiner gesellschaftlichen Existenz, seiner Fähigkeit, die Seinen zu erhalten. Seit Menschengedenken kannte man in diesen seßhaften Gesellschaften des Mittelmeerraums keine andere Existenzform als das Leben im Schoße dieser Klans, die für das Los eines jeden so prägend waren.

Thutmosis saß in der Falle: Sollte der junge Mann die Tochter einer Adelsfamilie zur Frau nehmen, würde er damit seiner Tante endgültig recht geben, und der

Hof würde in ihm niemals etwas anderes als einen Bastard sehen, die Randerscheinung einer Dynastie . . .

Diese Situation war nicht immer so tragisch gewesen in der königlichen Erbfolge. In der Vergangenheit hatte meistens ein von zwei Elternteilen der legitimen Linie abstammender Sohn den Thron bestiegen. Nach dem Zusammenbruch einer Dynastie mußte der auf den Thron gelangte Eroberer die Legitimation wiederherstellen, ohne in einer fernen oder geringgeschätzten Vergangenheit die weiblichen Spuren dieses vielbeschworenen göttlichen Blutes zu suchen, und so drückte man ein Auge zu hinsichtlich der genetischen Reinheit des Thronanwärters. Bis zur 18. Dynastie schildern die Königsannalen vor allem diesen Ablauf der Erbfolge, aber nach Thutmosis III. schreckten die Herrscher nicht mehr davor zurück, sich eine erste Gemahlin unter den Prinzessinnen fremder Länder zu wählen. So hatte etwa Thutmosis IV., der Enkel des betrogenen Königs, eine Tochter des Hurriterkönigs an seiner Seite.

Ein Jahrhundert nach dem Drama des unglückseligen Thutmosis' III. trat die durchaus reale Auseinandersetzung um die genetische Reinheit des Herrschers in den Hintergrund, zugunsten diplomatischer Allianzen der Könige, die ein nunmehr der Außenwelt gegenüber offenstehendes Reich zu regieren hatten, in dessen Diplomatie die Heirat ein Instrument erster Ordnung darstellte. Die Herrschaft Thutmosis' III. war auch hier wegbereitend gewesen, aber hätte der junge Prinz sich in sein Los geschickt, wenn die Entscheidung bei ihm gelegen hätte, so viele zukünftige Erfolge und Neuerungen um den Preis der Demütigung zu erkaufen, die er jetzt erleiden mußte?

Hatschepsut war es endlich gelungen, die Bastardlinie vom Thron zu verdrängen. Es fehlte ihr zwar an einem männlichen Erben, doch deswegen hatte sie ihr aus frühester Jugend datierendes Vorhaben nicht weniger unnachgiebig verfolgt.

Der junge König zog, zweifellos auch auf Anraten seiner Vertrauten, die Einsamkeit dem Verzicht auf die Krone vor, und in dieser traurigen Situation ereilte ihn im Jahre Sieben der Herrschaft Hatschepsuts der letzte und offizielle Schritt seiner Demütigung: Die Krönung des weiblichen Pharaos! Bis dahin war die erste Gemahlin Thutmosis' II. noch davor zurückgeschreckt, diese Schwelle zu überschreiten. Jetzt, da sie ihrer Gefolgschaft sicher war, die Empörung der Menschenmassen nicht mehr fürchten mußte, die sich anläßlich dieser außerordentlichen Zeremonie um sie scharen würden, war Hatschepsut es sich schuldig, diese jahrhundertealte Zeremonie der Thronerhebung zu vollziehen, wenn sie nicht in den Augen der Geschichte als Usurpatorin dastehen wollte!

Senenmut triumphierte; für seinen Schützling Nofrure würde es beruhigend sein, ihre Mutter aus den Händen der Stellvertreter der großen ägyptischen Götter die beiden Kronen empfangen zu sehen. Thutmosis seinerseits würde die Insignien der Macht, den Krummstab und die Geißel, entschwinden sehen; seine Tante würde sie fortan vor den Augen des Hofes führen, als greifbaren Beweis ihres Triumphs. Was machte es schon, daß das schmale Gesicht der kleinen Königin, ihre zierliche Büste nicht zu dem schweren Gewand paßten, das sie zu dieser Gelegenheit zu tragen hatte; die Krone der Zwei Länder schien ihren Kopf schier zu erdrücken. Die Prozession des neuen Pharaos würde unter Jubelrufen, begleitet von Gesängen und Gebeten der Priester des ganzen Reiches, vonstatten gehen. Für den jungen König würde es wie ein kleiner Tod sein, die zweite Beerdigung der gemarterten Seele seines Vaters.

Thutmosis wußte, daß es nach dieser offiziellen Inthronisation für ihn außerordentlich schwierig sein würde, seinerseits auf den Thron zu gelangen. In diesem siebten Jahr ihrer Herrschaft nach der Regentschaft schien Hatschepsut stärker denn je. Die Götter hatten sie anerkannt, kein himmlisches Zeichen war eingetreten, um die Gottlose daran zu hindern, diese Geschichtsfälschung in die Tat umzusetzen. Thutmosis III. mußte sich sogar fragen, ob sein Name in den Annalen der Tempel verzeichnet bleiben würde.

Sollte er sich dazu durchringen, den Hof zu verlassen, um die Offizierslaufbahn einzuschlagen, für die er mit seiner angeborenen strategischen Begabung wie geschaffen war? Der junge Herrscher wünschte inbrünstig, dem unerträglichen Spektakel des königlichen Protokolls entfliehen zu können, aber er wußte, daß Nofrure sofort seinen Platz an der Seite ihrer Mutter einnehmen würde; damit wäre schließlich auch die Fiktion der geteilten Macht dahin gewesen.

Doch wozu in Theben bleiben, das vom Lärm der beginnenden Bauarbeiten am Totentempel von Der el-Bahri widerhallte? Unaufhörlich wurde neues Baumaterial für die Errichtung der gewaltigen Terrassen zu Füßen des Westgebirges herangeschafft. Man grub einen Kanal, um diesen unvergänglichen Tempel mit dem Nil zu verbinden, damit die Herrscherin sich beim großen Opet-Fest mit der Barke ihres geistigen Vaters – des Amun – zur Schau stellen konnte. Man hatte Thutmosis I. aus seiner Grabkammer geholt; sein Sarkophag sollte in Kürze in der Nähe des von seiner Tochter erdachten Komplexes untergebracht werden. Nichts würde sie aufhalten, und die Zeichen der Schwäche, die Hatschepsut offenbar den Priestern, den hohen Würdenträgern ihres Gefolges gegenüber erkennen ließ, schienen ihrem Ansehen und ihrer Autorität immer noch keinen Abbruch zu tun.

Thutmosis machte sich darauf gefaßt, aus der Geschichte zu verschwinden, in einem Augenblick, in dem andere Zwanzigjährige gerade ins Erwachsenenleben eintraten. Gewiß sollte die lange Reihe der Pharaonen noch andere Glücklose hervorbringen, wie etwa den unglückseligen Tutanchamun, dessen Berühmtheit einzig und allein auf der Tatsache beruht, daß er in seinem Sarkophag den Plünderern entging, während seine Herrschaft das katastrophale Ende der glanzvollen 18. Dynastie bedeutete. Selten jedoch wurde die Zukunft eines Königs von Ägypten so brutal zerschlagen, und tatsächlich sollten die Annalen der Hatschepsut ihn in den kommenden Jahren in Schweigen hüllen. Bis zum Alter von fünfundzwanzig Jahren würde der Prinz vom Nil außer Reichweite unserer Fragen leben, niemals schlecht behandelt, einfach nur vergessen. Monumente und Tempel werden errichtet, mit vielfältigen Widmungen, doch Thutmosis III. wird nicht mehr erwähnt . . . Ein solches Vergessen hat seinen Grund offensichtlich in den Quellen der pharaonischen Geschichtsschreibung: Flachreliefs, Weihinschriften, offizielle Proklamationen auf Papyrus. Keine Oppositionsmacht verschaffte der Stimme der Schwachen und Entrechteten Gehör. Nur der Wille der Götter konnte dem Schicksal, das sich anschickte, der verdienstvollen Linie der Thutmosiden-Krieger den Gnadenstoß zu versetzen, noch eine andere Wendung geben. So war es um die Monarchie in diesen alten Zeiten der Menschheit bestellt, gänzlich dem Willen eines vergöttlichten Wesens verschrieben, ohne jede andere Autorität, wie eine Insektenkönigin, die ein Machtvakuum um sich herum schafft.

Thutmosis III. war sozusagen ein toter Mann, in dem Sinne, daß der Verlust seines Namens, die lückenhafte Erinnerung ihn jeglicher Existenz in der Ewigkeit der Könige beraubten.

5

Das Echo der Welt

Mögen Könige auch ganzen Völkern ihren Willen aufzwingen, so treibt die Geschichte doch ihr mitleidloses Spiel mit den Herrschern: Fünfzehn Jahre nach der Machtübernahme durch die frevelhafte, geschickte Hatschepsut sollte sich diese Feststellung vor den Augen des Sohnes Thutmosis' II. in Kürze bestätigen.

Dem unglückseligen Thutmosis III., zu einem fast vergessenen Höfling degradiert, muß das Schauspiel der Prunkentfaltung der Königin in diesem Jahr genauso unerträglich erschienen sein wie während des vorangegangenen Jahrzehnts. Die mächtige Herrscherin selbst jedoch begann nach den Berichten der Boten aus den asiatischen Regionen am Fortbestand ihres Werks zu zweifeln. Zwar drang nichts von ihren Beratungen mit den Ministern nach außen, aber in Theben wie auch anderswo haben die Palastmauern Neuigkeiten nie aufhalten können, und bald schon sprach man von der Gefahr, die aus der syrischen Wüste drohte.

Thutmosis III. hatte es zu sehr herbeigewünscht, um jetzt daran glauben zu können. Die Vorahnungen, die ihm während der Inspektionsreisen nach Nubien und anderswo im Gefolge der ersten Gemahlin seines Vaters so klar vor Augen gestanden hatten, sollten sie sich als so begründet erweisen? Man flüsterte, daß der mächtige und ungestüme König von Kadesch in Syrien seine Verwandten um sich versammle. Alle Bastionen der Lokalfürsten dieses überaus begüterten Kreuzwegs des Orients hielten nach einem starken Arm Ausschau, der sie vor dem Zorn Ägyptens schützen könne. Thutmosis wußte wohl, daß es zum damaligen Zeitpunkt – im Jahre 1491 vor der Zeitenwende – nur einen gab, der seiner Stärke gewiß genug war, um das ägyptische Reich herauszufordern: den Herrn des Mitanni-Reichs!

Von Theben aus betrachtet, erschien dieser drohende Sturm allerdings nur wie eine ferne Schimäre; hier herrschte das Gefühl der Sicherheit vor. Wer wäre verwegen genug gewesen, eine solche Armee gegen das riesige, friedliche Tal aufzustellen, dessen Königin alles in allem recht zumutbare Tributzahlungen von ihren syrischen Nachbarn forderte? Etwas Derartiges hatte man seit Jahrzehnten nicht erlebt, ungeachtet der Angriffe von Nomaden oder Stämmen, die von anderen Eindringlingen vorwärtsgedrängt wurden, so suchte man sich zu beruhigen, und dann waren da ja auch noch die Festungen! Hatschepsut befand sich auf dem Gipfel ihrer Macht: fünfzehn lange Regierungsjahre ohne die kleinste Rebellion an den Reichsgrenzen, kein Bauernaufstand, keine Palastverschwörung, nichts, das einem längst ins Mannesalter eingetretenen Pharao einen Funken Hoffnung hätte geben können.

Rings um den entthronten König zeugte alles vom Ruhm der Pharaonin: der Reichtum des Tals, die Flotten der Handelsschiffe, deren weiße Segel sich von dem majestätischen Strom abhoben, der wie ein Spiegelbild der Herrin des Tals wirkte. Karnak wurde immer weiter herausgeputzt, und Der el-Bahri war jetzt schon das großartigste von Menschenhand geschaffene Werk im geheiligten Umkreis Thebens.

Thutmosis fand darin einen weiteren Anlaß, sich selbst zu schmähen, und an manchen Tagen schien es dem Thutmosiden, es sei besser, dem Wahnsinn zu verfallen, um all diesen Prunk, der ihn Jahr um Jahr mit Verzweiflung und Hoffnungslosigkeit erfüllte, nicht länger mit wachen Augen ansehen zu müssen.

Die Mauern des Totentempels rühmten Hatschepsut, als ob irgendeine Gefahr bestanden hätte, daß sie aus dem Gedächtnis der Menschheit und vor allem dem Thutmosis' III. verschwände. Außerdem war auf ihnen ein Ereignis verewigt, das einige Jahre zuvor den Ruhm der Pharaonin vollendet hatte, sofern es dessen noch bedurfte. Als Höhepunkt ihres Einfallsreichtums hatte diese durch ihr Geschlecht zum Frieden verdammte Ahmessidin einen Weg gefunden, das Bild der Herrscherin über die Außenwelt zu verkörpern, ohne daß ein einziger Pfeil abgeschossen wurde, unter freiwilliger Zurücklassung der Bogenschützen und Infanteriebataillone in ihren Kasernen. Als geschickte Diplomatin, ganz und gar von den Klischees der pharaonischen Geschichte durchdrungen, hatte sie ganz einfach das Echo der ältesten ägyptischen Mythen zum Leben erweckt, indem sie eine Flotte nach dem legendären Land Punt aussandte. Der Name allein reichte aus, um aus fernster Vergangenheit die große Sehnsucht der Ägypter nach dem tiefen, dem wilden Afrika heraufzubeschwören, intensiviert durch die Legenden, die den unerforschten Verlauf ihres segenbringenden Stroms umgaben. Kein Ägypter wäre unberührt geblieben von der Beschwörung des sagenhaften Südens, in dem, wie man wohl wußte, die Ursprünge dieser glanzvollen, fast mediterranen Zivilisation lagen, auch wenn man mittlerweile auf diese archaischen Tropen herabblickte.

Thutmosis III. erinnerte sich, wie alle Mitglieder des Hofes die Ohren gespitzt zu haben, als die Schreiber die Reise nach Punt ankündigten. Das magische Wort bezeichnete eine ferne Landschaft; sie hätte gut als Erfindung eines Dichters auf der Suche nach Inspiration gelten können, wären nicht die Pharaonen des Mittleren Reiches und andere vor ihnen auf die Idee gekommen, Schiffe nach dem Süden auszuschicken, um die tropischen Wunder herbeizuholen, die mit Karawanen kaum durch das weitläufige und gefährliche Tal am Oberlauf des Nils bis nach Ägypten zu schaffen waren.

Wenn sich auch unter den Papyri der Gelehrten in den Häusern des Lebens der großen Tempel nicht allzu viele Seekarten fanden, hätte doch jeder gebildete Schreiber die sagenhafte Region ohne Zögern lokalisieren können: Die langsame Reise führte das Rote Meer hinunter, wo kleine Inseln die Wasserstraße verengten. Hier ragten die Landmassen des heutigen Jemen in das warme Meer hinein, und die Länder Afrikas öffneten ihre Buchten weit für die Seefahrer.

Hinter den Sandbanken begann ein Land voll endloser Hügel, unwirtlicher Wüsten, die nicht durchqueren zu müssen man sich glücklich schätzte. Dieses auf den ersten Blick wenig beeindruckende Land in der Gegend von Abessinien oder dem Norden des heutigen Somalia war das Ziel der stattlichen Schiffe, die der Pharao aussandte, die Schätze dieser Gegenden zurückzubringen.

Thutmosis III. entsandte, nachdem er an die Macht gelangt war, keine einzige Expedition dieser Art, als habe das Glanzstück seiner illustren Tante ihm die Freude daran genommen, den Göttern des Nils den Weihrauch zu beschaffen, der ihnen so süß in die Nase stieg. Achtung vor dem politischen Scharfblick der Verstorbenen oder ein Haß, der unversöhnlich genug war, alles zurückzuweisen, was sie vor ihm getan hatte? Das Lebenswerk Thutmosis' III. erschließt sich nur aus dem Schatten seiner Stiefmutter, der Mischung aus

Liebe und Haß, die sein Herz erfüllte. Der Mann schien zuweilen von einem so unergründlichen Gefühl besessen – welcher Art es auch sein mochte, gedemütigte kindliche Anhänglichkeit oder unterdrückte Liebe – daß es den Beobachter in Zweifel stürzt. Jedenfalls würde der größte Eroberer der ägyptischen Geschichte sich nicht, wie Hatschepsut es in diesen Jahre 1495 v. Chr. tat, jenen geheimnisvollen Landen zuwenden, kamen von dort auch Leopardenfelle und Elfenbein, kostbare Duftstoffe, sogar Gold! Vor allem hatte Hatschepsut lang und breit verkünden lassen, daß die Götter ihren Weihrauch verlangten, dessen Wohlgeruch die bebenden Nasenflügel der Statuen des Amun und seiner Mitgötter umschmeichelte . . . Weihrauch war die Nahrung der göttlichen Wesen, und der Verbrauch der thebanischen Tempel hatte so zugenommen, daß Knappheit drohte.

Der Neid, die Enttäuschung des wiederum in den Stricken der Usurpatorin gefangenen Herrschers waren jedenfalls sehr offensichtlich: Die augenfällig plazierten Flachreliefs auf den Wänden des Tempels von Der el-Bahri gehörten zu den ersten Kunstwerken aus der Regierungszeit der Hatschepsut, die auf Befehl des endlich an die Macht gelangten Königs attackiert wurden. War der Name der Herrscherin erst einmal ausgemeißelt, würde das Monument unter dem Namen Thutmosis' III. in die Geschichte eingehen. Es scheint, daß diese Reliefs, welche die Rückkehr der Expedition schildern, dazu angetan waren, den Mächtigen zu gefallen, denn auch Ramses II., selbst ein Herrscher von höchstem Ruhm, war bestrebt, namentlich an diesem Ort zu erscheinen, dessen Steine im Laufe der Zeit nicht weniger mißhandelt wurden als Thutmosis III. an seiner Seele.

Der zukünftige Eroberer des großen ägyptischen

Imperiums würde diesen wunderlichen, fast unwirklichen Zug der Menschen aus Punt, die Arme voller Geschenke, in seiner Erinnerung bewahren. Die wohlbeleibten Frauen faszinierten die Ägypter, die sie auf ihren Tempelwänden verewigten. Exotische Tiere, Affen und Raubkatzen bereicherten den geradewegs den Mysterien Afrikas entsprungenen Troß, der den Hof in höchstes Erstaunen versetzte. Der König – zweifellos ein Stammeshäuptling – mit Namen Parehu, seine Frau und seine Kinder waren Teil der Prozession. Auf politischem Gebiet dürften sie ohne großes Gewicht gewesen sein im Vergleich zum geringsten Lokalfürsten Syriens und erst recht den Königen von Mitanni gegenüber; die Bedeutung ihres Kommens beruhte auf den mythischen Gefilden, die sie verkörperten. Sie hatten sie verlassen und waren Tausende von Kilometern gereist, um die märchenhaften Erzählungen greifbar zu machen, die dieses Traumland umgaben, den düsteren Hort der Götter aus alter Zeit. Und dann die Weihrauchbäume, diese magischen Gewächse, die man in Töpfen, in vollem Laub stehend, mitführte, damit sie die Terrassen des Tempels von Der el-Bahri säumen sollten.

Beim Anblick dieser exotischen Pracht hatte der Hof seiner Königin zugejubelt, die es gewagt hatte, auf die Tüchtigkeit des Nubiers Nehesi und ihrer Flotte zu vertrauen, ohne auch nur den aufwendigen Seekanal auf Höhe des Deltas wiederherrichten zu lassen. Er verband den Nil mit dem Roten Meer; die früheren Pharaonen des Mittleren Reiches hatten es für nötig gehalten, diesen Vorläufer des Suezkanals anzulegen, um die Handelsverbindungen mit Punt zu erleichtern. Wenn es eines Beweises ihres durch ihren Titel unterstellten Mannesmuts bedurft hätte, hatte Hatschepsut ihn damit erbracht, und Thutmosis spürte auch drei

Jahre nach der Begebenheit, derer man sich bei Hof voller Ergriffenheit erinnerte, noch die Stiche, die ihm das beifällige Lächeln der Höflinge versetzt hatte.

Die Expedition nach Punt gehörte der Vergangenheit an; zurück blieben die auf den Tempelmauern eingravierten Bilder der Pfahlhütten, von Fischfang und wunderlichen Pflanzen, von den langen ägyptischen Barken mit den zu eleganten Arabesken hochgebogenen Enden, eines der großen Meisterwerke der Kunst des Neuen Reiches. Genug Schönheit, um einen stets ruhmbegierigen Thutmosis zu beeindrucken, der mitunter an der menschlichen Natur der Usurpatorin zweifelte und sich fragte, ob er eines Tages so weit kommen würde, sich ihr, endgültig besiegt, zu Füßen zu werfen.

Und doch blieb das Echo der Welt hartnäckig, seine immer lärmendere und grimmigere Stimme war nicht mehr zu überhören; sie hatte nichts von der einlullenden Litanei, welche die Expedition zur See begleitet haben mag. So zwang sich Thutmosis, morgens niedergedrückt durch seine nur zu oft von schmerzlichen Erinnerungen gequälten Nächte, ihr zu lauschen, der fernen Hoffnung auf eine neue Welt, vom Waffengeklirr aus ihrer Ruhe gerissen, in der er endlich seinen Platz finden würde ... All die Übungen im Bogenschießen, seine Verausgabung bei den Streitwagenrennen sollten nicht umsonst gewesen sein, wenn sie auch bislang schon dem Rasenden Gelegenheit gegeben hatten, sich auszutoben, in seinen schwersten Augenblicken, wenn selbst die Freunde es nicht wagten, sich ihm zu nähern. Waren die Götter endlich bereit, eine neue Partie auf dem Schachbrett der Welt der Neun Bogen zu beginnen?

Dem äußeren Anschein zum Trotz hatte sich die Lage unmerklich gewandelt, und die Vorahnungen Thutmosis' III., die Triumphzüge der Pharaonin, die geheime Besorgnis einiger scharfsichtiger Schreiber drehten sich alle um den gleichen Gegenstand.

Die Welt des Altertums war in Bewegung geraten, ihre jahrhundertealten Grenzen zeigten Risse, und das Verhalten der ägyptischen Herrscher würde sich dem anpassen müssen. Die friedliche, traditionell isolationistische Herrschaft der Tochter Thutmosis' I. war ein Relikt der Vergangenheit; das große Tal, Schmelztiegel einer der ersten seßhaften Zivilisationen, würde sich fortan mit der Entwicklung in den benachbarten Regionen auseinandersetzen müssen. Die Flut der Völker eines sich immer weiter verdichtenden Orients schwoll unaufhörlich an und brandete gegen die wüsten Grenzgebiete Ägyptens. Millionen bevölkerten die halbwüsten Hochebenen; Kulturen, die gewiß von den beiden großen Tälern beeinflußt waren, hatten die einst uneinheitlichen Klans und Stammesgruppen zusammengeschweißt. Fürstengeschlechter entstanden aus Völkern, die aus dem Dunkel gekommen waren. Die Könige würden ihre Völker nur zu bald aus der Enge ihrer Weidegebiete und der Armut ihrer Hüttendörfer heraus zum Land der hundert reichen Städte führen . . .

Die Punt-Expedition war bezeichnend für die Geisteshaltung Hatschepsuts, die bereits an der Schwelle zum Alter stand. Sie bediente sich nach ihrem Gutdünken vom Besten, was die Barbarenvölker der hochzivilisierten Welt des fruchtbaren Tals zu bieten hatten, ob Waren oder Söldner, ohne daß sich daraus ein gleichberechtigter Austausch zwischen dem Reich der gelehrten Schreiber und diesen exotischen Ländern entwickelt hätte. Hatschepsut war, wie der gesamte Hof, genau darüber informiert, was sich jenseits der das Rote Meer säumenden Berge und der weiten Wüsten abspielte. Einer ihrer Vertrauten, Benia, der Hurriter, hatte seine Informationen über die unsichere diplomatische Situation, die sich im Orient anbahnte, haarklein an sie weitergegeben.

Die Herrscherin und Thutmosis III. wußten, daß ihre Schwesterzivilisation, das schöne und reiche Mesopotamien an den Ufern des Tigris und des Euphrat, zu Tode getroffen darniederlag. Die beiden Reiche hatten als erste ein umfangreiches, auf Priester und Schreiber gestütztes Staatswesen geschaffen. Das Licht ihrer Kultur hatte seit dem Ende des vierten Jahrtausends vor unserer Zeitrechnung über die benachbarten Völker geleuchtet. Nach dem Tode Hammurabis, des letzten großen Königs von Babylon, im 18. Jahrhundert, hatten die Götter das schöne Tal, dessen Tempel in den milden Himmel emporragten, im Stich gelassen. Seine Stufentempel, Ziqqurrat genannt, die frappierend an die erste Pyramide des Djoser in Ägypten erinnerten, mochten noch so viele Opfer empfangen, die besten, in diesem Land der Gelehrten hochgeschätzten Astrologen willkommen heißen, die augenblickliche Zeit brachte nichts als Unheil.

Die schönen Reiche gehörten der Vergangenheit an, und das zerbrechliche Mauerwerk ihrer Monumente wurde wieder zu Staub. Das Volk der Sumerer hatte schon im dritten Jahrtausend seine herrlichen Stadtstaaten nahe dem persischen Golf errichtet, und es war kein Zufall, daß der zweite Brennpunkt der Schriftentwicklung in diesem Land lag, dessen Keilschrift den ägyptischen Hieroglyphen entsprach. Die Schrift erfüllte den Kommunikationsbedarf der gerade geeinten Gesellschaften, zahlenmäßig stark geworden durch die Bewirtschaftung der riesigen Flußoasen. Sie waren innerhalb kurzer Zeit unter die Herrschaft von Oligarchien oder Königsfamilien gelangt, welche sich nun recht bald mit den Erfordernissen einer komplexen, dezentralen Verwaltung konfrontiert sahen. Sumer war in langvergessenen Kämpfen untergegangen, bald darauf erfolgreich von Babylon, der Herrlichen, abgelöst, während Ägypten seinerseits zwar im 18. Jahrhundert die Invasion der semitischen Hyksos hatte hinnehmen müssen, im Gegensatz zu Mesopotamien aber lange Zeit vom Schutz eines ausgedehnten Wüstengürtels profitiert hatte. Das Anbranden der indogermanischen Flut von den anatolischen Bergen und den iranischen Hochebenen zu Beginn des zweiten Jahrtausends hatte Mesopotamien mit voller Wucht getroffen. Im Gegensatz zu Ägypten hatte das unglückselige Tal sich davon nie wieder erholt. Das Land, dem es einst gelungen war, die Energien der Sumerer, ihrer semitischen Nachbarn und anderer Völker zu bündeln, wurde zum Schauplatz des Ringens fremder Mächte, welche die Trümmerfelder der verarmten Städte und der bewässerten Ländereien unter sich aufteilten.

Doch diese Beute hatte die Hethiter, Elamiter und Hurriter offenbar nicht zufriedengestellt, und diese jungen, kriegerischen Völker, die es aus der Enge ihrer gebirgigen Schlupfwinkel über dem fruchtbaren Tal herausdrängte, suchten eine neue Herausforderung. Nun, da Mesopotamien in Trümmern lag, seine Städte verbrannt, blieb nur noch ein Schlaraffenland, letztes Überbleibsel dieser ersten, friedlichen und majestätischen Zivilisationen, Ägypten.

Hatschepsut hatte solche Reden aus dem Munde Benias, des Hurriters, vernommen, und andere hatten es ihr bestätigt, denn der ägyptische Hof stand den Gesandten und Überläufern benachbarter Völker offen. Benia hatte die Könige des Mitanni-Reichs erwähnt, wo die Hurriter herrschten, die in den Ausläufern der anatolischen Hochebenen festen Fuß gefaßt hatten, die damaligen Herren des syrischen Kreuzwegs, den man auch das Land Amurru nannte.

Die Hurriter von Mitanni wußten, wie prekär ihre Oberhoheit war. Sie hatten sie auf den Trümmern der babylonischen Größe errichten können, und nur die Furcht vor einem ähnlichen Schicksal brachte die syrischen Kleinkönige dazu, sich unter ihrem militärischen Banner zu sammeln. Das Königreich Mitanni selbst war ein Zusammenschluß zwischen dem alten Grundstock einer seit Jahrtausenden hier ansässigen hurritischen Bevölkerung und einer indogermanischen Kriegeraristokratie. Diese letztere war eine der zahlreichen Nomadenhorden, die plötzlich aus den Steppen Zentralasiens aufgetaucht waren und deren einziges einigendes Merkmal die Zugehörigkeit zu einem Sprachfamilie war. Sie hatten niemals ein Volk gebildet, aber durch die rasante Eroberung besiedelter, ressourcenreicher Gebiete war es diesen Kriegern gelungen, neue politische Gefüge zu errichten, in denen sie die Oberhoheit über die Seßhaften hatten.

Trotz der Verachtung, mit der die alten Städte des Orients auf diese barbarischen früheren Nomaden herabblickten, mit ihren unbeholfenen Nachahmungen der Fresken und Statuen vergangener Zivilisationen, waren die kleinen Stadtstaaten Syriens zu abhängig vom Handel und von den Karawanen, um einem Krieg auf ihrem Territorium frohen Herzens entgegenzusehen. Erst würde er ihr Geschäft ruinieren, und dann würde die Belagerung ihrer Mauern durch die Hurriter und andere Lokalfürsten, die nur zu glücklich sein würden, einen Konkurrenten auszuschalten, das endgültige Ende ihres in langen Jahren mühevoll erworbenen Reichtums herbeiführen. Sie verbanden Indien mit dem Knotenpunkt am Mittelmeer, der sich zu jener Zeit der Handelstätigkeit der überaus tüchtigen phönizischen Kaufleute öffnete, die an den Küsten des heutigen Libanons und Syriens ansässig waren.

All diese zivilisierten Völker der verschiedenen Kulturen des »Fruchtbaren Halbmondes«, Wiege der Seßhaftwerdung der Menschheit, hatten nichts gegen die Pharaonen. Die Eroberungen Thutmosis' I. hatten nicht einmal größere Schlachten erfordert, aber jetzt saß eine Frau auf dem Thron von Ägypten, und im Gegensatz zu den furchterregenden Fürsten von Mitanni genoß sie keine wohletablierte kriegerische Reputation. Von dieser Erkenntnis zum Bündniswechsel war es für all diese kleinen, so überaus vorsichtigen Fürsten nur noch ein kleiner Schritt, der sich innerhalb weniger Jahre vollzog, wie dem ägyptischen Hof soeben bewußt wurde.

Thutmosis III. hörte immer mehr derartiges Gerede, natürlich nicht in Gegenwart der Herrscherin, aber laut genug für seine Ohren. Es forderte ihn jedoch niemand auf, seine Kühnheit unter Beweis zu stellen, und Unruhe bemächtigte sich des Thutmosiden, ohne daß er irgend etwas Neues in der Führung der Reichsangelegenheiten hätte entdecken können.

Ein Herold des königlichen Hofes, Antef, schien ihm Zeichen eines heimlichen Einverständnisses geben zu wollen, wie auch Nebanon, ein weiterer hochgestellter Höfling. Das reichte jedoch nicht aus, um sich endlich gegen die politische Lethargie aufzulehnen, in die das reife Alter der Herrscherin das ganze Land gestürzt hatte, wenn er nicht riskieren wollte, von der in immer größere Bedrängnis geratenden Königin diesmal endgültig kaltgestellt zu werden. Thutmosis hütete sich, zu viele Gedanken daran zu verschwenden, was er unternehmen könne; es schien ihm, daß eine Anwandlung von Stolz, unterdrückt wie der Rest seiner Ambitionen, ausreichen würde, ihn zu ersticken. Unter der

Vormundschaft seiner herrischen Tante hing sein Leben am seidenen Faden!

Die Lage wurde von Monat zu Monat unerträglicher, und der alarmierende Zustand an den Reichsgrenzen, den Thutmosis in der Vergangenheit so herbeigesehnt hatte, trieb ihn nun zur Verzweiflung, anstatt ihn zu befriedigen. Seine Passivität, Ergebnis so vieler Jahre, schien ihm himmelschreiend, wie auf seine Stirn geschrieben. Die Götter, statt ihm ein deutliches Zeichen zu geben, sahen zu, wie Hatschepsut, auf dem Gipfel ihres Ruhms, ihr Kronjubiläum vorbereitete. Im sechzehnten Jahr ihrer Regierung war das Volk aufgerufen, die Pharaonin zu feiern . . .

*

Wenn auch die Wände des Totentempels von Der el-Bahri die Darstellungen der imaginären Leistungen Hatschepsuts bewahren – in denen sie alle Nachbarvölker in den Staub tritt –, mußte die alternde Herrscherin doch ihre Herrschaft neu beleben und die lauter werdenden Gerüchte vom Nachlassen ihrer Kräfte zerstreuen.

Ihr Problem war nicht einzigartig in der Geschichte Ägyptens; ein so stabiles Reich, von einem gleichsam vergöttlichten Wesen regiert, bescherte manchem glücklichen Auserwählten der Dynastien eine lange Herrschaftsdauer. Oft lenkten diese Herrscher die Geschicke ihres Landes jahrzehntelang, während die durchschnittliche Lebenserwartung in dieser Epoche kaum mehr als vierzig oder fünfzig Jahre betrug.

Daher waren die Riten zur Erneuerung der königlichen Kraft auf dem Höhepunkt der Herrschaft von größter Wichtigkeit, und da eine Regierungszeit von rund dreißig Jahren als kanonisch gelten durfte, entschloß sich Hatschepsut, ihr Jubiläum – das Sed-Fest – genau im sechzehnten Jahr ihrer Regierung zu feiern.

Der Hof begrüßte die bevorstehenden königlichen Festlichkeiten mit Jubel, so bedeutend war ihr Symbolgehalt. Sie waren dazu bestimmt, die Lebenskraft eines verdienten, aber von den Jahren bereits verbrauchten Herrschers wiederherzustellen, ihm eine theoretische Unsterblichkeit zu verleihen, letztendlich den Glauben an die Unvergänglichkeit des in der Person des amtierenden Monarchen verkörperten Königreichs zu festigen.

Diese sechzehn Regierungsjahre hätten für Thutmosis' III. das Ende bedeuten können. Er hätte gerne auf solche Festlichkeiten verzichtet, doch er spürte vage, daß der Wind der Geschichte sich zu drehen begann, und zur Stunde erbitterten ihn vor allem die mehr als zehn Regierungsjahre, um die man ihn gebracht hatte. Seine Freunde mochten ihm Mut zusprechen, ihn darauf hinweisen, daß Hatschepsut immer seltener vor dem Hof erschien, ihn daran erinneren, wie viele Höflinge den Weg zurück in seine Gemächer gefunden hatten, Thutmosis' Zorn über seine zerstörte Jugend verebbte deshalb nicht. Wie würde er einen solchen Affront in den Augen der Geschichte auslöschen können, da die gewissenlose – und so verdienstvolle – Pharaonin es verstanden hatte, das ganze Land mit Hinweisen auf ihre glanzvolle Herrschaft zu überziehen? Noch mehr fürchtete er die Erinnerung in den Herzen: Selbst wenn es ihm durch den glücklichsten aller Zufälle gelingen sollte, seine Rivalin zu verdrängen, würde es dann nicht zu spät sein, sich bei seinem Volk Respekt zu verschaffen, besudelt wie er war durch sechzehn Jahre der Verachtung? Wenn auch der langsame Abbau der durch die äußeren Bedrohungen geängstigten Hatschepsut offensichtlich wurde, ging die eigentliche Gefahr doch von Nofrure aus. Bestimmt würde sie beim Sed-Fest Zielscheibe aller Blicke sein, und man mochte wohl ihre Mutter mit einem Prunkmantel ausstaffieren, ihr das Zepter in die Hand drükken und alle Riten und Formeln ihrer Krönung wiederholen, es würden doch alle nur an ihre Tochter denken, eine in ihrer Stellung als erwachsene Prinzessin fest etablierte Frau. Würde sie die nächste Pharaonin sein? Hatte Hatschepsut vor, sie noch während ihrer Regierungszeit zur Mitregentin zu machen? Es war Brauch, die potentiellen Thronfolger bei diesem Fest in den Vordergrund zu stellen, und niemand rechnete damit, Thutmosis III., dem Titel nach bereits Pharao, auf diesem Platz zu sehen. Vielleicht ist es diese noch nie dagewesene Situation, die den Hof in Erstaunen versetzt, als Nofrure nicht so erscheint, wie man es erwartet hatte . . .

Dieses Sed-Fest dürfte wohl dem maßlosen Ehrgeiz der Herrscherin angemessen gewesen sein, die stark genug war, sich über alle Tabus hinwegzusetzen, ihre in jenen Zeiten so untergeordnete Stellung als Frau zu sublimieren. Doch die Geschichte hat die Erinnerung daran nicht so bewahrt, wie die Pharaonin es gehofft haben muß. Allerdings ist ihr Andenken von den großen Pharaonen der zukünftigen Dynastien unerbittlich verfolgt worden, nicht nur von Thutmosis III., der während seiner ganzen Regierungszeit an der Wiederherstellung seines Selbstbildes arbeitete, das zweifellos einzig in seinen Augen auf ewig getrübt war.

Nofrure erschien gedämpft; ihr mächtiger Beschützer Senenmut dürfte von diesem Moment an etwas von seiner Bedeutung verloren haben, hatte man ihn doch in der heimlichen Hoffnung protegiert, daß er aus dem Kind eine zweite Pharaonin machen würde. War die junge Frau etwa schon krank? Hatten Familienzwistigkeiten die innige Beziehung zwischen der Mutter, die das in ihrer Jugend erträumte, schier aussichtslose Unterfangen vollbracht hatte, und der Trägerin all ihrer Hoffnungen getrübt? Die Prinzessin, die man in den Frauengemächern, fern von ihrem leiblichen Vater – Thutmosis II. – erzogen hatte, in der Hoffnung, sie ihrerseits zur Verkörperung des Matriarchats der Königinnen von reinem Geblüt zu machen, konnte sie sich überhaupt gegen die Ambitionen ihrer allmächtigen Mutter auflehnen? Würde sie sich im entscheidenden Moment als fähig erweisen, die ungeheure Bürde der Königswürde zu schultern? Tatsächlich bleibt uns die Geschichte klare Antworten auf all diese Fragen schuldig, die sich noch dazu in einem so ungewöhnlichen Kontext stellen.

Nofrure trat in den Augen des Hofes niemals in den Vordergrund. Nirgendwo in den Regierungsannalen, in den Gräbern der Vornehmen findet sich der geringste Hinweis, der uns das Bild einer entschlossenen Frau malt, die mit gesundem Raubtierinstinkt zur Ablösung ihrer Mutter bereitstände. Sicher hat uns Senenmut ihre gemeinsamen Doppelporträts hinterlassen, doch hierfür gilt ähnliches wie für die Glaubhaftigkeit seines eigenen Bildes. Als Kind war Nofrure die Hoffnung des der Pharaonin ganz ergebenen Hofs; als Erwachsene war sie eine Prinzessin, deren Rolle man aus diesem Anlaß verherrlichte, aber auch eine Frau . . . Und es war sehr schwierig, eine zweite Hatschepsut zu werden, denn das außergewöhnliche Schicksal der Tochter Thutmosis' I. lag wohl einzig und allein in ihrem einzigartigen Charakter begründet.

Das unscheinbare Auftreten Nofrures war bereits dazu angetan, Thutmosis III. zu erfreuen, der inmitten seiner Heimsuchung plötzlich wieder Auftrieb erhielt. Ein Schicksalsschlag bestärkte ihn in seinem neugefundenen Optimismus: In Hatschepsuts sechzehntem Regierungsjahr starb ihr treuester Verbündeter, Hapuseneb. Der erste Prophet des Amun hatte seiner Herrscherin während ihrer ganzen Regierungszeit treue Dienste geleistet, und sie hatte Amun den Dank für seine Treue abgestattet: Die Opferaltäre von Karnak hatten sich vervielfacht. Auch hatte sie eine herrliche Barkenkapelle – für die Prozessionsbarke des Amun bestimmt – aus rotem Quarzit erbauen lassen.

Während dieser Zeit hatte Hapuseneb seinen Priestern Schweigen auferlegt und die Priesterschaft der anderen Götter in den Schatten gedrängt, als hätte sich die Herrscherin der übermächtigen männlichen Ausstrahlung des Gottes und seines allgewaltigen Priesters als eines notwendigen Schutzes in einer patriarchalischen Welt bedient.

Mit Hapusenebs Tod an Altersschwäche hatte die Königin eine der Hauptfiguren ihres Gefolges verloren. Senenmut beaufsichtigte den Palast und die Höflinge; Nofrure war nur ein schwacher Abglanz ihrer Mutter, und die Verärgerung der Herrscherin muß die gewiß sehr persönliche Beziehung zwischen dem Diener und der Frau, der er alles verdankte, getrübt haben. Was zählte seine Statue, die ihn kniend darstellt, die Prinzessin in seinen Armen?

Eine Generation ging dahin: Die alten Diener Thutmosis' I., die das Sakrileg begangen hatten, in Mißachtung des vom vorigen Pharao bestimmten Nachfolgers – Thutmosis' III. – einer Frau zur Macht zu verhelfen, waren alle in die Gefilde von Jalu eingegangen. Die neue Garde, von Hatschepsut selbst in den Rang hoher Würdenträger erhoben, zeigte erste Anzeichen von Schwäche. Wie würde es in einigen Jahren aussehen?

Würde es in Ägypten zu einem Bürgerkrieg zwischen den alten Partisanen einer geschwächten Königin und den rachsüchtigen Gefährten des entthronten jungen Pharaos kommen?

Dies wäre dem Geist Ägyptens, dem Geist der Kontinuität, welche die Pharaonen verkörpern sollten, völlig zuwidergelaufen. Thutmosis III. wußte, daß unsichtbare Bande ihn an Hatschepsut fesselten, trotz seines unversöhnlichen Hasses: Sie waren die einzigen Repräsentanten der Befreierdynastie der Zwei Länder, niemand sonst in Ägypten war legitimiert, ihren Platz einzunehmen. Ohne sie würde das Chaos hereinbrechen!

Man mußte sich also mit Blick auf die Zukunft arrangieren, und nur eine Person konnte zwischen den beiden verfeindeten Klans vermitteln: Meritre, die jüngste Tochter Hatschepsuts, mußte Thutmosis zur Frau gegeben werden. Nur auf diese Weise konnte sich das Blut der ahmessidischen Königinnen mit der Kühnheit der Thutmosiden verbinden, um Ägypten vor den das Reich bedrohenden Gefahren zu schützen. Viele Höflinge waren schon auf diesen Gedanken gekommen: Meritre war von ihrer Mutter niemals in den Vordergrund gestellt worden, und die rätselhaften Überlieferungen aus jener langvergangenen Zeit lassen sogar gewisse Zweifel an der Vaterschaft dieser Prinzessin aufkommen. Auf jeden Fall schien sie das einzig mögliche Bindeglied zwischen den beiden rivalisierenden Herrschern. Zunächst mußte jedoch das Hindernis Nofrure überwunden werden. Die alternde Hatschepsut verzweifelte an der Zukunft, hin- und hergerissen zwischen dem Wunsch, ihre älteste Tochter als ihre Nachfolgerin zu sehen und dem Wirklichkeitssinn als Herrscherin. Zwischen einer ihrer Abstammung wegen designierten Pharaonin einerseits und dem durch eine drohende Invasion in Panik versetzten Hof andererseits würde es zwangsläufig zu Problemen kommen.

Thutmosis III. hatte das Für und Wider gründlich abgewogen; er brauchte Meritre, und dieser ins Bewußtsein der amtierenden Herrscherin getriebene Keil war seine erste politische Initiative von Bedeutung. Er gab sich keinen Illusionen hin; Nofrure war immer noch da, und Hatschepsut würde sich nicht so leicht dazu durchringen, eine Heirat zwischen einer ihrer Töchter und einem bereits gekrönten Pharao zuzulassen, dem es an nichts mangelte, um morgen schon den Thron an sich zu reißen.

Doch die Zeit arbeitete gegen sie; der junge Stratege hatte seine Schachzüge mit Bedacht gemacht, und das lange gemeinsame Leben, das Meritre und Thutmosis in den kommenden Jahrzehnten führen sollten, spricht durchaus für ein offenes Einverständnis zwischen den beiden Königskindern. Meritre sollte sich niemals gegen ihren Gemahl auflehnen, selbst auf dem Höhepunkt seines Wütens gegen das verhaßte Andenken seiner Stiefmutter. Sie trug bereitwillig das Ihre dazu bei, den Fortbestand der Dynastie zu sichern, als ob die vergangenen Jahre keinerlei Spuren des Dramas hinterlassen hätten, das diese Familie in ihrer Jugend erschüttert hatte.

Vorläufig hielt Hatschepsut noch die Fäden des Schicksals in der Hand. Es lag an ihr, das Muster der Zukunft nach ihrem Gutdünken zu weben. Doch sicher war ihr bereits klar, wie schwierig es in Zukunft sein würde, ihr Spiel mit dem Sohn Thutmosis' II. zu treiben: Das Gericht der Götter hatte begonnen.

6
Die Entscheidung der Götter

Die Neuigkeit schreckte den Palast auf; auch Thutmosis erfuhr es bald: Nofrure war tot. Nach sechzehn Jahren der Herrschaft Hatschepsuts schied ihre mutmaßliche, fast schon designierte Erbin aus dem Tal, um ihren Platz unter den anderen Ahmessidenköniginnen einzunehmen.

Die junge Frau – sie war noch keine dreißig Jahre alt – war sicherlich einer Krankheit erlegen; es scheint kaum vorstellbar, daß ihr Tod Folge eines Komplotts war, vielleicht eines Unfalls. Seit mehreren Jahren hatten sich die Höflinge daran gewöhnt, die Tochter Thutmosis' II. und ihre Mutter zusammen alle religiösen oder auch bloß protokollarischen Zeremonien anführen zu sehen. Nofrure, gekrönt wie eine Königin, rank und schön, das Gesicht geschminkt, um die dunklen, mit Kohle umrandeten Augen noch mehr hervorzuheben. Eine Nilotin ähnlich jenen, von deren Schönheit Besucher Ägyptens im 19. Jahrhundert nur selten einen Blick erhaschten, faszinierend und ungreifbar hinter ihren Schleiern, Musen so vieler in ihren Bann geschlagener Abendländer.

Nofrure war nicht mehr, und wenn Thutmosis in ihrem Dahinscheiden auch den Willen der Götter sah, so hatte der entthronte Monarch doch keinen Anteil am Tod der Ahmessidenprinzessin. Sicher versank er nicht in tiefe Trauer; Amun hatte die Tochter seiner treuesten Dienerin verschmäht, und nun mochte ein jeder überdenken, wem er seine Loyalität schuldete.

Der bestürzte Hof trat die protokollarische Trauerzeit an, die viele Wochen dauern sollte, bis das Grab in einer kargen Schlucht die sterbliche Hülle aufnehmen würde. Von diesem kritischen Zeitpunkt in der Regierungszeit Hatschepsuts sind uns nur wenige Zeugnisse überliefert. Die niedergeschmetterte Herrscherin wünschte der Geschichte sicher keine Spuren dieser allzu intimen Erschütterung zu hinterlassen. Der Abschied von ihrem Kind, das Schweigen, das sich für immer über sein Lachen legte, seine Schritte, seine Gesten, die sie niemals wiedersehen würde, gehörten ihrem Herzen, dem der Mutter, nicht dem des androgynen Herrschers, der sich den Erfordernissen der ahmessidischen Sache zuliebe den Massen zur Schau stellte.

In diesem Augenblick wurde die Pharaonin wieder zur Frau und Mutter, für alle Zeiten, zu einer jener Orientalinnen, die ihr Leben ganz dem wunderbarerweise ihrem Schoß entsprungenen Leben weihen. So führen es die Fruchtbarkeitsgöttinnen des Tals vor, als Trägerinnen eines übersprudelnden Krugs dargestellt, Symbol des ganzen Glücks, das ein Menschenwesen geben kann. Die Frau hat das unermeßliche Glück, der Menschheit Hoffnung zu geben; sicher wird ihr dies niemals genommen werden. Hatschepsut hatte es verstanden, diese vorbehaltslos dargebotene Glücksgabe weiterzutragen, als Mutter durch ihre friedliche Regierungszeit hindurch eine Tod und Laster trotzende Menschheit an ihrem Busen zu nähren. Thutmosis III. hatte sich hierin nicht getäuscht, als er seine Hoffnung so lange in diese geistige Mutter setzte, bevor er in ihr durchaus allgemeinmenschliche Haßgefühle entdeckte.

Hatschepsut wurde in dieser Stunde klar, daß sie alles verloren hatte: Ihr Matriarchat hatte keinen Sinn mehr, wenn nicht den, daß ihr Stolz endlich an den

Thutmosiden-Bastarden gerächt war. Der Lauf der Dinge nahm wieder seinen gewohnten Gang an den Ufern des Nils, nachdem er in dieser unermeßlichen Landschaft der pharaonischen Geschichte für die kurze Spanne eines Menschenlebens eine Ablenkung erfahren hatte.

Was war über sie gekommen, die Geister ihrer Ahnen so herauszufordern, sich über die Worte der alten Gelehrten hinwegzusetzen, wie sie auf den Papyri in den Häusern des Lebens und in den volkstümlichen Erzählungen überliefert waren. Die Frau ist ein Vogel, ein Wesen aus Luft, das rasch verblüht, so sangen sie . . .

Diesen zarten Körper, zerbrechlich wie das Vögelchen der Erzählungen, öffneten die Gelehrten und die Einbalsamierer zur Stunde in ihrer geheimnisvollen Werkstatt. Nofrure, das heitere Kind, das Hatschepsut in ihrer schmerzerfüllten Erinnerung noch so gegenwärtig schien, sicherlich nicht die junge Prinzessin, die ihrer von Stärke und Willenskraft beseelten Mutter so wenig ähnelte, sondern die lebendige kleine Gestalt. Die alternde Pharaonin gab sich ihren Erinnerungen hin, an seltene Momente des Glücks, einer Zeit abgetrotzt, in der die Unglückliche den ihr aufgezwungenen Gemahl – Thutmosis II. – ertragen mußte und gegen die ganze Welt wütete.

Die Jahre waren ins Land gegangen, und keine Nilflut war in der Gluthitze des Juli eingetreten, ohne daß Nofrure an den großen Festtagen des Amun an der Seite ihrer Mutter gewesen wäre. Das fröhliche Kind hatte sich nur zu bald in eine schöne, zarte Frau verwandelt, und doch hatte Hatschepsut ihr keinen Gemahl gegeben. Ihr Schicksal würde sie in ein eisernes Korsett zwingen, sie in eine androgyne Königin verwandeln, und dieses Leichentuch des Ruhms würde sie einsam machen, wie ihre Mutter ... Würde sie auch nur das Glück haben, wie diese von einem Schreiber voller Verlangen und Hingabe als unerreichbare Herrin vergöttert zu werden, einen Senenmut als Gefährten des Dunkels und der schweren Stunden zu finden? War es das, hatte dies sie zu einem kranken Körper verkümmern, vor einer so schweren Pflicht in den Tod flüchten, an einem gerade erst skizzierten Leben verzweifeln lassen?

Hatschepsut blieb noch Zeit zum Grübeln, sicher eher zuviel. Die Menschen, die sie geliebt hatte, weilten nunmehr in der unergründliche Weite der großen Wüste, in den Gefilden von Jalu: Thutmosis I. und jetzt Nofrure, ihre Mutter Ahmose, die schöne, in den Armen Amuns abgebildete Königin. Nur die Flachreliefs bewahrten die Spuren von soviel Liebe, solchem Einverständnis, aber die kunstfertigen Maler der Pharaonin würden nichts mehr mit ihrer magischen Binse abbilden; es wurde ihr zuviel, überall die geliebten Toten zu sehen. Die in glanzvollerer Zeit geschaffenen Gestalten wurden ihr nun zum Alptraum, diese leidvolle Familie einer verzweifelten Frau. Thutmosis betrachtete sie ohne Erschütterung; die Götter hatten ihre Wahl getroffen.

Wie auf dem Höhepunkt der Alpträume der Pharaonin sollte Nofrure unersetzlich bleiben, und die von ihr hinterlassene Lücke setzte sich, heimtückisch und alltäglich, als blutende, jeden Tag aufs neue aufreißende Wunde im Bewußtsein der Mutter fest. Der armseligen, trotz größter Sorgfalt übel zugerichteten sterblichen Hülle entnahmen fachkundige Hände, damit betraut, sie für die Ewigkeit vorzubereiten, Eingeweide, Herz und Gehirn. Sie hatte nichts mehr gemein mit der graziösen Prinzessin, deren Andenken in der offiziellen Bildhauerkunst überdauerte. Der mumifizierte

Körper, ausgetrocknet wie ein Kadaver in der Wüste, würde den Augen der Mutter verborgen bleiben. Sicherlich würde sie nur die von Bandagen umhüllte Silhouette sehen. Schließlich war da noch die Totenmaske, deren Züge den starren Regeln der ägyptischen Kunst gehorchten. Dann würde Nofrure ein zweites Mal sterben. Natürlich würde alles getan werden, um ihr das bestmögliche Leben im Jenseits zu sichern; die Arbeiter plagten sich mit der Herrichtung ihres Grabs. In diesem Jahr, in dem Nofrure starb, las Hatschepsut ihren eigenen Tod auf dem Sarkophag ihrer Lieblingstochter.

Die königliche Trauer nahm den größten Teil ihres sechzehnten Regierungsjahrs in Anspruch. Die Götter hatten sich entschlossen, das Jubiläum der Königin auf ihre eigene Weise zu feiern, während Der el-Bahri seiner Vollendung entgegenschritt, das glanzvolle Heiligtum, welches die abgelaufene Regierungszeit verewigen sollte. Sicher geschah es unbewußt, daß Hatschepsut ihr Bestes – ihre Stärke und ihren Schöpfergeist, mit denen sie das Projekt inspirierte – in einen Totentempel investierte. Diese Bauwerke waren allen Pharaonen wichtig, aber sie verwendeten ebenso große Sorgfalt auf Paläste, Tempel, sogar Festungen. Hatschepsut bedachte Karnak mit reichen Stiftungen, doch was bleibt von ihrer Herrschaft im Gedächtnis? Der el-Bahri ... Als ob der Tod der wahre Gefährte dieser kühnen Frau gewesen sei, vom Hingang ihres so innig geliebten Vaters bis zur herbeigesehnten Witwenschaft. Im Gegensatz zu anderen Frauen hatte sie ihren Vertrauten wenig gegeben: Eine Herrschaft ohne Fortpflanzung – aus gutem Grund, sie war nicht darauf aus, einen männlichen Harem einzurichten – versank in Düsternis ohne die übliche Kinder- und Nachfolgerschar.

Sicher war es diese übersteigerte Selbstherrlichkeit, die Thutmosis III. nicht verzeihen konnte, ungeachtet der bemerkenswerten Bilanz der Herrschaft seiner Tante. Er würde sie stets im Namen dieser verweigerten Liebe verfolgen, er, der so gerne der legitime Sohn Thutmosis' II. und einer so glanzvollen ersten Gemahlin gewesen wäre. Wie sollte der so tief Gestürzte und dann mit Verspätung zum vergöttlichten Helden Aufgestiegene damit leben, so fehlbar vor den Augen der Öffentlichkeit, vom Zweifel an seinem eigenen, von gleichgültigen Göttern erteilten göttlichen Auftrag zerfressen?

Die griechische Mythologie schildert das symbolische Drama des menschlichen Schicksals in ähnlicher Weise, die Tragödie der Halbgötter, die das Schicksal so heimtückisch an den erbärmlichen Lehm der gewöhnlichen Sterblichen fesselt. Findet sich nicht hierin, über die Träume einer antiken Menschheit auf der Suche nach dem Metaphysischen hinaus, eine Botschaft für jeden mit seinem Schicksal ringenden Menschen, schwankend zwischen Bewußtsein und dem Rückfall ins Animalische? Vom Heldenepos des Gilgamesch, der zur Zeit der ersten Pharaonen im nachsintflutlichen Mesopotamien den Tod als einzig akzeptablen Ausgang seines Schicksals erkennt, bis zu den Dramen der griechischen Helden, die vom Olymp zu ihren Brüdern im Elend zurückgesandt werden, sind hier in der Morgendämmerung der Geschichte die ersten Ansätze des Humanismus zu erkennen.

Der gebrochenen Königin blieb ein unumgänglicher Thronfolger: Thutmosis, der dritte seines Namens, der arrogante junge Kriegsherr. Wir können davon ausgehen, daß die Pharaonin ihn in diesem Jahr der Trauer und des Schreckens soweit wie möglich mied; diese beiden waren offenbar dazu verdammt, Seite an Seite zu leben, allein ein boshaftes Schicksal hatte sie nicht zu Mutter und Sohn, nicht zu liebenden Ehegatten, sondern zu verfeindeten Familienmitgliedern gemacht.

*

Thutmosis III. sah seine Rettung nahen. Die verzweifelte, alternde Pharaonin würde ihm nicht auf unbegrenzte Zeit den Thron und die Hand ihrer zweiten Tochter verweigern können. Jetzt ging es darum, ihr Zögern zu überwinden, wenn nicht durch Gewalt, so durch Überredungskunst.

In diesem sechzehnten Regierungsjahr der Tochter Thutmosis' I. hatte sich die treue Garde gelichtet: Der erste Prophet des Amun – Hapuseneb – war nicht mehr da, um vorlaute Kritiker in den Tempeln im Zaum zu halten, und kein Hoherpriester hatte sich in den Augen der Herrin von Karnak ausgezeichnet. Sehr viel schwerer wog jedoch das Fehlen Senenmuts.

Es war nicht schicksalsbedingt; nicht die Zeit hatte den Günstling der Pharaonin aufgerieben. Der Beschützer, der Erzieher der schönen Nofrure war schlicht und einfach in Ungnade gefallen ... Dieses Geschehnis, das eigentliche Zeichen der Götter für den auf der Lauer liegenden Thutmosis III., bleibt einer der rätselhaftesten Momente der Regierungszeit Hatschepsuts.

Der Intimus der Pharaonin – das mindeste, was man von ihm sagen kann – erschien jedenfalls von diesem Zeitpunkt an nicht mehr auf den Protokollisten; es wäre unmöglich, zwischen dem Verschwinden des allmächtigen Ministers und dem Tod Nofrures keinen Zusammenhang zu sehen. Hatte er sie schlecht behütet?

Hatte die an ihrem Kummer verzweifelte Mutter,

durch das Scheitern ihres ahmessidischen Matriarchats zusätzlich demoralisiert, ihre Rache an einem Unschuldigen genommen, Zielscheibe der Vergeltung, weil er der engste Begleiter der Verstorbenen gewesen war? An Hypothesen mangelt es nicht, und doch kann keine davon uns ganz zufriedenstellen. Auch hier sind die archäologischen und ikonographischen Zeugnisse zu sehr einem offiziellen, starren Code unterworfen, der es uns erschwert, die Wirklichkeit in diesem Zerrspiegel auszumachen. Ähnliches gilt für die Trümmer der Monumente, die uns ein vorwiegend dem Totenkult geweihtes architektonisches Vermächtnis hinterlassen, sicherlich weit entfernt von der Wirklichkeit der lebensvollen Landschaft des Niltals in jener lang vergangenen Zeit.

Senenmut konnte sicher nicht für eine verhängnisvolle Pflichtverletzung verantwortlich gemacht werden, da die erwachsene Prinzessin keineswegs ständig auf ihn angewiesen war. Er, der einst über ihre Tage und Nächte gewacht hatte, bekleidete nunmehr eher die Stellung eines Beraters, gewissermaßen eines Privatministers, die er dank seiner Tätigkeit als königlicher Oberhaushofmeister um so besser ausfüllen konnte, als er ohnehin gehalten war, das Geschehen im Palast zu verfolgen.

In diesem Manne hatten sich, soweit die Erinnerung der alten Höflinge zurückreichte, unerschütterliche Treue mit einer bemerkenswerten Tüchtigkeit verbunden. Er war auf allen großen Baustellen der Königin zugegen gewesen, seine Statuen zeugen noch davon, und man kann sich schwer vorstellen, daß dieser Mann auf dem Höhepunkt seiner Laufbahn dieses ganze Vermögen eines in mehr als zwanzig Jahren erworbenen Vertrauens auf einen Schlag verspielte. Die Ehrungen, mit denen seine Familie überschüttet wurde, bezeigen das Ausmaß von Hatschepsuts Dankbarkeit; ein solches Einverständnis, wie wir gesehen haben, zeugt von mehr als der sicher bemerkenswerten Vertrauensbeziehung, die sich im Laufe langer Jahre zwischen einem Herrscher und einem mindestens ebenso fähigen Minister entwickelt.

An Günstlingen fehlte es nie in den Annalen der Pharaonen: Die Stellung des Wesirs – eine anachronistische, da einer sehr viel späteren Epoche orientalischer Höfe entlehnte Bezeichnung – verdeutlicht hinreichend das Bedürfnis der Monarchen jenes frühen Altertums, sich auf einen fähigen Mann stützen zu können. Dieser entlastete sie von vielerlei alltäglicher Verwaltungsarbeit, die schier nicht zu bewältigen scheint, wenn man zusätzlich die Repräsentationspflichten dieses vergöttlichten Individuums bedenkt, das unablässig vor den Augen der Öffentlichkeit eine Vielzahl politischer wie religiöser Riten zu vollziehen hatte, um den Fortbestand des Lebens und des Bundes mit den Göttern zu sichern.

Hier begünstigte die Umkehrung der männlichen und weiblichen Machtrollen eine Beziehung anderer Art: Der von Hatschepsut inszenierte Schwindel rief gebieterisch nach einem Mann an ihrer Seite. Sie hätte deswegen nicht gewünscht und im übrigen wäre es auch ein unvorstellbares Sakrileg gewesen, einen Senenmut – bar aller fürstlichen Rechte – zum offiziellen Gefährten und Gemahl der Königin des Nils zu erheben. Eine solche Ungeheuerlichkeit wäre geeignet gewesen, eine ganze Zivilisation in Erwartung der Rache einer durch solche Liebestollheit erzürnten Götterwelt in Angst und Schrecken zu stürzen. Hatschepsut unterwarf sich keiner männlichen Autorität, wenn nicht der ihres Vaters . . .

Die Gründe für das Verschwinden Senenmuts sind

also im affektiven Bereich zu suchen, ohne daß wir wissen, ob seine Ächtung nicht ihre Vorgeschichte in einem früheren Zerwürfnis zwischen der Herrscherin und ihrem Günstling hatte. Auf jeden Fall verliert die leidenschaftliche Pharaonin damit eine wichtige Figur auf dem Schachbrett des Hofs. Und der Nachfolger Senenmuts, Amenhotep, weiß jede Bindung an diese Königin der Vergangenheit zu vermeiden; in seinen Augen ist Thutmosis III. der Pharao, dem man Rechenschaft schuldet. Wider alles Erwarten vollzieht sich der Machtübergang letztendlich reibungslos. Die beiden Verwandten sollten jedoch auch weiterhin streitbar bleiben, bis endlich der Tod den Haß zwischen diesen Konkurrenten um das königliche Erbe zum Verstummen brachte.

Senenmut war sicher zu tief in das innerste Labyrinth der Macht eingedrungen, hatte zu viele Geheimnisse ergründet, zu viele Schwächen der vergöttlichten Pharaonin unter ihrer Doppelkrone entdeckt. Mußte er in der Stunde der Verzweiflung, des Alters, das schmachvolle Schwäche mit sich brachte, jetzt, da Hatschepsut wußte, daß sie nicht mehr auf die Ergebenheit des Hofes zählen konnte, den Preis für seinen Freimut zahlen? Jedenfalls geschah es nicht auf Veranlassung seines alten Feindes – Thutmosis' III. –, daß die Tochter Thutmosis' I. sich von ihm lossagte und ihn ins Dunkel der Geschichte stieß. Der bereits bejahrte Mann hatte keinerlei Aussicht, den zukünftigen Gebieter des Landes zu überleben. Die letzten Jahre seines Lebens waren sicher traurig, und die Verbannung fern von seiner innig geliebten Herrin wird ihm schwergefallen sein. Ihr nicht mehr ferner Tod schließlich machte ihn endgültig zu einem Ausgestoßenen, einem Höfling, der nicht länger an den Angelegenheiten dieses Tals teilhaben durfte, zu dessen Verschönerung er doch beigetragen hatte. Die von Thutmosis III. befohlene Verfolgungswelle gegen das Andenken der Feinde von ehedem sollte auch ihn nicht verschonen.

Mit abgeschlagener Nase, unleserlich gemachtem Namen, unkenntlichem Gesicht wurden die verstümmelten Statuen des obersten Verwalters der Pharaonin den kommenden Jahrhunderten hinterlassen; sein Grab wurde verwüstet, und alle Bedeutung, die dieser an die Spitze des Hofes aufgestiegene Bürgerliche sich erworben hatte, wurde in einem Augenblick zunichte gemacht. Die Nachkommen der altehrwürdigen Schreiberdynastien werden den Abgang Senenmuts nicht beweint haben, und der späteren Entscheidung des kriegerischen Pharaos wurde von allen Seiten Beifall gespendet: Verdammt, auf ewig durch die Nacht des Todes zu irren, da seine Seele keine Zuflucht in seinem zerstörten Grab finden konnte, sollte dem alten Senenmut nicht einmal der Totenkult seiner bescheidenen Eltern gegönnt sein . . .

Zweifellos mußte Thutmosis III. den Minister noch mehr hassen als seine Herrin. Sie hatte sich in seinen Augen zumindest einiges Verdienst erworben, weniger durch ihre Qualitäten als königlicher Vormund – diesbezüglich sah er sie eher in ihrer Eigenschaft als böse Stiefmutter – als durch ihren Willen, das Werk der Dynastie fortzusetzen. In den Augen des ehrgeizigen jungen Pharaos war Senenmut das willfährige Werkzeug seines Unglücks in den Händen einer Frau gewesen, und er würde dafür mit seinem ewigen Leben bezahlen!

In der überaus zivilisierten Gesellschaft des schon so lange besiedelten Niltals war es schwierig, in Ungnade gefallene Günstlinge unter Gewaltanwendung und mit großem öffentlichen Spektakel aus dem Leben zu schaffen; es gibt keinerlei Hinweis auf einen plötzlichen gewaltsamen Tod des Unglückseligen.

*

Hatschepsut mußte schließlich den Sieg der Zeit anerkennen. Gegen den Zorn der Götter und ihre Entscheidung, Thutmosis III. den Sieg zuzugestehen, ließ sich nichts ausrichten. Die erschöpfte Herrscherin beschloß, sich mit Würde darein zu schicken, indem sie ihm eine lange und glanzvolle zukünftige Herrschaft erleichterte.

Und so kam es unverhofft zur Heirat zwischen Meritre, der zweiten königlichen Tochter Hatschepsuts, Nachkömmling der heiligen Linie der Ahmessidenköniginnen, und Thutmosis III., fortan als würdiger Nachfolger der großen Könige der 18. Dynastie, Amenophis I., Thutmosis I. und Thutmosis II., anerkannt.

Der Schatten Nofrures schwebte noch durch die Gänge des Palastes, als man die Hochzeitszeremonien abhielt, mit denen die königliche Prinzessin ihrem brüderlichen Gemahl übergeben wurde. Welche Gefühle löste das bei den Höflingen aus? Sollte man die tote Prinzessin noch länger beweinen, die man gerade erst in der abgelegenen Schlucht beerdigt hatte und deren Andenken in aller Augen durch die unzähligen offiziellen Porträts und Statuen verewigt war?

Die Götter hatten entschieden; Nofrure war nur noch ein Bild, Gegenstand eines Kultes, wenn auch niemand an ihrer allabendlichen, unsichtbaren Gegenwart zweifelte, inmitten der unzähligen Vögel, die sich vor dem tiefen Himmelsblau abzeichneten.

Ihr Ba, der Seelenvogel, sah er zu, wie die Höflinge sich um die Neuvermählten drängten? Schamröte mußte das Gesicht mehr als einen Schreibers überziehen, der von der alten Herrscherin in den Rang eines Würdenträgers erhoben worden war, um dem frevelhaften Projekt eines von der unnachgiebigen Pharaonin energisch durchgesetzten Matriarchats besser dienen zu können.

Doch jetzt war es Zeit, zu lachen und zu singen, da Hatschepsut es so gewollt hatte. Alles jubelte, ob man nun den Sieg Thutmosis' III. herbeigewünscht hatte oder nicht, und warf sich dem neuen Gebieter zu Füßen. Man verlieh ihm endlich die Namen des Lebens, der Gesundheit und der Kraft, alles Beinamen, die dem einzigen König des Universums zustanden. Plötzlich war es für den in das engste Gefolge Hatschepsuts aufgenommenen Bastard schwierig, all seine Anhänger zu zählen. Die Zukunft sollte allerdings zeigen, daß Rachsucht, Realismus und ein solider Sinn für Gerechtigkeit, für das Gesetz der Vergeltung, nicht zu den am wenigsten ausgeprägten Merkmalen des Thronfolgers zählten.

Viele sahen indessen in den Veränderungen der letzten Monate den Anbruch neuer Zeiten, das Ende eines Alptraums, denn selbst die Treue zu Hatschepsut hatte die Gewissensbisse des begangenen Frevels wegen nicht auslöschen können. Die Rückkehr zum kosmischen Kreislauf einer uralten Geschichte war nahe: Der Pharao und seine Schwester würden den Fortbestand des Königsgeschlechts sichern, dieser vergöttlichten Menschenwesen, auf deren Schultern die Geschicke der Welt und das Gleichgewicht des Tals ruhten. Tatsächlich hüpfte bald eine kleine Meritanon neben ihrer Großmutter einher, doch niemand kann heute sagen, ob die Königin, ernüchtert am Ende ihres Lebens stehend, doch noch ein bißchen Zärtlichkeit aufbrachte für diese Letztgeborene der Frauen, die sie so gerne ans Firmament des Niltals gebracht hätte.

Die Vermählung von Meritre und Thutmosis hatte den Hof versammelt und den ganzen Palast in Feststimmung versetzt. Die Vorräte des Reiches waren stark beansprucht worden, um Höflingen, Priestern und Volksmassen ein Festgelage zu bereiten. Das Volk kam nicht alle Tage in den Genuß von Fleisch, und die Stadt Theben war voller Freude ob der guten Nachricht, auch wenn selbst die einfachen Leute über die plötzliche Rückkehr dieses so lange verstoßenen Königssohns, den man jetzt auf einmal, verspätet, mit seiner Halbschwester verheiratete, sicher verwundert waren. Allerdings fand das einfache Volk ohnehin niemals Einlaß in den Palast, es wußte nichts über das Leben der Könige seiner Zeit und hätte sie, der äußeren Attribute ihrer Macht entkleidet, ohne Zweifel nicht wiedererkannt.

In diesem 15. Jahrhundert vor unserer Zeitrechnung war die Herrschaft über die Menschen in einem Prozeß der weitgehenden Vergöttlichung erstarrt, der all diesen ersten Monarchien der großen besiedelten Ebenen im Orient und anderswo gemeinsam war. Sicher ist es kein Zufall, daß die chinesischen Herrscher – die ersten Kaiser des Reichs der Mitte lebten zur Zeit des Neuen Reiches – an dieser Rolle bis zum Beginn unseres 20. Jahrhunderts festgehalten haben: ein zerbrechliches Menschenwesen, in völliger Isolation gehalten, um noch anbetungswürdiger zu erscheinen, ausgestattet mit einer Aura, die genauso überspitzt war wie seine freiwillige Abgeschiedenheit. Damit wurde ein Schatten des Zweifels über seine Zugehörigkeit zur gemeinen Menschenrasse gebreitet, der das ungeheure Ausmaß seiner geheimnisvollen Macht rechtfertigte . . .

So war es in der Morgendämmerung der Geschichte den großen, seßhaft gewordenen Menschenmassen, die

Gesellschaften und bald auch Staaten bildeten, gelungen, die Zentrifugalkräfte dieser neuen Gesellschaften zu bändigen, die ihnen so wenig natürlich erschienen, verglichen mit den gewohnten Familienklans, die sie bisher gegen ihre menschlichen und sonstigen Feinde beschützt hatten. Es sollte noch ein Jahrtausend dauern, bevor an den Ufern Attikas der Staatsbürger geboren wurde.

In Theben, der Herrlichen, war man sich solcher Ungleichheit nicht bewußt, im Gegenteil: Der Pharao war der Demiurg, Adressat aller Gelübde. Ein unfähiger Herrscher löste kein revolutionäres Befreiungsfieber aus, sondern eher die Bestürzung einer ihres Hirten beraubten Herde.

Thutmosis III. konnte auf sein Volk zählen, und die Geburt eines Sohns verbreitete große Freude im Palast. Seit mehr als zwanzig Jahren war kein königlicher Prinz mehr geboren worden, der die Hoffnung auf die Zukunft verkörperte. Das Ende des Matriarchats war nahe. Die Ankunft des kleinen Amenophis erinnerte an den Begründer des Geschlechts und wirkte damit noch beruhigender. Das Königspaar Thutmosis und Meritre war gerade erst vereint, Hatschepsut lebte noch, und schon war die schützende Herrschaft für fast das ganze bevorstehende Jahrhundert gesichert; der außergewöhnlichste Moment der pharaonischen Zivilisation!

Thutmosis hatte sich Meritre nicht umsonst auserbeten: Sie würde ihrem Gemahl Kinder schenken, doch der Sohn Thutmosis' II., notgedrungen aus den Hofintrigen klug geworden, hatte die Erbin auch richtig einzuschätzen verstanden, und das Königspaar ließ niemals Anzeichen grundsätzlicher Uneinigkeit erkennen. Meritre sollte Thutmosis, der 1450 v. Chr. starb, um einige Jahre überleben. Als zufriedene, geehrte Königinmutter unter der Herrschaft ihres allmächtigen Sohns Amenophis II. bezeugte sie dem Manne, den ihre eigene Mutter aus den Annalen der Geschichte hatte auslöschen wollen, immer noch Treue und Bewunderung.

Welche Bande waren in den Spielen der Kindheit geknüpft worden, daß diese beiden Königskinder, allen innerfamiliären Fehden zum Trotze, zu einem Einverständnis finden konnten, das es ihnen erlaubte, den Rest ihrer Jahre in Harmonie miteinander zu leben?

Andere Frauen sollten den Harem Thutmosis' III. bereichern; ein wohlhabender Mann – und um wieviel mehr der Herr des Landes – war unvorstellbar ohne eine weitläufige Familie. Ein Sohn mußte den Totenkult des Familienoberhaupts und in diesem speziellen Falle des Landes forterhalten. Meritre fand sicher gegen die Anwesenheit von Ahsat, der zweiten, vom Glück begünstigten königlichen Gemahlin, nichts einzuwenden. Beweis der Fügsamkeit der Frauen jener Epoche oder der ewigen weiblichen Schicksalsergebenheit männlichen Gelüsten gegenüber.

Meritre brauchte sich Ahsats wegen keine großen Sorgen zu machen; sie hätte als würdige Erbin Hatschepsuts jederzeit ihre Eigenschaft als Trägerin des königlichen Blutes der Königinnen der Dynastie geltend machen können. Zu jener Zeit etabliert sich der Mythos von der göttlichen Geburt, also des den Königinnen gegebenen heiligen Blutes, und Ahsat ist schließlich nur die Tochter der Amme Thutmosis' III! Tochter einer Amme – wenn auch der des amtierenden Königs – und königliche Gemahlin. Folge des völlig durcheinandergeratenen Lebens Thutmosis' III., der sich in seiner Vereinsamung gezwungen sah, um die Treue der Diener seiner Jugend zu betteln, fern von seiner Mutter und ohne verläßliche Berater? Vielleicht im Bemühen, eine Schuld zu begleichen, erhob er die

Tochter jener, die ihn niemals im Stich gelassen, ihm mütterliche Liebe entgegengebracht hatte, jene wohlwollende Aufmerksamkeit, die ihm von seiten seiner Mutter, der nach dem Tode Thutmosis' II. vom Throne ferngehaltenen Nebenfrau, und vor allem von seiten Hatschepsuts nicht zuteil geworden war.

Das Schicksal Thutmosis' III. scheint in den Annalen der ägyptischen Geschichte so einzigartig, daß Zweifel bleiben, doch muß man dabei ein unveränderliches Merkmal dieser archaischen Gesellschaft berücksichtigen, in der persönliche Beziehungen Vorrang hatten vor Standesbewußtsein: Familien-, Verwandtschaftsbande, oft über protokollarische Grenzen hinweg geschmiedet, hatten einen nicht unerheblichen Einfluß auf die Geschicke.

Eine dem Dienst an ihrem Herrn ergebene einfache Amme konnte, zumindest für ihre Nachkommenschaft, die Protektion der hochgestellten Persönlichkeit beanspruchen, die ihr Freundschaft, wenn nicht Liebe entgegenbrachte. So hatte auch Senenmuts Aufstieg mit den Verdiensten seiner Eltern begonnen, und die Annalen des Landes wimmeln von Kammerherren und Wesiren, die aus den Palastkulissen hervorgetraten dank eines Elternteils, eines Schreibers, der dem Pharao in den fernen Tagen seiner Jugend nahegestanden hatte.

Ahsat sollte ihrerseits die Qualen der Eifersucht kennenlernen, als eine dritte Gemahlin dem Harem zugesellt wurde, und Thutmosis würde die Freude haben, einen ganzen Kinderschwarm diesen Palast bevölkern zu sehen, den er einst allein durchstreift hatte auf seiner endlosen Suche nach einer Identität. Hatschepsut blieb zumindestens die Befriedigung, einen friedvollen Palast, einen fortan um eine Königsfamilie geeinten Hof zu hinterlassen; die Ordnung der Dinge war wiederhergestellt, und Meritre schien glücklich als erste Gemahlin eines Herrschers, der jedem, der es hören wollte, versprach, es seinen Ahnen gleichzutun.

Es war soweit; die äußeren Bedrohungen würden Theben nicht mehr lange in seinem friedlichen Schlummer ruhen lassen. Mit einer Sicherheit, die er sich einige Jahre zuvor nicht hätte träumen lassen, würde sich der Pharao, dem die teuer bezahlte Legitimation mit solcher Verspätung zuteil geworden war, der feindseligen Wüste zuwenden. Dort würde seine Rachgier ein Ziel finden . . .

*

Die Widrigkeiten der Zeit stellten den ungestümen Feldherrn nur zu bald vor seine erste Bewährungsprobe: Die Gouverneure der östlichen Provinzen meldeten dreiste Attacken der Nomaden aus der asiatischen Wüste gegen die Grenzen des Deltas.

Thutmosis III. bot sich da die Gelegenheit, seine Überlegenheit zu beweisen; er machte sich bereit, die Armeekorps aus dem Delta herauszuführen. Der Sohn Thutmosis' II. brauchte eine abschlägige Antwort von seiten Hatschepsuts nicht mehr allzu sehr zu fürchten. Vom Leben und seinen Dramen aufgerieben, gezwungen, ihre Tochter – ihr Blut – dem Abkömmling der Bastarde der Dynastie zu überlassen, was konnten ihr da diese Nomaden noch antun, die gerade nur in der Lage waren, einige Dörfer zu plündern? In dieser Endphase ihrer Regierung hatte die Herrscherin sich geschlagen gegeben; nichts und niemand konnte ihr Werk noch retten, nur ihr Totentempel zeugte noch von ihrem außergewöhnlichen Ehrgeiz. Um sie herum bekundeten die Höflinge bereits flüsternd ihre Bewunderung für Thutmosis III., in dessen Augen die Streifzüge der Nomaden vom Sinai eine ganz andere strategische Bedeutung hatten.

Tatsächlich allerdings hätte sich Thutmosis wohl auf jeden auftauchenden Feind gestürzt, der die Kühnheit gehabt hätte, sich seinen Streitwagen, den Infanteriebataillonen vom Nil entgegenzustellen. Hier war endlich die Gelegenheit, die Vorrangstellung des männlichen Teils des Pharaonenpaars zu bekräftigen: Heldenmut würde über das heilige Blut der Königinnen stets den Sieg davontragen, und wenn die Nomaden vom Sinai vielleicht auch nicht die allerwürdigsten Gegner waren, würden sie trotzdem den ersten Triumphzug des Königs erleben, der schon zu fortgeschritten an Jahren war, um auf wesentlich rühmlichere Beute zu warten.

Der Feldzug wurde zügig in die Wege geleitet. Die Armeekorps waren kampfbereit, und die Berge des Sinai wurden zum Schauplatz einer regelrechten Menschenjagd. In der unmittelbaren Umgebung des Niltals war niemand der Armee des Pharaos gewachsen, weder zahlenmäßig noch dem Organisationsgrad nach. Man brauchte nur die langen Reihen der Fußsoldaten zu sehen, den Lederschild an der Seite, um sich davon zu überzeugen: Ein riesiger Menschenschwarm ergriff Besitz von der Wüste.

Die Schuldigen ereilte die verdiente Strafe, und sicher häuften sich nach ägyptischer Sitte einige Körbe voll abgehackter Hände zu Füßen des befriedigten Monarchen. Thutmosis III. hatte bei dieser Strafexpedition keine rechte Gelegenheit, sein strategisches Talent unter Beweis zu stellen; eine solche Armee war auch zu sehr von ihren Nachschubbasen in den Oasen abhängig, um sich längere Zeit in diesen unwirtlichen Regionen aufzuhalten, aber die Lektion vom Sinai war in seinen Augen sicher nicht ausschließlich dazu bestimmt, seine Stärke seiner mißliebigen Tante gegenüber zu bekräftigen.

Der zukünftige Herr des Tals nahm hier Maß, denn jenseits dieses Tieflands, das ein von Schluchten zerfurchtes, wenig bekanntes Gebirgsmassiv säumte, begann der syrische Kreuzweg, und Thutmosis III. wußte bereits, daß das Schicksal seiner Herrschaft sich dort entscheiden würde. Indem er seine Autorität durchsetzte, warnte er all die lokalen Kleinkönige, die versucht sein mochten, ihren Tribut nicht mehr zu zahlen, der dieser Region seit den triumphalen Eroberungen Thutmosis' I. auferlegt war.

Auf dem Sinai gab es Edelmetallvorkommen, und so war die Expedition auch von der Notwendigkeit motiviert, den Versorgungsnachschub des Tals zu sichern. In Ägypten, wie in anderen Monarchien, maßte sich der Herrscher das Eigentum an all diesen Reichtümern an, die für seine Kunsthandwerker und seine Schatztruhe bestimmt waren, ein Mittel zum Tauschverkehr mit anderen Herrschern in einer Zeit, in der es kein Metallgeld gab, und ein Mittel, den verdienstvollen Mitgliedern des Hofs Beweise der Anerkennung zukommen zu lassen. Kretische Töpferwaren, Zedernholz aus den Bergen des Libanon wurden hoch gehandelt, und die Monarchen der Ägäischen Inseln würden diesen mit Lapislazuli und großen Rubinen besetzten goldenen Brustschildern nicht widerstehen können.

Bedauernswerte Bergwerksarbeiter schufteten in den ausgetrockneten Schluchten des Sinai und der arabischen Berge am Roten Meer. Ihr Los war wenig beneidenswert, und die vielen Votivtäfelchen, die man in aufgegebenen Schächten fand, verraten uns genug darüber, wie sie bei ihren Gottheiten Trost suchten. Ägyptische Patrouillen wachten unablässig über die Straßen, auf denen Eselskarawanen die kostbaren Ladungen transportierten. Nicht zufrieden damit, die Dörfer der Landenge von Suez zu plündern, hatten die Nomaden auch diese gefährdeten, aber außerordentlich rentablen Verbindungswege schon angegriffen, eine Herausforderung, die der Pharao nicht hinnehmen konnte.

Thutmosis III. war sich der strategischen Bedeutung der Region wohl bewußt, aber er ahnte nicht, daß er soeben ein unaufhaltsames Räderwerk in Gang gesetzt hatte: Jahr um Jahr würde der um seine Grenzen besorgte Pharao seine Verbündeten beruhigen, zu vermessene Völker einschüchtern und bald um den Preis immer entfernterer Kriege das Tor zu seinem Tal sichern müssen. Thutmosis I. hatte diese Öffnung des Niltals bereits eingeleitet. Thutmosis II. hatte sie aufgrund seines zu kurzen Lebens nicht fortsetzen können. Hatschepsut hatte gespürt, wie schwierig es für sie sein würde, die Rolle des Feldherrn zu verkörpern. Ihrer Hochstapelei waren gewisse physische Grenzen gesetzt.

Thutmosis III. blieb keine Wahl, er nahm die Herausforderungen der Zeit an, und wenn Hatschepsut noch zwei Jahrzehnte regiert hätte, wären die Feinde Ägyptens sicher kühn genug geworden, dem schlafenden Riesen auf den Leib zu rücken, und bald auch stark genug, die kleinen, regelmäßigen Plünderungen ausgesetzten Territorien in der unmittelbaren Umgebung des Tals zu zerschlagen. Ahnte er jedoch, daß es Ägypten von dem Augenblick an, in dem es seine Vormachtstellung lautstark bekanntgemacht hatte, nicht mehr möglich sein würde, den Rest der Welt zu ignorieren? Wenn die Expedition auch den Eifer der Plünderer abgekühlt hatte, würde es doch mehr bedürfen, die syrischen Städte und, in noch weiterer Ferne, die Armeen des glanzvollen Mitanni-Reichs zu beeindrukken.

Die triumphale Rückkehr Thutmosis' III. brachte das Ansehen seiner Tante vollends in Mißkredit. Das

Land brauchte sie nicht mehr, die Ablösung war offenbar vollzogen, und das noch dazu durch einen Herrscher, der bereits in den Dreißigern war. Ahnte sie voraus, wie weit das kriegerische Temperament ihres Nachfolgers ihn von diesem friedlichen Tal fortführen sollte? Die letzte Rache der Königin, die ihr Matriarchat gegen diesen seiner Stärke sicheren Mann nicht hatte durchsetzen können, würde ihn dazu verdammen, sein Werk Jahr für Jahr neu aufzubauen. In dem Augenblick, in dem Thutmosis teils notgedrungen, teils aus eigenem Antrieb die Tore zum Tal einen Spalt weit öffnete, erhoben sich fern im Norden die ersten Böen des Sturms der Geschichte, vorerst weder von Theben noch von den Reichsgrenzen aus wahrnehmbar.

7
Pharao

Herrscher haben, genau wie andere Menschen, zuweilen merkwürdige Vorahnungen, die ganz unfreiwillig in einer Äußerung oder, bei ersteren, auch in einem Bauwerk zum Ausdruck kommen können. Der großartige Totentempel von Der el-Bahri, ganz dem Kult der Hatschepsut geweiht, war der Ort, an dem ihre politische, ja philosophische Botschaft von ihren treu ergebenen Künstlern festgehalten wurde. So hatte sich durch den Meißel, der den Stein ritzte, das Schilfrohr, mit dem die feinen Arabesken der Fresken gezogen wurden, nach und nach das Denken der kompromißlosen Herrscherin mitgeteilt.

Der Nachwelt überliefert ist die so berühmte Schilderung der Expedition nach Punt, doch noch größere Bedeutung kommt den vergöttlichten Bildnissen der Pharaonin und ihres Vaters zu. Im Zwischenhof erinnert die Anubis-Kapelle daran, daß die Tochter Thutmosis' I. ihr Los nicht aus den Augen verloren hatte: Man erblickt den schakalköpfigen Gott, wie er sie ins Jenseits geleitet, gefolgt von einem recht bescheidenen Thutmosis III., dem ewig Übergangenen, selbst beim Tode seiner Tante.

Die Zeit war gekommen, das Bild sollte Wirklichkeit werden, und in der Vorstellung der Höflinge war die Darstellung dieser Szene nichts anderes gewesen als die Jahre zuvor gehegte Vorahnung von dem unabwendbaren Ausgang und der logischen Abfolge des ewigen Kreislaufs. Doch Thutmosis sollte kein so bescheidenes Mitglied des Trauerzugs sein. Wohl würde er die erste Gemahlin seines Vaters zu ihrem Grab geleiten, doch zweifelsfrei würde er als rechtmäßiger Pharao fortan die heiligen Handlungen vornehmen. Der Tod hatte die Pläne der Herrscherin zunichte gemacht, und so fehlte das entscheidende Glied zur Verwirklichung des Bildes, das sie aus protokollarischen Gründen in einer durch die Tradition so festgelegten Szene nicht hatte darstellen lassen können. Nofrure würde nicht die Rolle der Zeremonienmeisterin übernehmen, und der gedemütigte Thutmosis III. hatte sein Haupt erhoben.

Die Prinzessin ruhte irgendwo in der Felswand eines ausgetrockneten Wadis, im Tode trotz ihrer außerordentlichen Abstammung in die untergeordnete Stellung der Frauen zurückversetzt. Hatschepsut, die es nicht gewagt hatte, der Tradition in der so geheiligten Domäne des Todes zu trotzen, hatte die Mumie ihrer Tochter der Vergessenheit eines Privatgrabs anvertraut.

Und so war Hatschepsut nun ihrerseits dahingegangen, sicherlich stumm vor Angst im Angesicht der ewigen Prüfung, an ihrem zerronnenen Traum vom Matriarchat zerbrochen. Thutmosis III. war ruhmbedeckt von seiner Expedition zum Sinai zurückgekehrt. Allerdings hatte er sich nicht allzu viele Lorbeeren verdient: Seine Truppen hatten mit den feindlichen Nomaden kurzen Prozeß gemacht. Nach der Schlacht wurden die unvermeidlichen Körbe mit den abgehackten Händen der getöteten Gegner gefüllt, und die Armee kehrte zu ihren Stützpunkten zurück, immer noch im erhebenden Bewußtsein ihrer Überlegenheit über die Beduinenstämme der asiatischen Wüste.

Nur Thutmosis und seine engsten Vertrauten wußten, wie bitter der Sieg schmeckte. Dies war nur der

Anfang, das rebellische Asien trotzte dem Pharao, dessen Hände durch die Überreste von Autorität der im Sterben liegenden Königin gebunden waren. Thutmosis konnte sich nicht so engagieren, wie er es gewünscht hätte; das große Regierungswerk mußte noch warten. Zweifellos würde man morgen und die darauffolgenden Monate zurückkehren müssen.

Die Höflinge hatten ihm dennoch einen Empfang bereitet, welcher der großen Feldzüge eines Thutmosis' I. würdig gewesen wäre, und die alte königliche Gemahlin war wochenlang erzürnt. Es war unzweifelhaft eine neue Zeit angebrochen, und selbst die treuesten Schreiber wurden der ausgebrannten Herrscherin abtrünnig; alle beeilten sie sich, Thutmosis III. zu preisen.

Hatschepsut sehnte sich sicher danach, sich mit den Geistern ihrer Ahnen zu vereinen, den alten Ahmose wiederzusehen – den getreuen Diener von sechs Generationen von Königen und Königinnen – und Hapuseneb, den Ersten Propheten des Amun. Ohne Bedauern ließ sie einen gewissen Pujemre zurück, ihren letzten Baumeister, der bereits die offiziellen Aufträge über Monumente zum Ruhme Thutmosis' III. entgegennahm. Sicher verstand sie nicht, daß ihre besten Diener die ihrer Jugend gewesen waren, deren Bindung an sie nur auf der Treue zu einer noch verwundbaren Königin beruhte. Fortan würde Ägypten einen jungen, fähigen, ehrgeizigen und obendrein noch legitimen Pharao haben. Wer wäre so töricht gewesen, ihm die Gefolgschaft zu verweigern?

Zu Beginn des dritten Jahrzehnts der Regierungszeit Hatschepsuts, im Jahre 1484 vor unserer Zeitrechnung, verstarb die Königin von Theben, ohne daß jemand ihren Tod ihrem engsten Verwandten und Intimfeind hätte zur Last legen können. Hatschepsut wurde damit zu einer Königin der Nacht, die der Vorstellung der Menschen zufolge über ein jenseitiges Königreich regierte, nun, da ihre Zeit unter ihnen zu Ende gegangen war. In den ersten Monaten nach dem Tod der Pharaonin von Theben scheint sich der neue Herrscher des Landes problemlos mit dieser von den Göttern gewollten Aufteilung abgefunden zu haben. Die Pharaonin war gerade erst gestorben, und Thutmosis wußte, daß die Inbrunst der Untertanen von begrenzter Dauer sein würde.

Ihm gehörten die Paläste und die Höflinge, die von Leben erfüllten Ufer des Flußtals, ihr die Einsamkeit der Wüste, die Welt der Tempel und Gräber, das Land der großen Stille. Thutmosis III. muß sich mehr als einmal beim Erwachen gefragt haben, ob dieser verrückte Traum, die so oft herbeigesehnte Abwesenheit der großen Herrscherin, tatsächlich wahr sein konnte. Jeder neue Morgen war ihm ein kostbarer Moment. Und so fiel es dem gekrönten Pharao nicht schwer, sich endlich in strahlendem Licht zu zeigen, dem Schicksal anderer gegenüber Milde walten zu lassen, da er fühlte, wie Amun seine Hand über ihn hielt, zum Zeichen einer endlich gewonnenen Zukunft.

Soweit der kriegerische Pharao seine Blicke gen Westen schweifen ließ, sprachen die Hügel und die Wüste rund um die Felswand des Westgebirges von der Größe Hatschepsuts: Der el-Bahri hatte nicht seinesgleichen im Tal; die Totentempel der Thutmosiden erschienen klein dagegen, ohne den erstaunlichen Sinn für politische Strategie erbaut, mit dem die Verstorbene ihren Tempel als Verlängerung des magischen Gebirges angelegt hatte. Selbst das Unsichtbare, das Tal der Könige, in dessen gewundener Schlucht die ersten unterirdischen Grabstätten, die in die Bergflanke getriebenen Hypogäen schlummerten, den Blicken der thebanischen Bevölkerung entzogen, huldigte der Gegenwart Hatschepsuts.

Hatte Thutmosis III. diesen ehrenvollen Frieden wirklich akzeptiert, war er bereit, der Seele der Verstorbenen diese Ruhe und diesen ewigen Ruhm zuzugestehen, er, der doch fortan über die Kräfte der Lebenden gebieten konnte? Würde er diesen seiner Vergeltung ausgelieferten Leichnam, dem kein anderer Schutz blieb als seine Vergebung, achten, obwohl er wußte, daß niemand sich seinem rächenden Zorn entgegenstellen würde?

Hier scheinen alle Hinweise in die gleiche Richtung zu deuten: Im Augenblick des Todes der Usurpatorin verhängt Thutmosis III. keinen Bannfluch, läßt seine Priester nicht auf den Geist der Verstorbenen los. In tiefer Erstarrung, wie ein Prinz, der voll Kummer die Nachfolge seines Vaters antritt, betrauert der neue Landesherr die Tote. Sicher muß man darin nicht mehr sehen als den Widerhall der Bestattungsriten einer überaus intensiv mit Tod und Jenseits befaßten Zivilisation. Hiervon zeugt auch das Gebaren der berufsmäßigen Klageweiber, die sich die Kleider zerreißen und die Haut blutig kratzen, doch die Krankheit hatte ihr Werk getan, ohne daß Thutmosis auf den Gedanken gekommen wäre, ihr nachzuhelfen. Die Götter hatten zweifelsohne zu seinen Gunsten gewirkt, und der Pharao wußte, daß er seine Herrschaft nicht auf ein Blutbad an Hatschepsuts letzten Getreuen gründen konnten, die überdies alles ausgezeichnete Verwaltungsleute waren.

Mochte die Frau ihm auch verhaßt sein, so würde das Andenken des Pharaos doch respektiert werden, und die Handwerker erhielten Auftrag, das Werk Hatschepsuts im Tempel von Karnak fortzusetzen: Kapelle, Pylon und Statuen würden keine Bauunterbrechung erleiden. Hatte er nicht mit Hatschepsut zusammen einen botanischen Garten mit orientalischen Pflanzen um den Tempel herum angelegt, an der Verschönerung der Hauptstadt gearbeitet?

Der Pharao mußte Seelengröße zeigen: Hatschepsut hatte den Schauplatz des hundertjährigen Kampfs zwischen den ahmessidischen Königinnen und den Thutmosiden-Bastarden würdig verlassen, die Krone war endlich auf dem Haupt eines verheißungsvollen Pharaos wiedervereint. Bevor das Drama dieser Jahre endgültig vergessen werden konnte, mußte man sich um die sterbliche Hülle der Königin kümmern und dafür sorgen, daß nichts den ordnungsgemäßen Ablauf des jahrtausendealten Rituals störte, das einige Jahre zuvor bereits für die Mumie der unglückseligen Prinzessin Nofrure vollzogen worden war.

Die Einbalsamierer fanden sich wieder im Palast ein. Eine Zeremonie löste die andere ab rund um den Tempel von Der el-Bahri, der nun in den Augen der Thebaner seine wahre Bedeutung annahm. Er hatte als Aufbewahrungsort der Amun-Barke gedient, die anläßlich des großen Talfests vom Nil und von der Menschenmenge getragen nach Karnak befördert wurde. Hier ehrte man Thutmosis I., und nun würde der ehrfurchtgebietende Schatten der Pharaonin die Rolle der Hausherrin dieser erhabenen Stätte übernehmen.

Die Emotionen müssen ihren Höhepunkt erreicht haben, als der schwere Katafalk, von Lasttieren ins Tal der Könige gezogen, mit der sterbliche Hülle der kleinen Frau herannahte, die schmächtige Gestalt unter Bandagen und Holz verborgen. Irgendwo in diesen von sonnendurchglühtem Schotter bedeckten Hängen, zu deren Füßen die Höflinge schweigend verharrten, hatte ein Mann seit Jahrzehnten darauf gewartet, seine Tochter zu begrüßen: Thutmosis I., der aus seinem ursprünglichen Grab herausgerissen worden war, um eines Tages dieses in der pharaonischen Geschichte einmalige Schicksal zu erfahren, an der Seite seines weiblichen Sprößlings zu ruhen.

Wer sonst hätte so etwas gewagt, wenn nicht eine Tochter, die ihrem Vater so nahe stand, über allen Brauch und alle protokollarischen Regeln hinaus? Die Angelegenheit war nicht gerade unauffällig abgewikkelt worden. Die Grabkammer war riesig, der ins Innere des Gebirges vorstoßende Gang, so raunte man, von kaum vorstellbaren Ausmaßen. Freilich stand die Tradition der im Tal der Könige angelegten unterirdischen Felsgräber damals noch an ihrem Anfang.

An jenem Tag hätte Thutmosis für alle Zeiten Vergebung gewähren können, da die Verblendung seiner Stiefmutter ein so erhellendes Licht auf ihre gemeinsame Vergangenheit zu werfen schien. Er, mehr als zwanzig Jahre lang seiner Krone beraubt, würde ihre Wünsche respektieren. Er hatte den kleinen, unter Geröll verborgenen Gang wieder öffnen und die Totenkapelle herrichten lassen, und seine Priester zogen den steinernen Sarkophag in die finstere Höhle auf der Rückseite der Felswand des Westgebirges hinauf.

Welche Seite der Persönlichkeit des Königs würde die Oberhand behalten und unter dem Eindruck der Gefühlserschütterung über das ewige Geschick seiner alten Feindin entscheiden? Das gedemütigte Kind, dessen verletzliche Seele unglücklicherweise gehofft hatte, eine zweite Mutter zu finden in dieser Frau, die nur auf Vergeltung für ihre eigene Kindheit bedacht war, um ihrer Weiblichkeit willen geopfert? Oder der an der Prüfung gereifte Mann, der die versöhnenden Riten vollzog – zum Abschluß einer turbulenten Jugend, die ihn unschuldig in den Strudel der von Generation zu Generation gescheiterten Schicksale hineingezogen hatte?

Thutmosis III. würde sein Geheimnis niemals preisgeben, aber man weiß zu viel über das Gewicht seiner ersten Jahre, um darauf zu wetten, daß die dünne Stimme der Vergangenheit die Vernunft besiegte. Die Zukunft sollte diese Intuition nicht Lügen strafen.

Nachdem das Grab verschlossen war, blieb der Pharao allein zurück; die Menschenmassen waren nur ein fernes Wogen. Jetzt endlich war der Zeitpunkt gekommen, nicht länger gegen ein feindliches Schicksal, eine allgegenwärtige Macht anzuleben, sondern vor den Augen der Öffentlichkeit, keiner Beschränkung unterworfen als seinem Wissen um die Bedeutung der Dinge. Um ihn herum schwirrten die Länder der Neun Bogen von den besorgniserregendsten Gerüchten, und doch stand er hier und starrte auf das gelbliche Geröll, als ob nichts endgültig vorüber sei.

Spürte er, daß ihre Geschicke zu eng miteinander verstrickt waren, durch die so dauerhaften Bande des Hasses, als daß eine Trennung jemals wirklich möglich war? Hatschepsut, der leblose Körper, im Tode so auf den guten Willen Thutmosis', des Oberaufsehers der priesterlichen Totenriten, angewiesen. Thutmosis III. in seiner Herrschaft, Sonne der Lebenden, dazu verdammt, sich nach einer so fest etablierten Herrschaft seine eigenen Lorbeeren erst zu verdienen?

Jeder konnte den Pharao mit unerschütterlicher Haltung zurückkehren sehen, die Doppelkrone über dem strahlenden Antlitz, inmitten seiner Offiziere und Würdenträger. Niemand konnte sich dem Eindruck von Stärke entziehen, der von ihm ausging: Seine eher durchschnittliche Körpergröße – er maß ungefähr ein Meter sechzig – änderte nichts daran, sie betonte eher die Autorität, die in seinem entschlossenen Schritt, den breiten Schultern unter dem goldenen Brustschild zutage trat. Ägypten verkörperte sich in einer echten Kämpfergestalt, einem Kriegshäuptling, dem die Pharaonin in ihrer Kostümierung als Mann es niemals hat gleichtun können.

Die Ältesten unter den Höflingen erkannten indes in der leicht gebogenen Nase, den hohen Wangenknochen, dem unergründlichen Lächeln des Herrn des Nils die Merkmale der Dynastie wieder. Diese verblüffende Ähnlichkeit verband den Thutmosiden-Bastard und die letzte der großen Ahmessiden-Königinnen. Die Götter erlauben sich so ihre Scherze . . .

Thutmosis III. blieb keine Zeit mehr, über sein Schicksal nachzugrübeln, neue Aufgaben warteten, und die Ereignisse der letzten Monate hatten ihn überzeugt, daß er handeln müsse. Der Tod seiner Tante hatte ihn bei der Rückkehr von seinen Reisen zwischen Palästina und Nubien überrascht, am Beginn seiner Herrschaft als kriegerischer Pharao.

Die Widrigkeiten der Zeit hatten ihn einige Monate zuvor wiederum in den fernen Süden, nach Nubien, und gen Osten, auf die Straße nach Palästina geführt. Hatschepsut war noch am Leben, doch in den Augen des Königs gehörte sie schon der Schattenwelt an. Er stürzte sich bereits Hals über Kopf in dieses Schicksal, das er noch in den Zeiten seiner Demütigung vorausgeahnt hatte, und endlich öffneten sich die Tore. Thutmosis hätte jeden Feind mit offenen Armen begrüßt, der als würdiger Gegner gelten konnte, und es kam ihm wie gerufen, daß zwei langjährige Vasallen auf den Gedanken kamen, die Krone des Niltals zu attackieren.

Die imperiale Polizeiaktion in Nubien hatte ihn nicht sehr beeindruckt; er war in Gedanken schon ganz bei seinen asiatischen Ambitionen, während Afrika keine kolonisierungswürdigen Landstriche zu bieten hatte. Die Revolte von Gaza hingegen rechtfertigte schon eher den Einsatz wohlgeordneter Truppenkorps und eines nach Eroberungen lechzenden Pharaos.

Gaza war das Tor des natürlichen Isthmus des Sinai, auf dem schmalen Küstenstreifen im Norden der Gebirge der Halbinsel, welcher die Verbindung zwischen Asien und Afrika herstellte. Als Moses zwei Jahrhunderte später sein Volk aus Ägypten ins Gelobte Land führte, mied er diese wohlbekannte und mittlerweile von pharaonischen Festungen gesäumte Straße – die Ägypter hatten gelernt, Asien zu mißtrauen – und nahm statt dessen den Weg durch die Berge im Süden des Sinai, den die Strategen des Herrschers vergessen hatten.

Die sandige Brücke zwischen dem Mittelmeer und den Wüstenbergen des Südens hatte sich seit langem in der Gewalt der Pharaonen befunden, die hier ihre Truppen stationiert hatten. Es stand einiges auf dem Spiel angesichts der Vielzahl der Kleinkönigtümer des Orients, und die Karten wurden regelmäßig neu gemischt. Die Wiedererlangung der Oberherrschaft über diese Region war ohne Zweifel der erste Schritt des Herrschers nach Asien. Von da an würde ihn nichts mehr aufhalten, und die Geschicke dieser Region sollten nicht mehr die gleichen sein.

Einige Monate später verweigerte die Nachbarregion Palästina dem Pharao den fälligen Tribut . . . Hatschepsut war just in dem Moment gestorben, als Thutmosis sich anschickte, auf diese Herausforderung zu antworten. Fühlte er sich vom Schatten der schweigenden, in ihren Erinnerungen verlorenen, alten Herrscherin, vorangetrieben? Wußte er selbst, ob er auszog, um seine ungeduldige Manneskraft gegenüber der angeborenen Unzulänglichkeit der ihm Verhaßten zu bekräftigen? War er im Gegenteil bemüht, ein anerkanntes Unternehmen zu festigen, Fortführer des dynastischen Werks oder Totengräber eines gescheiterten Matriarchats und einer nahen Vergangenheit, die so schwer zu akzeptieren war? Wie in die Seele dieses undurchdringlichen jungen Mannes blicken, der hinter der strengen Maske des Eroberers und Reformators stets das Geheimnis des kindlichen Schmerzes bewahren würde?

*

Pharao . . . Niemand konnte Thutmosis mehr diesen höchsten Titel oder die Ausübung der tatsächlichen Macht streitig machen. Obschon wohl wenig Aussicht bestanden hätte, dieses magische Wort aus dem Munde eines seinem Gebieter zu Füßen liegenden Schreibers zu vernehmen, da es in jenem 15. Jahrhundert vor unserer Zeitrechnung gerade erst in Gebrauch kam.

Der allmächtige Herrscher des ägyptischen Tals wurde mit allen nur vorstellbaren schmeichelhaften Namen bedacht, aber nur selten mit dem für uns so bedeutungsvollen Titel Pharao. Es sollte noch mehrere Regierungszeiten und ein gutes Jahrhundert dauern, bis dieses Wort schließlich mit der königlichen Person in Verbindung gebracht wurde und nicht nur mit seiner materiellen Umgebung, Symbol seiner Stärke und seines Reichtums. Eine merkwürdige Bezeichnung, welche die den König beherbergenden Mauern und seine Person als solche zu einem verschmilzt, in einer uns recht fernstehenden Logik, entstanden aus der engen Verbindung von Materialismus und magischer Symbolik.

Zu Zeiten Thutmosis' III. brachte die Bezeichnung »Leben, Gesundheit und Kraft« die ganz persönliche und göttliche Vorstellung, die sich die Untertanen von dieser Gestalt machten, besser zum Ausdruck. Diese drei Wörter reichen aus, uns die plötzliche Beklommenheit auszumalen, die den neuen Herrn des Landes im Angesicht seiner doch so oft erträumten und unerreichbaren Einsamkeit überkommen mußte.

Thutmosis III. trug die Doppelkrone, rot und weiß, doch sie bescherte ihm keine himmlische Seligkeit. Seit frühester Jugend war ihm die seltene Erfahrung zuteil geworden, als König der Menschen tituliert zu werden, die Rolle zu bekleiden, doch in Wirklichkeit nicht leben zu können. Nun endlich auf den Thron gelangt, entdeckte er in den Blicken und Worten seiner Vertrauten etwas wie eine unsichtbare Glasscheibe, die sich plötzlich zwischen ihn und den Hof geschoben hatte. Wohl war dies nicht mit einem Mal geschehen; der Übergang hatte sich nach und nach vollzogen, während Hatschepsut ihren Griff lockerte, durch das Alter und die Mißgeschicke ihres Klans zu größerer Nachgiebigkeit dem letzten Abkömmling der Dynastie gegenüber gezwungen.

Niemals jedoch hatte er empfunden, wie sehr sein Name »Leben, Gesundheit und Kraft« notwendigerweise Realität sein mußte, um dieses mehrere Millionen Seelen beherbergende und sich über rund tausend Kilometer erstreckende Tal regieren zu können, einen Großteil des Universums, wie es sich dem beschränkten Wissen der Welt in jener fernen Vergangenheit darstellte.

Das »Leben« verkörperte Thutmosis gut. Zunächst im eigentlichen Sinne des Wortes: Dieser kraftvolle, trotz seiner Stämmigkeit gewandte Körper, der ihn schon in seiner Jugend zu einem der besten Offiziere machte, hatte jetzt, mit noch nicht dreißig Jahren, seinen Höhepunkt erreicht. Wenige Männer vermochten den Bogen besser als er zu spannen, er wußte die Zügel eines Streitwagens ohne die Hilfe eines diensteifrigen Wagenlenkers zu führen, und niemand konnte sich erinnern, daß er jemals Schwierigkeiten gehabt hätte, einen Wagen im vollen Galopp über das steinige Wüstengelände zu lenken. Die Gene der Thutmosiden oder der Wunsch, seinen Vater wieder lebendig zu machen, der selbst durch die Krankheit zu sehr geschwächt war, um diese Lebenskraft zu verkörpern, hatten ihr Werk getan.

Dieser Mann, der gewohnt war, seine Gefühle zu verbergen, sich zu verstellen gelernt hatte, um zu überleben, der unablässig die Schmach seiner Jugend verdrängen und dieses unermüdliche Kämpfertemperament zügeln mußte, fand hier die Gelegenheit, regelrecht zu explodieren. Er offenbarte dabei ein Wesen, das mit seinem Scharfblick und der im Kampfgetümmel dann plötzlich aufflammenden Raserei, die sich zu echter Tapferkeit hinzugesellte, mehr als einen Höfling verblüffte, der sich an den farblosen Jüngling gewöhnt hatte.

Die Kriegskunst war vielleicht seine Rettung gewesen, da sie ihm erlaubt hatte, sich in dieser einzigen Übung hervorzutun, in welcher der bewunderte, doch kastrierende Schatten ihn nicht bedrohen konnte. So verkörperte sich das Leben in ihm, doch er durfte sich mit seiner Manneskraft nicht zufriedengeben. Natürlich war sie von größter Bedeutung, und alle Ägypter legten Wert darauf, ihren Gebieter als kraftvolles Gefäß des Samens göttlichen Ursprungs zu sehen – auch wenn der Thutmosiden-Bastard nicht einen Tropfen des heiligen Blutes der Ahmessiden-Königinnen besaß.

Die Wochen, die auf Hatschepsuts Tod folgten, stellten den neuen Landesherrn zweifellos vor einige Probleme. Thutmosis war grausam gebrandmarkt durch den gegen Ende dieses 16. Jahrhunderts neu erhobenen Anspruch auf die göttliche Geburt der Pharaonin, den seine Tante auf den Mauern des Tempels von Der el-Bahri mit großer Sorgfalt erläutern ließ.

Er sollte diesen Mythos später für sich selbst übernehmen, und andere Herrscher würden dasselbe tun. Im Augenblick warf diese göttliche Abstammung jedoch ein politisches Problem auf: Für die Pharaonen der 18. Dynastie war es undenkbar zu regieren, ohne das göttliche Leben, die kosmische Energie zu verkörpern, den Geist der Götter, von denen man glaubte, daß sie ihrem Stellvertreter auf Erden, dem König, eine übernatürliche Aura einhauchten.

Die Ergebenheit der Priesterschaft des Amun war unerläßlich, da fortan nur er das Recht hatte, unter den Menschen die Achtung vor einem vergöttlichten Gebieter zu verbreiten, der als solcher gegen alle menschliche Begehrlichkeit gefeit war. Der König und Demiurg dieser ersten Monarchien durfte nicht als Abkömmling gewöhnlicher Sterblicher erscheinen. Seine Macht war zu gewaltig, seine Aufgabe in diesen großen Königreichen zu enorm, als daß ein Mensch, und sei er auch ein Held mit den besten menschlichen Eigenschaften, den Massen seiner Untertanen hätte Seelenruhe geben können.

Thutmosis III. mußte die Priester des Tempels von Karnak zufriedenstellen. Sie würden auch weiterhin in den Genuß großzügiger Wohltaten des Königs kommen, Gold, Ländereien, Sklaven und administrative Vorrechte zu prächtigen Geschenken gebündelt . . . Es bedurfte nicht mehr, um die Ergebenheit des zweiten Propheten Amuns – Pujemre – zu sichern. Zum Zeitpunkt von Hatschepsuts Tod war er noch mit der Ausschmückung ihres Tempels beschäftigt; wenig später sagte der einer bedeutenden Schreiberfamilie entstammende Priester sich von der Verstorbenen los und begann mit dem Bau eines neuen steinernen Monuments, das die Größe der neuen Herrschaft in alle Ewigkeit verherrlichen sollte. Speichelleckerei, persönliches Interesse, Ehrgeiz eines bereits mächtigen Mannes, der sich von den Versprechungen des neuen Gebieters verlocken ließ? Sicher nicht.

Man sollte den Ehrgeiz des Mannes nicht herunterspielen, aber er, und mit ihm die gesamte Amun-Priesterschaft, war sich wohl darüber im klaren, wie dringend der neue Pharao Unterstützung benötigte – gegen klingende Münze natürlich. Das Königtum und die Macht des thebanischen Gottes waren aneinander gebunden, in guten – unter Thutmosis III. – wie in zukünftigen schlechten Zeiten. Thutmosis III. erfaßte dies allerdings noch nicht so recht, und wenn der ungestüme Herrscher nicht beabsichtigte, auch nur ein Zipfelchen seiner neuerworbenen Macht abzugeben, mußten seine Vertrauten daran denken, daß eine so fern vom Pfad der Macht verbrachte Jugend nicht vergehen konnte, ohne ihre Spuren zu hinterlassen. Sicher war es zuviel, zu Beginn der glanzvollsten Herrschaft der gesamten ägyptischen Geschichte die Gelüste der Höflinge und die der Priester des großen Gottes gleichzeitig in Schach halten zu wollen?

Viel später, als der Schöngeist Amenophis III., sein Sohn Amenophis IV. und der Ketzer Echnaton, der die Bevormundung durch diesen Klerus zurückwies, versuchten, sich von dieser materiellen und moralischen Präsenz zu befreien, sollte sich dieses Paar – Amun und der König – innerhalb weniger Jahre auflösen. Wider alles Erwarten war es jedoch nicht der Pharao, der letztendlich triumphierte, sondern die Priester, wovon die unheilvolle Regierungszeit des Tutanchamun

Zeugnis ablegt, ungeachtet seiner wie durch ein Wunder der Plünderung entgangenen goldenen Kleider, die uns ein falsches Bild einer der kläglichsten Regierungsperioden der ägyptischen Geschichte vermitteln.

Das »Leben« transzendierte die Seele Thutmosis', und das Bündnis mit Pujemre gab ihm Hoffnung. In jener Stunde verfinsterten noch keine düsteren Vorzeichen das Licht des Amun-Re, das seinen Schützling einhüllte.

Der Pharao hatte nicht viel Muße, über die Bekehrung der Priester zu seiner Sache nachzusinnen oder die Genugtuung des jungen Tempelzöglings von Karnak zu genießen, der mit Einverständnis dieser Gottesdiener in eine Statistenrolle gedrängt worden war. Zumindest jedoch würde er diesen thebanischen Würdenträgerfamilien gegenüber stets mißtrauisch bleiben, ihrer Doppelzüngigkeit und der Schwäche des menschlichen Wesens angesichts der Versuchungen der Macht gewiß. Kein anderer Pharao, außer vielleicht der energische Ramses II., würde die Herausbildung kleiner, persönlicher Klandomänen so erfolgreich zu beschränken wissen – mittels einer wirkungsvollen und sehr autoritären Neuordnung der pharaonischen Verwaltung, dieser so gefahrenträchtigen Kulissen des königlichen Palastes.

Thutmosis III. besaß einen wichtigen Trumpf: Die 18. Dynastie war noch nicht mehr als vier Regierungszeiten alt, und die Anwärter auf hohe Ämter hatten noch nicht die Tradition einer Verwurzelung in einer bestimmten Region im Rücken, das Gewicht all der Ahnen, die dem Königtum bedeutende Dienste geleistet hatten, alles Dinge, die bei der Vergabe der Ämter bei Hof sehr schwer wogen. Die Vergangenheit wimmelte von verhängnisvollen Beispielen, Fällen, in denen allzu fest verwurzelte Nomarchen sich der Oberhoheit ihrer Gebieter entledigt hatten. Ganz abgesehen von den Kanzlern und Haushofmeistern, die geschickt darin waren, ihre Töchter im königlichen Harem unterzubringen, um die Geschicke der Herrscher durch ein Konkubinat zu beeinflussen, das ebenso politisch wie von Haremsintrigen erfüllt war.

Hatschepsut hatte im übrigen die Posten hoher königlicher Beamter mit ihren Getreuen besetzt, ohne dabei immer Rücksicht auf ihre Herkunft zu nehmen; der fortan aus den königlichen Annalen verbannte Senenmut war das beste Beispiel hierfür. So hatte sie fähige Männer auswählen können, die der Frau, aber auch dem Dienst des Herrschers zum Wohle des Tals treu ergeben waren.

Die »Kraft«, lebenswichtiges Prinzip des Herrschers, mußte zuallererst im engsten Kreise der Getreuen ihren Ausdruck finden, in jenen Ratsversammlungen, die der König häufig im Palast einberief und in denen ein jeder seine geschätzten Ratschläge beisteuern konnte, ohne sich jedoch zu große Befugnisse anzumaßen. So verstanden es Sennefer, ein hochgestellter Beamter, für die Wirtschaft des Reichs zuständig, und Antef, ein mit der Überwachung der Grenzmarken betrauter General, dem jungen König verständlich zu machen, daß ihre Ergebenheit der verstorbenen Pharaonin gegenüber keineswegs einer Pflichtauffassung widersprach, aus der auch er seinen Nutzen ziehen könne.

Ihr Beispiel ist nicht einzigartig, ganz im Gegenteil, und ein Großteil der Vertrauten der toten Königin wechselte reibungslos in die Dienste des neuen Gebieters. Zweifellos erklärt sich aus dieser Kontinuität der hohen Staatsbeamten der innere Frieden, das schnelle Handeln Thutmosis' III. – abgesehen von seiner bereits einige Jahre währenden Mitwirkung an den Angelegenheiten des Landes – und der Eindruck einer gänzlich politischen Zusammengehörigkeit der beiden seit mehr als zwei Jahrzehnten miteinander rivalisierenden Verwandten.

Thutmosis III. war so klug, seine Vorwürfe diesen umsichtigen Schreibern gegenüber nicht laut werden zu lassen. Die meisten von ihnen hatten ihn jahrelang offen mit Mißachtung gestraft, ja sogar in seinen rechtmäßigen Bestrebungen behindert. Wenn er sie heute sah, wie sie sich vor ihm niederwarfen, die Stirn auf den Boden geneigt, hatte er den Eindruck, den Schatten Hatschepsuts gleichermaßen zu seinen Füßen ausgestreckt zu sehen . . .

Diese Männer mit den prächtigen kurzgelockten Perücken, den Gewändern, deren Leinen so fein war wie die Schleier einer Tänzerin, waren von seiner Tante durch Geschenke in klingender Münze geehrt, aber auch durch familiäre Ehrenerweisungen gewonnen worden, Gunstbezeigungen, welche die gesamte Verwaltungsspitze strukturiert hatten, vom Hohenpriester über den Herold bis zum Kämmerer, unter Durchkreuzung der Familienlinien.

Zum Glück war man von Anarchie weit entfernt, doch wollte niemand die sicheren Einkünfte aus diesen Stellungen verlieren, und Thutmosis III. hatte wohl verstanden: Der drohende Arm des Pharaos und seine wohltätige Hand, so oft im Stein der Flachreliefs verewigt, zählten mehr als sein Antlitz.

Er war besonnen genug, auf das Vorrecht des lebenden Gottes, die ungezügelte Rache, zu verzichten. Er war an Jahren bereits fortgeschritten, und es wäre schwierig gewesen, so schnell neue Eliten zu schaffen, während doch die äußere Lage sich zunehmend zuspitzte. Er würde all seine Energie auf Asien konzentrieren müssen, das wußte er seit mehreren Monaten, und verläßliche Stützen im Inland würden ihn dieser zusätzlichen Sorgen entheben.

Der Pharao, von seinen häuslichen Sorgen befreit, würde sich von jetzt an der Arbeit an seiner Legende zuwenden, als schon zu Lebzeiten vergöttlichter Held. Jeder Herrscher war bestrebt, ein erbauliches Andenken um sich herum zu errichten, eine Sammlung ruhmvoller Erzählungen, von den Hofpoeten besungen, von den Künstlern in die Mauern der Tempel, der Paläste gegraben und dazu bestimmt, sein Fortleben in der tausendjährigen Geschichte des Landes zu sichern.

Mehr als zwanzig Meter Annalen, die ausufernde Darstellung des militärischen Heldenepos dieser Herrschaft, in Stein gemeißelt, würden eines Tages die imperiale Legende verherrlichen; an anderer Stelle griff Thutmosis III. für sich den Mythos von der Erwählung durch Amun wieder auf. Es wimmelt nur so von Beispielen der Glorifizierung persönlicher Macht, aber es wäre falsch, daraus auf einen durch Rachsucht genährten Größenwahn, die Ungeduld einer so lange verzögerten Herrschaft zu schließen.

Thutmosis III. nahm die riesenhafte Gestalt des Herrschers über das Niltal an, der so oft durch die enormen Steinkolosse an den Eingängen der Tempel dargestellt wurde. Diese für die Besucher so faszinierenden Statuen verleiten zu Spekulationen über die monumentale Kunst dieser Zivilisation, während uns doch die miniaturisierten Wunderwerke in den Vitrinen der Museen ganz im Gegenteil beweisen, daß die ägyptische Kunst es an Feinheit und Harmonie mit jeder anderen Zivilisation aufnehmen konnte. Ein mit einer hübschen weiblichen Gestalt geschmückter Schminklöffel, der majestätische Kopf einer Königin sind Zeugnisse dieser Eleganz. Die Steinkolosse erzählen uns von einer langvergangenen Zeit, unzugänglich für die Menschen des 20. Jahrhunderts, in dem der einzelne Bürger Macht mit einer rein intellektuellen Staatsidee identifiziert, nicht mit einem einzelnen Mann. In jener fernen Zeit war der Pharao mit der notwendigen Kraft ausgestattet, um über sein Reich zu wachen, ein riesenhafter Magier, der das Tal durchschritt, unsichtbar und doch so mächtig.

Thutmosis III. wirkte hinter der theatralisierten Maske des Pharaos. Seine Herrschaft sollte uns einige der schönsten steinernen Bildnisse hinterlassen, welche die Ägyptologen berechtigtermaßen von der Größe einer Herrschaft überzeugten, die der eines Ludwig XIV. oder eines Napoleon vergleichbar ist.

*

Bald war das ganze Reich über den Tod der Herrscherin informiert, und das Gerücht verbreitete rasch den Namen Thutmosis' III., zumal jeder wußte, wie sehr dem Königssohn dieser Pharaonentitel gebührte. In jedem Nomus fanden sich seine Monumente, seine imperialen Widmungen, welche die Namen der beiden Könige miteinander verknüpften. Zweifellos waren viele Bauern schon immer des guten Glaubens gewesen, daß der Sohn Thutmosis' II. seit seiner frühesten Jugend regiere, unter den wohlwollenden Augen seiner Tante, der ersten Gemahlin Hatschepsut.

Doch irgend etwas hatte sich geändert im Reich; einem Nilbauern konnte man nichts vormachen . . . Die Großen des Hofs mochten ihre Intrigen vor ihm verbergen, das Protokoll mochte ihm eine als Pharao verkleidete Frau aufzuzwingen, aber wenn Soldaten durch seine Felder zogen, verstand er es, die Zeichen der Zeit zu deuten, erriet er die Pläne der großen Politik hinter dem Schwarm von Schreibern, der sich plötzlich über das Land ergoß, um noch ein paar kräftige junge Männer zu rekrutieren, die Kornspeicher zu leeren ...

Nun entwickelte sich diese ganze Geschäftigkeit gegen Ende der zweiten Jahreszeit, Projet, der Kühlen, unserer Winterzeit, wenn man so will, als die ganze Landbevölkerung damit beschäftigt war, die Felder einzusäen, nachdem die Rinderherden zuvor den noch feuchten Schlamm festgestampft hatten. Die vier Überschwemmungsmonate, die in die brütend heiße Sommerzeit fielen, hatten dem Diesseits einmal mehr das Leben gebracht, und die Dörfer benötigten jede Arbeitskraft.

Die Sache erregte also Aufsehen. Der Pharao zog in den Krieg, und diesmal handelte es sich, nach den Vorbereitungen zu schließen, nicht nur um eine kleine Strafexpedition. Der Aufstand Palästinas und der syrischen Verbündeten beschwor eine ernsthafte Auseinandersetzung herauf. Das Volk hat den Krieg nie geliebt, das ägyptische vielleicht noch weniger als andere. Die königlichen Herolde konnten in dieser fernen Vergangenheit nicht an noch unbekannte nationalistische Haßgefühle appellieren – man war Untertan eines Mächtigen, nicht Akteur einer Nationalgemeinschaft –, um die gewöhnlichen Sterblichen im Gleichschritt in den Schlachtentod stürmen zu lassen.

Sicher ahnte das Volk vom Nil, wie zwingend die hastige Entscheidung ihres Herrschers war. Hatschepsut hatte keinen wirklichen Feldzug geführt, ebensowenig wie ihr Gemahl. Man mußte bis zu Thutmosis I. zurückgehen, um die Erinnerung an die Truppenkorps heraufzubeschwören, welche in endlosen Kolonnen die Ufer des Nils entlangmarschierten, die Streitwagen vorneweg, mit flatternden Bannern hinter dem blauen Kriegshelm des Herrschers.

Die Ältesten unter den Dorfbewohnern konnten

sich noch an die dramatischen Erzählungen ihrer Großväter erinnern, die sich der Zeit entsannen, als die Provinzen von Unter- und Mittelägypten unter dem Joch der Hyksos schmachteten, dieser aus dem Nichts aufgetauchten Nomaden, die ihre Dörfer verbrannt, ihre Bräuche zum Gespött gemacht und Schrecken im ganzen Tal verbreitet hatten. All dies hatte über ein Jahrhundert angedauert. Bedurfte es mehr, um die Bestürzung angesichts des Heereszugs zu beschwichtigen, der Entbehrungen, Steuern und die Stockschläge der strengen Schreiber ankündigte? Der Pharao witterte sicher die Gefahr aus der Ferne.

In diesem zweiundzwanzigsten Regierungsjahr der verstorbenen Hatschepsut, dem ersten der Heldenlegende Thutmosis' III., sah das Land, ohne zu murren, Tausende von Männern davonmarschieren, die den Namen des Pharaos zu fernen Horizonten tragen sollten. Der Pharao war nicht allein an der Spitze seiner Armee; ein großer Teil seiner Vertrauten begleitete ihn. Die Zeiten hatten sich geändert seit dem Höhepunkt der Herrschaft Hatschepsuts. Sie hatte Schreiber, Architekten und Verwaltungsbeamte in den Vordergrund gerückt. Hapuseneb, der Aristokrat, oder Senenmut, der Emporkömmling, waren vortreffliche Beispiele der Garanten dieser friedlichen Herrschaft. Thutmosis war, dem Zwang der Verhältnisse folgend, unter zukünftigen Offizieren aufgewachsen, den einzigen jungen Gefährten, die man ihm in seiner erzwungenen Isolierung nach der Machtergreifung seiner Tante zugestanden hatte.

Ti, der Freund aus Kindheitstagen, Amenemheb, ein weiterer Weggenosse, fanden sich heute zu diesem Stelldichein mit der Geschichte, diesem Feldzug von ungewissem Ausgang ein. Auch sie hatten am Schicksal Rache zu nehmen, wie viele andere hier anwesende

Offiziere. Im Gegensatz zu anderen Ländern hatte Ägypten bis dahin seine Soldaten niemals richtig gewürdigt. Die Volkserzählungen des Alten Reiches strotzen nur so von den Mißgeschicken der armen Teufel, die der Schönheit des Tals entrissen – die Niloten waren stets äußerst heimatverbundene Menschen – durch den Willen des Pharaos und den Stock seiner Schreiber auf die Wüstenpfade getrieben wurden, wo zu den Schrecken der unbekannten Fremde die Härten des Roten Landes hinzukamen, dieser einmütig verabscheuten Gefilde des Sandes und der Leere.

Diese literarische Überlieferung war das Werk der Schreiber und damit zwangsläufig sehr herablassend jenen Mitgliedern der Gesellschaft gegenüber, die nicht über ihre Bildung verfügten. Sie sagt dennoch mehr über die Verfassung der Armee bei Regierungsantritt Thutmosis' III. aus als die königlichen Berichte. Zweifellos ähnelte die auf das Delta zumarschierende Truppe ihren Vorläufern, Scharen von Soldaten wider Willen, zwangsrekrutierte Bauern unter der Führung von Veteranen und Berufsoffizieren.

Ägypten hatte niemals wirklich an einem Invasionssyndrom gelitten, wenn auch die Erinnerung an die Hyksos ins Bewußtsein der Niloten wie Thutmosis' III. und seiner Ahnen, Begründer der rettenden 18. Dynastie, gemeißelt blieb. So war den Herrschern in über zweitausend Jahren die Aufstellung einer Berufsarmee nie als dringende Notwendigkeit erschienen.

Die Ägypter waren sicher genauso zahlreich wie ihre Nachbarvölker alle zusammengenommen, auf jeden Fall zählte die ägyptische Bevölkerung mehrere Millionen. Ein einziges Oberhaupt gebot über sie, gab ihnen Befehl, sich in Marsch zu setzen, und diese Geschlossenheit reichte aus, den Feind zu beeindrucken. Die bedauernswerten Soldaten, mit Lanzen, Bogen und

Keulen bewaffnet, hinter ihrem Lederschild verschanzt, hatten tatsächlich mehr von den Härten des Marsches unter der sengenden Sonne zu befürchten als von den Kriegskünsten der feindlichen Scharen.

Die Schwächen dieser friedfertigen, aber dienstwilligen Masse hatte sich in der Konfrontation mit den Nomadenhorden auf tragische Weise bemerkbar gemacht. Ihre zweispännigen Streitwagen hatten die Ägypter, denen solche Gefährte aus ihrem Tal unbekannt waren, buchstäblich in Panik versetzt.

Schon der Großvater Thutmosis' III., jener Thutmosis I., der zum Begründer der imperialistischen Tradition Ägyptens im Neuen Reich geworden war, hatte sich dieses Problems angenommen und sich die Waffen des Gegners zu eigen gemacht. Heute fuhr sein Enkel auf einem dieser Streitwagen stehend, von Dutzenden weiterer Wagen umgeben, bereit, unter dem Pfeilhagel der Bogenschützen, die ihren Platz auf der Plattform neben dem behelmten Wagenlenker hatten, auf den Gegner einzustürmen.

Thutmosis III. dürfte von ähnlichen Sorgen geplagt worden sein, da das Unternehmen sich als weit gefahrvoller erweisen sollte als die früheren Strafexpeditionen. Der junge König und seine Begleiter marschierten nach dem Orient, aus dem die unablässigen Einfälle der kriegerischen Nomaden drohten, aber wo würden sie zum Stehen kommen, von welchem menschlichen Hindernis aufgehalten? Offenbar wurden die Beduinenstämme, die gegen Ägypten anstürmten, von einer bislang ungekannten Verwegenheit getrieben. Dahinter mußte ein Stratege oder zumindest die Ermunterung durch sehr viel mächtigere Könige als treibende Kraft stecken.

Niemand mußte daher den Pharao erst überreden, die Expedition anzuordnen, die nun das Tal hinaufzog, gen Norden, nach Palästina. Die Anwesenheit der Diener des Herrschers deutete auf die Neugestaltung der Herrschaft hin: Sie würde die Macht der Schreiber und Priester, der hohen Verwaltungsbeamten der vorangegangenen Regierung beschneiden. Die Offiziere verschafften sich ihre jahrelang erwartete Genugtuung, und die Jugendfreunde des entthronten Pharaos beabsichtigten durchaus, ihn in seinen natürlichen Neigungen zu bestärken, der Jagd nach Ruhm in seinem eigenen Namen, aber auch im Interesse eines durch die Herausforderung fremder Mächte neu erstarkten Ägyptens.

Die Stunde der Bewährung rückte näher, wenn auch die asiatischen Regionen auf der anderen Seite der sandigen Hügel noch nicht zu erblicken waren. Für Thutmosis blieb auf dem Boden des Niltals nichts zu gewinnen, seinen Platz in den Legenden zukünftiger Jahrhunderte mußte er sich in der Fremde erringen. Das Schicksal hätte ihn in jedem Falle auf diesen schwankenden Boden gestellt, denn die Geschichte hatte das ägyptische Reich bei seiner schon sprichwörtlichen Überlegenheit gepackt, indem sie es aufrief, seinen Hochmut und seine Macht in der Konfrontation mit neuen Herausforderern zu legitimieren.

Zu ihrem Glück hatten Thutmosis III. und seine jungen Befehlshaber die Unbekümmertheit der Jugend und ein wohlhabendes Tal im Rücken, das geeignet war, auf Jahre hinaus unverdrossen Männer, Korn und Tatkraft bereitzustellen. Das Zusammentreffen dieser günstigen historischen Zufälle sollte mehr als zwei Jahrzehnte lang einem Heldenepos Nahrung geben, an das kein Pharao in späteren Zeiten mehr würde heranreichen können, weil das Reich nun einmal erobert war oder weil die schwindenden Kräfte eines im Niedergang begriffenen Ägypten es nicht mehr erlaubten.

Spürten sie diesen Rausch noch, als die letzten Gehölze des Tals in der Abenddämmerung hinter ihnen verschwanden? Selten hat sich die Geschichte eines tausendjährigen Reiches so in dem Wagnis einiger weniger Männer personifiziert, noch zu sehr gezeichnet von der Vorherrschaft Hatschepsuts, dieser so prägenden Vergangenheit, um sich ein klares Bild von der Zukunft zu machen.

8
Der Triumph von Megiddo

Die letzten Vorbereitungen für den pharaonischen Feldzug hatten mehrere Wochen gedauert, und erst gegen Ende des Winters verließ die Armee Thutmosis' III. den grünen Saum des Deltas und die schützende Festung Tjel, das gen Osten gerichtete Auge des Pharaos.

Diese Monate des Projet, des ägyptischen Winters, waren zweifellos die günstigste Zeit, um Tausende von Soldaten in den Glutofen des Orients zu führen, doch Thutmosis wußte, daß die Entscheidung nicht bei ihm gelegen hatte. Hätten seine Feinde ihn im Sommer am heftigsten herausgefordert, wäre er gleichermaßen gezwungen gewesen, ihnen entgegenzutreten, auch auf die Gefahr hin, daß ihm seine Männer in der Wüste gestorben wären wie die Fliegen.

Der Herr des Nils war voll gespannter Erwartung. Seine Stimmung schwankte zwischen äußerster Nervosität und einem unbezähmbaren Hochgefühl, je nachdem, ob er an die Bedrohung dachte, die das Bündnis seiner Feinde darstellte, oder an die außergewöhnliche Chance, die ihm das Schicksal nach dem Tod seiner Tante bot.

Thutmosis III. war sich jedenfalls sicher, daß nach der Konfrontation, die ihm irgendwo in der kanaanäischen Wüste bevorstand, nichts in seinem Leben mehr so sein würde wie vorher. An den Grenzen seines Reiches angelangt, wurde dem ungestümen Feldherrn die Gefährlichkeit der Situation noch deutlicher bewußt.

Innere Unruhe trieb den Herrscher, nicht im Grenzgebiet zu verweilen. Zweihundert Kilometer lagen zwischen dem Delta und dem ägyptischen Stützpunkt Gaza, und diese Entfernung zwischen dem Tal und seinem östlichsten Vorposten mußte so schnell wie möglich überwunden werden.

Auge in Auge mit den Gegebenheiten des Terrains hatte Thutmosis die Absichten seiner Gegner durchschaut. Er erriet, warum seine Kundschafter ihn vor einer unmittelbar bevorstehenden Revolte seiner Vasallen, wenn nicht gar einem regelrechten Krieg an seinen Grenzen, der die östlichsten Provinzen des Deltas bedrohen würde, gewarnt hatten, kaum daß er vom Sinai zurückgekehrt war, wo er die plündernden Beduinenhorden niedergeworfen hatte. Die verbündeten syrischen Könige wußten, wie sehr der Pharao sich würde beeilen müssen, um ihre Territorien wieder zu erreichen, und dieser Zeitvorteil sollte ihnen die Initiative in die Hand geben, in einem Moment, in dem das Königreich vielleicht durch den Tod Hatschepsuts geschwächt wäre.

Schon vor Monaten war es dem König von Kadesch – einer der wichtigsten syrischen Festungen – gelungen, seine Nachbarn zu umgarnen. Er hatte ihnen eingeflüstert, wie vorteilhaft ein Abkommen mit dem kriegerischen Mitanni-Reich, so viel näher gelegen als Ägypten, für sie alle sein würde. Was riskierten sie schon, wenn sie ihr altes Bündnis mit dem Niltal aufkündigten? Zwar hatte sich Thutmosis III. schon einen Namen gemacht; die Kunde von seinen Siegen über die Beduinen war bis zu den syrischen Handelsstädten einige hundert Kilometer weiter nördlich gedrungen. Aber die Beduinen waren keine gleichwertigen Gegner für eine richtige Armee, während die syrischen Könige in der Lage waren, ein ordentliches Heer aufzustellen, das sich auf die Unterstützung durch die gefürchteten Streitwagen und Festungen mit hundertjährigen Mauern verlassen konnte und über Zufluchtsorte im gesamten Land Amurru, dem Syrien der hundert Städte, verfügen würde.

Der Pharao mußte an seine Tante denken: Hatschepsut hatte ihm ein schweres Erbe hinterlassen. Angesichts der Herausforderung durch die Nachbarvölker, die entschlossen waren, ihn auf die Probe zu stellen, sah der Pharao sich aufgerufen, den Kampf um seine Krone als Fürst der Welt aufzunehmen. Mehr bedurfte es nicht, um diesen König auf der Suche nach einer Bewährungsmöglichkeit herbeieilen zu lassen, doch in diesem Schachspiel von kontinentalem Ausmaß würde jeder weitere Zug von Bedeutung sein.

Die Armee wurde in Gang gesetzt. Die Soldaten, plötzlich mit der Peitsche angetrieben, verstanden den Grund für solche Eile nicht gleich, doch ihre Befehle verdeutlichten ihnen recht bald die Absichten ihres Herrschers. Es hieß gegen das rebellische Palästina marschieren, und zwar schnell. In zehn Tagen durchquerten sie den nördlichen Sinai von West nach Ost, ohne daß die Fußsoldaten unter ihrem Gepäck zusammenbrachen. So bewegte sich die unendlich lange Menschenkette mit ihren Packeseln und den Streitwagen, die zum Schutz vor Hinterhalten um die weit auseinandergezogenen Marschkolonnen herumwirbelten, viel schneller, als die revoltierenden Stämme in Palästina und die syrischen Könige es sich hätten träumen lassen.

Thutmosis III. erlaubte sich keine Müdigkeit: Hochaufgerichtet auf seinem Streitwagen feuerte er seine Truppen an. Ihm blieb genug Zeit zum Nachsinnen angesichts der unendlichen Weite des Mittelmeers. Das Meer, das die Römer dereinst als Herz ihres Reiches betrachten sollten, bedeutete dem Mann aus dem Niltal wenig. Das Delta blieb für ihn die Grenze zur Wildnis. In diesem 15. Jahrhundert v. Chr. konnte einzig Kreta mit seinen schönen Vasen und seinen kühnen Seefahrern das Interesse eines Pharaos wecken. Natürlich war da auch noch das Küstenreich Phönizien, dessen Seeleute und Schiffe diese Weite befuhren, doch die Ägypter kannten die Phönizier als Volk des Orients. Dies waren Bewohner der gleichen Welt wie sie selbst, Menschen der Neun Bogen, welche die geographischen Grenzen dieser im Norden so definitiv durch das Meer abgeschlossenen Region aufzeigten.

Und doch . . . an der Unendlichkeit des Meeres entlangziehend, am äußersten Ende der sandigen Landzunge, die nach Gaza führt, mußte Thutmosis III. wohl an die unbekannten Länder, die Völker jenseits der dunkelblauen Linie denken. Welche Geheimnisse mochten sie bergen? Er würde nicht soweit gehen, sie herauszufordern. Brachte er ihnen überhaupt irgendein Interesse entgegen? Der bedrohliche Horizont machte die Expedition noch beklemmender und noch zwingender. Diesmal würde sich Syrien endgültig unterwerfen müssen.

Ohne diesen entscheidenden Sieg würde die natürliche Brücke, die Syrien zusammen mit dem ihm vorgelagerten Palästina bildete, wieder in die Hände des Mitanni-Reichs fallen. Dieser Alptraum beschwor eine vertraute Bedrohung herauf; die unermeßliche Leere des Meeres erinnerte daran, wie viele Völker diese weite Welt bergen mochte, die nur darauf warteten, den Platz des Gegners von heute einzunehmen und sich ihrerseits dieser leicht zugänglichen Einfallswege zu bedienen.

Ohne es zu wissen, schritt Thutmosis III. hier über den Boden, auf dem sich drei Jahrhunderte später all die wandernden Völker des Orients gegenüberstehen sollten, in Konfrontation mit dem letzten großen Pharao der Geschichte – Ramses III. –, dazu verdammt, hoffnungslosen Widerstand zu leisten ... Der unglückselige Erbe der Krone, Hüter der Früchte jener Annektierungskampagne, die zu führen sich der Sohn Thutmosis' II. gerade anschickte, sollte ihn mehr als einmal verfluchen ...

Aber selbst wenn ein Wahrsager Thutmosis vor dieser zukünftigen Apokalypse gewarnt hätte, wäre es dem Pharao nicht möglich gewesen, sein Rendezvous mit der Geschichte aufzuschieben. Für Ägypten war die Stunde gekommen, seine Oberhoheit geltend zu machen.

Gaza, einige Monate zuvor unterworfen, zeichnete sich im Meeresdunst fern im Osten ab. Die erschöpfte Truppe brach in Jubelschreie aus. Der Pharao würde bald Gewißheit über sein Geschick erlangen.

Die Armeekorps beeilten sich, ein Lager vor den Toren der Stadt aufzuschlagen; der ordentliche Anblick der Marschkolonne wich dem Chaos. Menschen und Tiere verstreuten sich um die Oase herum, die das Eingangstor nach Palästina war. Es waren keine Spuren der vorausgegangenen Revolten mehr wahrnehmbar, und die Einheimischen hielten sich verborgen, fern von diesen sonnengegerbten Infanteristen. Der Boden war mit Lederschilden übersät; Lanzen und Keulen, Bogen und Köcher stapelten sich zwischen den Zelten. Die Truppe dürfte sich über die gebrüllte Weisung der Offiziere nicht gerade gefreut haben: Der unverhoffte Aufenthalt sollte nur eine Nacht dauern.

Bei Tagesanbruch konnten Tausende schlaftrunkener Soldaten das in der Frühlingssonne schimmernde Meer bewundern. Die Nacht war kälter gewesen als im Niltal, und es dauerte nicht lange, bis die erstarrten

Menschen und Tiere auf die Beine kamen. Die Niloten und ihre nubischen Kampfgefährten rafften ihre mageren Habseligkeiten zusammen, und binnen weniger Stunden war die Armee wieder marschbereit.

Der Pharao hatte seine Marschroute gewählt. Seine Kundschafter glaubten die feindlichen Armeen fern im Nordosten erspäht zu haben, im Landesinneren, aber noch trennten mehr als hundert Kilometer die Ägypter von den syrischen Verbündeten. Es galt daher, sie so rasch wie möglich zu erreichen, um zu verhindern, daß das Feindesheer durch weitere Verstärkung anschwoll und womöglich versuchte, sich des ganzen aufrührerischen Palästina zu bemächtigen.

Über eine Woche Marsch brauchte es noch, bis Jehem, ein kleiner Ort in Palästina an der Grenze zu Syrien, dem Land Amurru, erreicht war. Das Meer war fern, und die Truppe arbeitete sich mißtrauisch durch die Hügel dieser unbekannten Gefilde vor. Die Ägypter hätten dieses trockene Land, seit Tausenden von Jahren bestellt, wie die Olivenhaine bezeugten und die Terrassen, welche die steinigen Hügel säumten und den seltenen Winterregen sammelten, wohl zu würdigen gewußt. In den Augen eines an seine riesige, verschwenderisch grüne Niloase gewöhnten Niloten war Palästina kein Schlaraffenland.

Unter der Bevölkerung muß das Auftauchen dieser Menschenmengen Schrecken ausgelöst haben: Palästina war eine kleine, von semitischen Stämmen bewohnte Region, in der sich wandernde Hirten und Ackerbauer das dünn besiedelte Land teilten. Seit Menschengedenken hatte man nicht so viele Soldaten gesehen, in langen Kolonnen vorrückend, unendliche Reihen von Schilden, die hinter einem Spalier von Lanzen auf- und abwogten.

Die Kinder Israels hatten noch nicht mit dem

Schwert das erobert, was ihr Gelobtes Land werden sollte. Nur sie sollten es je so nennen, geblendet von diesem Ruhehafen, der sich den ausgezehrten Wanderern hier endlich auftat. Für die Ägypter war dieses Territorium nur militärisches Grenzgebiet ihres Reichs, und die Armee des Pharaos marschierte verdrossen durch staubige Schluchten und steinige Senken, während die stets wachsamen Kundschafter über die Kämme der ausgedörrten Hügel streiften, um am Horizont die den Feind ankündigende Staubwolke zu erspähen. Das Warten wurde von Tag zu Tag unerträglicher, und es war kein Zeichen von der Armee der unter dem Fürsten von Kadesch geeinten syrischen Kleinkönige zu entdecken. Die Pharaonen verfluchten diese weiter im Norden am Orontes gelegene syrische Stadt. Immer wieder wurden hier Verschwörungen angezettelt; ihre verhältnismäßig bedeutende Stellung in dieser Region erfüllte sie mit maßlosem Ehrgeiz, und die unumschränkte Unterstützung durch das Mitanni-Reich weckte gewisse Hoffnungen in den Menschen dieser Stadt.

Die Syrer waren die Erben einer glänzenden Zivilisation, gewissermaßen das Tor des reichen und mächtigen Mesopotamien zum Mittelmeer, ein Kreuzweg, an dem sich die Menschen und Karawanen des ganzen Orients begegneten. Der Wohlstand dieser Umschlagplätze steigerte noch die Wichtigkeit der kleinen Fürstentümer. Wenn sie auch nicht gerade die erstaunliche Bedeutung der benachbarten phönizischen Häfen erlangten, die der Geschichte als Handelszentren des frühen Altertums wohlbekannt waren, verliehen die Reichtümer der syrischen Städte ihnen dennoch eine unbestreitbare Macht.

Lange Zeit haben die Archäologen diese Region zugunsten der ungeheuren Ballungsräume der fruchtbaren Flußtäler Mesopotamiens oder Ägyptens vernachlässigt. Nur die phönizischen Häfen an der Küste des Orients ragten aus dem Dunkel der Geschichte heraus, diese riesigen, von den Erzeugnissen der Welt überquellenden Trödelläden, von gewitzten Kaufleuten geführt, Vorfahren jener schlitzohrigen Orientalen, die bis zum heutigen Tage die Märkte des Morgenlandes bevölkern.

Jüngere Entdeckungen haben dazu beigetragen, uns ein zutreffenderes Bild des Orients im Altertum zu vermitteln, durch die Ausgrabung der Stadt Ebla und zahlreicher anderer Orte, von denen nur sandbedeckte Bodenerhebungen geblieben sind. Die ausgegrabenen Paläste, Tausende mit Keilschrift bedeckter Tonplättchen zeugen von sehr geschäftigen, dichtbevölkerten und effizient verwalteten Städten, weit entfernt von den herkömmlichen geschichtlichen Betrachtungen, bei denen diese politischen Gebilde bislang weitgehend außer acht gelassen wurden. Sie hatten zwar keine große geographische Ausdehnung, deren Staatsgefüge aber in seiner Komplexität dem der großen Nachbarreiche in nichts nachzustehen scheint.

Solche Erkenntnisse dürften Thutmosis wenig gekümmert haben. Er fuhr auf seinem Streitwagen an der Spitze des Marschzugs, von seinen hohen Offizieren umgeben, voll gespannter Erwartung . . ., und immer noch geschah nichts, diese Spannung zu durchbrechen. Die syrischen Truppen hatten sich dem Gegner nicht zum Kampf gestellt, und im königlichen Gefolge begann sich Furcht breitzumachen. Wo würden sie auf diese ungreifbaren Krieger stoßen, denen dieses Labyrinth sichtbehindernder Hügel und Täler so vertraut war? Die Falle schien unausweichlich; nur Thutmosis täuschte die ruhige Sicherheit eines seiner Entscheidungen gewissen Anführers vor, doch im Innersten wußte auch der Pharao noch nicht, wie sich die bevorstehende Konfrontation darstellen würde.

Der Historiker kann die Gemütsbewegungen dieser so lang vergangenen Zeiten an den Inschriften auf den Wänden der ägyptischen Monumente ablesen; hier findet er ein regelrechtes Tagebuch des Feldzugs, eine trotz der obligatorischen Lobpreisungen des siegreichen Gebieters sehr wirklichkeitsnahe Chronik. Die Hieroglyphen dieser langen Litanei rücken die königlichen Entscheidungen ins rechte Licht und rekonstruieren gerade dadurch die Unsicherheiten des Augenblicks.

Glücklicherweise erreichte man bald das Städtchen Jehem auf seinem steinigen Gebirgshang. Die zweite Marschwoche ging zu Ende, die erschöpfte Truppe war nicht mehr in kampfbereiter Verfassung, und der König mußte sich zu einer wohlverdienten Rast durchringen, die er dazu nutzte, seine Schlachtpläne zu entwerfen. Die Armee ruhte sich aus, jeder ging seinen Alltagspflichten nach und vergaß innerhalb weniger Stunden die bevorstehende Schlacht. Thutmosis aber dachte an den Feind, versuchte ihn sich jenseits der steinigen Anhöhen zu vergegenwärtigen, um seine Bewegungen besser vorausahnen zu können, und seine Gefährten störten den Herrn des Niltals nicht in der Stille seiner Gedanken.

*

Thutmosis wünschte seinen Aufenthalt in Jehem nicht in die Länge zu ziehen, aber er war ganz und gar von den Meldungen seiner Kundschafter und Spione abhängig, die der Armee vorauseilten. Das Lager der Ägypter befand sich am Fuße eines kleinen Felsmassivs, das voller gefährlich gewundener Schluchten und

Täler war. Dem Pharao war klar, daß ihre Zahl auf einem so unübersichtlichen Terrain in der Konfrontation mit einem weniger zahlreichen, beweglicheren Gegner, dem das Gelände vertraut war, eher von Nachteil sein würde.

Bald kehrten Boten zum Lager bei Jehem zurück: Sie bestätigten die Anwesenheit feindlicher Armeen im Tal von Megiddo, einige Dutzend Kilometer weiter nordöstlich. Der langerwartete Moment war endlich da. Thutmosis III. würde hier seinen ganzen Ruf aufs Spiel setzen. Im Falle einer Niederlage würde man Hatschepsut und ihrer friedlichen Regierungszeit nachtrauern, doch wenn es ihm gelingen sollte, sich gegen seine Feinde durchzusetzen, würde er die gottlose Königin damit endgültig vergessen machen. Wer würde es noch wagen, sich der friedvollen und eintönigen Zeiten der vorangegangenen Jahrzehnte zu entsinnen, wenn die ägyptischen Streitwagen erst durch Theben defilieren würden, gefolgt von Hunderten gedemütigter syrischer Gefangener in zerfetzter Kleidung?

Thutmosis III. hatte gelernt, die ihm eigene Tollkühnheit zu zügeln; ein Kriegsrat wurde einberufen, um über die anzuwendende Taktik zu entscheiden. Die Freunde des Herrschers schwankten: Sollte man den Weg durch ein langes Tal nach Osten nehmen und recht weit von Megiddo entfernt herauskommen, Auge in Auge mit den von den Spähern gesichteten syrischen Truppen? Die gemurmelten Meinungen gingen auseinander.

Einige fürchteten, daß es nicht möglich sein würde, die ganze Streitmacht der Niloten vor den Syriern aufmarschieren zu lassen, die auf den kleinen Hügeln im Süden der Zitadelle von Megiddo günstig positioniert waren. Die Ägypter hätten sich in diesem Fall regelrecht auf den Felskuppen verschanzten Lagern gegenüber gesehen und hätten ihre Infanteriekolonnen eine nach der anderen gegen diese aussenden müssen, um den Preis empfindlicher Verluste unter einem Hagel von Wurfspeeren und Pfeilen.

Pharao schwieg. Der Kriegsrat zögerte, wartete auf sein Urteil. Der Befehl erging, als ob es sich um eine selbstverständliche Entscheidung handeln würde: Die Armee würde die Hauptroute links liegen lassen, dieses breite Tal, das direkt auf den Gegner zu führte. Sie würde einer von den Kundschaftern entdeckten Schlucht folgen, in welcher der kleine Ort Aruna lag, und sich von da auf die nichtsahnenden Nachschubtruppen der Syrer stürzen, weniger als einen Kilometer von der Stadt entfernt.

Man wagte einige Bemerkungen: Hatten die Boten nicht gemeldet, daß die Passage außerordentlich eng sei, höchstens einige Dutzend Meter breit, von hochaufragenden Felswänden eingeschlossen? Thutmosis blieb bei seiner Entscheidung. Er fürchtete die Konfrontation nicht, aber er wünschte, daß sie heftig, entscheidend sein solle, und seine Wahl der nördlichen Route hatte den Vorteil, daß man die syrischen Armeen im Rücken fassen würde. Das Risiko, daß die eigene Armee durch einen Angriff aus den höhergelegenen Schluchten in der Umgebung von Aruna aufgerieben werden könnte, mußte man eingehen . . . Alle verstanden, daß der Ausgang der Schlacht für ihn viel mehr bedeutete als nur den Höhepunkt eines imperialen Eroberungszuges. Es galt, eine andere Feindin zu attackieren, ungreifbar im Reich der Toten. Der Ruhm war die einzige Waffe, die sie mit Sicherheit treffen konnte, und ein mühsam errungener Sieg hätte den königlichen Zielsetzungen im Hinblick auf Hatschepsut nichts genützt.

Sobald der Kriegsrat beendet war, verließen die Offiziere eiligst das königliche Zelt, um die Kolonnen zu sammeln, die Streitwagengeschwader zu ordnen und vor allem Vortruppen auf den Höhen des Plateaus zu verteilen, um die Armee auf ihrem Marsch durch die Schlucht von Aruna gegen alle Überraschungen abzusichern.

Thutmosis kümmerte sich nicht weiter um die Vorbereitungen, das Lager verwandelte sich in einen Ameisenhaufen. Die nervösen Pferde wurden eingespannt, die Fußsoldaten formierten sich, überall ging das Gerücht um, daß es noch vor dem Abend zur Schlacht kommen würde.

Nach mehreren Meilen Marsch durch schwieriges Gelände ließ der Pharao die Armee anhalten und fuhr die endlose Reihe seiner Männer ab. Niemand konnte ihn übersehen, sein blauer Kriegshelm war von weitem zu erblicken, und ein Schwarm von Streitwagen umgab ihn. Man mußte ihm einfach zujubeln, als er sich an die Spitze der Armee setzte und ohne Zögern in die enge Schlucht des Tals von Aruna eindrang. Eine gewisse Beklommenheit dürfte sich der Niloten bemächtigt haben, die an weiträumige, wohlgeordnete Manöver gewöhnt waren. Sie rückten im Schatten der eindrucksvollen Felswände vor, zu einigen Mann nebeneinander, und bald wurde deutlich, daß der Feind sich ihnen auf dieser unbewachten Strecke nicht in den Weg stellen würde. Die Gesichter entspannten sich, ein Hinterhalt war unwahrscheinlich, die Ägypter hatten die Höhen unter Kontrolle. So entschloß man sich am Nachmittag, die ganze Armee um Aruna herum zusammenzuziehen, und der kleine Ort wurde in Anspruch genommen, um Männer und Tiere zu verpflegen.

Den Hieroglyphen sind keine Einzelheiten über die Gemütsverfassung des Pharaos in dieser Nacht zu entnehmen, aber man kann die Hoffnungen des Herrschers unschwer erahnen: Seine List schien erfolgreich zu sein, die Passage war von keinem syrischen Trupp bewacht. Ein Glücksfall für ihn . . . Was hätte er getan, wenn der Engpaß versperrt gewesen wäre, von Dutzenden im Felsgeröll aufgestellter Bogenschützen bewacht?

Jetzt lag die Initiative bei ihm, und er hatte sich zu der nächtlichen Ruhepause gezwungen, um seinen Vorteil nicht zu verschenken. Welcher General wäre bereit gewesen, ihm im Mondschein zu folgen, durch diese Schlucht, in der man keine zehn Schritt weit sehen konnte?

In den letzten Nachtstunden trat ein verwandelter Mann aus dem königlichen Zelt. Thutmosis hatte seine Rüstung aus Metallplatten angelegt; sein Gesicht hatte die Blässe des Morgens der Entscheidung, doch niemand würde jemals erfahren, welche Träume ihn geplagt hatten. Man behelligte ihn nicht; jeder ging in aller Eile seinen Pflichten nach. Die Offiziere der Intendantur wachten darüber, daß die Esel so schnell wie möglich mit Verpflegung und Reservepfeilen beladen wurden; die Anführer des Streitwagengeschwaders – der wichtigsten Waffe – sorgten dafür, daß ihre Schwadrone sich so gut wie eben möglich in der Umgebung von Aruna aufreihten, und die Fußsoldaten eilten zu ihren Korps, welche die bedeutungsvollen Namen von Kriegsgöttern trugen.

Thutmosis inspizierte sie und wählte die Truppen für die Vorhut aus. Dies war ein wichtiger Moment; jeder wußte, daß diese Männer dem entscheidenden Angriff ausgesetzt sein würden, da es wegen der Enge der Schlucht nicht möglich war, innerhalb ausreichender Zeit die ganze Kolonne auf den Weg zu bringen. Die Streitwagen formierten sich zu einer Reihe, die besten Kämpfer rückten ihren Schild zurecht, Megiddo war fünf Marschstunden entfernt, und ehe der Tag zu Ende ging, würde das Schicksal des Herrn des Nils entschieden sein.

Der Pharao hielt sich unermüdlich an der Spitze seiner Truppe, und die Sonne stand noch im Zenit, als die ersten Vorposten der ägyptischen Armee den Ausgang der Schlucht erblickten. Die Einmündung in die anderen Täler war nah; dort würde man Megiddo auf seinem Hochplateau und ohne Zweifel auch den Feind erblicken können . . . Doch welches Bild würde die gegnerische Armee bieten? Verstreute Abteilungen, im Rücken ihres weiter im Süden an der Hauptstraße stehenden Aufgebots, das die Ägypter erwartete? Thutmosis hoffte es, gleichzeitig wünschte er, so viele Feinde wie möglich vernichten zu können.

Man kannte sich in dieser nicht weit vom heutigen Nazareth gelegenen Gegend nicht aus. Es kam darauf an, den Überraschungseffekt zu nutzen, gleichzeitig aber den Herrscher zu schützen. Die Ägypter rückten in einzelnen Grüppchen vor, und diese ungewohnte Situation beunruhigte die Leibgarde des Pharaos. Die Freunde Thutmosis' III. baten ihn inständigst, einen kühlen Kopf zu bewahren, er preschte zu kühn vor, und schließlich wurde der Oberbefehlshaber der Armee, von seinen eigenen Leuten gezügelt, etwas am Rande der Truppen am Ausgang der Schlucht positioniert, wo die kleine Ebene des Flusses Kina begann.

Dort bot sich den Generalen ein unverhoffter Anblick: Die feindlichen Horden waren gut in Sicht, entlang der langen Biegung des Tals um den kleinen Felsvorsprung, auf dem sich Megiddo erhob, verstreut. Angesichts des Durcheinanders der syrischen Truppen hätte auch der unerfahrenste Rekrut erkannt, daß das Vorhaben Thutmosis' III. vollkommen geglückt war. Es befanden sich sicher mehr als tausend Krieger der verbündeten Könige dort vor ihnen, aber die bereits aus der Schlucht von Aruna herausgelangten Abteilungen der ägyptischen Armee waren zahlreich genug, um sich im Falle des Angriffs gegen sie durchzusetzen.

Die Vorsichtsmaßnahmen der Offiziere Thutmosis' III. waren von der Furcht vor einem Hinterhalt durch einen direkt am Eingang der Schlucht postierten feindlichen Trupp diktiert. Einige hastig abgeschossene Pfeile hätten in diesem Falle genügt, um einen Rückzug zu decken, und Thutmosis hätte sich in einer üblen Lage befunden. Aus der Schlucht von Aruna ergossen sich immer noch Hunderte von Infanteristen, und hier und da erhob sich schon Gebrüll. Ohne Zweifel hätte Thutmosis unverzüglich den Befehl zum Angriff geben können, aber man wußte nicht, welche syrischen Verstärkungen sogleich aus südlicher Richtung, wo das Gros des feindlichen Heeres postiert war, heranrücken mochten.

Die Offiziere rieten erneut zur Vorsicht, vielleicht beunruhigt durch das stürmische Temperament ihres Anführers, dessen Wahl der Marschroute mehr als einen von ihnen überrascht hatte. Und doch ersparte sein Wagnis, durch die Passage von Aruna auf Megiddo zu marschieren, dem Pharaonenreich eine riskante Schlacht zwischen einer vom Gewaltmarsch erschöpften ägyptischen Armee und den stets gefährlichen Syrern, die sich hier auch noch auf vertrautem Terrain bewegten.

In dieser Frühjahrszeit – unser Monat März hatte gerade begonnen – würde die Sonne bald hinter dem Horizont versinken. War Re erst in die Unterwelt herabgestiegen, würde sich der Pharao erst recht in unbekannten Gefilden fühlen. Weder er noch seine Strategen kannten sich in dieser Gegend aus. Hügel türmten sich ohne ersichtliche Ordnung, der Fluß Kina schlängelte sich durch eine schmale Ebene, durch die es schwierig sein würde, die Truppen zu bewegen, und vor allem war nirgendwo ein freier Horizont zu erblikken. Thutmosis erkannte, daß dies der ideale Ort für eine Falle gewesen wäre, wenn er ihn nicht selbst zum Schauplatz der entscheidenden Konfrontation gewählt hätte, um dadurch Megiddo in der Geschichte des Altertums zu einem ebenso berühmten Namen zu machen, wie es Austerlitz für die napoleonische Eroberungsgeschichte war.

Es wäre falsch zu behaupten, daß ein neues Lager an der Mündung der Schlucht von Aruna aufgeschlagen wurde. Die ägyptischen Soldaten ruhten hier aus, hielten ihre Stellung, die Waffen griffbereit, ein jeder angespannt auf die Geräusche der Nacht lauschend. Die Wachposten mußten zwischen dem Lärm der feindlichen Reihen – in nur fünfhundert Meter Entfernung – und dem Dröhnen der Schritte ihrer eigenen Kampfgefährten unterscheiden, deren letzte Truppen im Dunkel der Nacht immer noch aus der Schlucht von Aruna hervorquollen.

Die Offiziere gingen von einem zum anderen, alle darum besorgt, die erschöpften und abgespannten Truppen vor Überlastung zu bewahren. Seit Tagen warteten sie vergeblich auf die Konfrontation, und jetzt endlich standen sie dem Feind gegenüber, von ihm getrennt nur durch die Atempause, welche die Nacht, zu dunkel zum Kampfe, ihnen gewährte. Das königliche Zelt war ein Stück abseits aufgeschlagen worden, gut geschützt, und Stille lag über diesem Teil des Lagers.

Thutmosis wußte, daß die Syrer sich in Pfeilschußweite seines Biwaks befanden, und doch verstrich die Nacht ohne Zwischenfälle, brauchten die Dutzenden von Wachposten das Schwert nicht einmal zu zücken. Die Verbündeten hatten ihre Verblüffung vom Vorabend noch nicht überwunden, als sie aus einem Felsspalt eine ganze Armee hatten hervorquellen sehen, die gesamte ägyptische Intendantur und Tausende von Soldaten, die da plötzlich vor der sorglosen Nachhut der Verbündeten des Königs von Kadesch auftauchten.

Für den Pharao war die Zeit des Grübelns vorbei. Er stellte mit seinen Vertrauten den Schlachtplan auf, alle auftauchenden Fragen wurden erörtert. Mochten sich während der Nacht syrische Verstärkungstruppen in die Nähe des Schlachtfeldes gestohlen haben? Wie würden sich die Männer von Megiddo in der Stunde der Entscheidung verhalten? Man wußte sie der Sache der Feinde Ägyptens ganz und gar ergeben, wenn auch sicherlich beeindruckt von dem Menschenschwall, der sich aus der Schlucht ergossen hatte.

Die Morgenröte überraschte den Herrscher, man mußte rasch zur Schlacht antreten, wenn man nicht jeden Vorteil der Initiative verlieren wollte. Die Erinnerung an Theben, an Hatschepsut, war weit entfernt. Zwischen ihm und seinem Schicksal standen einige tausend feindliche Soldaten, eine zu erobernde Festung und fünf Stunden wilder Raserei, alle Angst und Scham vergessen, in denen er sich wie ein Löwe schlagen würde, um seinen erschöpften Männern ein Vorbild zu geben.

Die Befehle waren vor Sonnenaufgang ergangen, und noch im Dunkel hatten sich die an konzertierte Manöver gewöhnten ägyptischen Kolonnen in dem langen Talbogen aufgestellt. Die Morgensonne enthüllte ein erstaunliches Bild; die ägyptischen Massen am Ausgang der Schlucht von Aruna hatten sich aufgelöst, und ein riesiger menschlicher Sichelbogen hatte sich um die felsigen Hügel und die Stadt Megiddo gelegt. Die Banner flatterten im Wind, das Lanzenmeer der ägyptischen Bataillone erstreckte sich über mehr als zwei Kilometer. Überall verteilt fanden sich die Streitwagenschwadrone, diese furchterregenden Stoßtrupps, und nun ertönten die Signalhörner, deren düsteres Echo von den Hügeln zurückgeworfen wurde. Auf der anderen Seite bildeten die Syrer eine formlosere Masse, neu gruppiert, die östlichen Hügel im Rükken, so daß die ägyptischen Bogenschützen beim Anlegen ins grelle Sonnenlicht schauen mußten.

Thutmosis richtete sich auf seinem Streitwagen auf und gab das Zeichen zum Angriff: Innerhalb weniger Minuten stürmten die ersten Reihen der Fußsoldaten unter lautem Kampfgeschrei über die Ebene vor, von einer Staubwolke umgeben. Die Syrer reagierten ihrerseits und stürzten sich von ihrem gebirgigen Zufluchtsort herab, um sich dem vordringenden Feind entgegenzuwerfen.

Die Ägypter waren zwar zahlenmäßig überlegen, aber die Ausrüstung und die militärische Tradition der beiden kriegsführenden Armeen gereichten den Männern vom Nil nicht unbedingt zum Vorteil. Die Ägypter kämpften mit nacktem Oberkörper und ihr Lendenschurz war keine große Hilfe. Ihre Lederschilde schützten sie nur, wenn sie genug Geistesgegenwart bewahrten, um ihre Formation aufrechtzuerhalten, anderenfalls würde der Pfeilhagel, der sich jetzt von den Hügeln ergoß, klaffende Löcher in ihre Reihen reißen. Im Nahkampf leistete die Lanze gute Dienste, doch die Wurfspeere und die Pfeile der ägyptischen Langbogen nagelten die feindlichen Soldaten nicht am Boden fest. Die Ausrüstung dieser afrikanischen Soldaten war tatsächlich recht archaisch, wesentlich weniger hochentwickelt als die ihrer Gegner, die am Kreuzweg von Zivilisationen ansässig waren, welche eine ausgeklügelte und sehr vielfältige Kriegskunst pflegten. Die Beiträge der Sumerer, der semitischen Nomaden und der indogermanischen Horden waren zu einer erstaunlichen Aufmachung verschmolzen. Die Syrer kämpften mit einer langen Tunika bekleidet, aber einige von ihnen trugen auch Lederkutten. Ein Helm schützte Kopf und Nacken. An Lanzen, Pfeilen und Wurfspeeren mangelte es nicht, und der Krummsäbel der Fußsoldaten war von furchtbarer Wirksamkeit, mähte die Unglückseligen in der vordersten Angriffsreihe regelrecht nieder. Was den Streitwagen betraf, so war er schließlich in dieser Region erfunden worden, und die asiatischen Krieger waren überaus geschickt in seiner Handhabung, ihre Pferde berühmt. Die ägyptische Kavallerie würde es mit ihnen nicht leicht haben.

Die beiden Angriffslinien stießen am Fuße der die Stadt umgebenden Hügel aufeinander und lösten sich sofort im Getümmel der Raserei und des menschlichen Schmerzes auf. Thutmosis stürzte sich in die erste große Schlacht seines Lebens, von den Seinen umgeben. Er gab kein Pardon, fand in diesem Blutbad den Beweis seiner Legitimität, eines Mannesmutes, in dem sein Vater ihm nicht immer ein würdiges Vorbild gewesen war.

Die Hieroglyphen können diese Augenblicke der Animalität nicht vor uns erstehen lassen, in denen der Pharao, wie der einfachste seiner Soldaten, dem Sturm seiner Gefühle trotzen mußte, von den schändlichsten Empfindungen bis hin zum Erbarmen. Die Todesfurcht steigerte in diesen ungeheuerlichen Augenblikken die Sinnesempfindungen jedes in dieser Falle gefangenen Wesens. Die Schriften geizen nicht mit erbaulichen Szenen, aber der Herrscher erscheint in ihnen als ein Gott ohne menschliche Regungen, wenn nicht als Inkarnation eines vorherbestimmten Triumphes.

Die Streitwagen hatten Schwierigkeiten, in dem engen Tal zu manövrieren, und so hing der Ausgang der Schlacht von den Fußsoldaten ab, die sich immer noch in einer wogenden Linie gegenüberstanden, mit den Vorstößen des einen oder des anderen der feindlichen Klans hin- und herschwankend.

Die großen Schlachten des Altertums unterschieden sich in ihrer Intensität und ihrer Dauer sicher stark von den uns gewohnten Auseinandersetzungen. Es ging darum, den Feind zurückzudrängen, ihm jeden Gedanken an Vergeltung auszutreiben, und so war die Wucht des Aufeinanderpralls von unfaßbarer Gewalt. Die abschließende Konfrontation Mann gegen Mann bildete den Höhepunkt des ganzen Kampfes. In einer Zeit, in der die Kavallerie – in diesem Fall die Streitwagengeschwader – gerade erst erfunden war, hatte der Gemütszustand des Kriegers noch große Ähnlichkeit mit der ursprünglichen Aggressionshandlung; sich vor dem anderen aufbauen, ohne mit der Wimper zu zucken, ihn zunächst durch die eigene Entschlossenheit bezwingen, bevor man ihm den tödlichen Schwertstoß versetzte. Was war neu daran im Vergleich mit den Konfrontationen prähistorischer Stämme, außer vielleicht die Zahl der Soldaten? Ein Beginn der Kriegskunst, neuartige Manöver, sicherlich, vor allem auf seiten der ägyptischen Armee, die den Vorteil des Zusammenhalts hatte, während die syrischen Verbündeten nur Kampfgefährten des Augenblicks waren, ohne gemeinsame Kampftradition.

Der Aufeinanderprall konnte nur von kurzer Dauer sein, besonders bei Megiddo. Die Armeen verloren unzählige Soldaten im Handgemenge. Die geschlossene Front der Kämpfer durfte nicht aufgebrochen werden, sonst bestand die Gefahr, daß isolierte Karrees von allen Seiten angegriffen, mit Pfeilen und Wurfspeeren im Rücken gefaßt und schließlich zersprengt wurden, wenn die Panik eines der bedrängten Soldaten seine Gefährten ansteckte.

Der einzelne, allen voran der Anführer, der Heros im Sinne hellenischer Epen, zählte mehr als alles andere. Thutmosis wußte dies wohl, und er hatte sich nicht geschont in diesem Handgemenge. Er ging mit gutem Vorbild voran, und seine Eliteabteilung hielt ihre Stellung. Der Oberbefehlshaber der Truppen hatte jedoch eine übergeordnete Aufgabe. Ungeachtet des unbeschreiblichen Lärms und Tumults mußte er sich geistig über diesen Sturm erheben, um durch den letzten Ansturm einen günstigen Ausgang herbeizuführen. Wenn er sich zu sehr im Blutbad der Schlacht verlor, konnte dies Hunderte von Männern das Leben kosten.

Der Herrscher handelte dabei nicht aus Seelengröße, aber in jenen Zeiten, in denen die Menschen noch zu zählen waren, selbst in einem bereits recht dicht bevölkerten Ägypten, durfte dieses Potential nicht vergeudet werden. Eine Armee tüchtiger Soldaten aufzustellen, die sich im Laufe von Jahren an das Leben im Lager und im Felde gewöhnten, war nicht billig. Thutmosis hatte schon immer unter Soldaten gelebt, und dies war sicher eine der ersten Lektionen, die er gelernt hatte. Die Gräber der thebanischen Nekropolen bewahren noch die Zeugnisse der auf ihre alten Tage von ihrem König reich entschädigten Offiziere. Sklaven, Häuser, Ländereien waren die Zeichen seiner Anerkennung für seine Waffenbrüder. Der Soldat war zum Symbol des Reiches geworden.

Unser 20. Jahrhundert hat die Wahrnehmung des Krieges verändert. Es ist offensichtlich das Jahrhundert der Massaker, militärischer wie ziviler, die Zeit der Apokalypse, der Ausrottung, des Völkermords. Betrachtet man die kriegerischen Auseinandersetzungen der Vergangenheit, mit Ausnahme des Amerikanischen Bürgerkriegs, des ersten modernen Krieges, erkennt man, daß die Bereitschaft, eine ganze Armee gedankenlos zu opfern, nicht die Regel war, im Gegenteil. Die seither eingetretene abscheuliche Veränderung erklärt sich aus der Entwicklung einer immer mörderischeren Bewaffnung, der Mehrladegeschütze, aber der Geisteszustand des Menschen hat sich ihr angepaßt. Napoleon kam es noch darauf an, den Feind unter möglichst geringen eigenen Verlusten zu schlagen, um aus seinem Sieg größeren Nutzen ziehen zu können. Unter diesen Bedingungen war die Flucht des Gegners das Signal seiner Niederlage. Unsere zeitgenössischen Kriege haben die Kämpfenden mit solcher Feuerkraft ausgestattet, daß am Ende des Ringens um den so unwahrscheinlichen Sieg oft die bewußte Vernichtung des unglückseligen Gegners steht. Die Pharaonen hätte die Ereignisse von Verdun sicher mit Grauen erfüllt.

Ägypten war eine ausgereifte Zivilisation, und dies war sicher einer der Gründe für den entscheidenden Sieg von Megiddo, abgesehen vom strategischen Genie des Anführers der ägyptischen Armee, der von einer langen militärischen Tradition profitieren konnte. Sie hatte die Kunst des Manövers entwickelt, und es gelang Thutmosis III., seine Befehle weiterleiten zu lassen, um die Schlacht möglichst schnell zu einem erfolgreichen Abschluß zu bringen. Man mußte Infanteriebataillone unauffällig nach Norden bewegen, um die syrischen Linien zu umfassen.

Und so bemächtigte sich nach und nach Furcht der Verbündeten. Die Ägypter hielten sie in Schach, konnten ihre Linien sogar durchbrechen; gleichzeitig erschien der Feind immer zahlreicher, da er sich jenseits der letzten menschlichen Bollwerke nach Norden hin ausbreitete. Auf dem Gipfel des Schreckens, befanden sich die Niloten bald fast allein vor der auf ihrem Felsdorn thronenden Festung von Megiddo.

Das Manöver Thutmosis' III. hatte gute Aussicht zu gelingen. Es würde die rettende Zäsur herbeiführen, die es erlauben würde, die ägyptischen Armee zu schonen und die Schlacht auf dem aufgewühlten Kampfplatz des Tals zu einem Abschluß zu bringen.

Viele der syrischen Kämpfer stammten aus Megiddo; es war ihnen unerträglich, ihre Stadt von Plünderung bedroht zu sehen. Die Kunde von dem Angriff verbreitete sich unter den Kämpfenden, die Ägypter drangen weiter in die syrischen Bataillone vor, häuften Leichen vor sich auf, denen man bald zum Zeichen des Sieges die Hände abhacken würde; der Feind wich wohlgeordnet zurück, den Berg im Rükken.

Plötzlich schwenkte eine Flanke der ägyptischen Armee gegen Megiddo, und die mit Lederschilden ausgerüsteten Soldaten machten sich daran, die Hänge zur Stadt hinauf zu erklimmen. Für die Orientalen war dies das Zeichen zur Auflösung.

Thutmosis und seine Generäle frohlockten, sie sahen vor sich eine ungeordnete Menschenmenge, die hastig die Geröllhalden hinaufkletterte, sich dabei gegenseitig behinderte und Streitwagen, Pferde und Waffen im Stich ließ. Der Pharao trieb seine Soldaten voran, es kam darauf an, den Flüchtenden auf den Fersen zu bleiben, das Netz um die feindlichen Soldaten zu schließen, bevor Megiddo ihnen seine Tore öffnen konnte, um seine Söhne und ihre Verbündeten hinter seinen eindrucksvollen Mauern in Sicherheit zu bringen.

Unterhalb dieses Geschehens hatte ein Teil der ägyptischen Armee seine direkten Gegner bezwungen, die vom Handgemenge aufgewirbelte Staubwolke legte sich langsam, man beglückwünschte sich, noch am Leben zu sein.

Der Pharao war ihnen einige hundert Meter voraus, auf dem Weg nach Megiddo. Dies war der Moment, in dem, aus dem Staub auftauchend, sich den erschöpften Soldaten ein berückender Anblick bot: Die Syrier hatten ihr auf einer kleinen Anhöhe südlich der Stadt liegendes Lager gänzlich im Stich gelassen. Wer hätte einer solchen Versuchung widerstehen können?

Tausende von Männern stürzten sich darauf, ihrerseits Waffen und Schilde zurücklassend, um die Zelte aufzuschlitzen, die prächtigen, kunstvoll gearbeiteten Bronzeschwerter an sich zu reißen, sich der Tonwaren und der Habseligkeiten der Kämpfer auf den Wagen zu bemächtigen. Hier lagerten die Vorräte der gesamten um die Stadt verteilten syrischen Armee. Mit etwas Glück konnte ein armer Teufel im Handumdrehen den Sold mehrerer Jahre zusammenraffen, genug Reichtümer, um mit den von einem Schreiber im Laufe seiner langen Karriere geduldig angesammelten Schätzen mithalten zu können, Reichtümer, welche die schrecklichen Spottschriften, die uns ein so klägliches Bild des Soldaten hinterlassen haben, Lügen strafen.

Selbst die Veteranen konnten sich nicht erinnern, jemals eine solche Beute gesehen zu haben, und diese an die Bescheidenheit ihrer Dörfer am Nil gewöhnten Bauern waren untröstlich, nicht noch mehr von den Wandbehängen und anderen Gegenständen an sich raffen zu können, die geradewegs aus den Werkstätten der syrischen Handwerker kamen.

Thutmosis III. bemerkte recht bald das Zaudern seiner Armee. Vor ihm kamen seine vordersten Linien nur mit Schwierigkeiten auf den nach Megiddo führenden Hängen voran, während die ersten Pfeile von den Mauern zu schwirren begannen. Hinter dem Herrscher hatten die Reihen sich gelichtet, und die Plünderung des Lagers wurde zur Gewißheit.

Währenddessen erfüllte der aus der Stadt dringende Lärm die Luft: Frauen heulten, die Davongekommenen der syrischen Armee hoben den Kopf, benommen, plötzlich verloren am Fuße der Mauern. Es war zu gefährlich, die großen hölzernen Tore der Festung zu öffnen, und so retteten sich die Geflüchteten mit Hilfe aneinandergeknoteter Stoffstreifen, sogar Kleidungsstücke über die Befestigungsmauer. Schon hämmerten die ersten ägyptischen Soldaten auf die Tore der Stadt ein.

Viele ereilte wohl der Tod auf den letzten Metern, die sie noch von der Stadt trennten. Und doch mußte man den Tatsachen ins Auge blicken: Megiddo war nicht gefallen, und es würde nichts anderes übrigbleiben, als die Stadt zu belagern, um ihren Widerstand zu brechen. Thutmosis fand seinen kühlen Kopf wieder; das Wichtigste war erreicht, die Armee der Verbündeten besiegt, die übrigen, im Süden der Stadt verstreuten Truppen hatten nicht versucht, in die Schlacht einzugreifen. Sicher hatten sie bei der Nachricht vom Überraschungsangriff der Ägypter mit dem König von Kadesch die Flucht ergriffen.

Zum ersten Mal hatte Thutmosis III. seinem Namen einen Platz in der Legende der Pharaonen verschafft. Er hatte es seinem Großvater gleichgetan; Hatschepsut war damit nur noch eine Fußnote in der ägyptischen Geschichte. Die Herrschaft Thutmosis' III. nahm ihren eigentlichen Anfang vor Megiddo, und das Neue Reich erlangte hier seinen imperialistischen Ursprung, gleichzeitig Keim seines Untergangs: In jahrhundertelanger Sisyphusarbeit würden jeder zukünftige Pharao das wacklig gewordene Reichsgefüge seines Vorgängers wieder neu aufbauen müssen.

9
Die Verfolgung

Dieser erste Sommermonat hatte Thutmosis den endgültigen Sieg gebracht, den Triumph seiner Strategie, doch die Stadt Megiddo hatte sich nicht ergeben und trotzte in der Gluthitze der gesamten Armee des Pharaos.

Die Ebenc um die Stadt herum bot einen alptraumhaften Anblick: überall verwesende Leichen, durch die Heftigkeit der Kämpfe über Hunderte von Metern verstreut, auf die sich nun Schwärme von Aasgeiern herabließen.

Thutmosis III. fühlte sich als Gefangener dieser seltsamen Stätte, verloren im Herzen des Landes Kanaan. Sollte er das Lager abbrechen und in sein fruchtbares Tal zurückkehren, im sicheren Bewußtsein, seinen gefährlichsten Feinden den Mut genommen zu haben? Mußte er sein Werk vollenden, indem er die Stadt in seine Gewalt brachte, um den Kleinkönigen des Landes Amurru eine Lektion zu erteilen, die sie so bald nicht vergessen würden? Er erinnerte sich des Feldzuges Thutmosis' I.; sein Großvater hatte seine Herrschaft über diese Regionen nur durch langwierige, geduldige Bemühungen aufrechterhalten können.

Die Armee hatte es eilig, zurückzukehren; die gewonnene Beute war märchenhaft, und für die Offiziere hatte dieser eine Tag zwanzig Jahre der Enttäuschungen, die sich während der so friedlichen Regierungszeit Hatschepsuts angesammelt hatten, ausgelöscht. Für Thutmosis III. sah es ganz anders aus: Diese in Palästina verbrachten Monate hatten ihm ein tieferes Verständnis für das Leben dieses Landes gebracht, das so ganz anders war als Ägypten. Hier war nichts für die Dauer erbaut, diese Stämme waren es gewöhnt, sich den unzähligen Eindringlingen zu beugen, nur um dann wiederaufzustehen, nachdem die Kämpfe über sie hinweggetobt waren.

Es war nicht weiter verwunderlich, daß es den Hyksos gelungen war, einen großen Teil des Niltals zu unterwerfen, indem sie die letzte Pharaonendynastie des Mittleren Reiches bezwangen. Ägypten war ein Staatswesen von unvorstellbaren Ausmaßen, aber vollkommen von seinem Oberhaupt und dessen Schreibern abhängig. Dieser beraubt wurde der Riese zur leichten Beute. Die Syrer hatten noch ganz andere Verwundungen hingenommen als diese Nomadenstämme, und doch blieben sie mit ihren Hügeln verwachsen. Die Völker hier hatten ethnische Vermischungen durchgemacht, die sie zu festgefügten Klangemeinschaften verschmolzen hatten, gewohnt, den Mächtigen zu trotzen, sobald sie Zeichen von Schwäche zeigten. Dabei übernahmen sie von ihren verflossenen Gebietern jeweils neue Stärken, die ihre Widerstandsfähigkeit noch steigerten.

Wenn der Pharao seine Armee abzöge, würden die Überlebenden des Bündnisses sogleich aus Megiddo hervorkriechen und neue Verschwörungen gegen den ägyptischen Herrscher anzetteln. Wie sollte man dann den ehemals an Hatschepsut als Erbe der militärischen Kampagnen Thutmosis' I. gezahlten Tribut eintreiben? Würde Thutmosis III. in der Lage sein, es seinen Vorgängern gleichzutun? Thutmosis spürte, wieviel auf dem Spiel stand. Er mußte in dieser Region in deutlicher Form Stärke demonstrieren, um sicherzustellen, daß seine Soldaten nach ihrer Rückkehr nach Ägypten sein Lob singen würden und seine späte Herrschaft die schmerzliche Erinnerungen an seine so lange verzögerte Macht für alle Zeiten bannen würde. In den Augen der Schreiber reichte Thutmosis III. jetzt schon an die Größten unter den Feldherren heran; jetzt galt es, sich in seiner Rolle als Herrscher der Welt in Szene zu setzen, mit Besonnenheit, aber auch mit Entschlossenheit.

Eine Stadt in einer unbedeutenden Grenzregion durfte dem Nachfahren der Erbauer der Pyramiden nicht ungestraft trotzen. Und so begann mit den ersten heißen Tagen die Belagerung Megiddos.

Bei Betrachtung der Stadt mußte Thutmosis III. wohl erkennen, daß die Syrer keine Nubier oder afrikanischen Stämme waren. Hier spürte man das Gewicht der Geschichte der großen zivilisatorischen Kreuzwege. Die Region verfügte über landwirtschaftliche Ressourcen, der Handel hatte ihre Kaufleute seit Jahrhunderten bereichert. Wie sonst wären diese stattlichen steinernen Mauern zu erklären gewesen, die zahlreichen Türme, die sich über den Angreifern erhoben?

Thutmosis III. konnte die Rufe der Verteidiger hören, die von dieser schwer überwindlichen Befestigungsanlage herüberhallten. Er erkannte die Großartigkeit dieser Befestigungen; das Stadttor war eine stolze Erscheinung mit den Zinnen, die seine Zwillingstürme krönten. Dieser syrische Migdol, die monumentale Torfestung, sollte die ägyptischen Herrscher so beeindrucken, daß sie ihn ihrerseits zu einem wichtigen Bestandteil ihrer thebanischen Paläste machten. Hier jedoch hatte der Migdol eine andere Funktion: Er verwehrte den Zugang zur Stadt.

Der Angriff begann unter ungünstigen Bedingungen. Die Hitze machte den Armeen das Leben schwer, und zu jener Zeit war die Belagerungstechnik noch nicht sehr weit entwickelt. Die Ägypter hatten diesbezüglich keine große Erfahrung. Wo hätten sie sich im Niltal auch darin üben sollen? Dort war jede Stadt der Autorität des Pharaos unterworfen, und erst der Rückeroberungskrieg gegen die Nomaden im Nildelta hatte die Niloten gezwungen, Städte zu erstürmen. Mauern umgaben viele Städte in Unter- und Oberägypten, auch Tempel und Paläste, aber sie waren als Zeichen der Bedeutung eines Ortes und zum Schutze der Privatsphäre der Könige oder Priester gedacht, im allgemeinen aber nicht zum Schutze gegen unwahrscheinliche Angriffe.

Thutmosis III. mußte hier innovativ tätig werden, wobei ihm sein strategisches Wissen keine große Hilfe war; auch hierin war er der erste, die Welt herauszufordern. Wenn es dem Pharao möglich sein sollte, die dem Tal benachbarten Länder zu beherrschen, so würde er sich gezwungen sehen, bei jeder Gelegenheit zu intervenieren, und Megiddo war eine erste Bewährungsprobe. Leitern, das Untergraben der Mauern, alle Kniffe der Kriegstechniker wurden erprobt, aber das felsige Vorgelände der Stadt behinderte ihren Ansturm und den Einsatz der Kriegslisten, mit deren Hilfe sie die Festungsmauern zu überwinden hofften. Man versuchte vergebens, Feuer an die Tore der Stadt zu legen: Der Migdol erwies sich als wirkungsvoller Schutz für Megiddo. Die Ägypter verloren viele ihrer Männer durch Pfeile und mannigfaltige Wurfgeschosse, welche die rachsüchtigen Syrer von den unerreichbaren Zinnen auf sie niederregnen ließen.

Sieben Monate . . . Sieben lange Belagerungsmonate kostete es, die Übergabe der Stadt zu erzwingen! Thutmosis hatte in der Schlacht viel über das innerste Wesen der Menschen gelernt, und Megiddo hatte ihm eine zusätzliche Lektion in Härte und Tapferkeit erteilt. Es bedurfte größerer Autorität, eine Armee in der Gluthitze der kanaanäischen Gefilde zusammenzuhalten als am Morgen des Sieges.

Die Angriffe waren langwierig und mühsam gewesen, die syrischen Könige, die sich in der Stadt verschanzt hatten, verdienten ihren Ruf als kämpferische Fürsten wohl. Währenddessen hatte der Nil längst seine Fluten über das ferne Ägypten ergossen, die Bauern hatten die Saat ausgebracht. Hier war nach und nach der Winter zurückgekehrt, mit seinen kalten Nächten und den klaren Himmeln, ein unwirklicher Rahmen für die arg mitgenommenen Befestigungsanlagen von Megiddo.

Im Inneren der Stadt breitete sich Sorge unter den Belagerten aus: Die Nahrung reichte bald nicht mehr aus für die Bevölkerung, die sehr viel zahlreicher war als sonst. Megiddo war nichts weiter gewesen als eine Festung, die über zweitrangige Täler wachte. Auch herrschte grausamer Wassermangel; die faulige Flüssigkeit, die die wenigen Brunnen noch hergaben, würde bald Seuchen unter der Bevölkerung ausbrechen lassen.

Es blieb nur eine Lösung, die Kapitulation, zumal die ägyptischen Angriffe immer bedrohlicher wurden. Die Verteidiger hatten größte Schwierigkeiten, eine Garnison zur Bemannung der Befestigungen aufrechtzuerhalten. Keinerlei Verstärkung kündigte sich am Horizont an. Ganz Syrien wußte, daß Megiddo unter Belagerung lag, und die Hartnäckigkeit des Pharaos mahnte zur Vorsicht. Nach seinem Abzug würde man weitersehen! Megiddo ergab sich, darauf gefaßt, die härteste Bestrafung zu erleiden, und die Ägypter marschierten in die Stadt ein.

Die Gäßchen beherbergten keine Vorräte mehr, aber die Reichtümer der in ihrer Zitadelle gefangengesetzten Fürsten gaben Anlaß zu einer neuerlichen, großartigen Plünderung. Man prügelte sich um das goldene Geschirr, man zerlegte die mit Kupfer verkleideten und mit prächtigen Verzierungen geschmückten Streitwagen. Die in der Stadt zurückgebliebenen Schätze würden die Vermögen der Niloten bereichern, womit ein Strom in Gang gesetzt wurde, der fortan unablässig den Reichtum des ägyptischen Reiches mehren und schließlich seine legendäre Schlichtheit, sogar die so traditionellen Regeln seiner Kunst verwandeln sollte. Babylonische Schimären würden sich zu den ägyptischen Sphingen gesellen, die überladenen Arabesken der orientalischen Kunst würden die harmonischen Leerräume der ägyptischen Schmuckelemente ausfüllen . . .

Thutmosis hatte ganz andere Sorgen. Sollte man diesen aufständischen Fürsten die Hände abhacken, ihre Körper auf den Festungsmauern zerstückeln lassen? Für welches Publikum? Keine Seele war in der Umgebung der Stadt zurückgeblieben. Wozu sollte das Ganze also gut sein? Wie sollten verstümmelte Münder von der Macht des Pharaos Zeugnis ablegen?

Und so konnte man bald einen recht kuriosen Exodus beobachten: Die Besiegten wurden wie Diebe und Bettler in ihre jeweiligen Städte zurückgeschickt, ihre Fürsten an der Spitze, in kläglichen Zügen mit dem Auftrag, den Ruhm des Thutmosis bis zum Horizont zu verbreiten.

Der Pharao wußte, daß diese vor ihren Untertanen gedemütigten Fürsten seine besten Botschafter sein würden und daß das Echo der Tragödie von Megiddo bis über den Euphrat, den Grenzfluß des Mitanni-Reiches, dringen würde. Dessen bedurfte es auch, um

Thutmosis dazu zu bewegen, den Rückweg anzutreten, ihn, der so lange von einem Imperium geträumt hatte.

Diesmal war der Sieg vollkommen, Palästina hatte ihm nichts mehr zu bieten; Theben hingegen würde ihm huldigen, und damit kündigte sich ein neues Schlachtfeld an.

Eine ägyptische Garnison blieb vor Ort zurück, und die unendliche, aus Soldaten und Gefangenen bestehende Kolonne verließ das Lager und zog gen Sonnenuntergang. Die Geschichte hat uns nicht überliefert, ob Thutmosis wieder den Weg durch die Schlucht von Aruna nahm, aber es ist sehr wahrscheinlich, daß der siegreiche Stratege von den Höhen Megiddos durch das große Tal hinabstieg, begierig, die Fallen zu entdecken, die der Feind von gestern für ihn vorgesehen hatte.

Erst nach wochenlangem Marsch erblickte die Armee das grüne Delta. Eine imposante Flotte brachte den Herrscher und einen Teil seiner Männer zurück zur Hauptstadt. Es war lange her, daß die Einwohner der Stadt des Amun zuletzt den Triumphzug eines Siegers hatten erleben dürfen. Die syrischen Gefangenen wurden vor den Menschenmassen zur Schau gestellt; Thutmosis III. hatte Wort gehalten: Er würde das Werk Thutmosis' I. fortführen! Die Schreiber versäumten nicht, auch noch die kleinsten Einzelheiten des Feldzugs zu berichten; schließlich hatten sie den König nicht umsonst auf seiner Expedition begleitet.

Das Haus des Lebens im Tempel des Amun bewahrt den epischen Bericht vom großartigen siebzehnten Jahr der Herrschaft Thutmosis' III., in Wirklichkeit dem Beginn seiner tatsächlichen Macht. Angesichts der offiziellen Jahreszahl auf den Tempelwänden, neben den Annalen seiner Siege, hätte man plötzlich schwören können, niemals etwas von einer Usurpatorin gehört zu haben.

*

Der Tumult der triumphalen Heimkehr war verklungen; Thutmosis III. hatte sich in seinem Familienpalast niedergelassen, und in jenem 15. Jahrhundert vor unserer Zeitrechnung stand Ägypten eine Ära der Größe bevor.

Der Pharao fürchtete keine innere Opposition, die hohen Würdenträger des Reiches waren ihm ohne Ausnahme ergeben. Seine militärischen Siege hatten auch die Skeptiker auf seine Seite gebracht, die immer noch von der Erinnerung an Thutmosis II. und seine Schwäche beeinflußt waren. Der neue Herr des Nils war tatsächlich der Erbe der ersten Pharaonen und Begründer der Dynastie, furchtlos, intelligent und von erstaunlicher Beherrschtheit, ein um seinen Klan und die Geschicke des Tals besorgter Anführer.

Hatschepsut war fern, im Reich der Toten, wenn auch die Inbrunst ihrer Getreuen nicht nachließ. Thutmosis III. wußte, daß viele Höflinge immer noch eine gewisse Zuneigung zu der Pharaonin bewahrten, aber keiner von ihnen hätte es zugegeben.

Im Grunde konnte Thutmosis sie verstehen: Zwanzig Jahre unter der Herrschaft einer so starken Persönlichkeit vergaß man nicht ohne weiteres, und die unnachgiebige Königin hatte es verstanden, ihre Vertrauten mit vielen persönlichen Banden an sich zu fesseln. Er brauchte nur an die Ergebenheit seiner Offiziere in der Schlacht von Megiddo zu denken, um zu verstehen, wie sehr Menschen, die man über das Schicksal der gemeinen Sterblichen erhob, zu Wachs in den Händen des Königs wurden, geblendet von der

Gnade, den lebendigen Gott berühren zu dürfen. Brauchten sie dies, um so ihr eigenes zerbrechliches und so kurzes Dasein zu erhöhen? Ihre Gräber priesen nur zu laut diesen vergänglichen Ruhm, den schwachen Abglanz der Ewigkeit, der im überwältigenden Schatten des Pharaos gedieh. Thutmosis wußte durch Indiskretionen, daß die Getreuen Hatschepsuts ihr in ihren Privatgräbern huldigten.

Der König selbst, als wackerer Verteidiger von Sitten und Gebräuchen, wachte darüber, daß der Totendienst keine Unterbrechung erlitt. Der Tempel von Der el-Bahri erhielt seinen Anteil an regelmäßigen Besuchen und Opfergaben unter der Leitung der Priester, die diesen Ort des Gedenkens betreuten. Konnte dieses Abflauen des uralten Hasses von Dauer sein? Glaubten die Höflinge daran, daß der alte Zwist erloschen sei? Viele bezweifelten es, wenn sie sahen, wie der Pharao sich über eine so gegenwärtige Erinnerung erregte.

Thutmosis III. mußte auch an seinen eigenen Totentempel denken. Er war über dreißig Jahre alt; in diesem Alter hatte sein Vater seine Seele ausgehaucht. Wie sollten die Kulthallen geplant und errichtet werden, damit dieses grandiose Monument, das von der Größe seiner Herrschaft zeugen sollte, alle anderen in den Schatten stellte? Tatsächlich nahm der Pharao damit ein äußerst schwieriges Problem in Angriff. Niemand glaubte wirklich daran, daß etwas Der el-Bahri gleichkommen könne.

Die Monate vergingen, und Thutmosis mag der Ungewißheit des Schlachtfeldes nachgetrauert haben. Es war wesentlich einfacher gewesen, das syrische Bündnis zu bezwingen, als die verhaßten Steine des Tempels der Hatschepsut zu erschüttern. Sie störten den Pharao in seinem Bauvorhaben, durch das er diesem Westufer des thebanischen Tals, das dazu bestimmt war, die Bauwerke der Könige der 18. Dynastie aufzunehmen, seinen Stempel aufdrücken wollte. Tatsächlich legte dieser monumentale Alptraum die brennende Wunde des verflossenen Dritteljahrhunderts bloß. Thutmosis mußte sich eingestehen, daß es ihm nicht gelang, die erlittene Demütigung zu vergessen.

Sein militärischer Triumph hatte ihm die Illusion einer zweiten königlichen Geburt gegeben, aber hier, in Theben, ließen ihn nur zu viele Dinge, und vor allem dieser Tempel, erkennen, wie sehr er der Herrscherin als Erbe verpflichtet war.

Die Totentempel waren der jeweiligen Herrschaft angemessen, mehr oder weniger präsent in der Welt der Lebenden. Der Tempel Amenophis' I., insgesamt sehr bescheiden, war zu einem Wallfahrtsort der kleinen Leute geworden; das Thutmosis II. geweihte Monument glich seiner Herrschaft, und der Stempel, den Hatschepsut der Landschaft aufgedrückt hatte, schien unauslöschlich, wie ein Stachel in der offenen Wunde der Erinnerung an eine qualvolle Jugend.

Thutmosis III. hatte tagtäglich das unzerstörbare Vermächtnis seiner Tante vor Augen. Viel zu oft erinnerte man ihn an dieses riesige, elegante Bauwerk, dessen Terrassen sich über die das Tal beherrschenden steinigen Hänge erstreckten, fest verwurzelt am Fuße des westlichen Berges. Hatschepsut ruhte hinter dieser Felswand, eine unsichtbare, aber dank Der el-Bahri so überaus mächtige Präsenz. Thutmosis III. verstand nunmehr den Sinn dieses so einzigartigen Monuments . . . Es war tatsächlich ein Tempel der Ewigkeit, ein Altar zum Ruhme der Toten.

In den folgenden Monaten beschloß der Pharao, Hatschepsut vergessen zu machen. In den Augen der Geschichte sollte Thutmosis III. damit auf ewig zum

Schänder des Andenkens seiner Tante werden, zum rachsüchtigen, an seinem eigenen Ruhm berauschten Herrscher.

Sehr bald erging der Befehl, den Namen Hatschepsuts aus den Königsannalen und an allen offiziellen und privaten Stätten des ägyptischen Reiches zu tilgen. Wenn der Besucher der ägyptischen Monumente sich die Macht des pharaonischen Wortes vergegenwärtigt, auf den steinernen Wänden unendlich oft wiederholt, kann er sich unschwer vorstellen, wie sehr die Entscheidung Thutmosis' III. seine Untertanen aus der Fassung gebracht haben dürfte. Sämtliche bildlichen und hieroglyphischen Spuren der Regierung eines Herrschers auszulöschen, das hieß nicht weniger, als seine vergangene Existenz und sein ewiges Fortleben im Kreise der Seligen zu leugnen.

In den Provinzen rekrutierten die Schreiber umgehend die benötigten Handwerkerkolonnen. In Theben selbst wurden Hunderte von Steinmetzen, Malern und Hilfskräften benötigt, um den königlichen Befehl in die Tat umzusetzen. Es handelte sich schließlich nicht nur darum, einige Papyri zu verbrennen, die Archive einer verpönten Herrschaft zu vernichten. Das Andenken der Pharaonen war in Stein gehauen, in unzähligen Tempeln verewigt, bedeckte die Wände auf Dutzenden und Aberdutzenden von Metern, eine ungeheure Arbeit für Steinmetze und Maurer.

Die Aufgabe erforderte sowohl Kraft als auch Geschicklichkeit, da es oft darum ging, den Namen eines Pharaos durch den eines anderen zu ersetzen, Flachreliefs mit neuen Inschriften zu versehen, die das Werk des Auslöschens der Erinnerung für zukünftige Jahrhunderte vollendeten. Unsere Zeitgenossen werden die Ungeheuerlichkeit der pharaonischen Kampfansage verstehen. Wir leben in einem Medienzeitalter, in dem die Stimmen der Mächtigen in Schrift, Bild und Ton und so vielen anderen Botschaften von zweifelhafter Dauer festgehalten werden. Zur Zeit der Pharaonen – und das mag verwunderlich scheinen – nahmen die Bekundungen des Herrschers ebenfalls einen sehr wichtigen Platz ein. In diesen ersten seßhaften Gesellschaften, die sich um die Oasen des Orients scharten, waren die Bedürfnisse nach Massenkommunikation im Grunde genommen die gleichen wie in unseren modernen Nationen. Sie sahen sich mit den Problemen gewaltiger Menschenmengen konfrontiert, der Notwendigkeit, das Echo jeder königlichen Entscheidung in weite Ferne zu tragen. Und doch wissen wir, wie nutzlos jeder Versuch der Geschichtsfälschung ist, da von dem, was die augenblicklichen Herrscher verschwinden lassen wollen, stets so viele versteckte Spuren zurückbleiben ... Unser durch seine verbrecherischen Diktaturen entwürdigtes Jahrhundert erinnert sich sehr gut daran, daß der Mut der einfachsten Menschen im Namen der Freiheit die unwiderlegbaren Zeugenaussagen für die Zukunft bewahrte. In dieser der Gewalt der Diktatoren entgegenwirkenden Erinnerung besteht die Ehre unseres Zeitalters der Apokalypse.

War Thutmosis III. so blind, da seine Männer doch nur über Hämmer und Meißel verfügten, Rohrfedern und Tintenfässer, Fäustel, um die Kolossalstatuen niederzureißen? Tatsächlich verfolgte der Pharao ein ganz anderes Ziel. Er interessierte sich kaum für das Andenken an die Beschlüsse seiner Tante, die auf Papyrusrollen in den geheimen Kammern im Haus des Lebens festgehalten waren. Die Zeit der Pharaonin war vorbei, es war ihm gelungen, ihre Nachfolge anzutreten, und sein Sieg bei Megiddo hatte ihn ans Firmament der Könige des Nils getragen. Im übrigen wäre es ihm wohl schwergefallen, die besonnene Verwaltung des Tals in Frage zu stellen, und es gehörte nicht zu den Gewohnheiten des Hofes, um der Verdienste des vorigen Herrschers willen gegen den König aufzubegehren.

Warum also diese Entscheidung? Es war das ewige Leben der Hatschepsut, das Thutmosis III. befehdete, oder vielmehr die Fortdauer ihrer Existenz unter den Menschen, als eine Art zweiter Herrschaftszeit. Thutmosis III. hatte diese Gefahr nach und nach heraufziehen sehen in der Verehrung, die sein Hof und auch die bescheidensten seiner Untertanen ihr im Rahmen des Totenkultes entgegenbrachten. Dies würde er niemals zulassen.

Dem auf dem Gipfel seines Ruhms angelangten Herrscher war klargeworden, daß er sich des Phantoms der Hatschepsut nur durch einen Kraftakt würde entledigen können, denn es lebte durch die Erinnerung in den Herzen ihrer Vertrauten fort, behauptete sich durch die architektonische Eindruckskraft ihres Werks, vor allem in Der el-Bahri. Megiddo hatte daran letzten Endes nichts ändern können. Ein unwiderstehlicher Trieb drängte den Pharao, seine ganze Jugend zu leugnen, jede Kleinigkeit, die ihn, genau wie die Menschen seiner Zeit, an seine zwei Jahrzehnte währende grausame Demütigung erinnerte, dem Vergessen preiszugeben. Man darf sich also nicht wundern, daß der Totentempel von Der el-Bahri zum Ziel der schlimmsten Verwüstungen wurde.

Man ließ nichts unversucht: Zuerst wurden die Statuen der Pharaonin zerstört, die sie ganzfigürlich oder als Sphinx darstellten. Die Umgebung des Tempels erlitt ebenfalls ihren Anteil an der Zerstörung: Statuen wurden in Dutzende von Stücken zerschlagen, Gesichter verstümmelt, Nasen abgeschlagen, Augen ausgemeißelt. Die Darstellungen der Verstorbenen mußten verschwinden, damit diese zauberkräftigen Bilder nicht länger die nagende Erinnerung verkörpern konnten. Auch auf den überreich mit Fresken und Flachreliefs bedeckten Tempelwänden tilgte man die Legende der gottlosen Königin, den Mythos ihrer göttlichen Geburt, ihrer Zeugung durch Amun.

Thutmosis III. bemühte sich damit verbissen, einen Feind zu bezwingen, der viel gefährlicher war als das syrische Bündnis. Er kämpfte gegen die Geschichte, gegen die Zeit und ihre Legenden, er wollte die Vergangenheit neu erschaffen oder wenigstens sein eigenes Leiden aus der Erinnerung der Jahrhunderte löschen. Als ob, durch einen wundersamen Übertragungseffekt, die allgemeine Unkenntnis der Umstände seiner vergangenen Demütigung auch ihn daran hätte zweifeln lassen können, daß er diesen Alptraum durchlebt hatte.

Was geschah in diesem Taumel der Wut mit Hatschepsut, die, von Anubis geleitet, im Totenreich eintrifft, mit den Opferszenen, in denen die Priester Amun das Vorderbein eines Stiers darbringen, mit der Königin in ihrer Sänfte? Überall machte man das Gesicht unkenntlich, die Handwerker löschten ihren Namen mit einer Geschicklichkeit, die den frühen Ägyptologen Probleme bereiten sollte.

Es zeugt von der Besessenheit des Siegers von Megiddo, der wohl immer wieder erschien, diese Umdeutung des Andenkens persönlich zu inspizieren, daß der Name Hatschepsuts durch den ihres Gemahls, Thutmosis' II., ersetzt wurde. Diese Fälschung geschah fast dreißig Jahre nach dem Tod des Vaters von Thutmosis III. Das Kind, das die Niedertracht der Erwachsenen hatte erkennen müssen, war gerächt, doch die Trauer würde es nie mehr ablegen.

Einige Flachreliefs zeigten die Pharaonin ausdrücklich, um ihre Machtergreifung zu legitimieren. Aus der

Darstellung, in der sie unter dem wohlwollenden Blick Thutmosis' I. dem Gott Amun vorgestellt wird, verschwand der Name des weiblichen Pharaos ebenso wie aus vielen anderen Szenen. Thutmosis III. präsentierte sich selbst als rechtmäßiger Eigentümer dieser Stätte, der plötzlich überall im Totentempel der Hatschepsut auftauchte. Eine Usurpation als Erwiderung auf die frühere, zwanzig Jahre zuvor.

Die Szene der Krönung des jungen Mädchens zu Lebzeiten ihres Vaters, Thutmosis' I., in der sie sich dem von Würdenträgern umringten Pharao im Zeremonialschurz präsentiert, ist zweifellos der Teil des Bauwerks, der am schlimmsten zugerichtet wurde. Der Besucher versteht ohne weiteres, warum Thutmosis III. hier wohl am liebsten selbst den zerstörerischen Hammer geschwungen hätte.

Es war von größter Wichtigkeit, das kohärente Geschichtsbild Thutmosis' III. an die Stelle des matriarchalischen Irrwegs der vorangegangenen zwei Jahrzehnte zu setzen. So wurde in keinem Falle an das Andenken Thutmosis' I. gerührt, sehr präsent in diesem Tempel, in dem man auch ihm huldigte. Thutmosis II. fand seinen Platz, und Thutmosis III. verlieh sich selbst die Rolle, die seinem Ruhme angemessen war ... Die Bastarddynastie nahm eine äußerst gründliche Rache!

Wer war der eigentliche Initiator dieses Rachefeldzuges: der schmerzerfüllte Mann oder der um seine Legende besorgte Politiker? Einige Details geben uns Auskunft und mahnen uns, seltsamerweise, zu einer gewissen Zurückhaltung.

Die Ägyptologen haben die Existenz des bitteren, uralten Hasses zwischen den beiden Verwandten nicht auf den ersten Blick erkannt. Der el-Bahri war ihnen wohl als großer Tempel erschienen; der heutige Name geht auf eine christliche – koptische – Bezeichnung zurück, die »Kloster des Nordens« bedeutet, ein Beweis für die Nutzung des Bauwerks durch die ägyptischen Christen lange nach der pharaonischen Zeit. Das Christentum war ab dem Ende des römischen Reiches Landesreligion, bis die arabischen Nomaden im 7. Jahrhundert n. Chr. kamen, die Lehre Mohammeds zu verbreiten.

Im Laufe der wissenschaftlichen Forschungsarbeiten des 19. Jahrhunderts, die 1827 mit Wilkinson ihren Anfang nahmen, konstatierte man zunächst die Existenz eines späteren Tempels zur Zeit der Ptolemäer, jener griechischen Könige der letzten Dynastie der ägyptischen Zivilisation, der Erben der hellenistischen Eroberungen Alexanders des Großen im 4. vorchristlichen Jahrhundert. Es schien jedoch, daß die Ptolemäer das Monument nicht selbst errichtet, sondern lediglich wiederverwandt hatten: Der Alptraum begann . . . Auf Wilkinson folgte der berühmte Champollion, dann unterzog Mariette das Monument um die Mitte des Jahrhunderts einer sehr viel eingehenderen Prüfung: Der Name Ramses' II. – des großen Pharaos der 19. Dynastie – mischte sich hier mit dem Thutmosis' III., obwohl der letztere zwei Jahrhunderte früher gelebt hatte. Die Usurpation wurde offensichtlich.

Bald machten die Spuren der Tilgungen die Wissenschaftler stutzig. Naville stand in den letzten Jahren des 19. Jahrhunderts noch vor vielen Fragen, während Theben vom Lärm der Ausgrabungsarbeiten an den wichtigsten antiken Denkmälern widerhallte. Alles, was in Europa Rang und Namen hatte unter den Wissenschaftlern und Künstlern, eilte herbei, um dieser Wiederauferstehung der Menschheitsgeschichte beizuwohnen.

Jeder wußte von Thutmosis III., dem Eroberer, und

man hatte bereits erkannt, daß Ramses' II. an der schon zwanghaften Angewohnheit litt, die Monumente früherer Pharaonen für sich zu usurpieren, im Bemühen, überall seine unübertreffliche Größe zu verkünden . . . Erst mit der Entdeckung unversehrter Bildnisse der Hatschepsut in den entlegensten Kammern des Tempels, auf der obersten Terrasse, in kleinen, dem Amunskult geweihten Sälen, wurde es möglich, das fast fünfunddreißig Jahrhunderte zurückliegende Drama nachzuvollziehen.

Jenen frühen Forschern gebührt unsere Anerkennung. Sie mußten bei Null beginnen, der Tempel lag zur Hälfte unter Trümmern verborgen, das sagenhafte, aber völlig zerstörte Ägypten öffnete sich ihren erstaunten Blicken. Es waren Talent, Mut und außergewöhnliche Tatkraft erforderlich, um die Spur dieser verlorenen Zeiten wiederaufzunehmen. Es hatte also eine Pharaonin gegeben, und zunächst glaubte man an eine harmonische Beziehung der beiden Verwandten, Hatschepsut und Thutmosis noch im Tode vereint, denselben Tempel teilend. Würden die Wissenschaftler hier den Traum des jungen Thutmosis wiederauferstehen lassen? Die Meißelspuren hatten jedoch zu viele Zeichen des Hasses hinterlassen, die der vermeintlichen Liebesgeschichte den Todesstoß versetzten.

Die Gestalt dieser gekrönten Frau war in den düsteren Sälen des obersten Heiligtums erhalten geblieben: Hatschepsut war wiederentdeckt, die Verfolgung durch Thutmosis III. wurde offensichtlich, und doch, wie erklärte man sich die Tatsache, daß diese Bildnisse seiner geächteten Verwandten verschont geblieben waren?

Es handelt sich offensichtlich nicht um ein Versehen. Den Ägyptern war dieser Ort wohlbekannt, auch Thutmosis selbst, und der Bauplan eines Tempels war durchaus kein Geheimnis. Thutmosis III. hatte offenbar genaue Anweisung gegeben, diese Räume unversehrt zu lassen. Es gibt keine andere Erklärung: Der Herr des Nils wollte seine Tante also nicht in ihrer tiefsten Sehnsucht nach der Ewigkeit, ihrer persönlichen Heilssuche treffen. So wurden die mit ihrem Totenkult in Zusammenhang stehenden Flachreliefs verschont. Sie würde in Frieden in den Gefilden von Jalu leben. Welche Folge hätte die Auslöschung der Opfer- und Gebetsszenen des Felstempels gehabt? Den Tod des unsichtbaren Doppelgängers der Pharaonin, dieses unvergänglichen Ka, der Seele, welche die Mumie der Königin von Zeit zu Zeit besuchte, in den Augen der Ägypter zweifellos der wichtigste Teil der Persönlichkeit.

So hatte Thutmosis III. seine alte Rivalin doch geschont . . . Andere Kultdarstellungen der Pharaonin fielen jedoch dem Hammer zum Opfer. Die Ägyptologen hätten daraus auf einen gestörten Geisteszustand bei diesem Manne schließen können, zuallermindest auf seine Wankelmütigkeit; die zahlreichen Hinzufügungen der Namen späterer Herrscher dürften ein anderes Licht auf ihre Untersuchungen geworfen haben. Der Zorn Thutmosis' III. war seinen Nachfolgern der 18. und 19. Dynastie so legitim erschienen, daß sie seinem Beispiel mit zahlreichen weiteren Kampagnen folgten, die darauf abzielten, selbst den Namen der Usurpatorin auszulöschen. Echnaton – Amenophis IV. – war die eifrige Anhängerin Amuns verhaßt, da er doch die thebanische Priesterschaft bekämpfte und einen Aton, der Sonnenscheibe, geweihten Monotheismus zu etablieren suchte. Nach ihm folgte auch Ramses II. dem Vorbild Thutmosis' III. und verweigerte dieser Frau das Recht, sich als Störfaktor in die lange Linie der Krieger einzureihen. Sein Vater Sethos I. hatte den Tempel wiederhergestellt, und er hielt es für sein gutes

Recht, sich seiner nach Belieben zu bedienen, indem er das renovierte Monument für sich mit Beschlag belegte.

In Wirklichkeit war Thutmosis III. nicht mit der Schonungslosigkeit seiner späteren Nachfolger verfahren, die den Kultbildern der Hatschepsut gegenüber keine Gnade kannten. Der Thronerbe war gegen die Königin vorgegangen, niemals gegen die Frau, wodurch der Ausdruck »Verfolgung« sehr relativiert wird.

Der letzte Waffengang der beiden Protagonisten war also politischer Natur. Man weiß nicht, ob Thutmosis III. der Usurpatorin seine verlorene Jugend tatsächlich verziehen hat, doch in jedem Falle respektierte er das Andenken der Toten, und den Priestern blieb das steinerne Bildnis der Verstorbenen, unerläßlich für die dem unvergänglichen Ka der Pharaonin zugedachten Opfergaben.

Die stolze Vision des Staatsmannes, darum bemüht, jedem Urteil über seine verspätete Herrschaft zuvorzukommen, war es sich schuldig, diesen Kampf gegen die Schatten der Vergangenheit zu vollenden. Die Gräber der hohen Würdenträger Hatschepsuts sollten das gleiche Schicksal erleiden. Ihnen war als Gunstbeweis gestattet worden, ihre Grabstätten an einem Ort in der Nähe des Grabes der Königin anzulegen. Die Wände ihrer Grabkammern waren mit Lobpreisungen und Beschwörungen der Königin des Nils bedeckt; dort fanden sich von ihr als Geschenk überreichte Statuen und andere Erinnerungen an eine glückliche Zeit, in der sie an der Macht teilhaben durften. Senenmut und Hapuseneb waren unter diesen Glücklichen, und für Thutmosis kam es nicht in Frage, die zu schonen, die ihn so viele Jahre hindurch übergangen hatten.

Die Strafe traf sie mit aller Härte. Auch hier zerstörten die von Soldaten eskortierten Arbeiter die Bildnisse, Statuen wurden in Stücke geschlagen, die Augen ausgemeißelt, die steinernen Nasen und Münder unkenntlich gemacht. Die Geister der hohen Würdenträger sollten auf ewig durch das Land der Toten irren, außerstande, in ihre Körper zurückzukehren. Sie wurden mit weniger Zurückhaltung behandelt als die Herrscherin; die Götter würden sich über die Verfluchung gemeiner Sterblicher nicht weiter empören. Kein Tropfen göttlichen Blutes floß in ihren Adern, und der Pharao schenkte den Klagen der Familien dieser Verdammten kein Gehör.

*

Die Verfolgung des Andenkens der Hatschepsut rief im Lande keinen Aufruhr hervor; sie hätte jedoch im Kreise der königlichen Familie für ernstliche Verstimmungen sorgen können. Das Opfer dieses Bannfluchs war schließlich Meritres Mutter.

Es gibt jedoch keinerlei Anzeichen für solche Probleme. Thutmosis III. war der glückliche Vater Meritanons, und ein wohlwollendes Schicksal schenkte dem Monarchen einen kleinen Amenophis zur Sicherung der so mühevoll etablierten Kontinuität. Weitere Kinder würden im Laufe der zukünftigen Jahre dem Vater Zufriedenheit schenken, dank der drei ägyptischen Gemahlinnen, die ihm liebevolle Gesellschaft leisteten. Muß man in der Existenz dieses Harems einen Grund für die Fügsamkeit Meritres sehen, der wohl bewußt war, daß ihr Schoß, wenn auch der einer Ahmessiden-Königin, nicht der einzige Garant der 18. Dynastie war?

Thutmosis III. hatte sich mit seinen Frauen eingerichtet und wußte wohl, daß sie unterschiedliche Interessen verfolgten. Ahsat, seine zweite Gemahlin und

Tochter seiner treuen Amme, hätte nur zu gerne die Vermischung des bürgerlichen Blutes ihrer weiblichen Nachkommenschaft mit dem des erlauchten Amenophis, des Sohns der Meritre, gesehen.

Eine Nebenfrau schenkte dem Pharao einen weiteren Sohn, und die Töchter der königlichen Gemahlinnen hätten im Falle einer Erbfolgekrise zu Rivalinnen der kleinen Meritanon werden können, auch wenn sie nicht Trägerinnen des theoretisch zur Weitergabe der Herrschaft erforderlichen königlichen Blutes waren. Thutmosis hatte darauf geachtet, seine eigene Familie hierarchisch zu gliedern. Die Erinnerung an seine Jugend verfolgte ihn immer noch mit Schrecken, er wollte keinesfalls, daß Amenophis sich eines Tages mit den Ambitionen einer einzigen und allmächtigen Schwester konfrontiert sähe, die im Falle einer Regentschaft von ihrer Mutter unterstützt würde.

Seine Halbschwester von göttlichem Blut, Meritre, mußte daher ihren Ehrgeiz darauf beschränken, daß sie ihm die beiden Kinder schenkte, die Erben von Amuns Samen waren – und dies gelang ihr sehr gut, indem sie mit Kindern beiderlei Geschlechts niederkam –, während die anderen Gemahlinnen das Gefüge durch ihren Nachwuchs festigten, der als Absicherung gegen die Unwägbarkeiten des Lebens bereitstand. Der Mythos von der göttlichen Geburt des Pharaos, durch Hatschepsut eingeführt, mochte derartige Traditionsverstöße aufwiegen, vorstellbar etwa im Falle des Todes der erstrangigen Erben oder eines Usurpationsversuchs, wogegen sich der Pharao durch Bestimmung eines anderen Nachfolgers zu seinen Lebzeiten wappnen mochte.

Die Zeit war nicht mehr fern, in der ein Thutmosis IV. eine Prinzessin aus dem vorderasiatischen Raum heiraten und zu seiner ersten Gemahlin machen würde, anstatt eine Schwester oder Halbschwester als Garantin des Fortbestandes der Dynastie in den Rang der großen königlichen Gemahlin zu erheben. Die Vergöttlichung des Monarchen verlor damit nach und nach ihren ursprünglichen, magischen, ja geradezu fetischistischen Sinn, den sie aus dem Vorhandensein dieses Blutes zog, dem solche Kraft innewohnte. Ägypten schlug den Weg einer immer noch absoluten Monarchie ein, in der jedoch die theokratische Stellung des Herrschers eher zu einem ideologischen Konstrukt wurde, wie es die von den Amunspriestern etablierte Mythologie bezeugt. Der Schatten der vorgeschichtlichen Klangemeinschaften verblaßte im Laufe der Geschichte. Die politischen Auseinandersetzungen der Königsfamilie waren Beweise, wenn nicht Schauplatz der Fortentwicklung einer Gesellschaft in ihrer Zeit. Es sollte nicht lange dauern, bis sich die schönen ausländischen Prinzessinnen für lange Zeit in den Gemächern des Pharaos einnisteten.

Trotz der Machtbeschränkung des der ersten Gemahlin zugewiesenen Platzes stellt die Haltung der sanften Meritre die Ägyptologen vor Fragen, so daß einige sogar ihr Verwandtschaftsverhältnis zu Hatschepsut anzweifeln. Die Geschichte Ägyptens birgt noch viele Rätsel, und unser Wissen von dieser fernen Zeit ähnelt noch immer dem Dunkel einer finsteren Nacht, die der Suchstrahl der Forschung nur hier und da punktuell erhellen kann. Uns bleibt als Gewißheit das Glück Thutmosis' auf der Höhe seiner Jahre, umgeben von seinen Kindern und Gemahlinnen. An diesem Beginn seiner eigentlichen Herrschaft ahnte der temperamentvolle Monarch wohl noch nicht, daß seine Feldzüge ihm als besonders schätzenswerten Tribut drei weitere, syrische, Gemahlinnen einbringen würden, Unterpfänder der Unterwerfung der Kleinkönige des Landes Amurru.

10
Das große Werk

Thutmosis III. konnte Theben fortan ohne Besorgnis betrachten. Niemand würde ihm die Hauptstadt des neu erstarkten Reiches mehr streitig machen. Von den Terrassen seines Palastes aus konnte er die Hallen von Der el-Bahri ausmachen und dachte daran, daß dem Geist seiner Tante dort nicht mehr die geschätzten Gebete ihrer Getreuen zuteil würden.

Die Stadt lag ruhig und friedlich da, von den Befestigungen am Ostufer, wo Tausende von Untertanen des Pharaos lebten, bis zur Domäne der Toten auf der Westseite, wo gleichermaßen das Gesetz des Herrn des Nils galt. Thutmosis hatte endlich sein oberstes Ziel erreicht: das Schicksal seines Reichs in seinen Händen zu halten, Vater jedes einzelnen zu sein, den man jederzeit beschwor, Inkarnation des großen Amun, das Licht des Re als Quelle des Lebens, Zeichen der Maat, der Gerechtigkeit.

Es wurde höchste Zeit für den besänftigten König, dieser Herrschaft einen Sinn zu geben. Thutmosis III. behauptete sich seit einigen Jahren an der Spitze eines jahrtausendealten Reiches, und die Schwierigkeit bestand fortan darin, dieses Land effizient zu regieren, das zwar in seinem Inneren unverändert blieb, künftig aber allen widrigen Winden der Außenwelt offenstand.

Thutmosis wußte um die sprichwörtliche Passivität seiner Bauern, er wußte auch, daß diese ihn nach seinem Handeln beurteilen würden, nach der alltäglichen Verwaltung des Landes, daß er seine eigenen politischen Fehler nicht lange mit den Schnitzern seiner Schreiber würde entschuldigen können. Seine Kühnheit und sein Scharfblick würden ihm zu nichts nutze sein, falls es ihm nicht gelingen sollte, die unzähligen Beamten des ägyptischen Staats zum Gehorsam zu zwingen. In den abgelegenen Dörfern des Tals existierte der Pharao in der Person seiner Schreiber, welche die vom Bauern geschuldeten Steuern auf Papyrus verzeichneten, in den Worten des kleinen Priesters eines vergessenen Tempels.

Die Vergangenheit lieferte genug warnende Beispiele, die Thutmosis III. zu Neuerungen auf dem Gebiet der königlichen Gewalt bewegten: Das Heer der Schreiber wurde mit jeder neuen Regierung zahlreicher, erhob immer wieder Anspruch auf Erblichkeit seiner Ämter. Das Alte und das Mittlere Reich hatten hier ein hohes Lehrgeld bezahlt, nicht einmal so sehr um der Schreiber willen, sondern wegen der Gier der Nomarchen, der hohen königlichen Beamten, die an der Spitze einer jeden Provinz standen.

Nur zu oft hatten die Untertanen geglaubt, in diesen hochgestellten Dienern der Krone zukünftige Pharaonen zu erblicken, was sich vielleicht aus ihrer Vergangenheit erklärte: Zur Zeit der ersten Dynastien erbten die königlichen Prinzen gewaltige Ämter, da die Zerstückelung des Landes noch nicht so weit fortgeschritten war. Jede Provinz zeigte stets die Tendenz, ihren Partikularismus um die Festung des Nomarchen herum zu kultivieren, welche sich im Zentrum der Provinzhauptstadt erhob. Die kleinste Schwäche des Königs konnte ihm zum Verhängnis werden, und Thutmosis war sich dessen wohl bewußt, war er doch Erbe der Fürsten von Theben, denen es als Bezwinger der Eindringlinge gelungen war, den ägyptischen Thron zu besteigen.

Thutmosis stellte sich eine Weisungskette vor, die ebenso effizient sein sollte wie die seiner Truppenkorps. Der König war es sich schuldig, diese Neuheit durchzusetzen, die uns selbstverständlich erscheinen mag. Sie war jedoch die Verkörperung einer neuen Vorstellung vom Staat, von hierarchisch wohlgeordneten und einander ergänzenden Gesellschaftsklassen im Dienste der Monarchie, über die persönlichen Beziehungen zwischen einem Klanoberhaupt – Häuptling des über das ganze riesige Tal ausgedehnten Stammes – und seinen Lehnsmännern hinaus. Sie würde es möglich machen, das Leben des Landes auch in Abwesenheit des Königs zu regeln, und der Feldzug von Megiddo hatte Thutmosis zur Vorsicht gemahnt; er wußte, daß er noch oft in das Land Kanaan würde zurückkehren müssen.

Die Idee war verlockend, doch das Heer seiner Schreiber war viel zahlreicher als das seiner Soldaten, und sie waren die Bewahrer des Wissens, einer unvergleichlich viel mächtigeren Waffe. Und doch war dem Pharao bewußt, daß seine Herrschaft nichts sein konnte, wenn sie nicht für die Dauer organisiert würde. Thutmosis mußte eine Regierungsweise erfinden, die nicht nur seine Zeit, sondern auch die kommenden Jahrhunderte überdauern konnte, um für ihn und seine Nachfolger eine im Inneren praktisch statische Gesellschaft zu begründen, die den Herrscher und Demiurgen jeder Sorge um die innere Ordnung des Landes enthob.

Das war der Traum der Fürsten: Eine menschliche Pyramide, durch den Mörtel der Disziplin und einer strikten Hierarchie zusammengehalten, von deren Gipfel der Herr des Nils seinen Glanz verbreiten würde. Sie beherrschte das Denken des Königs, wenn er nicht gerade damit beschäftigt war, Jahr um Jahr auszuziehen, um seine Eroberungen in der Fremde zu inspizieren.

Während der Belagerung Megiddos war dem Thutmosiden die Vergänglichkeit seiner Siege deutlich geworden. Wenn sich auch Nubien nach seinen plötzlichen Anwandlungen nicht mehr muckte, gefügig wie in den vorangegangenen Jahrhunderten, so bot sich doch in den östlichen Regionen ein anderes Bild. Kanaan mit seinen unberechenbaren und rebellischen Semitenstämmen, das benachbarte Land Amurru, das viel zu günstig am Schnittpunkt ganzer Imperien gelegen war, um sich mit einem Gebieter abzufinden, das Küstenreich von Phönizien, voller begehrenswerter Reichtümer, diese Landstriche nahmen Thutmosis' ganze Aufmerksamkeit in Anspruch und drohten, zum wesentlichen Inhalt seiner ehrgeizigen Herrschaft zu werden.

Der befriedigte Eroberer, der legitime Herrscher über seine Ländereien, der Pharao, der Linderung für die Verletzungen seiner Jugend gefunden hatte, mußte sich organisieren, um sich am Firmament der Könige halten zu können. Die perfekte Beherrschung des Räderwerks seines Reiches war unerläßliche Voraussetzung, um ohne Unterlaß zu glänzen. Er sollte der erste Pharao sein, der die Weisheit des Re, die das Leben des Niltals regelte, und den siegreichen Arm des Amun, der in der Fremde Schrecken verbreitete, miteinander in Einklang brachte.

Der Grundstein des großen Werkes war gelegt, Thutmosis widmete sich ihm mit derselben Besessenheit wie der Belagerung von Megiddo. War ihm bewußt, daß er in seinem Ehrgeiz die Latte sehr hoch legte, indem er eine auf seine außergewöhnliche Energie zugeschnittene Herrschaftsform schuf, die in Zeiten mittelmäßiger Herrscher nur schwer aufrechtzuerhalten sein würde? Das ägyptische Schiff stach in See . . . Mochte es den Göttern gefallen, ihm immer so gute Kapitäne zu geben!

Das Heer der Schreiber sollte Thutmosis III. innerhalb weniger Monate kennenlernen, wie die Armee, die ihn bei Megiddo hatte kämpfen sehen. Man kann sich heutzutage kaum vorstellen, welche fast kafkaeske Komplexität die ägyptische Verwaltung damals schon angenommen hatte. Natürlich war der Monarch von Ratgebern umgeben, auf deren Empfindlichkeiten er Rücksicht zu nehmen wußte, indem er sie zu diversen offiziellen Anlässen versammelte, auch wenn er letztendlich bei seiner ursprünglich getroffenen Entscheidung blieb.

Tatsächlich waren die hohen Würdenträger des Palastes sicher von größerer Wichtigkeit, letztlich hing alles vom Wesen des Königs ab, und eine Schwäche konnte von einem in Gunst stehenden Schreiber schnell ausgenutzt werden.

Kämmerer, Haushofmeister, Vorsteher der Schreiber und andere für den Palast, die Garde, die Steuererhebung und viele weitere Angelegenheiten Verantwortliche drängten sich im Dienste des Herrschers. Dies nicht nur in Theben, denn dieser eindrucksvolle Aufmarsch wiederholte sich unter den Großen des Landes bis ins Unendliche, in der Hauptstadt eines jeden Nomus und in wesentlich reduziertem Maßstab bis in die abgelegensten Oasen des Landes. Fast könnte man glauben, daß die Aufgabe der Bauern zuallererst darin bestand, einen ganzen Schwarm von Schreibern zu ernähren.

Thutmosis III. hatte begriffen, daß dies seine Stärke, gleichzeitig aber auch ein über seinem gekrönten Haupt schwebendes Schwert war. Seine Weisungen waren klar, der Pharao würde die ihm vorgelegten Ernennungen aufmerksam prüfen, kein Quentchen Macht seinen Vertrauten überlassen, soweit dies nicht dazu diente, ihm lästige Arbeiten wie die Sorge um unbedeutende Verwaltungsentscheidungen zu ersparen.

Die oberste Hierarchieebene der Schreiber mußte den Anfang machen, mit gutem Beispiel dafür sorgen, daß schließlich jeder königliche Diener von diesem Pflichtgefühl durchdrungen war, das aus Ägypten eine Armee von Beamten im Dienste des Königs machen sollte. Ein Mann zählte mehr als jeder andere im Lande; er war der Schatten des Pharaos, von seiner Tüchtigkeit hing ein Großteil des Erfolgs der Regierung ab: Diesem so hervorragenden wie mächtigen Diener wurde anläßlich der späteren Wiederentdeckung des Landes die recht anachronistische Bezeichnung »Wesir« verliehen.

Tatsächlich entstammt der Begriff der islamischen Welt des Mittelalters und bezieht sich viel eher auf das Kalifat von Damaskus oder Bagdad als auf das zwei- bis dreitausend Jahre ältere Ägypten. Und doch gibt es Ähnlichkeiten zwischen den beiden Staatsformen, die sich gleichermaßen im Orient entwickelt haben, und dies ist kein Zufall. Die gleiche Unermeßlichkeit, die offensichtliche Konzentration der Macht in den Händen eines Mannes – des Herrschers –, die Notwendigkeit der effizienten Leitung einer Verwaltung, die als Auge und Arm eines zu weit entfernt sitzenden Gebieters fungierte.

Dies waren auch die Herrschaftsbedingungen Thutmosis' III.; merkwürdigerweise erweiterte er die Aufgabe des Wesirs eher noch. Er hatte begriffen, daß von dem Amt als solchem keine Gefahr ausging, es war vielmehr die Wahl eines schlechten, eines zu ehrgeizigen oder eines unfähigen Dieners, die dem Pharao Grund zur Klage geben würde.

Zwei talentierte Männer dienten Thutmosis III., der sich öfter in den Territorien von Kanaan oder Amurru aufhielt als in seinem thebanischen Palast: Zuerst regierte User in Theben, später dann wurde ein Mitglied seiner Familie, Rechmire, Großwesir unter Thutmosis. Dieser letztere ist der Nachwelt bekannt, nicht nur weil er lange Jahre hindurch der engste Vertraute unter den Dienern des Pharaos war, sondern auch weil sein Grab in der thebanischen Nekropole in sehr gutem Zustand erhalten geblieben ist. Es gibt uns bis ins kleinste Aufschluß über seine Aufgaben und die Ehrungen, die diesem Ersten unter den Ägyptern – nach dem Pharao – zustanden.

Das Glanzvolle dieser bilderreichen Schilderung beruht nicht auf ihrer Neuheit. Thutmosis III. hatte die Funktion des Wesirs nicht erfunden, wenn er auch seine Pflichten kodifizierte. Zu seiner Zeit verehrten die Ägypter als großen Weisen einen Wesir, der schon über tausend Jahre tot war; er war der Diener eines der ersten Pharaonen der Geschichte, des Djoser, der seinerseits den Touristen dank seiner berühmten Stufenpyramide von Sakkara wohlbekannt ist. Ägypten lebte damals erst unter seiner dritten Dynastie, und die großen Pyramiden von Gizeh existierten noch nicht. Dieser unter dem Namen Imhotep bekannte Wesir leitete die Bauarbeiten des Pharaos, unter anderem auch die Errichtung seines Grabes, und arbeitete hart daran, das Niltal regierbar zu machen, das damals noch an der Schwelle seiner endgültigen Einigung stand.

User und nach ihm Rechmire sollte dieses Privileg nicht zuteil werden, doch wenn man die Wände des prächtigen Grabes von Rechmire enträtselt, ergreift einen doch Bewunderung für die Tätigkeit dieser Persönlichkeit. Der Herr des Nils vertraute die zentralen Verwaltungsdienste seiner Verantwortung an, kein Schreiber konnte sich seiner Autorität entziehen. Eine solche Aufgabe hätte bereits ausgereicht, jedem menschlichen Wesen Alpträume zu verursachen, doch der Pharao beauftragte ihn außerdem, die Organisation der den König umgebenden Räte und zu guter Letzt die Finanzen der zweiundvierzig Provinzen zu beaufsichtigen.

Es muß jedoch gesagt werden, daß das Neue Reich sich der Ungeheuerlichkeit der Aufgabe bewußt wurde und die Macht auf zwei Wesire verteilte, den von Ober- und den von Unterägypten. Natürlich war der Wesir von Oberägypten, der für Theben und das umgebende Tal, also das damalige Herz des Landes, zuständig war, der wichtigste Würdenträger.

Diese Trennung, die sich mit den Leistungs- und Fortschrittsforderungen Thutmosis' III. herausbildet, sollte dereinst verhängnisvolle Folgen haben: Viel später, im 12. vorchristlichen Jahrhundert, der Zeit des beginnenden ägyptischen Niedergangs, befielen gewisse aufrührerische Anwandlungen die vom thebanischen Hof zu weit entfernten Wesire, eine bittere Erfahrung für den unglückseligen Ramses III. und, falls es dessen noch bedurfte, Beweis dafür, daß die Herausforderung, die Thutmosis Zeit und Welt entgegengeschleudert hatte, in ihrer Maßlosigkeit bereits den Keim des unausweichlichen Niedergangs seines Landes in sich trug. Doch hätte Ägypten überleben können, ohne sich mit militärischen Pufferzonen zu umgeben? Zivilisationen gehen eher an Ermattung zugrunde als am Aderlaß durch einfallende Barbarenhorden.

War die Erinnerung an eine für alle Zeiten an ihm nagende Demütigung, die dieser außergewöhnliche Erobererkönig in sein Innerstes eingegraben trug, unerläßliche Voraussetzung dafür, daß er sich zu einer solchen Machtauffassung aufschwingen konnte? Nicht alle seine Nachfolger konnten es ihm hierin gleichtun. Ein rühriger Pharao wie Thutmosis III. hatte tatsächlich vielerlei Angelegenheiten zu delegieren; er war tagtäglich den Zwängen des Protokolls, des Religionsdienstes und seiner öffentlichen Erscheinungen unterworfen, wenn er nicht gerade die Abgesandten fremder Länder empfing. Rechmire entging nicht dem Imperialismus dieser Regierung: Er wurde beauftragt, sich um die Militärangelegenheiten zu kümmern. Das war zweifelsohne zuviel für diesen brillanten Schreiber. Trotz all seiner Tüchtigkeit mußte er seinerseits das tatsächliche militärische Kommando an die Generale des Hofs delegieren, alles Getreue des Pharaos und sehr fähige Männer, den Belobigungen ihres Oberhauptes nach zu schließen.

Die Schwierigkeit der Aufgabe war tatsächlich vom Scharfblick des Amtsinhabers abhängig; er war der notwendige Filter zwischen dem Reich und dem Pharao, gab seinerseits Weisungen an alle hohen Würdenträger der Kanzlei und der Versorgungsämter, dirigierte unermüdlich die einen wie die anderen, nachdem er aus dem Munde Thutmosis' III. die großen Richtlinien der zu verfolgenden Politik empfangen hatte.

Nur ein einziger Mann fürchtete den Wesir nicht, da seine Macht von einer anderen Welt war: Der erste Prophet des Amun unterwarf sich niemandem als dem Pharao, wenn überhaupt.

Thutmosis III. wußte dies nur zu genau; die Erinnerung an Hapuseneb verfolgte ihn noch immer, so sehr, daß er seinerseits das Andenken des Hohenpriesters und Günstlings der Hatschepsut verfolgte, den niemand mehr zu ehren wagte, jedenfalls nicht in der Öffentlichkeit.

Pujemre, der zweite Prophet des Amun, hatte bereits seine Ergebenheit bekundet und die Fehlgriffe seines ehemaligen Vorgesetzten zu berichtigen verstanden. Es ging schließlich um Hunderte von Goldbarren, Tausende fetter Rinder und Hunderte von Sklaven, die der Pharao dem Tempel von Theben jedes Jahr zukommen ließ.

Es kam im übrigen nicht selten vor, daß der zweite Priester der Linie den Platz eines seines politischen Amtes enthobenen Meisters einnahm. Die Priester gehörten ebenfalls der äußerst exklusiven Kaste der hohen Staatsdiener an, Hochgebildete, die in ihrer Familie lebten, ihr Leben als Höfling zwischen dem Dienst des Gottes und ihrer Laufbahn aufteilten.

Thutmosis III. hatte seine Lektion gelernt, der eifrige Schüler, der er einst gewesen war, hatte zuviel Niedertracht gesehen. Er berief auf diesen außerordentlich wichtigen Posten einen seiner Kindheitsfreunde, den Sohn einer treuen Dienerin. Auch hier wird das Mißtrauen des leidgeprüften Königs in seinen Entscheidungen sichtbar und enthüllt eine gut verschleierte, aber stets präsente Sprödigkeit. Thutmosis würde sich dem Hofstaat gegenüber stets befangen fühlen, ein regelrechter Misanthrop mit seinen durch die Härten des Lebens geschärften Sinnen.

Die Priesterschaft des Amun hatte der Pharaonin Hatschepsut schon einige Jahre vor ihrem Tod die Gefolgschaft aufgekündigt, und Thutmosis III. schuldete dem Gott von Theben fortan Beweise seiner Treue.

Dieser Bund der beiden Herrscher, des Herrn über die gewöhnlichen Sterblichen und des Gebieters über die Gefilde des Übernatürlichen, konnte nur durch eine ehrgeizige Baupolitik im großen Tempel von Karnak besiegelt werden. Es ging dabei weniger um eine besondere Frömmigkeit Thutmosis' III., sondern vielmehr um eine Pflichtübung des Königs von Ägypten, einen wichtigen Teil des Regierungswerks in den Augen des Hofs und der Mächtigen, allen voran der verschiedenen Priesterschaften.

Thutmosis III. hatte dieses prächtige jahrhundertealte Monument oft besucht, zuerst jahrelang als Schüler, dann als entthronter König. Er hatte sinnend vor den Werken der Königin und Usurpatorin gestanden, wütend darüber, jedes Jahr neue Bauten zur Verschönerung der von Thutmosis I. errichteten hinzukommen zu sehen. Diese gewollte Kontinuität schien seine eigene Existenz zu begraben, in der Erinnerung des Landes auszulöschen.

Niemals aber hatte er seinen eigenen Beitrag zu diesem Bauwerk leisten können, wie sein Vater und sein Großvater es vor ihm getan hatten. Es ist interessant festzustellen, daß dieser Tempel von Karnak ein untrügliches Machtbarometer für die verschiedenen Herrscher der 18. Dynastie darstellt. Jeder wollte hier möglichst aufsehenerregend vertreten sein. Die Zahl der An- und Umbauten, die dieser Tempelstadt hinzugefügt wurden, gibt uns sehr nützliche Auskünfte über die Fähigkeit des jeweiligen Herrschers, über die Kräfte der Lebenden seines Reiches zu gebieten.

Das Ergebnis mag einem heutigen Besucher verwirrend erscheinen: Der große Tempeleingang, Pylon genannt, und die sich daran anschließenden Säulenhallen sind noch klar zu identifizieren, doch danach kann man sich wohl in Spekulationen verlieren angesichts des archäologischen Wirrwarrs, der sich dem ratlosen Blick auf eine Fläche von vielen Hektar darbietet. Viele kleine Tempel gestatten eine unproblematischere Entdekkung der Sakralbaukunst Ägyptens: Der Pylon öffnet sich auf die Säulenhalle, der zu weiteren Räumen von weniger grandiosen Proportionen überleitet, in denen die Priester um das Heiligtum herum, welches die heilige Statue birgt, ihren Pflichten nachgehen.

Als Thutmosis III. auf den ägyptischen Thron gelangte, war diese Einfachheit in Karnak schon längst in Vergessenheit geraten. Die Macht und der Reichtum Amuns verpflichteten. Es blieb dem dritten Thutmosiden nur, den Glanz seiner Vorgänger durch eine weitere Ausdehnung der Tempeldomäne zu relativieren, durch bauliche Großtaten, welche die anderen Bauwerke in den Schatten stellten, und indem er das Werk seiner Tante schleifen ließ. Hier wie anderswo war Hatschepsut nicht mehr geduldet.

Und doch, trotz all dieser weltlichen Ambitionen hatte der heilige Bezirk von Karnak seinen Sinn und seine Harmonie; der dreitausend Jahre vor unserer Zeit entstandene Beitrag Thutmosis' III. verdient der Erwähnung als religiöses Fundament seines großen weltlichen Werks.

Natürlich durfte der Pharao nicht versäumen, dem Tempel einen neuen Pylon hinzuzufügen. Der des Thutmosis sollte besonders hoch und eindrucksvoll werden, und niemand konnte dieses gigantische Bauwerk übersehen. Aber ein Pylon war nicht genug, bei jedem Besuch des Tempels sah er sich mit dem Anblick der Bauwerke Hatschepsuts, ihrer zahlreichen, über die Höfe verteilten Kapellen, konfrontiert. Thutmosis ließ deshalb einen Teil dieses sehr gelungenen Ensembles abreißen, das so viele Jahre der Arbeit erfordert und dabei einen guten Teil des Amun und seinen Priestern geweihten Schatzes verschlungen hatte . . .

Eine Kapelle störte ihn mehr als alle anderen, diejenige, in der die Barke des Amun während ihres Aufenthalts im Tempel ruhte, ein schöner Bau aus rotem Quarzit. Sie bewahrte die Erinnerung an die Gottlose im Herzen des Tempels, ein unauslöschlicher Schandfleck ... Die Baumeister wetteiferten darum, an ihrer Stelle die von Thutmosis III. in Auftrag gegebene Kapelle zu errichten, die aus einem anderen Stein gehauen wurde.

Hätten diese Bauwerke nicht ausgereicht, die Größe seiner Herrschaft zu illustrieren, durch die eindrucksvolle Botschaft des kraftvollen Pylons oder die Erinnerung an sein vertrautes Verhältnis zu dem Gott, die in der Barkenkapelle zum Ausdruck kam?

Sicher nicht, es blieb noch die Herrlichkeit des absoluten Herrschers über das Tal zu offenbaren: Säulen und Wände wurden verschwenderisch geschmückt. Maler und Bildhauer schwärmten in die Säle aus, um die bereits sehr farbenfrohen Wände um weitere Meisterwerke zu bereichern. Zur Vervollständigung der königlichen Botschaft wurden Obelisken aufgestellt und ein heiliger See in der Domäne des Amun angelegt.

Thutmosis wünschte sich immer noch mehr greifbare Beweise seiner Abstammung von dem thebanischen Gott, und so wurden sehr bald zwei Projekte beschlossen. Sie würden aus diesem Pharao einen Wegbereiter auf dem Gebiet der Baukunst machen, wie er es für alle Bereiche seines königlichen Tuns war.

Thutmosis III. erfand die epische Schilderung: Diese Hymne auf seinen Ruhm war Zeugnis seines politischen und vor allem seines militärischen Lebens. In den Annalen verewigt, bleibt sie ein denkwürdiges Kunstwerk, das gleichzeitig eine politische Abhandlung ist, ein bemerkenswertes, in Stein gehauenes Propagandawerk. In unseren Augen sind die Annalen vor allem ein historisches Dokument, ein überaus lehrreiches Archiv der siebzehn Feldzüge. Die auf Dutzenden von Metern in den Stein gehauene, aus mehreren hundert Zeilen bestehende Schilderung wurde an der allerheiligsten Stätte im Zentrum des Tempels untergebracht.

Thutmosis III. machte Epoche. Wer nach ihm würde es wagen, die Größe einer Herrschaft so zu bekräftigen? Der Pharao war fortan sicher, daß sein Werk anerkannt wurde, doch was würde von dem Mann bleiben, wenn sein Körper einst dahingegangen wäre?

Auch hierin der erste, entschloß sich Thutmosis, eine Millionenjahrfeste unmittelbar neben dem Amun-Tempel zu errichten. Eine Millionenjahrfeste! Was bedeutet dieser Begriff? Eine geheimnisvolle Festung, außerhalb aller Zeit? Bestimmt nicht. Wenn dies nicht das Wort war, die Ewigkeit zu beschwören . . . Es handelt sich tatsächlich um eine religiöse, nicht eine militärische Stätte, aber sie hatte sehr wohl die Aufgabe, das geheiligte Andenken des verstorbenen Pharaos zu schützen. Ein Tempel, den der Herrscher schon zu Lebzeiten dem Totendienst an seiner Seele weihte.

Thutmosis III. knauserte nicht mit den Baukosten, sein Andenken mußte in Ewigkeit überdauern, in der Obhut Dutzender von Priestern, die seine Nachfolger mit dieser Aufgabe betrauen würden. Ein unerfüllbarer Traum, bestürzendes Zeichen der menschlichen Eitelkeit? Vielleicht . . ., in jedem Falle würden die späteren Pharaonen sich ähnliche Denkmäler setzen. Hier zeugen die hohen Sandsteinsäulen der großen Säle auf ihre Weise von einem Andenken, dem zwar kein Kultdienst mehr zuteil wird, das Thutmosis aber dennoch eine gewisse Form der Unsterblichkeit eingetragen hat.

Karnak preist Thutmosis' Ruhm, und selbst der unkundigste Besucher erkennt beim Anblick der Flachreliefs, daß die Herrschaft des kriegerischen Pharaos ihren Ruf doch in erster Linie seinen Eroberungen verdankt. Hier wimmelt es von Kampfszenen, Siegesschilderungen, Schlachtenbildern, in denen der gewaltige Krieger die Besiegten in den Staub tritt. Betrachtet man sie durch den Mythos des vergöttlichten Königs und seine religiösen und protokollarischen Verzerrungen, so erzählen uns die Flachreliefs von Karnak vom phantastischen Wagnis eines außergewöhnlichen Strategen. Er selbst würde diese Monumente, die seine Kraft besangen, nie lange bewundern können. Monat für Monat rief ihn der Orient vor das Tribunal der Geschichte, damit er seine Eroberungen zu verteidigt.

*

Der Aufbau einer effizienten Regierung im Niltal hatte nicht viel Sinn, wenn sie sich nicht auch auf die Neueroberungen im Osten erstreckte. Sie stand im Dienste einer neuartigen, imperialen Zielsetzung, die aus dem außergewöhnlichen Schicksal Thutmosis' III. herrührte. Fünf Jahre sollte es dauern, diese Eroberungen fest an das ägyptische Reich zu binden.

Die zu Zeiten Thutmosis' III. in die Wände des großen Tempels gehauenen Annalen berichten davon, ohne dabei ihre traditionellen Lobgesänge zu vernachlässigen. Doch über die üblichen Floskeln zur Aufwertung des Herrschers hinaus werden wir hier Zeugen einer imperialistischen Uraufführung, einer Premiere der Geschichte.

Megiddo hatte sich ergeben. Der Fall dieses Gliedes in der Kette kanaanäischer und syrischer Städte hatte das Jahr Eins der thutmosidischen Präsenz im Herzen dieses Kreuzwegs des Orients eingeläutet.

Auf der Grundlage dieses Mahnzeichens wollte Thutmosis III. ein stabiles Kräfteverhältnis schaffen. Sein Reich hatte keine Aussicht auf Bestand, wenn die ägyptische Präsenz sich nicht effizient etablierte, das heißt sowohl militärisch als auch administrativ. Die Verbindungswege waren zu jener Zeit allerdings so schlecht, daß das Unternehmen auf den ersten Blick nicht gerade erfolgversprechend aussah.

Das ägyptische Tal lebte seit seiner Geburt und Einigung von der Außenwelt abgekapselt. Das Reich pflegte zwar schon seit dem dritten vorchristlichen Jahrtausend Beziehungen zu seinen nubischen und phönizischen Nachbarn, doch war dies eher ein reiner Tauschhandel als ein echter Austausch von Einflüssen, vor allem von seiten eines Ägypten, das seinen kleinen Nachbarvölkern gegenüber wenig aufgeschlossen war.

Der deutlichste Beweis hierfür ist die Vernachlässigung des Deltas mit seiner vielfältigen Natur, wo der ungestüme Nil immer wieder den Verlauf seiner Arme änderte und Jahrhundert um Jahrhundert undurchdringliche Sümpfe entstehen ließ. Die Ägypter, vom Pharao bis zum Bauern, haben das Delta stets mit Mißachtung gestraft, nicht so sehr den von den zahlreichen Nilarmen gebildeten fruchtbaren Fächer als vielmehr die Region der Mittelmeerküste. Wir sind heutzutage gewöhnt, tatsächlich ein Ober- und ein Unterägypten zu sehen, und dieses historisch bedingte Verwaltungsschema der Ägypter macht uns nicht stutzig, selbst beim Anblick eines Satellitenfotos.

Betrachtet man jedoch die Realität zur Zeit des Thutmosis, so erstreckte Unterägypten, die Deltaregion, sich nur bis zum Fuße dieses fruchtbaren Landes. Der unerschrockene Reisende, der sich bis zu den sumpfigen Mündungen der Nilarme vorwagte, betrat eine Wasserwelt voller Schlammlöcher und unermeßlicher Papyrus- und Schilfdickichte. Er lief Gefahr, sich inmitten der Sümpfe und Salzseen zu verirren und schließlich eine menschenverlassene natürliche Barriere in der Nähe des Mittelmeers überwinden zu müssen.

Dort war die Küste von Sanddünen und trügerischen Lagunen gesäumt, und erst recht spät richteten die Menschen ein oder zwei Häfen an den Mündungen der Hauptarme des Stroms ein.

Welch ein Kontrast zur prächtigen Stadt Alexandria, deren Leuchtturm den Seefahrern den Weg zu ihren Herrlichkeiten wies. Man assoziiert sie mit dem Delta, sieht in ihr die natürliche Ausmündung des Tals nach Norden hin. Doch dies ist ein Anachronismus: Alexandria ist das Kind Alexanders des Großen, dieses Meteors, der aus dem Hellenenland kam zu einer Zeit, in der die Pharaonen nur noch Erinnerung waren in einem seit langem fremden Eroberern ausgelieferten Ägypten. Tausend Jahre trennen die Gründung dieser Stadt im 4. Jahrhundert v. Chr. von der Herrschaft Thutmosis' III. auf dem Höhepunkt des Neuen Reiches.

Sie ist das Symbol eines anderen Ägypten, das sich endgültig dem Austausch mit den mittlerweile hoch entwickelten Zivilisationen des Mittelmeerraums – den Griechen, Karthagern, Römern und anderen – zugewandt hatte, in gewisser Weise der Endpunkt einer großen historischen Bewegung, die das paradiesische Tal der Außenwelt öffnete.

Betrachtet man die langfristige Geschichtsentwicklung, so erkennt man, daß Thutmosis' Entschluß, seine kanaanäische und syrische Beute fest an das Tal zu binden, zweifellos der Keim einer solchen Wendung war. Thutmosis konnte das Delta nicht länger links liegen lassen, und wenn er es, wie im übrigen auch die anderen Herrscher der 18. Dynastie, nicht wesentlich gefördert hat, so legte er doch durch regelmäßige, organisierte Verbindungen zwischen dem mediterranen Orient und Ägypten den Grundstein einer notwendigen Weiterentwicklung.

Sie manifestierte sich schon unter der nächsten Dynastie, denn die Ramessiden waren aus dem Delta stammende Offiziere, und die Hauptstadt wurde zeitweise nach Per-Ramesse im Norden verlegt. Der Fluß der Geschichte verlagerte sein Bett, und es hatte eines Mannes vom Kaliber Thutmosis' III. bedurft, um dieses Titanenwerk zu vollbringen.

Blieb noch die Aufgabe, die beste Methode zu finden, um das langgestreckte ägyptische Tal nach Osten zu öffnen. Der Eroberer konzentrierte seine Aufmerksamkeit bald auf zwei Möglichkeiten, die, wenn auch in kleinerem Maßstab, schon seit den Tagen des Alten Reiches erprobt waren. Die Truppenkorps und die notwendigen Versorgungsgüter konnten über die Wüstenstraßen oder durch die Reichsflotte befördert werden.

Man kann sich die langen Eselskolonnen vorstellen, wie sie die Nordküste des Sinai entlangzogen, auf dem Wege nach Kanaan mit Aufenthalt in Megiddo, einem der wichtigen Knotenpunkte zwischen den syrischen Territorien und der Unermeßlichkeit der Wüste. Der Weg war lang und beschwerlich, selbst wenn es keine Sicherheitsprobleme gab. Das Pferd wurde nicht als Lasttier eingesetzt, es wurde von den Ägyptern nur sehr selten geritten, und das Kamel hatte noch nicht seine Rolle als Wüstenschiff übernommen, obwohl es der nahen arabischen Halbinsel entstammt.

Die Sache war also mit einigen Schwierigkeiten verbunden und machte es wohl erforderlich, die Zahl der Garnisons- und Handelsposten stark zu vermehren. Vor allem entsprach das dünne Rinnsal der Karawanen nicht den unmäßigen Ambitionen des Herrschers. Thutmosis III. wollte eine regelrechte Militär- und Handelsstraße, auf der sich wie eine Flut, eine Sturzwelle das ganze Jahr hindurch Menschen und Schätze, Stoffballen, Edelsteine und -metalle, hin- und herbewegen sollten. Eine Königsstraße sollte entstehen, als staunenswerte Verlängerung des großen Tals, ein Arm, der des jahrtausendealten Rumpfes entlang des Nils würdig wäre, doch es sollte sich um eine Seestraße handeln.

Die Ägypter lebten im Herzen einer für die Antike riesigen Welt. Sie waren nicht an die begrenzten Horizonte der Kleinstädte der Mittelmeerküsten gewöhnt. Das imperiale Denken war letztlich eine ganz natürliche Entwicklung, und Thutmosis bleibt das bemerkenswerteste Beispiel hierfür. Er entschloß sich also, Ägypten durch eine riesige Schiffsflotte mit Syrien zu verbinden.

Thutmosis hatte einige Trümpfe in der Hand: Die ägyptische Schiffahrt hatte eine sehr alte Tradition. Die Ägyptologen haben Zeugnisse der Schiffbaukunst aus den frühesten dynastischen Zeiten gefunden. Auf den Wänden der Gräber und Tempel erblickt man lange Barken mit hochgezogenem Bug und Heck; ihr hohes, quadratisches Segel verlieh ihnen eine zufriedenstellende Geschwindigkeit, aber auch Ruderer dienten der Fortbewegung. Die Vielfalt der Transport-, Lust-, Kriegs- und Expeditionsschiffe läßt uns die Geschicklichkeit der Schiffbauer erahnen. Jedoch handelte es sich hier hauptsächlich um Flußschiffahrt, während das Vorhaben Thutmosis' III. ein ganz anderes war. Man würde sich der Seeschiffahrt zuwenden müssen, denn über das Ziel gab es für den Herrn des Nils keinerlei Zweifel: Die ägyptische Flotte würde unter vollen Segeln nach Phönizien segeln!

Es war ein langer Weg von den Plänen des Königs bis zu ihrer Verwirklichung. Thutmosis III. wollte den Orient organisatorisch ordnen, doch die Kleinkönige der aufständischen Städte brachten ihn immer wieder um die Muße, über seine Regierung nachzudenken, und verwickelte ihn statt dessen in endlose Auseinandersetzungen.

Es war kaum mehr als ein Jahr vergangen, seit er von seiner Expedition nach Megiddo zurückgekehrt war, und sein Vorhaben, die phönizische Küste, sein Hinterland, unter seine Herrschaft zu bringen, beschäftigte ihn genug, um ihn zurück in den Orient zu ziehen. Als aufmerksamer Beobachter der Lage begab er sich mit seiner Armee zuerst nach Gaza, dem Tor des Reiches.

In den Mauern der unterworfenen Stadt drohte ihm keinerlei Gefahr; die Zeit der Revolten war lange vorbei, und die Bewohner dieser Ägypten so nahe gelegenen Region waren zu treuen Untertanen geworden. Gaza war keine befriedigende Beute, der begehrliche Blick richtete sich weit nach Norden, die sandige Küste entlang, immer weiter, bis nach Phönizien.

Die Nachrichten waren jedoch nicht ermutigend: Man berichtete, daß die Fürsten von Syrien Ergebenheit heuchelten, in Wirklichkeit aber den Pharao verlachten, obwohl die Tribute gezahlt wurden. Nichts hätte den Herrn des Nils mehr aufbringen können. Er entschloß sich, in das Gebiet der Syrer vorzudringen, dieses Amurru, das er erblickt hatte, als er seine Bewohner bei Megiddo, im Lande Kanaan, geschlagen hatte.

Dieser Feldzug, der erste, den Thutmosis' III. in diesen wenig bekannten Regionen des eigentlichen Syrien führte, beruhigte den Heerführer etwas. Seine Truppen erlebten wohl einige, jedoch unbedeutende, Konfrontationen, und die ägyptischen Streitwagengeschwader hatten die Bataillone, die versuchten, sich ihrem Vorrücken entgegenzustellen, im Handumdrehen zerstreut. Angesichts der langen Kolonnen der Fußsoldaten, der Standarten mit den glanzvollen Namen, die den starken Arm des Amun oder die Sonne des Re rühmten, öffneten die Städte ihre Tore, und der Pharao zog weiter – göttergleich!

Der Horizont wich immer weiter zurück, im Dunst der sengenden Sommer; es gab immer noch mehr Städte, Täler, Fürstentümer zu erobern, jeder Treueschwur warf das Problem des nächsten Nachbarn auf, es nahm kein Ende . . .

Syrien und die benachbarten Regionen sind natürlich keine unermeßlichen Landstriche, doch ihre Bevölkerungsdichte war bereits recht hoch. Dieser Handelstreffpunkt der Karawanen aus Indien und China, der Schiffahrt des persischen Golfs, der Indien mit dem Mittelmeer verbindet, der Straßen aus dem Arabien der Wohlgerüche machte die Steppenlandschaft zu einer favorisierten Region in diesen frühen Tagen der Menschheitsgeschichte.

War es nicht im Bereich dieses fruchtbaren Halbmondes, ein bißchen weiter nach Norden hin, daß der Mensch zum ersten Mal den Ackerbau entdeckt hatte, etwa sechs- oder fünftausend Jahre zuvor? Wenn der Pharao archäologisch interessiert gewesen wäre, hätte er in den Trümmern von Jericho eine damals schon mehrere Jahrtausende alte Stadt finden können, eine der ersten der Welt. Die Mythen unserer Schöpfungsgeschichte enthalten viele Wahrheiten.

Thutmosis III. setzte den zweiten Feldzug seiner Regierungszeit fort, diese Expedition zu Lande überzeugte ihn von der Nutzlosigkeit seines Tuns. Er mußte die phönizische Küste unter seine Herrschaft bringen, um schneller und schlagkräftiger auf Herausforderungen seitens seiner Vasallen und der Feinde an den äußersten Grenzen seines Reiches reagieren zu können. Und so verzichtete er klugerweise darauf, in das Land Naharina vorzurücken, eine Gegend, die den Ägyptern in ihrer Vorstellung vom Orient als nördliche Grenze galt und gleichzeitig das Grenzland ihres gefährlichen Rivalen, des Mitanni-Reichs, bildete.

Es kostete ihn große Überwindung, den König von Mitanni, diesen unablässigen Unruhestifter, nicht endlich zum Zweikampf zu fordern. Die Erfahrung des Kriegers gebot es jedoch, die Konfrontation zu verschieben, er hätte sich sonst ohne geordnete Nachschubbasis, Verstärkungskräfte, Truppenversorgung und Intendantur zum ungeordneten Rückzug gezwungen sehen können. Die Einrichtung einer Schiffahrtstraße zwischen Phönizien und dem Nildelta erschien zwingender denn je!

Der Pharao mußte im Niltal neue Kräfte sammeln, neue Rekruten ausheben und anfangen, eine wirkliche Armee zu schmieden, über die Veteranenbataillone hinaus, die zu versammeln man damals gewohnt war, wenn ein kurzer Streifzug in die Fremde anstand.

Zweimal sollte Thutmosis III. in den folgenden Jahren noch in die syrischen Gebiete zurückkehren. Er nahm wiederum die Huldigungen der Fürsten entgegen, seine Eselskarawanen wurden mit kostbarem Tribut beladen, aber seine Ambitionen machten keine rechten Fortschritte.

Mitanni war eine uneinnehmbare Festung auf der anderen Seite des Euphrat. Thutmosis III. hätte dort leben müssen, um den Augenblick abzupassen, in dem der Feind in Reichweite war, anstatt jedesmal mehr als tausend Kilometer mit einer Armee von Fußsoldaten anmarschiert zu kommen. Die Konfrontation hing vom Gegner ab, der sich stets sehr behende weit nach Norden zurückzog. Thutmosis III. versuchte wohl, ihn zu provozieren, indem er gegen die Stadt Karkemisch vorging, aber er wußte auch, wie unzureichend diese Initiative war. Die Festung war jedoch nicht ohne Bedeutung, und der Pharao verweilte lange, um den nach Osten, diesem ganz und gar unbekannten Morgenland, strömenden Euphrat zu betrachten. Seine Schreiber hatten ihm erzählt, daß seine Wasser, die beim Verlassen der Berge Anatoliens noch stürmisch dahinbrausten, im weiteren Verlauf ein Mesopotamien nährten, das genauso schön und fruchtbar sei wie das Niltal, und daß Babylon sich unweit seiner gastlichen Ufer erhob . . . Das Kalkül seiner Beamten außer acht lassend, die als tüchtige Schreiber die aus den assyrischen und babylonischen Gegenden und von den fernen Regionen des Indus stammenden Waren zu schätzen wußten, träumte Thutmosis III. bereits den Traum Alexanders, von der Fata Morgana des unergründlichen Orients gefesselt. Und wenn nun der Ruhm des Größten unter den Menschen sich nur vor dem grandiosen Hintergrund dieses lockenden Morgenlandes verwirklichen ließ?

Das Aufbegehren der Rebellen hatte ihn wiederum von seinem obersten Ziel abgelenkt; die Fürsten von Phönizien mochten ihren Treueschwur erneuern, soviel sie mochten, der Pharao war auf etwas anderes aus.

Einige Zeit später ergab sich endlich eine unverhoffte Gelegenheit, das begehrte strategische Territorium unter seine Kontrolle zu bringen. Einmal mehr verweigerte der Fürst der syrischen Stadt Kadesch den Tribut und rebellierte. Seinem Beispiel folgend erhoben sich die kleinen Städte von Amurru, aber auch die phönizischen Häfen. Der Pharao hatte nur darauf gewartet: In aller Eile wurden die Vorbereitungen getroffen, und die ägyptische Armee machte sich auf den Weg in den Orient. Thutmosis' Soldaten waren echte Veteranen; dies war nun schon ihr fünfter vorderasiatischer Feldzug.

Der König erwähnte es nicht, aber die Ambitionen des Fürsten von Kadesch schreckten ihn nicht allzusehr, er hatte nur einen Traum: Dieses phönizische Juwel in seinen Händen zu halten und es, fest umklammert, für alle Zeiten zu bewahren . . . Kadesch würde sich sicher eines Tages erneut erheben, und das Schwert würde es in dem Augenblick treffen, den der Pharao dazu ausersah.

Gaza und die Küste von Kanaan rasch hinter sich lassend, rückten die Soldaten zum Klang der Hörner voran, wie zusammengeschweißt, im Gewaltmarsch, mehrere Dutzend Kilometer pro Tag. Vor ihnen erstreckte sich die Kette der Küstenstädte: Byblos, Sidon, Ugarit ganz im Norden, um nur die wichtigsten zu nennen. Nicht weit davon, im Hinterland, dienten zahlreiche Orte als Zwischenstationen zwischen ihnen und dem Kreuzweg des Orients.

Militärisch gesehen stellte dieser fünfte Feldzug keine besondere Glanzleistung dar, politisch gesehen gab er dem imperialistischen Werk Thutmosis' III. sicher einen entscheidenden Impuls. Die phönizische Brücke zwischen dem Nil und dem Euphrat war auf dem Wege ihrer Verwirklichung.

Seit dem Ende des dritten Jahrtausends vor unserer Zeitrechnung trieben die entlang dieser Küste ansässigen semitischen Völker Handel mit den Ägyptern. Byblos pflegte bereits enge Beziehungen mit den Pharaonen der ersten Dynastien. Die Bedeutung dieser Küste war eine andere: Die phönizischen Kaufleute trieben Handel mit allen bekannten Völkern. Sie zogen von den Vororten Babylons bis zu den Ufern des Nils, man wußte um ihre Präsenz in den Städten Syriens; die anatolische Hochebene, die seit einigen Jahrhunderten unter der Herrschaft der indogermanischen Hethiter stand, war ihnen gleichermaßen vertraut.

Am erstaunlichsten blieben jedoch ihre Fähigkeiten als Seefahrer, die sich durch die Jahrhunderte hindurch bewährten. Die Ägypter erahnten ihre Beziehungen zu den unzähligen Inseln der Ägäis, wo die Kreter und dann die Vorläufer der Griechen eine nicht unbedeutende Kultur der Ackerbauer, Seefahrer und Kaufleute entwickelt hatten.

Diese Kreter waren durch ihre Vermittlung bekannt, und die mächtigen Herrscher Ägyptens spürten wohl, daß sie ohne die Phönizier diese Welt des Nordens nicht recht erfassen konnten. Noch ahnten sie nicht, daß die Zukunft der Geschichte und sogar des hellenistischen Ägypten aus diesen von jüngeren Zivilisationen besiedelten Regionen kommen würde.

Thutmosis III. hatte sich nicht getäuscht; die Städte öffneten sich ihm und gaben ihre Schätze preis: Die Klugheit und das kaufmännische Talent der Phönizier lagen ihm zu Füßen. Die mit Tintenfi schen verzierten kretischen Töpferwaren, goldene Halsketten mit kunstvoll gearbeiteten mesopotamischen Greifen, Kupferbarren aus Anatolien und unzählige andere Gegenstände boten seinen Augen das schönste Beispiel kulturellen Synkretismus, das der Historiker sich denken kann.

Sicher war der Pharao von dieser Kunst der Vermischung, der freimütigsten Kreuzung, welche die Phönizier auszeichnete, verblüfft; für ihn blieb die Überlegenheit Ägyptens eindeutig. Gewiß wurde ihm die Bedeutung der sich vor seinen Augen vollziehenden Verschmelzung nicht bewußt. Hier, auf diesem schmalen, oft felsigen Küstenstreifen, der sich an bewaldete Berge anschmiegte, machte sich das verstreute und entzweite Volk der Phönizier daran, den glanzvollen Beitrag seiner Zivilisation zur Welt der Zukunft zu erbringen. In jenem 15. vorchristlichen Jahrhundert, wobei sich ein der allmählichen Entwicklung zivilisatorischer Erscheinungen unterliegendes Ereignis nicht präzise datieren läßt, wurde aus der phönizischen Erfindungsgabe das Alphabet geboren. Es war ein notwendiges Hilfsmittel für die Kaufleute, die auf ihren Reisen mit all den Menschen sprechen wollten, denen sie begegneten, und die vielen, sich an ihren Umschlagplätzen versammelnden Fremdlinge miteinander ins Gespräch bringen wollten. Die Hieroglyphen und die Bilderrätsel der Keilschrift, die mit jedem Zeichen einen Laut, eine Form, einen Gegenstand darstellen, waren ihnen dabei keine Hilfe, da viel zu starr auf ihre jeweilige Kultur bezogen. Aber ein Alphabet von rund zweiundzwanzig Buchstaben zu entwickeln, das sich an jede Sprache anpassen läßt, welch ein Schatz! Die im ganzen Orient verbreitete Umgangssprache war jedoch nicht das Phönizische, sondern das Akkadische, eine Sprache mesopotamischer Herkunft; politische Macht setzt sich eben durch ...

Von diesen phönizischen Glanzzeiten sind weder Pyramiden noch große Tempel geblieben. Einige Gewölbegräber in Ugarit, einige bescheidene Ruinen an anderen Orten. Wenn man jedoch eine kleine tönerne ABC-Fibel mit ihren für diesen Anlaß in Keilschrift geritzten Buchstaben entdeckt, dann hält man damit einen Grundstein unserer modernen Geschichte in Händen.

Thutmosis III. hatte andere Sorgen, und das im Entstehen begriffene Alphabet, diese unsichtbare Kulturrevolution, konnte seine Aufmerksamkeit nicht fesseln. Überfordern wir den Eroberer nicht; wie andere Menschen auch vertrat er die Werte seiner Zeit. Seine Rolle als Hauptakteur des aufgeführten Dramas beraubte ihn erst recht jeder Chance einer Vision von der Welt der Zukunft ... Unser 20. Jahrhundert, dessen Informationsquellen so unvergleichlich viel weiter entwickelt sind als zu Thutmosis' Zeiten, läßt sich gern von Scheinereignissen blenden. Eine große Zahl augenfälliger Realitäten entgeht uns dabei sicherlich, womit die Unwissenheit vergangener Jahrtausende den Trugbildern der Desinformation Platz gemacht hätte.

Und doch ... Das verbissene Streben Thutmosis' III., Phönizien zu erobern, zeugt von seiner Intuition. In diesem Schmelztiegel der verschiedensten Einflüsse des Mittelmeerraums sollte so manches einzigartige kulturelle Räderwerk entstehen. Warum sonst hätte er so hartnäckig darauf bestehen sollen, diese paar Morgen Küstenland unter seine Herrschaft zu bringen? Er hätte sich entschließen können, seine Häfen im bereits bezwungenen Lande Kanaan zu gründen; aber es war Phönizien, das er seinem Reich angliedern wollte, Beweis seines politischen Gespürs. Thutmosis wußte, daß die Phönizier miserable Soldaten abgaben, er schätzte sie aber als gewandte Diplomaten und unglaublich tüchtige Kaufleute ein. Eine Art zweiter Armee, eine Armee von Botschaftern, viel wirkungsvoller als die Kolonnen der Soldaten, mühte sich hier unaufhörlich, die pharaonische Ordnung durchzusetzen.

Einige Städte an der Küste und im Hinterland leisteten Widerstand; sie wurden den Soldaten überlassen, es galt schließlich, sich Respekt zu sichern. Tunip wurde geplündert, und die Beute war wiederum so märchenhaft, daß der Name durch die Erinnerung der Soldaten Thutmosis' III. für die Nachwelt überliefert worden ist.

Der König, seinerseits, hatte seinen Tribut. Er würde seine Seeleute auf das große grüne Meer hinausschicken können, in großer Zahl und völliger Sicherheit. Fortan würden diese beiden Küsten einander ergänzen, wie ein gegenseitiges Echo, mit ihren Häfen und ihren Lagerhäusern von gleichen Proportionen.

Der Pharao hatte ein Standbein in Asien und das andere in Afrika. Ein Gigant der Geschichte machte sich daran, sein Werk zu mustern.

11

An den unteren Ufern des Euphrat

Das Niltal bekam seinen Fürsten nicht mehr allzu oft zu sehen, die Zeiten, in denen er abwesend war, zogen sich immer mehr in die Länge, und der Hof von Theben durfte sich mit Recht fragen, warum der Sohn Thutmosis' II. den Thron überhaupt so brennend begehrt hatte. Tatsächlich konnte man sich die Antwort denken; er mußte seine Größe nicht mehr im Inneren des unvergänglichen Ägypten unter Beweis stellen, sondern weit jenseits davon, in den Gefilden Asiens.

Die Herrschaft hatte eine neue Wendung genommen, und der Wesir reichte aus, ein mit eiserner Faust regiertes Reich zu verwalten. Hatschepsut war nur noch ein Phantom, das sich im Schatten ihres usurpierten Totentempels verlor, die anderen Pharaonen der jüngeren und ferneren Vergangenheit waren wenig mehr als Komparsen für einen Krieger, der sie alle an Kühnheit übertraf.

Wenn ein hoher Würdenträger den Sohn der Götter zu finden wünschte, standen die Chancen gut, ihn in einem seiner Militärlager anzutreffen, in der Nähe der Schiffswerften oder in einer der entlang des Tals verteilten Garnisonsstädte. Phönizien war unterworfen, es war keine Zeit mehr, sich in der ruhmlosen Neuordnung der Provinzen zu verlieren: Die Eroberung des ganzen Orients war die Priorität des Reiches.

Ägypten war ein Land der Krieger geworden, ein Reich der Eroberer, und die Söhne des Nils waren fortan bestrebt, die ganze bekannte Welt zu durchstreifen.

Die Jugend wußte, daß der verachtete und durch Schläge gedemütigte Soldat der Vergangenheit angehörte. Man brauchte nur die Wandbilder in den Gräbern der hohen Offiziere, vor allem den prächtigen Grabkomplex des Amenemheb zu bewundern, um sich davon zu überzeugen. Dieser enge Gefährte des Herrschers, wie viele andere ein Freund aus Kindheitstagen, hat uns seine Freude und seinen Stolz übermittelt, lange Jahre hindurch seine Dienste an der Seite Seiner Majestät geleistet zu haben. Seine herausragende Rolle im Rahmen der noch bevorstehenden Feldzüge sollte ihm unvergänglichen Ruhm eintragen.

Auch anderen Schilderungen oder Fresken können wir entnehmen, wie sehr Thutmosis III. bestrebt war, diese verdienstvollen Männer zu belohnen. Erst unter seiner Regierung wird der Offizier, auch der Veteran, zu einer beneidenswerten Figur in diesem Lande. Schon nach den ersten fünf Feldzügen konnten diese unter der vorangegangenen Regierung vergessenen Männer eine sehr rühmliche Bilanz ziehen: Sie hatten entscheidende Siege errungen, und es war ihnen gelungen, dem Hof seinen rachedürstenden Herrscher heil und gesund zurückzubringen. Dies trug dazu bei, die Würdenträger und Priester von ihrer Tüchtigkeit zu überzeugen.

Hunderte goldener Halsketten – die Beute von Megiddo und Phönizien erlaubte solchen Luxus – wurden an verdienstvolle Fußsoldaten verteilt, anläßlich der großen Paraden unter dem Balkon des thebanischen Palastes, von dem aus Thutmosis III. seine tadellos aufgereihten Männer grüßte wie ein römischer Triumphator. Die Menge jubelte ihm und seinen Soldaten zu, und diese frischgebackenen Helden kehrten zurück in ihre einfachen Viertel, die besten Propagandisten der pharaonischen Legende.

Bald konnte alle Welt die handgreiflichen Beweise für die Großzügigkeit des Pharaos beobachten: Die Soldaten erhielten die im Krieg gemachten Sklaven als Entschädigung für ihre Mühen, ihnen wurden Ländereien zugeteilt, und ihre Söhne wünschten nichts mehr, als zu gegebener Zeit den Platz der abgekämpften Veteranen vergangener Schlachten einnehmen zu dürfen. Eine neue Gesellschaftsklasse wurde hier geschmiedet, wie vom Herrn des Nils beabsichtigt. Sie war der Mörtel, der sein Reich zusammenhielt, und ihre unverbrüchliche Treue schien unabdingbare Voraussetzung der großen Vorhaben, die Thutmosis seinem Gefolge Jahr für Jahr offenbarte. Nach und nach, ohne es zu merken, war er in die Spirale der Eroberer hineingeraten, nur der Sieg des Augenblicks konnte seine Gier kurzzeitig befriedigen, doch bald schon eröffnete die Leichtigkeit seiner Eroberungen neue Horizonte. Und hätte die Mäßigung die Oberhand behalten, so hätten doch seine besiegten Feinde, mit einer ihnen unerträglichen Situation konfrontiert, ihn im Lauf der Jahre aufs neue herausgefordert und in seinem narzißtischen Streben des Reichsgründers bestärkt.

Ägypten, wie sein Gebieter, schien plötzlich nicht mehr auf die Aufregungen des Kriegs verzichten zu können: Das Zeitalter der Eroberer war angebrochen. Die Geschichte kennt genug Länder und Zivilisationen, die von dieser Maschinerie erfaßt wurden: Die Stärke des antiken Rom und der Ruhm seiner Bürgersoldaten sind uns vertraut . . . Seine Macht hatte nur so lange Bestand, wie die Tugend seiner Legionäre währte. Ludwig XIV. und Napoleon, zwei Pfeiler der Geschichte der französischen Nation, handelten ihrerseits nicht anders. Waren sie sich bewußt, einen Pakt mit ihrem Land abgeschlossen zu haben, der ihnen ihren Ruhm zugestand im Austausch gegen ein glanzvolles

Kapitel der Landesgeschichte, mitunter unselige Vorbedingung einer Phase des Kräfteverfalls?

Thutmosis hatte allerdings einen Vorteil diesen bemerkenswerten Persönlichkeiten der Geschichte gegenüber, die in ihrer Bedeutung mit der Ära seiner Herrschaft durchaus vergleichbar sind: Er hatte ein Land mit praktisch unerschöpflichen Menschenreserven im Rücken, und sein militärisches Abenteuer brachte nicht die Gefahr mit sich, die soziale oder wirtschaftliche Einheit des Tals zu zersplittern.

Die Vorbereitungen nahmen von Jahr zu Jahr größeres Ausmaß an. Sie brachten gewiß tiefgreifende Veränderungen mit sich für dieses Volk mit seinen seit mehr als zweitausend Jahren festgeschriebenen Gewohnheiten. Das Delta mit seinen gewaltigen Schiffswerften war ein bevorzugter Schauplatz dieser Umwälzungen. Monat um Monat entstanden unter den geschickten Händen der Zimmerleute neue seetüchtige Schiffe, schlanke Schiffsrümpfe aus dem harten Holz der phönizischen Wälder, jenem unverwüstlichen Zedernholz, das die Pharaonen seit der Zeit der ersten Dynastien so überaus schätzten. Die Vegetation des Niltals war den Ambitionen der Baumeister nicht gewachsen, vom Herrn des Tals bis zum einfachen Handwerker, der dennoch bestrebt war, die Holzbaukunst unablässig weiterzuentwickeln.

Wozu waren schon Sykomore und Palmenholz, die kümmerlichen Stämme der Sträucher einer von Wüste umgebenen Oase nutze? Sie machte den Menschen die Schwierigkeiten des Überlebens inmitten der ausgedörrten Sahara deutlich; sie wußten, daß nur ihre Tüchtigkeit und ihre frühzeitige Einigung unter einem Herrscher es ihnen ermöglicht hatte, das sumpfige Tal in einen fruchtbaren Garten zu verwandeln. Die Öffnung eines Ägypten, dessen natürliche Mitgift vielleicht mit dem Trachten einer auf einem so komplexen wirtschaftlichen Räderwerk basierenden Zivilisation nicht mehr in Einklang stand, war sie durch die Zwänge der Zeit vorprogrammiert? Das Holz der Libanonzeder wurde schon sehr lange genutzt, seit den Tagen der ersten Dynastien im Alten Reich, doch äußerst sparsam; die Straße nach Phönizien wurde nur sporadisch befahren. Das thutmosidische Reich hatte Ägypten diesen Überfluß an Holzreserven eröffnet, die mit großem Arbeitsaufwand aus den schroffen, regenreichen Bergen des Libanon herbeigeschafft wurden.

Dieses Holz mit den unvergleichlichen Eigenschaften veranschaulicht die Entwicklung der Lage: Ägypten konnte fortan auf äußerst vielfältige Ressourcen zurückgreifen, neuerworbene Trümpfe, die seine materielle Vorherrschaft weiter festigten. Die Schiffe waren besser konstruiert und wurden in größerer Zahl gebaut; ein Lotse des Alten Reiches hätte die rund fünfzig Meter langen, hochseetüchtigen Schiffe des Herrschers nicht wiedererkannt. Auf ihrem Deck erhob sich eine komfortable Kabine; man konnte auf ihnen Streitwagen und Pferde sowie Hunderte von Soldaten mitsamt ihrer Ausrüstung verschiffen.

Es entstand eine regelrechte Invasionsflotte. Die langen Heckruder wurden perfektioniert. Man konnte nicht ernsthaft daran denken, dem gefährlichen Nordwind und den typischen kurzen, steilen Wellen der Mittelmeerstürme mit dem Rüstzeug zu begegnen, das bisher zum Kreuzen auf dem Nil ausreichend gewesen war. Zedernholz und vieles andere bereicherte die ägyptische Ausrüstung . . ., aber das Zedernholz durfte natürlich niemals ausgehen. Man würde das einmal eroberte Phönizien jahrhundertelang bewachen müssen. Das Land selbst folgte dem Eroberer auf seiner Spirale der Ruhmsucht, wie im Rausch gefangen.

Die Menschen zeugten ebenfalls von dieser neuartigen Vielfalt, von den Stärken des Reichs: Wohl blieben die Niloten in der Mehrheit, tüchtige, disziplinierte Fußsoldaten, und die Nubier unterstützten sie auch weiterhin als Bogenschützen oder keulenschwingende Athleten. Fortan gesellten sich auch die Scharen syrischer und sonstiger Söldner hinzu, eine kosmopolitisch gemischte Truppe, die ebensosehr durch die Aussicht auf Beute als auch durch die Ergebenheit Ägypten gegenüber an den Herrscher gebunden war.

Thutmosis III. mußte all dies wohl bedenken, als er in Richtung der phönizischen Küste in See stach. Zum sechsten Mal innerhalb seiner Regierungszeit würde er den Fuß auf orientalischen Boden setzen, aber die Seeroute machte ihn zu einer wesentlich größeren Gefahr für das syrische Bündnis. Die Anfechtung seiner Vorherrschaft durch seine syrischen Vasallen war schon fast rituell geworden. Einmal mehr war die Stadt Kadesch im Zentrum des Sturms, aber diesmal wußte niemand, wo die Armada landen würde, die an Zahl und Stärke allen bisherigen Expeditionen überlegen war.

Schon bei der Landung gereichte Thutmosis die Unterstützung durch seine Kriegsflotte zum Vorteil. Seine kampferprobten Truppen waren an Ort und Stelle an der syrischen Küste, bevor die Verbündeten irgendwelche Verzögerungsmanöver einleiten konnten. Nicht länger konnten sie die kanaanäischen Lande als vorgelagerten Schutzwall nutzen, dieses endlose Hügelmeer, welches die syrischen Territorien säumte und ihnen die Zeit verschafft hätte, den vom Marsch erschöpften Kolonnen im Hinterhalt aufzulauern.

Die Armee vom Nil befand sich bald in Sichtweite der Zitadelle von Kadesch, einer der ältesten und reichsten Handelsstädte Syriens. Unweit von hier floß der Orontes, der die Bekaa-Ebene zu einem bevorzugten Knotenpunkt der Region machte. Die Kräfte waren ungleich verteilt, und die Schlacht verwandelte sich rasch in eine Belagerung der Stadt. Die vorausgehenden Kämpfe machten den Menschen des Landes Amurru unmißverständlich klar, daß Thutmosis nicht bereit war, sich während seiner ganzen Herrschaft immer wieder herausfordern zu lassen.

Vieles hatte sich geändert seit der verschleppten Belagerung von Megiddo. Thutmosis' Soldaten hatten gelernt, wie man eine Stadt einnahm. Angriffstürme, Sturmleitern und andere Kniffe brachen den Widerstand der widerspenstigen Stadt recht rasch. Der Sieg lag den Männern vom Nil sicherlich sehr am Herzen; Kadesch hatte sich damals schon den besonderen Groll der Ägypter verdient, den es auch in den kommenden Jahrhunderten immer wieder auf sich ziehen sollte.

Wir dürfen wohl annehmen, daß Thutmosis III., wenn er gewußt hätte, welche Scherereien seine späteren, Nachfolger hier noch haben sollten, die anmaßende Festung für alle Zeiten dem Erdboden gleichgemacht hätte. Tatsächlich sollten die großen Soldatenpharaonen der 19. Dynastie sich mit sehr unterschiedlichem Kriegsglück in der Nähe der von ihnen verfluchten Stadt einfinden. Zuerst Sethos I., Erneuerer des ägyptischen Reiches, das Thutmosis' Nachfolger schließlich nicht in dem Umfang wie sein glorreicher Initiator hatten bewahren können, später dann Ramses II.

Sethos I. sah sich gezwungen, seine Oberhoheit im Orient geltend zu machen und seine Feinde daran zu erinnern, daß, wenn auch sein Tatendrang nicht auf die Gene Thutmosis' III. zurückging, er doch über dessen politische Kühnheit und militärischen Scharfblick verfügte, zumindest hin und wieder. Einige Zeit später hatte auch Ramses II. einen schweren Stand, die ägyptische Herrschaft über die natürliche Brücke zwischen Asien und dem Niltal zu bewahren. Doch in jener Epoche, eineinhalb Jahrhunderte nach der Herrschaft Thutmosis' III., trafen die tapferen Krieger unter diesen unseligen Mauern nicht auf die syrische Koalition. Sie hatten es mit den furchterregenden Armeen des neuentstandenen Reichs der Hethiter zu tun, die sich in Anatolien ein mit dem Schwert erobertes Territorium geschmiedet hatten und nun versuchten, die ägyptische Vorherrschaft möglichst weit von diesem steinreichen syrischen Knotenpunkt zurückzudrängen.

Kadesch war eindeutig ein Ort des Unheils, und Ramses bot seine ganze Kühnheit auf, um eine verzweifelte Situation zu retten. Seine zu spät gekommenen Truppen konnten ihrem Herrscher nicht helfen, der sich unvorsichtig in die Klauen der indogermanischen Hethiter vorgewagt hatte. Er verdankte seine Rettung an jenem Tage nur dem Schutz der Götter oder den mißglückten Manövern seiner Feinde. Ungeachtet der Triumphgesänge, welche die Fresken auf den Wänden der ägyptischen Tempel anstimmen, wissen die Historiker, wie unsicher der Ausgang dieses Kampfes in Wirklichkeit war . . .

Mehr als ein Jahrhundert zuvor öffnete der leichte Sieg Thutmosis' III. die Tore für so manch düsteren Sturm. Hatte der große Eroberer daran gedacht, als er die Scharen seiner Soldaten die angeschlagenen Mauern der Stadt erklimmen sah? Man konnte die dichtbevölkerten Täler Syriens nicht auf diese Weise abriegeln, da doch die Reiche des Nordens nur darauf warteten, sich durch diesen Trichter in Richtung auf das reiche Ägypten zu ergießen. Wie hätte er der Versuchung widerstehen sollen? Er kannte nur die Gefahr, die vom Mitanni-Reich im Norden ausging. Der so lange um Macht und Ruhm gebrachte junge Pharao würde sich schließlich nicht von einer Handvoll aufständischer Städte verhöhnen lassen. Thutmosis III. kannte keine Nachsicht mit der belagerten Stadt. Ein großer Teil der Bevölkerung wurde niedergemacht, die Fürstenfamilien traten den Weg ins Niltal an; der Pharao hatte gelernt, den Menschen von Amurru zu mißtrauen. Er würde ruhiger schlafen, solange diese Fürsten in Theben in einem goldenen Käfig lebten, als Dauergäste und Geiseln des königlichen Palastes.

Der Eroberer mochte dem angeschlagenen Land Amurru noch einmal den Rücken kehren, doch er wußte, daß diese Geiseln von königlichem Geblüt das Weiterschwelen der Revolte nicht verhindern würden. Die Drohung seiner Kriegsflotte verbreitete allerdings heilsame Furcht, außer bei den gefährlichsten Unruhestiftern im unerreichbaren Mitanni-Reich, das noch immer hinter dem fernen Horizont des Euphrat verschanzt lag.

*

Das Schicksal Thutmosis' III. entzog sich ihm. Er war ein großer König geworden, nie hätten seine Ahnen und Urahnen von solchen Siegen geträumt, und die Rückkehr nach Theben schien ihm von Mal zu Mal schwerer zu fallen.

Der Palast war Schauplatz glanzvoller Feste, sein Harem um so manche schöne Syrerin bereichert, man verschenkte mit vollen Händen die Schätze Phöniziens, und doch hatte Thutmosis das Gefühl, ein König auf Bewährung zu sein, was seine so hurtig geschmiedete Legende betraf. Er hatte sich von seiner eigenen Ruhmesgier hinreißen lassen, und mancher mochte sich bereits nach der Ära des Friedens zurücksehnen, welche die verstorbene Pharaonin Hatschepsut mehr als ein Jahrzehnt zuvor durchgesetzt hatte.

Niemand hätte dies eingestanden, viele glaubten, es zeuge von der Beherztheit der Armee, daß sie mit der schönen Jahreszeit wieder auszog, um die orientalische Front unablässig offenzuhalten . . . Doch für ein Zurückweichen war es zu spät! Die Höflinge sahen einen vielbeschäftigten König die Nachrichten aus dem Orient einholen, nach außen hin ruhig und gelassen. Bestand tatsächlich Anlaß zur Sorge? Es würde dort immer einige aufständische Städte geben, und die ägyptischen Streitkräfte würden sie zu bändigen wissen, ohne daß der Pharao jedesmal käme, die Kolonnen seiner Fußsoldaten persönlich anzuspornen.

Diese strategische Betrachtungsweise gehört jedoch wesentlich späteren Perioden der Geschichte an, ist Teil einer imperialistischen Auffassung, wie sie zum Beispiel die Römer tausend Jahre später an den Tag legen würden, indem sie die Polizeiaktionen des Reichs ihren Präfekten und militärischen Legaten überließen.

Zu Zeiten Thutmosis' III. war dies ganz anders: Die ersten Eroberervölker der Geschichte wußten sicher noch nicht um solche politischen Konstruktionen. Sie versuchten im Grunde nur, die Kontrolle über für ihre Sicherheit wichtige Grenzräume zu erlangen und zu bewahren, daraus erklärt sich auch der Verzicht auf die Ansiedlung einer Kolonialbevölkerung, von einigen Garnisonen zur Grenzüberwachung einmal abgesehen.

Für die theologische und absolute Auffassung von der ägyptischen Monarchie war es unvorstellbar, die Armee der Gefahr entgegenmarschieren zu lassen, ohne daß ihr Fürsprecher bei den Göttern mit ihr war bei diesem Wagnis. Der Pharao war der erste Soldat des Reichs.

Eine siebte Expedition zur phönizischen Küste wurde beschlossen, um den besiegten Landstrichen eine Zurschaustellung militärischer Macht zu geben. Nicht mehr. So verstrichen die Jahre eines kurzen, wenn auch königlichen Menschenlebens.

Überflüssig, darauf hinzuweisen, daß Thutmosis III. nach und nach die Sinnlosigkeit seiner Eroberungen im Land Amurru klargeworden war: Wenn auch den Randgebieten Asiens zugehörig, waren sie dies doch zu wenig, um ein Gleichgewicht auf einem ganz anderen Niveau zu sichern, dem der politischen Kräfte des ganzen großen Orients vom Schwarzen Meer über die Berge Persiens bis hinunter nach Indien. Es galt, die ägyptische Oberhoheit über die bedeutenden Reiche zu festigen. Die fernen Mittelmeerinseln stellten keine Gefahr dar. Schwarzafrika blieb ohne Stimme im Konzert der Anwärter auf den begehrten Titel der herrschenden Macht. Die Nomadenvölker aus den Steppen der eurasischen Grenzregionen hatten die seßhaften Gesellschaften bereits durch die indogermanischen Invasionen am Ende des vorangegangenen Jahrtausends aufgerührt.

Thutmosis III. erkannte das wahre Ziel all dieser Feldzüge. Er mußte das Mitanni-Reich erobern oder zumindest unterwerfen. Ein Zweikampf mit bedeutsamen Folgen: In der Arena der wichtigsten Monarchen des Orients hatte sich die Schar der politischen Akteure im Laufe des 16. und 15. Jahrhunderts deutlich vermehrt, nachdem das babylonische Reich unter den wiederholten Angriffen der indogermanischen Eindringlinge zusammengebrochen war.

Nach dem Fall dieser glanzvollen Zivilisation hatten ihre Zerstörer ihrerseits begonnen, politische Strukturen aufzubauen. Die Hethiter in Anatolien, die Assyrer in Obermesopotamien, die Kassiten am Rande der persischen Hochebenen und die in den Ausläufern dieser Gebirge angesiedelten Hurriter bildeten eine gewaltige kriegerische Barriere im Norden von Syrien. Alle warteten sie auf Thutmosis III., und seine Entschlossenheit Mitanni gegenüber, das sich als erstes dieser Reiche gefestigt hatte und zu dieser Zeit das dynamischste von ihnen war, würde für den weiteren Verlauf der Geschichte von entscheidender Bedeutung sein.

Der Pharao war kein Zauderer, doch er wartete noch lange Monate, bevor er endlich den Befehl gab: Im Jahre 33 seiner offiziellen Regierung – in Wirklichkeit war Hatschepsut jedoch erst elf Jahre tot – marschierte die Armee des Nils auf den Orient zu. Der Hof wußte sofort, wie wichtig die Unternehmung diesmal war: Die syrischen Städte hatten den Sohn des Amun nicht herausgefordert, keine Alarmmeldung war eingetroffen, die Ruhe der Hauptstadt zu erschüttern. Thutmosis ging schlicht und einfach in dem von ihm gewählten Augenblick seinem Schicksal entgegen; er suchte durch den bewußten Angriff auf das Mitanni-Reich die Grenzen seiner Macht auszuloten. Würde er mit über vierzig Jahren den Zenit seiner Herrschaft erreichen?

Die ägyptische Flotte, sicherlich noch umfangreicher als die vorigen Male, lag bereit, aus den Mündungen des Deltas auszulaufen. Die Kapitäne vernahmen ohne Überraschung, daß man nach den phönizischen Stützpunkten segeln würde, die Mitführung einer großen Zahl von auf Holzarbeiten spezialisierter Handwerker ließ darauf schließen, daß eine großangelegte Belagerungskampagne bevorstand. Die Überfahrt verlief reibungslos; das Mittelmeer war zu jener Zeit friedlich. Die Kreter und die Phönizier befuhren es ohne Furcht, es drohte noch keine Gefahr von den Piraten späterer Jahrhunderte, aufs Wasser getrieben von Hungersnot und politischen Unruhen, die das 12. vorchristliche Jahrhundert zu einer düsteren Epoche in der Geschichte dieses zivilisationsfördernden Meeres machen sollten. Das Auftauchen der gebirgigen Küste gab dennoch Anlaß zu so manchem Seufzer der Erleichterung. Die tiefliegenden Schiffe waren mit zu vielen Menschen, Tieren und Ausrüstungsgütern beladen, um in schwerer See gut bestehen zu können. Die Ägypter hatten die Schiffahrt auf hoher See erlernt, doch diese Flußmenschen, so unerschrocken der Strömung gegenüber, gewandt im Navigieren zwischen Sandbänken, konnten ihre Furcht vor widrigen Winden nicht verleugnen. Eigentlich verloren sie die dünne Landlinie am Horizont nicht gerne aus den Augen und waren froh darüber, daß ihr Kurs nach Verlassen der Sümpfe des Deltas recht bald nach Osten abbog.

Thutmosis wartete in Phönizien auf die Armada aus dem Nildelta. Als die Schiffe in den phönizischen Häfen von Byblos festmachten, verbreitete sich die unglaubliche Nachricht: Die Expedition sollte nicht nur über die Straßen Syriens ziehen, um störrische Städte durch neuerliche Belagerung zu unterwerfen. Sie sollte vielmehr in Richtung des Mitanni-Reichs marschieren, aber ihr Vorrücken würde in Begleitung einer sonderbaren Eskorte erfolgen, daher die Heerschar von Zimmerleuten.

Kaum an Land, empfingen die Kapitäne die Befehle des Pharaos: Die Offiziere sollten sämtliche Schiffszimmerleute der Küste ausfindig machen und anheuern, während die kräftigsten Männer sich auf den Weg machten, ganze Wälder alter Zedern in den Bergen des Libanon abzuholzen. Thutmosis III. wünschte innerhalb weniger Wochen Dutzende neuer Schiffe bauen zu lassen.

Die seinen hatten in seinen Augen keinerlei Nutzen

mehr. Eine wahnwitzige Idee war in seinen Strategenträumen gekeimt, stets auf der Suche nach der List, die ihm den Sieg sichern würde. Er würde die Armeen von Mitanni überraschen, so wie er auch in Syrien Furcht und Schrecken verbreitet hatte, indem er sich seiner phönizischen Küstenstützpunkte bemächtigte. Das einzige Mittel hierzu war die Überwindung der schwierigen Barriere des Euphrat, hinter dem die Mitanni-Armeen sich sicher wähnten.

Noch besser, eine kleine Flotte konnte den mächtigen Strom hinabfahren. Die Wildheit, mit der er die anatolischen Berge durchfloß, mäßigte sich in der nordsyrischen Ebene, dem Land Naharina, der westlichen Provinz des Mitanni-Reichs. So würde Thutmosis nach seinem Gutdünken das Schlachtfeld vom Flusse aus bestimmen können; die verdutzten Armeen des Gegners würden ihre Strategien gar nicht so schnell ausarbeiten können, wie sie schon wieder überholt waren. Der Pharao hatte die Lektion von Megiddo nicht vergessen.

Wer wäre auf einen so tollen Streich gekommen? Der Euphrat floß Hunderte von Kilometern von der phönizischen Küste entfernt, weit weg von jeder Meeresküste; niemals war ein Seeschiff seinen Oberlauf hinabgefahren. Es kam nicht in Frage, die selbst leer mehrere Dutzend Tonnen schweren Schiffe über die staubigen Straßen Syriens zu ziehen – mit welchen Mitteln? Solche Schwierigkeiten konnten Thutmosis III. nicht aufhalten. An die Zimmerleute erging der Befehl, alle Holzteile zuzurichten. Die langen Rumpfplanken, Ruder, Masten und Buge wurden aus Zedernholz zurechtgesägt; man bereitete sie zum Zusammenbau vor, vielleicht wurden ein oder zwei große Boote probehalber zusammengesetzt. Dann wandte man sich dem Oberhaupt der Armee zu: Wie sollte man solche Berge von Holz quer durchs ganze Land schaffen?

Das Ausmaß dieser Aufgabe wird erst deutlich, wenn man sich die technischen Möglichkeiten jener Epoche vor Augen führt. Fast nur die menschliche Körperkraft zählte. Das Prinzip des Flaschenzugs war noch unbekannt, erst die Römer würden diese glückliche Erfindung machen, und jedes Heben einer schweren Last erforderte die äußersten Anstrengungen Dutzender von Menschen, die sich am Ende eines Seils plagten, die Beine fest eingestemmt.

Die großen ägyptischen Errungenschaften haben unsere Zeitgenossen stets vor Rätsel gestellt, vor allem im Hinblick auf die Baumethoden der berühmten Pyramiden. Man könnte sich jedoch ebenso über die riesigen Säulen der Tempelsäle oder die eindrucksvollen Pylone von Karnak verwundern, nicht zu vergessen die riesigen Granitpfeiler der aus einem einzigen Block gehauenen Obelisken.

Hinter diesen Wunderwerken steckt jedoch kein Geheimnis, nur die Arbeitskraft Hunderter, ja Tausender von Menschen. Das Wunder beruhte auf der Einheit der Befehlsgewalt in dieser Morgendämmerung der Geschichte. Einem Mann – dem Pharao – war es gelungen, seine Autorität und vor allem seine Auffassung vom Gemeinwohl einem ganzen Volk aufzuzwingen.

Hubarbeiten wurden mit Hilfe von Erdaufschüttungen ausgeführt. So entstanden geneigte Rampen, über die man Steinblöcke, die riesigen Trommeln der Säulenelemente, durch zahlreiche Taue gesichert, in die Höhe zog. Die Vorwärtsbewegung wurde durch Holzstämme erleichtert, die man unter die Steinblöcke legte, um die Abbremsung durch Reibungsverluste zu vermindern; die Holzrollen und die Seile wurden unablässig bewässert, damit sie sich nicht zu sehr erwärmten. Im Falle der Flotte Thutmosis' III. war diese im Niltal so gewohnte Methode nicht recht brauchbar. Hier konnte kein Schiff die Steine und das benötigte Holz in die Nähe der Baustelle bringen, die schon im Tal trotz der kurzen Strecke nur mit ungeheuren Anstrengungen weiterbefördert werden konnten. Außerhalb seines Tals mußte Thutmosis III. sich den Gegebenheiten anpassen, wenn er triumphieren, das Unmögliche erreichen wollte.

Dem Pharao und seinen Beratern gelang es, eine dem Land angepaßte Lösung zu finden, ein Beweis, falls es eines solchen bedurfte, daß das Reich sich den äußeren Realitäten öffnete und fortan die Fähigkeiten der unterworfenen Völker zu nutzen verstand. Große, von Ochsen gezogene und mit vier stabilen Rädern, sicherlich aus massivem Holz, ausgerüstete Wagen würden die bearbeiteten Stämme transportieren. Damit war die Transportfrage gelöst, wenn auch die Handhabung solcher Wagen, die auf den schmalen, gewundenen Wegen sicher schwer zu lenken waren, nicht unproblematisch war, vor allem für die Ägypter, die nur an menschliche Lastträger und das Lenken kleiner Streitwagen gewöhnt waren. Und man konnte nur hoffen, daß die Gluthitze Syriens den Ochsengespannen nicht zum Verhängnis würde.

Man durfte nicht hetzen; die Armee würde sich im langsamen, eintönigen Schrittempo der Ochsen voranbewegen, unter aufmerksamer Bewachung. Die Sache war gefährlich, man zog mit einer praktisch unbeweglichen Armee durch ein als feindlich geltendes Land; es würde ein Leichtes sein, entlang der vorhersehbaren Strecke Hinterhalte zu legen. Thutmosis III. traf die Vorkehrung, einige Abteilungen auszusenden, um unzuverlässige Städte zu unterwerfen: Katna war die erste von ihnen, unweit der syrischen Küste, auch andere mußten dem Gebieter der Neun Bogen Treue schwören. Diese Scharmützel sorgten für Ablenkung, während die riesige Kolonne sich voranbewegte wie eine Arche Noah, etwas noch nie Dagewesenes im Lande der kargen Hochebenen am Saum der arabischen Wüste.

Trotz der Schilderungen der militärischen Annalen Thutmosis' III. auf einem der Pylone von Karnak und den heiligsten Mauern des Tempels ebenso wie im Grab des Amenemheb hat die Geschichte nur spärliche Erinnerungen an eine solche Großtat bewahrt. Sie ging über die rein militärische Ebene hinaus und begründete das Heldentum des Pharaos und sicherte seinen Ruhm in der Erinnerung der Teilnehmer des Feldzugs auf ewig. Sie würden die verherrlichte Schilderung dieser außergewöhnlichen Kampagne weitergeben, und die Offiziere – wie Amenemheb – würden das Wagnis in Worten preisen, die an Poesie grenzten. War diese Heldentat nicht bei weitem der Hannibals ebenbürtig, der, aus den karthagischen Territorien in Spanien kommend, mit seinen Elefanten die Alpen überquerte? Man muß allerdings bezüglich der Überlieferung auf die Nachwelt einen Unterschied im Ablauf dieser beiden zeitlich wie räumlich so weit auseinanderliegenden Ereignisse bedenken. Hannibal schlug sich in unserem Europa, in Anwesenheit römischer Augenzeugen, welche die Bestürzung ihrer Armee in lateinischer Sprache festhielten. Thutmosis lebte tausend Jahre vor Hannibal; diese zeitliche Entfernung hat sicher auch dazu beigetragen, die menschliche Erinnerung verblassen zu lassen.

So wurde, dem Blick der Geschichte entzogen, die amphibische Armee erfunden, und sie erreichte auf dem Weg über die syrischen Hochebenen die Ufer des Euphrat, eine Staubwolke hinter sich herziehend, die man sich gut vorstellen kann. Dort, genau gesagt bei Karkemisch, konnte Thutmosis III. den Göttern des Nils Dank sagen, indem er seine Hände in die schlammigen Fluten eines anderen gewaltigen Stromes tauchte, des Euphrat, der nach dem unbekannten Osten strömte.

Es war viel zu tun: Die Armee schlug das Lager auf und begann mit der Einrichtung des riesigen Bauplatzes. Es drohte keine Gefahr durch Feinde, Karkemisch hatte sich ohne rechte Gegenwehr ergeben. Dieser Knotenpunkt des Handelsverkehrs auf den Straßen des Orients legte Wert darauf, einen Anschein von Geschäftigkeit aufrechtzuerhalten.

Die so hergerichtete Flotte sah natürlich anders aus als die des Nils. Es handelte sich um große Flachbodenschiffe, auf denen sich die Armee zusammendrängte, so gut sie konnte, und schon begann die Fahrt den Euphrat hinunter. Man bewunderte den Fluß, seine mächtigen, schlammreichen Fluten. Die Ägypter verwunderten sich darüber, wie sehr er ihrem Nil ähnelte, wenn auch die morastigen Ufer nicht den Reiz der liebevoll bestellten Erde des afrikanischen Tals hatten.

Die Truppen des Mitanni-Reichs waren vor der Ankunft der Armee gewarnt. Thutmosis III. stieß hier an die Schwelle eines sehr bedeutenden Reiches, das sich über ein beachtliches Territorium erstreckte. Mitanni hatte es verstanden, eine einträgliche Vorherrschaft über die Ausläufer des anatolischen Berglandes zu errichten, und beherrschte ein Gebiet, das heutzutage den Norden Syriens, das Land Kurdistan am Schnittpunkt des Iran, des Irak, der orientalischen Türkei und Syriens umfassen würde.

Die Könige von Mitanni beherrschten außerdem die Straßen, die über die an Mineralvorkommen reichen Berge führten, fruchtbare Hochebenen – auf denen zweifellos, von wilden Gräsern ausgehend, die Kunst des Ackerbaus entwickelt worden war – und den Zugang zu den Tälern Mesopotamiens. Die Indogermanen, die einige Jahrhunderte zuvor ihr Auge auf diese Regionen geworfen hatten, assimilierten die ererbte Kultur Babylons und verschmolzen sie in einem fruchtbaren Synkretismus mit ihren der indischen Zivilisation sehr nahestehenden Vorstellungen. Wie alle Menschen des frühen Altertums fürchteten sie die Kräfte der unbekannten Welt und hielten sich an Götter, welche die grundlegenden Verkörperungen der Materie darstellten. Dieser Schauplatz der Vermischungen hatte ein eigenständiges Königreich hervorgebracht, wie seine politische Ordnung bezeugt, die sich auf eine Kriegeraristokratie der Fremdlinge und ihre Glaubensüberzeugungen gründete, wenn sie auch offenbar nicht die Stabilität und die Komplexität der sozialen Strukturen Ägyptens erreichte.

Die Städte und Paläste waren für ihren Reichtum bekannt. Wassuganni, die erste Stadt des Landes, lag ein gutes Stück vom Euphrat entfernt und war zweifellos gut befestigt. Die Mitannier waren dennoch sehr beunruhigt. Dies war das erste Mal seit der Regierungszeit Thutmosis' I., daß die ägyptischen Feinde ihrem Reich so nahe kamen. Jener war jedoch eher aus Neugier als aus Eroberungsdrang bis zum Euphrat vorgestoßen.

Jetzt waren die Umstände ganz anders, eine fremde Armee fuhr den Grenzfluß des Mitanni-Reichs hinab. Der König von Wassuganni hatte sich entschlossen, seine Streitkräfte nach Westen zu werfen, um den nicht greifbaren Eindringlingen den Weg zu versperren. Der Monarch und Thutmosis III. waren, um die Wahrheit zu sagen, beide gleichermaßen unschlüssig: Die Bestürzung des Mitanniers, der Macht des Pharaos angemessen, scheint verständlich. Die Thutmosis' erstaunt schon eher, und sie erklärt das Nichtzustandekommen einer großen Schlacht: Was hätte Thutmosis III. mit einer solchen Eroberung anfangen sollen, mehr als tausend Kilometer von der letzten Grenzfestung Ägyptens gelegen?

Das Mitanni-Reich, seine Hunderttausende von Einwohnern, besitzen zu wollen, wäre ein aussichtsloses Unterfangen gewesen, wie es die ständigen Revolten der Syrer zu Genüge bewiesen. Recht schnell wurde Thutmosis III. klar, daß er an den Grenzen seines Reiches angekommen war, dieser Neun Bogen, deren anerkannte Randgebiete sich von einem Herrscher zum nächsten gefährlich ausdehnten. Wozu diente also die Großtat des amphibischen Feldzugs? Warum hatte der König von Ägypten ein solches Projekt ersonnen und in die Tat umgesetzt? Auch wenn die geographischen Zwänge Thutmosis III. schließlich überzeugten und seine Besonnenheit wiederherstellten, blieb die Überzeugung, die ihn getrieben hatte, dem Mitanni-Reich die Stirn zu bieten, doch unleugbar. Es war unbedingt notwendig, die Mitannier zu schlagen, um jeden Versuch der Destabilisierung in den kolonisierten Territorien zu unterbinden. Der König von Mitanni mußte das Knie vor dem Pharao beugen!

Den Annalen und anderen knappen Quellen zufolge lieferten sich die beiden Armeen eine kurze Schlacht. Die Mitannier, gewiß im Nachteil durch die Manövrierfähigkeit einer Flotte, die immer wieder andere Landestellen an den Ufern des Euphrat anlaufen konnte, konnten den Vorstoß des Pharaos nicht aufhalten. Die gegnerische Armee entpuppte sich bald eher als Eingreiftruppe von begrenzten Möglichkeiten und entschloß sich schließlich zum Rückzug. Die siegreichen, aber zugleich enttäuschten Ägypter mußten sich mit einigen hundert Gefangenen und der Intendantur des Gegners zufrieden geben.

Was hatten die Mitannier vor? Sicher wollten sie die Ägypter in diese ihnen unbekannte Steppe vordringen lassen, wo sich die Kolonnen auf dem Marsch auseinanderziehen würden. Die Entfernungen würden ein übriges tun, und die verstreute Armee, mit ständig wechselnden Marschrouten konfrontiert, hätte sich schließlich an sehr viel wirkungsvolleren Verteidigungswerken aufgerieben, in den für die Ägypter vollkommen unbekannten Bergen.

Die Mitannier und die Ägypter gelangten letztlich zu einer Art Übereinkommen: Der Oberlauf des Euphrat, die Provinz Naharina, würde zum Grenzgebiet werden. Thutmosis III. sann darüber nach, während er die Gefangenen, vor allem die hohen hurritischen Würdenträger, in Augenschein nahm. Zu seinem großen Glück traf er die Entscheidung, seinen Streifzug an diesem Punkt abzubrechen, im Unterschied zu Alexander dem Großen.

Das hellenisierte Makedonien konnte tausend Jahre später seinen Eroberungsdrang nicht bezähmen, und seine Fußsoldaten – die griechischen Phalangen – machten erst an den Ufern des Indus halt. Überwältigende Eroberungen, das herrlichste Reich der Welt, aber ein von seiner asiatischen Rundreise erschöpfter, in Babylon in der Blüte seiner Jugend verstorbener König. Mit ihm wurde zugleich ein phantastischer Traum begraben. Alles in allem währte das Reich nur eine Regierungszeit, und die unterworfenen Länder, darunter auch Ägypten, wurden den Generalen überlassen.

Thutmosis verstand die Gefahr; sein erstes Ziel war es, sein Reich, Ägypten, zu schützen. Die Eroberungen waren nicht vorrangig, das Mitanni-Reich galt ihm nicht soviel wie das Niltal. Dennoch blieb die Anziehungskraft, die diese unbekannten Landstriche auf den Abenteurer in ihm ausübten, und der Wunsch, eine Spur seiner Anwesenheit zu hinterlassen im Bewußtsein, hier den Gipfel seiner Herrschaft erreicht zu haben.

Thutmosis I. hatte am Ufer des Euphrat eine Stele errichten lassen, welche seine Kriegstaten anläßlich seiner siegreichen Expedition in den Orient rühmte. Natürlich ließ Thutmosis III. eine ebensolche Stele neben der seines Großvaters aufstellen: Hatschepsut war endgültig begraben! Über die Rachsucht des Thutmosiden hinaus, der so weit von Theben entfernt die Kontinuität der Krieger dieser Dynastie bekräftigte, kann man sich die Gefühle des Königs bei der Entdeckung der vergessenen Stele seines Großvaters, der ein halbes Jahrhundert zuvor hier gestanden hatte, unschwer vergegenwärtigen. Der, mit dessen väterlicher Liebe sich die gottlose Königin so sehr gebrüstet hatte, daß sie sogar glauben machen wollte, er habe seine einzige Tochter zu seiner Nachfolgerin ernannt, würde es fortan seinem Enkel, dem Bastard, verdanken, daß er noch an den äußersten Grenzen seines Reiches geehrt wurde.

Vor diesem bescheidenen und vergessenen Stein konnte Thutmosis III. voller Stolz seines Großvaters gedenken: Er hatte ihn überflügelt, Hatschepsut auf ihren Platz als Frau zurückverwiesen.

Es war höchste Zeit, sich etwas Zerstreuung zu gönnen. Die Uferregionen des Euphrat, in ursprünglicherem Zustand bewahrt als das Niltal, wimmelten von Wild. Die Annalen Thutmosis' wie auch das posthume Zeugnis Amenemhebs berichten davon: Thutmosis III. suchte eine Legende zu begründen, die des Kriegers und Eroberers, und die Jagd spielte hierbei eine bedeutende Rolle, wie auch in der Symbolik der früheren Herrschaftszeiten.

In der umgebenden Steppe gab es Elefantenherden. Die Elefantenjagd war nicht ungefährlich, aber spannender als die Jagd auf gefangene Tiere. Thutmosis III. besaß außergewöhnliche körperliche Fähigkeiten, und wenn seine Statur auch nicht der seines Sohnes, Amenophis' II., entsprach, so verstand er es doch, den Schrecken seiner Pferde zu bezwingen und ohne zu wanken auf ein bewegliches Ziel anzulegen. Dieser Sport war für ihn eine Abwechslung von den ständigen Kämpfen, die seine Armee in diesem Land Amurru, so weit vom Niltal, hatte ausfechten müssen. Vielleicht vergaß er darüber die grundlegendste Vorsicht, jedenfalls hätte der Pharao hier beinah ein Ende gefunden, auf das die verbündeten Syrer niemals zu hoffen gewagt hätten. Ein Elefant griff an, und ohne den Mut Amenemhebs, der dem Tier den Rüssel aufschlitzte, hätte den König ein schlimmes Schicksal ereilt.

Die Sache machte viel von sich reden unter den Schreibern und Höflingen, war die Person des Königs doch schon zu Lebzeiten Gegenstand der Mythologie. Sie belehrt uns über die Unerschrockenheit seiner Persönlichkeit, seinen Wagemut, seinen unersättlichen Hunger nach Anerkennung und Siegen. Auf der Jagd wie im Krieg rächte Thutmosis III. das Vermächtnis des furchtsamen Kindes, das er hatte auf sich nehmen müssen. Die überschwenglichen Berichte sprechen von Hunderten niedergemetzelter Elefanten.

Thutmosis III. konnte den Weg zurück zum Nil einschlagen, wobei er im Vorüberziehen einige syrische Anwandlungen von Rebellion niederschlug. Nichts würde seinen politischen Horizont nach seiner Rückkehr nach Theben noch trüben. Der Orient war befriedet, das Mitanni-Reich würde Tribut zahlen. Seine

Nachbarn, von der Verwegenheit eines solchen Streifzugs erschüttert, würden den Pharao seine Vorherrschaft über Phönizien und Syrien in Ruhe auskosten lassen. Das Imperium war ein für allemal konstituiert, solide gekrönt durch die Herrschaft über den Euphrat an seiner nördlichen Grenze. Jetzt galt es, seinen Bestand zu sichern.

12
Die Festigung des Reiches

Thutmosis III. hat mehr als die Hälfte seines Lebens gelebt, und wenn er sich seiner Vergangenheit zuwendet, blickt der kühne Feldherr auf ein politisches Werk, wie es vor ihm noch niemand vollbracht hat.

Das Reich ist konstituiert, nicht vergleichbar mit jenen militärischen Grenzgebieten früherer Zeiten, natürliche Barrieren zum Schutze des ägyptischen Tals gegen eine feindliche Welt, sondern ein harmonisches Ganzes mit einander ergänzenden Provinzen. Das Volk vom Nil kann noch Hunderte Kilometer von Theben entfernt über Menschen und Ressourcen verfügen. Wenn es dem Herrscher auch hauptsächlich darum geht, seinen Herrschaftsbereich zu erweitern und seinen Namen in die Legende der Pharaonen eingehen zu lassen, werden als indirekte Folge seines Werks doch so unterschiedliche Völker wie die durch die Sahara isolierten Nubier und die kretischen Seefahrer miteinander in Kontakt kommen. Es ist ein Beitrag zur Speisung eines zivilisatorischen Schmelztiegels, durch die ausgetauschten Waren wie durch die Händler, die sich auf den thebanischen Märkten drängen, nicht zu vergessen die Fürsten und Gesandten, die in den Prunksälen von Theben auf andere fremdländische Würdenträger treffen.

Die den Ägyptern bekannte Welt gehört wahrhaftig zum allergrößten Teil ihrem Erobererpharao. Dieses ungeheure Werk gründet sich auf die Erfolge von acht Feldzügen, eine für sich genommen erstaunliche Zahl, die aber im Verhältnis zur Unermeßlichkeit des unterworfenen Territoriums winzig scheint.

Die Sprache der Hieroglyphen wird von Asien bis nach Afrika gesprochen, die Phönizier halten ihre ersten Versuche eines alphabetischen Schriftwechsels auf Papyrus fest, der zu den Tontäfelchen in Konkurrenz tritt. Die Darstellung der ägyptischen Sphingen dringt in die orientalischen Kunstformen ein wie ein aufdringlicher Refrain, Zeugnis der Vormachtstellung Thutmosis' III.

Und nun erklingt die imperiale Hymne des Herrn des Nils, deren Text religiös und politisch zugleich ist, dazu bestimmt, auf den Tempelwänden eingraviert zu werden als Testament eines Mannes, der sich über alle anderen erhoben hat. Als erster Pharao, sie anzustimmen, trägt Thutmosis III. die dem Amun zugeschriebene und seinem Sohn, dem König der Menschen, zugedachte Botschaft vor, doch erkennt man wohl das stolze Gepräge des Sohns Thutmosis' II., der hier lautstark seinen unvergleichlichen Triumph kundtut. Die Verkündigungen des Gottes preisen das vollbrachte politische Werk, niemand reicht an den in Ehren wiederaufgenommenen Sohn des Amun heran, und jedes Wort erzählt von der ehrfurchtgebietenden Macht des Bastards, des Wegbereiters des Imperiums.

Der in den geheiligten Stein gegrabene Text ist gleichzeitig ein episches Gedicht auf den Ruhm des vergöttlichten Menschen. Er liefert uns noch heute den Beweis für das erstaunliche politische Bewußtsein des Monarchen. Thutmosis hielt seine Welt in seinen Händen und blieb sich dessen doch stets bewußt.

Betrachtet man diese Ode, so entdeckt man hinter dem emphatischen Stil die Beschreibung eines gigantischen Reiches, das die größten Schätze des Altertums in sich schloß, nur China ausgenommen. Wie ein Vogel, der die Wüstengebiete und die Oasen des Orients überfliegt, gibt uns die Hymne des Thutmosis die Wunder einer Landschaft zu schauen, die viel später die schönen Märchen aus Tausendundeiner Nacht inspirieren sollte.

Um die Macht und die Reichweite des Ansehens dieses Pharaos zu verstehen, mußte man in der Unermeßlichkeit des Südens das Land der afrikanischen Mysterien entdecken. Dort, bis hinauf zum vierten Katarakt, befolgte man bis ins kleinste die Verordnungen Thutmosis' III., die den in Furcht und Schrecken versetzten Dörfern geboten, sich einem Manne zu unterwerfen, den sie niemals zu Gesicht bekommen würden. Was wußten sie schon von Theben und seinen Palästen, diese Nubier an den fernen Ufern des ungezähmten Nils? Sie kannten die Großartigkeit des Stroms kurz hinter seinem Zusammenfluß, wo sich der vom Viktoria See kommende Weiße Nil und der aus den Bergen Äthiopiens herunterströmende Blaue Nil vereinigten. Die Dorfbewohner wußten alles über die Launen einer unbezähmbaren Natur, den ständigen Wechsel zwischen Überschwemmung und Trockenheit, und doch war ihre Sonne nicht das sengende Himmelsgestirn, sondern vielmehr ein einziger Mann.

Wie stellten sie ihn sich wohl vor, diesen Unbekannten, den die fremden Schreiber aus dem Norden so fürchteten, wenn nicht wie Amun selbst, einen sagenhaften Schatten, einen Berg des Lebens?

Auf mehr als tausend Kilometern strömte der nubische Nil unter der Herrschaft des Herrn von Theben dahin. Hier gab es keine großen Schätze zu plündern. Dennoch hätte Thutmosis diese Beute um nichts in der Welt fahrenlassen. Hier, auf dem mythischen Weg des nährenden Stroms, des spirituellen Vaters aller Ägypter, die von seinem Wasser abhängig waren, führte der

Pharao ein jahrtausendealtes Zwiegespräch mit den Erdkräften Afrikas, das über politische Logik hinausging.

Hatschepsut und ihr Totentempel konnten keinen Schatten auf das Oberhaupt der ägyptischen Armeen werfen: Dieses Reichsgebiet war ihm ganz allein zu eigen, niemand würde ihm diesen Ruhm streitig machen. Man versicherte ihn dessen oft genug auf seinen Inspektionsreisen, auch wenn diese ihn nicht weit über den zweiten Katarakt hinausführten.

Thutmosis III. erfreute sich jedoch viel lieber an jener Landschaft der Menschwerdung, wo das fast violette Band des Nils sich im Ocker der Hochebenen verlor: Er wußte, daß sein Blick niemals die Grenzen seiner Besitzungen erreichen würde. Sein Königreich hatte die Proportionen eines Götterwerkes. Sicher wäre er glücklich gewesen, zu erfahren, daß er unbestreitbar der erste afrikanische König seiner Zeit war.

Im Herzen eines Kontinents, der so wenig organisiert war, außer um eine Vielzahl lokaler Herrschaftsbereiche von Stammeshäuptlingen und Klanoberhäuptern herum, bedeutete die Präsenz des ägyptischen Staates mit seinen Schreibern, seiner Verwaltung, seinen Festungen und Flußhäfen das erste Auftauchen der Geschichte auf diesem Kontinent, wo doch mehrere Millionen Jahre zuvor der Mensch das Licht der Welt erblickt hatte, nicht weit von den Quellen des Nils entfernt. Die Ägypter bewiesen Intuition, indem sie in dieser Region den magischen Nährboden der Schöpfung sahen, den Ursprung des Lebens, wenn auch Darwins Evolutionstheorie unsere moderne Denkweise eher befriedigt, die das Auftauchen des Menschen auf den Hochebenen des östlichen Afrikas mit Veränderungen des Lebensraums unserer Vorfahren erklärt.

Solche Erkenntnisse lagen Thutmosis III. natürlich

fern, und eigentlich genügte es ihm auch, sich von einem wirkungsvollen Schutzwall aus Sand umgeben zu wissen, einer Art gigantischen Rückenlehne seines thebanischen Throns. Die Nubier interessierten ihn nicht besonders, viel weniger als der Nil. Und doch konnte er seinem Reich einen atavistischen, wüstenhaften Wesenszug nicht nehmen. Um sich hiervon zu überzeugen, muß man sich nur die vielen Wörter aufzählen, welche die Nomaden der arabischen und libyschen Wüste und des Sinai bezeichneten, nicht zu vergessen den schon orientalischen Negev . . . Alle schuldeten sie ihm Respekt und Tribut!

Diese unwirtlichen Landstriche beherbergten recht wenige Einwohner, und doch waren diese stets der Alptraum der Niloten gewesen. So ist es häufig mit seßhaften Zivilisationen, Zielscheibe der Plünderung durch Nomadenvölker. Ihre gewiß unberechenbaren Attacken bedrohten zwar nicht das Reich als solches, ließen jedoch die grenznahen Dörfer in ständiger Furcht leben. Thutmosis III. bekämpfte diese Plünderer unablässig. Schon vor dem Tod seiner Tante hatte er begonnen, sich an den Nomadenhorden des Sinai zu üben. Siebzehn Jahre später findet man ihn nur wenige Meilen von dort mit der Jagd auf rebellische Wüstenstämme vor den Toren Palästinas beschäftigt.

Die auf den Sohlen des Windes umherschweifenden Nomaden waren durch Drohungen nicht zu bezwingen. Sie hatten die Wüste, die Einsamkeit und den Durst, die sengende Sonne auf ihrer Seite. Wer hätte sich bessere Waffen wünschen können? Gestern noch besiegt, das Messer an der Kehle, schworen sie Rache, kaum daß die Truppen in ihre Festung oder zum fernen Nil zurückgekehrt waren, und plünderten erneut Karawanen, die kamen, um die Erze der Wüste zu holen.

Thutmosis III. wußte, daß sie schwach, aber zahlreich und unermüdlich waren, wie die Fliegen. Man mußte unentwegt auf der Hut vor ihnen sein. Unter den Flachreliefs jener Zeit sind viele Wandbilder, auf denen wir diese ärmlich gekleideten, spitzbärtigen Männer erblicken, wie sie ihre mit bescheidenem Tribut beladenen Esel dem Pharao oder seinen Vertretern zuführen. Ihre langen Gewänder lassen die Hagerkeit dieser unermüdlichen Wanderer nicht erahnen, in jener Zeit, als das Kamel ihnen noch keine Flügel verlieh. Kleine Leute, Handelstreibende auf unsicheren Straßen, langgliedrige Frauen und ausgemergelte Kinder, auch sie Untertanen des großen Pharaos, doch es lag ihnen sicher fern, dem Herrn von Theben einen Kult zu weihen.

Wenn die Menschen der Wüste in den Augen des Herrn des Nils auch keine große Bedeutung hatten, konnten sie doch als Hilfstruppen dienen. Thutmosis III. stellte eine kosmopolitische Armee auf, in der die wendigen Libyer Seite an Seite mit den kraftvollen Nubiern kämpften.

Andere ihm ergebene Völker waren dem Pharao weniger vertraut. Auch die Kreter und die Ägäer, fern im Norden, in der großen grünen Weite des Mittelmeers, das unterworfen zu haben Thutmosis III. sich nur zu bald rühmte, zeigten sich bereit, ihren Tribut zu schicken, exotische Gesandtschaften, mit den Schätzen von Knossos beladen.

Dies war nicht auf eine bewaffnete Expedition des Pharaos zurückzuführen. Keine ägyptische Flotte hätte es jemals gewagt, geradewegs nach Norden zu fahren, was tagelanges Navigieren bedeutet hätte. Wozu auch? Wohl schätzten die Ägypter die schönen Vasen, welche die Kreter über den ganzen östlichen Mittelmeerraum verbreitet hatten, doch in jenen Tagen bedeutete dies lediglich die Huldigung eines freien und weit entfernten Seefahrervolks an den Gebieter der Region, den Herrscher des konkurrierenden Phönizien, einen König, den man besser entgegenkommend behandelte.

Zweifellos hätte es Thutmosis III. Gefallen bereitet, dieses gebirgige Kreta mit seinen schönen, harmonisch am Meeresufer angelegten Palästen zu entdecken. Ein Frieden, der in der Architektur der labyrinthischen Paläste zu spüren ist, herrschte auf der Insel, die für die Schiffe der Handelsfahrer offen und gegen Kriege wenig geschützt dalag. Ihre Entdeckung hätte Thutmosis sicherlich zu Überlegungen hinsichtlich der beunruhigenden Ähnlichkeit der beiden Zivilisationen angeregt. Diese beiden Landschaften hatten sich durch die Handwerkskunst und den Handel entwickelt, in einem Frieden, der durch starke und weise Könige gesichert wurde, ohne in den Schrecken der Plünderung und der gegenseitigen Zerstörung rivalisierender Kleinkönigtümer zu versinken. Die Ägypter sollten Kreta nicht entdecken. Bislang waren sich die beiden Kulturen hauptsächlich auf dem Umweg über die phönizischen Kaufleute begegnet. Ein kurzlebiger Frieden herrschte im östlichen Mittelmeerraum, unter dem Schwert des Thutmosis; doch die ersten Wolken zogen sich schon zusammen über diesem trotz seiner strahlenden Bläue so wechselhaften ägäischen Meer. Sie waren leider von den Ufern des Nils nicht wahrnehmbar. Thutmosis auf der Höhe seines Ruhms hätte sicher daran gelegen, dies abzuwenden, um die Glaubwürdigkeit seines einigenden Werkes im Umkreis Ägyptens nicht zu beeinträchtigen. Die eindrucksvollen Vasen, in jahrhundertealten Werkstätten geformt, mit Kraken und springenden Delphinen verziert, waren die letzten Geschenke, die der Pharao von diesen respektvollen Verbündeten erhalten sollte. Innerhalb der Spanne eines Menschenlebens sollten zwei Katastrophen zusammenkommen, um diesem zivilisatorischen Brennpunkt des Nordens ein Ende zu bereiten. Der Vulkanausbruch von Santorin würde bald die ganze Region verheeren.

Diese kleine Insel, deren Zivilisation der kretischen verwandt war, lebte von Handel und Ackerbau im fruchtbaren, aber gefährlichen Schatten eines Vulkans. Die Explosion des Kraters zerschmetterte die Insel und hinterließ nur den Bogen höhergelegenen Landes, von Felswänden gesäumt, der heute das Juwel der Kykladen darstellt.

Die Flutwelle, die auf die Zerstörung der Insel und das damit verbundene Erdbeben folgte, legte sehr rasch die dreihundert Kilometer zwischen Santorin und dem südlich gelegenen Kreta zurück und unterspülte viele der an den friedlichen Gestaden gelegenen Paläste. Thutmosis hätte angesichts einer derartigen Prophezeiung sicher nicht einmal geblinzelt; er wußte, daß der Nil friedlich und sein Hochwasser gutartig war.

Die Nachricht von der zweiten Katastrophe dürfte ihn stärker beunruhigt haben. Die Menschen und ihre Tollheit machten sich daran, das zerstörerische Werk des Vulkans an dem geschwächten Kreta fortzusetzen, und zwar in der Person der Indogermanen, die sich ab dem 15. Jahrhundert vor unserer Zeitrechnung von Griechenland angezogen fühlten. Die Dorier und die Achäer würden bald das Meer überqueren, nachdem sie zunächst mit dem Schwert in der Hand das Festland unterworfen hatten; sie brannten die wiederaufgebauten, aber schon im Niedergang begriffenen Paläste nieder.

Thutmosis ahnte nichts von diesem Sturm. Er schätzte die Höflichkeit der Kreter, ihre Eleganz und die langen Prunkgewänder ihrer hellhäutigen Kaufleute. Die Phönizier mochten sich unter sie mischen. Ihrer beider Flotten waren die Verkehrsadern des internationalen Handels, doch die Phönizier wußten, daß Vasen nicht ausreichten, sich den Pharao geneigt zu machen.

Sie waren besiegt, und ihre Stellung als Brückenkopf der ägyptischen Macht im Orient erforderte andere Beweise der Loyalität. Der Tribut der großen Häfen von Phönizien bestand aus Gaben in Gold und jenem schönen Silber, das in Ägypten so wenig bekannt war.

Thutmosis III. schätzte ihre Kunsthandwerker. Sie waren imstande, die mesopotamischen Greife und die Sphingen vom Nil auf ein und derselben Vase zu vereinen; es gab keinen Werkstoff, dem ihre Kreativität nicht gewachsen war. Ihr Goldgeschirr war berühmt, genau wie ihre Elfenbeinschnitzereien, und auch ihre Bildhauerkunst war beachtenswert. Er hatte die Häfen der Küste oft genug besucht, um sich davon zu überzeugen, daß die Lagerhäuser niemals leer waren. Überdies waren die langen Stämme der hundertjährigen Libanonzedern ein stets annehmbares Zahlungsmittel.

Die anderen Untertanen des orientalischen Imperiums hatten ihre eigenen Sorgen um die innere Ordnung. In jeder Stadt hatte noch der kleinste Provinzkönig eine Aufgabe wahrzunehmen. Der Pharao vergaß ihn nicht, und seine räumliche Entfernung, bis zu den Ausläufern der anatolischen Berge hin, entband ihn nicht von der Verpflichtung, mit seiner Gesandtschaft rituelle Geschenke zu schicken. Der Pharao sah darin den Beweis wahrer Ergebenheit, der ihn der Notwendigkeit enthob, kostspielige Militärkolonnen zu entsenden, um die Richtigkeit dieser Annahme vor Ort – und auf Kosten der Unvorsichtigen – zu überprüfen.

Thutmosis III. erwartete die protokollarischen Visiten dieser exotischen Gesandtschaften mit Ungeduld. Die Asiaten verfügten über Adel, Zeichen einer alten

Tradition. Ihr langes dunkles Haar hing über die in Falten drapierten Gewänder herab; sie verstanden es, Huldigungen darzubringen, ohne darüber ihre Würde zu verlieren, und ihre Sprache, das Akkadische, schien nach Auskunft der Phönizier ein bei allen Völkern des Orients sehr gebräuchliches Idiom zu sein. Ihre Tribute erstaunten den Herrn des Nils immer wieder: Syrien verfügte offenbar über erhebliche Reichtümer. Die Kunsthandwerker von Kadesch und anderswo waren denen Ägyptens an Kunstfertigkeit durchaus ebenbürtig.

Andere Schätze lagen ihm noch mehr am Herzen. In seinen kühnsten Träumen hätte Thutmosis III. niemals an Geschenke zu denken gewagt, die gewissermaßen von Gleichgestellten kamen, den Großreichen des Orients. Sein unerwartetes Vordringen ins Zentrum des Mitanni-Reichs hatte diese mächtigen Nachbarn von der Notwendigkeit überzeugt, der Gefahr vorzubeugen. Die Abgesandten der überraschten und beunruhigten Könige hatten sich auf die langwierige Reise begeben, um dem Hof von Theben ihre Aufwartung zu machen.

Wie groß war Thutmosis' Stolz angesichts der Gesandten der Könige des anatolischen Hatti, des besiegten Mitanni, der assyrischen Kriegerfürsten und selbst des sagenumwobenen Babylon. Nie zuvor war ein Pharao von einer solch ehrwürdigen Versammlung hofiert worden: Thutmosis III. lag die ganze Welt zu Füßen. Wenn einem Herrscher der Titel des Sonnenkönigs zustand, dann ganz unbestreitbar ihm, dem er von den thebanischen Priestern ohnehin bereits verliehen worden war, wie jedem Pharao. Zumindest war Thutmosis III., sicherlich als einziger, imstande, sich der schweren Bürde dieses Ruhmes als würdig zu erweisen.

Das Mitanni-Reich bemühte sich gewiß um ein

Bündnis, und Thutmosis legte keinen Wert darauf, es zu demütigen. Seine Gesandten wurden also mit allem gebotenen Pomp empfangen. Es war wichtig, den Feind von gestern zu beruhigen, ihn aber auch zu beeindrucken, da man ihn nicht ermutigen wollte, aufs neue Intrigen anzuzetteln, um die syrischen Städte aufzuwiegeln.

Die geheimen Absichten seiner anderen Lobredner durchschaute Thutmosis III. weniger genau: Babylons Stern war im Sinken begriffen; es war vielleicht nicht erstaunlich, daß es demjenigen Beifall zollte, dem es gelungen war, das Mitanni-Reich zu etwas mehr Bescheidenheit zu bewegen. Die Zahmheit des Hatti-Reichs der indogermanischen Hethiter machte ihn schon eher stutzig . . . Diese furchterregenden Krieger beherrschten von ihrem anatolischen Adlerhorst aus den Fruchtbaren Halbmond. Sie hatten schon bei der Plünderung Babylons ihre Hand im Spiel gehabt und warteten zweifellos nur auf eine günstige Gelegenheit, um ihre Armeen wieder nach Süden zu werfen.

Man hatte Thutmosis III. berichtet, daß die Hauptstadt Bogazkale – unweit des heutigen Ankara – eine prächtige Stadt sei, gut geschützt durch die kargen, windgepeitschten Hochebenen, die es umgaben. Im Winter herrschte hier der Schnee, im Sommer drükkende Hitze, und die rauhen Soldaten von Hatti würden keine Mühen scheuen, um fruchtbare Ländereien im Süden zu gewinnen. Die Phönizier mußten auf der Hut sein – und der Pharao mit ihnen. Vorläufig beobachtete Thutmosis III. diese hohen Würdenträger mit heller Haut, die gekommen waren, ihm von Frieden und Freundschaft zu sprechen: Morgen würde es noch nicht zum Krieg kommen, aber es genügte, daß einer seiner Nachfolger den Druck auf Syrien lockerte, und schon hatte Ramses II. im nächsten Jahrhundert enorme Schwierigkeiten, sich den Klauen der Hethiter zu entziehen.

Die Assyrer vom Oberlauf des Tigris waren ebenfalls Nachbarn des Mitanni-Reichs, ein Volk, in dem sich indogermanische Eindringlinge und semitische Einheimische vermischt hatten. Noch zügelten diese wilden Krieger ihre Abenteuerlust, doch auch hier durfte sich Thutmosis III. nicht zu sehr auf seinen Lorbeeren ausruhen . . .

Ahnte er auch nur einen Augenblick, daß er hier Völker vor sich hatte, die in der Lage waren, das aus seinem außergewöhnlichen Schicksal geborene Reich in die Knie zu zwingen? Die hethitische Drohung würde unablässig über den Häuptern seiner Nachfolger schweben, und die grausamen Assyrer sollten eines Tages mit ihren Streitwagen in Ägypten einfallen und im Jahre 671 v. Chr. die Stadt Theben in Schutt und Asche legen.

Der Ruhm blendete den nunmehr in seiner Macht bestätigten Herrscher. Thutmosis hatte seine unglückliche Jugend überwunden, und das war das Entscheidende. Seherische Gaben sind den Mächtigen nicht gegeben. Von seinen begeisterten Offizieren konnte man nicht erwarten, daß sie seinen berechtigten Stolz dämpften, noch von den befriedigten Priestern, um einer vorsichtigen Bescheidenheit willen die Goldbarren, die fremdartigen Vasen zurückzuweisen, welche die Schätze des Tempels bereicherten. Während Ägypten über alle seinem Tal benachbarten Völker herrschte, beobachteten die orientalischen Reiche es aus der Ferne.

*

Das thebanische Volk war sich der Macht seines Herrn bewußt. Die Triumphzüge der siegreichen Armeen hatte den Menschen ausreichend klargemacht, daß der Name des Pharaos von einem bis zum anderen Ende der bekannten Welt der Neun Bogen geachtet wurde. Die langen Reihen der Gefangenen, Männer, Frauen und Kinder, vermittelten ihm das Bild einer fremden, barbarischen Welt. Die Haltung einiger von ihnen, die zerfetzten Überreste prächtiger Gewänder verrieten allerdings eine achtbare, sicherlich fürstliche Herkunft.

Man entdeckte unbekannte Menschentypen, und die Felder des Amun-Tempels hallten wider von den Lauten unverständlicher Sprachen der Kriegsgefangenen, die den Rest ihres Lebens als Sklaven des thebanischen Gottes diese schwarze Erde bearbeiten würden. Die Soldaten verkauften Teile ihrer Beute auf den Märkten der Stadt und anderswo. Die Frauen der Schreiber und Priester rissen sich um Stoffe aus Phönizien, goldene Opferschalen oder sorgfältig gearbeitete Salbengefäße von den Ufern des Euphrat. So entstand eine Osmose zwischen dem abgeschiedenen Tal und der Außenwelt. Natürlich entdeckte Ägypten nicht an einem Tag die Existenz so vieler anderer Länder, aber es hielt zum erstenmal den Beweis seiner Vorherrschaft und der so fremdartigen Lebensweise seiner Menschenbrüder in Händen.

Das Niltal stand am Beginn gewaltiger zivilisatorischer Mahlströme. Seine Handelsverbindungen steckten noch in den Anfängen, und es wäre ein Irrtum, Theben als ein ägyptisches Rom zu betrachten, ein gigantisches Handelszentrum, dessen wirtschaftlicher Aufstieg tausend Jahre vor dem am Tiber begann. Dessen auf Einigung und Vermischung ausgerichtetes Geschichtsbild war den Ägyptern des Neuen Reiches nicht zu eigen.

Die Römer verstanden es, ihr Staats- und Zivilisationsmodell zu verbreiten, sich aber auch die Glaubensüberzeugungen und Gebräuche anderer Völker anzueignen. Ägypten war darin ganz anders: Das Land hatte lange vor den meisten dieser Völker eine überlegene Entwicklungsstufe erreicht, und seine Überheblichkeit ließ keine Versuchungen dieser Art aufkommen. Die ungehobelten Bauern von den Ufern des Tiber sollten vom Zauber und von der Kraft eines tausend Jahre vor ihnen aus dem Nebel der Vorgeschichte aufgetauchten Orients überwältigt sein.

Diese zaghafte Hinwendung des ägyptischen Volkes zum neugegründeten Imperium war nichts im Vergleich zu den Vorgängen am Hof von Theben: Zum erstenmal in der ägyptischen Geschichte war der Pharaonenpalast ein regelrechter Turm zu Babel.

Die Eroberungen hatten dem glücklichen Herrscher bereits drei als Staatsgeschenke überreichte syrische Gemahlinnen beschert. Die Erweiterung des ursprünglichen ägyptischen Frauengemachs um diesen orientalischen Harem hinterließ ihre Spuren in den Annalen des Hofs. Überall stoßen wir auf die Spuren der Anwesenheit dieser jungen Frauen, die in die Zerstreuungen ihrer Haremsgefährtinnen einbezogen wurden, bis hin zum unausweichlichen Endpunkt jeder menschlichen Existenz in diesem Tal, ihrem Gemeinschaftsgrab in einer kleinen Schlucht am Westufer des Tals.

All diese Zeugnisse gewähren uns zwar keine tiefere Einsicht in das Alltagsleben dieser drei jungen Frauen, doch weist nichts darauf hin, daß ihr Leben ein anderes gewesen wäre als das der vornehmen Frauen des Hofs. Empfänge, Spiele und Feste, endlose Festmahle, bei denen die Gäste den Tänzern und Musikanten Beifall spendeten. Ihr Leben war zweifellos ein einziges langes Vergnügen, geeignet, ihr Heimweh nach den dichtbevölkerten Städten Syriens verblassen zu lassen. Wohl läßt dieses Gemeinschaftsgrab eine gewisse Unsicherheit hinsichtlich ihres Schicksals offen, doch der Harem behält seine Geheimnisse für sich.

Ihre Stellung im Verhältnis zu den anderen Gemahlinnen gab keinen Anlaß zu Zwistigkeiten. Sie waren die exotischen Blüten des Palastes, nicht seine Hausherrinnen. Niemand hätte sich in diesen gesegneten Zeiten der imperialen Eroberungen Sorgen um den Einfluß gemacht, den diese Fremden auf den Pharao ausüben mochten. Dies sollte nicht immer so bleiben, und bald schon würden aus dem Orient stammende Prinzessinnen einflußreiche erste Gemahlinnen des Herrn von Theben sein. So sollte sich schon durch diese mit Mißtrauen betrachteten Frauen die Bedrohung verwirklichen, derer Thutmosis III. sich nicht bewußt war: Indem er sein Tal den Winden der Welt öffnete, ging er das Risiko ein, den roten Faden der langen und stetigen Geschichte Ägyptens zu verlieren. Diese Prinzessinnen übten einen ganz und gar friedlichen, oft sehr wohltuenden Einfluß aus, aber die Armeen ihrer Brüder verfolgten ganz andere Zwecke.

In jedem Fall würde ihre Nachkommenschaft auf die Linie Thutmosis' III. keine Auswirkungen haben: Es stand für den Pharao, dem soviel am Triumph des Thutmosidengeschlechts lag, völlig außer Frage, die Kinder dieser syrischen Prinzessinnen sein mit so viel Mühen errichtetes dynastisches Gerüst untergraben zu lassen.

Der Pharao hatte eine erste Gemahlin von göttlichem Geblüt, Meritre, und er legte sicher Wert darauf, die dynastischen Interessen und sein Vergnügen nicht durcheinanderzubringen. Die schönen Syrerinnen sicherten das Bündnis mit den ungebärdigen Kleinkönigen von Amurru. Über den exotischen Charme ihrer hellen Haut hinaus brachten sie ihm auch andere Träume. Die Kinder, die sie zur Welt bringen würden, waren dazu bestimmt, hohe Würdenträger zu werden, ohne die geringste Unklarheit, die sie dazu bringen könnte, dem kleinen Herrn des Nils den Thron streitig zu machen: In den Augen Thutmosis' III. war sein Sohn Amenophis, der zweite seines Namens, bereits Träger des Zepters und der Doppelkrone.

Seine zweite und dritte ägyptische Gemahlin, die dem engsten Gefolge des Königs entstammten, wie Ahsat, die Tochter seiner Amme, bekleideten ebenfalls Stellungen, die der Privatsphäre zuzuordnen waren, dem Vergnügen, nicht der Staatsräson. Zweifellos war dies der Grund, warum er hierfür Frauen aus dem Kreise seiner Vertrauten wählte, sanfte, verständnisvolle Gefährtinnen, bei denen er sich bedenkenlos entspannen konnte.

Meritre, die Treue, Tochter der Hatschepsut, war bemüht, eine gefällige Gemahlin zu sein und den Haß ihrer Mutter auf den jungen Thutmosis III. vergessen zu machen. Sie brauchte sich nicht in ihrem Selbstverständnis gekränkt zu fühlen durch all diese Frauen, die jeder Laune ihres Herrn unterworfen waren. Die erste Gemahlin hatte, in den Augen des Landes, aber auch ihres Gemahls, zwei enorme Trümpfe in der Hand: Sie war die Erbin von Amuns göttlichem Blut, und sie hatte einem kräftigen jungen Prinzen das Leben geschenkt, Amenophis, der bereitstand, ein glanzvoller Nachfolger zu werden.

Jeder am Hof wußte, daß für den Erobererkönig nur ein einziges menschliches Wesen wirklich zählte: sein Sohn. Er war bei allen Paraden dabei; die besten Offiziere hatten ihn in die Jagdkunst und die Feinheiten der Kampftechnik eingeführt. Mit seiner ungewöhnlichen Größe, seiner Kraft und seiner Geschicklichkeit hätte er seinen kämpferischen Vater in den Schatten stellen können. Doch dazu kam es nicht, Thutmosis III.

trug in seiner Gegenwart ein strahlendes Lächeln zur Schau: Der jüngste Sprößling der Thutmosiden überragte ihn noch; in seinen Adern vereinte sich die Lebensenergie all dieser kriegerischen Pharaonen, der kühnen Bastardprinzen, mit dem Blut des Amun! Amenophis war in gewisser Weise das vollkommene Kind, dem ein widriges Schicksal nicht in der Person des kleinen Thutmosis hatte Gestalt verleihen wollen.

Thutmosis III. wünschte es der ganzen Welt zu verkünden: Sein Reich hatte einen Erben, einen Gebieter, der den Geboten des Reichsgründers Geltung verschaffen würde. Man mag sich bei der Beschäftigung mit Thutmosis an das sicher zeitlich weit entfernte und einem ganz anderen Kontext zugehörige Bild Ludwigs XIV. erinnert fühlen, der Versailles als passende Bühne für seine politische Inszenierung schuf. Auch er verstand es, den Adeligen durch die Verlockungen des Luxus und der unaufhörlichen Festlichkeiten den Kopf zu verdrehen und ihren Oppositionsgeist in fadenscheinigem Prunk und den lächerlichen Obliegenheiten domestizierter Höflinge zu ersticken.

Thutmosis III. mußte sich keine Gedanken um einen aufständischen Feudaladel machen. Seine Gesellschaft bildete eine perfekte Pyramide, von deren Spitze aus er allein über die völlig von ihm abhängigen Höflinge herrschte. Er war darauf bedacht, im Protokoll und im Leben des Hofes seine Machtauffassung zum Ausdruck zu bringen. Durch die Gesandtschaften und die kosmopolitische Gesellschaft, die dort zusammenkam, wurde der thebanische Palast zum symbolischen Mittelpunkt seines Reiches.

Die Emissäre der Vasallenkönige sollten angesichts des Schauspiels dieses steinreichen Hofes, an dem sich Gesandte aus aller Herren Länder drängten, erkennen, wie sinnlos jede Auflehnung gegen die Sonne der Welt wäre. Ludwig XIV. mußte sich dreitausend Jahre später den für diese Prunkentfaltung benötigten Schauplatz von Grund auf neu erschaffen. Thutmosis III. brauchte hierzu keine Neuerungen einzuführen; die Pharaonen lebten schon seit tausend Jahren in solchen Palästen. Hunderte von Räumen, Parks, weitläufige Säle gehörten zu ihrer üblichen Ausstattung, aber bisher hatten sie lediglich als Kulisse einer nach innen gerichteten Allmacht gedient, zur alleinigen Bewunderung durch die oberen Zehntausend des Tals.

Thutmosis III. hatte verstanden, welches Kapital er daraus schlagen konnte: Die Abgesandten der mit der Waffe in der Hand unterworfenen Welt sollten sich diese Pracht dauernd vor Augen führen, sich ganz von ihr durchdringen lassen. Dies diente den gleichen Zwecken wie die Aufnahme eines ausländischen Harems. Dutzende syrischer, phönizischer und nubischer Fürsten lebten am Hofe des Pharaos: In regelmäßigen Zeitabständen konnten sie die aus ihren Heimatländern angereisten Gesandtschaften begrüßen, doch der Pharao hätte ihnen nicht erlaubt, sich diesen auf dem Heimweg anzuschließen. Sie waren Thutmosis' Geiseln – in einem goldenen Käfig.

Seit seinen ersten Eroberungen im Orient hatte der Herr des Nils von seinen besiegten Gegnern hohe Tributzahlungen in Gold oder Luxusgegenständen gefordert. Aber er verlangte noch mehr: Die Familie des geschlagenen Königs mußte einen ihrer kostbaren Erben der Armee vom Nil übergeben, einen jungen Prinzen, der den Weg nach Theben einschlug, wo man ihm im Laufe der Jahre die Überlegenheit der ägyptischen Zivilisation einschärfte. So verbanden Dutzende sorgfältig gehegter und gepflegter Söhne das Zentrum des Reiches mit den unterworfenen Provinzen: Die Könige wußten, daß sie im Falle einer

Revolte das Leben ihrer eigenen Nachkommen aufs Spiel setzten.

Diese diplomatische Neuerung fiel nicht einfach unter das Gesetz der Vergeltung, das nicht den Gewohnheiten so zivilisierter Herrscher wie der ägyptischen Pharaonen entsprach. Sie hatte vielmehr den Zweck, die politische Herrschaft zu festigen, die Prinzen, die vielleicht eines Tages die Festungen des Landes Amurru befehligen würden, an den Pharaonenthron zu binden. Tatsächlich erkannte Thutmosis damit implizit ihre Bedeutung an. Ein feingesponnener Dialog entstand im Laufe der Begegnungen zwischen dem von seinem gigantischen Werk erschöpften Eroberer und den Feinden von gestern, die er lud, ihn in seiner Alltagsumgebung zu schauen.

In dem diplomatischen Geschick, mit dem er auf diese Vertrautheit setzte, war Thutmosis III. seiner Zeit voraus: Sein Werk verdient durchaus die Bezeichnung »imperial«. Man kann sich seinen Turm zu Babel bildlich vorstellen, angesichts des weitläufigen Palastes mit seinen unter dem Laubwerk der großen Bäume verteilten Bauwerken. Hier begegnete sich die glänzende, kosmopolitische Aristokratie im Rahmen prunkvoller Festmahle.

Welcher andere Herrscher seiner Zeit konnte sich rühmen, Fürsten und Prinzen aus mehr als zweitausend Kilometer entfernten Ländern an seinem Hofe zu versammeln, wo sie sich fortan daran gewöhnten, unter der Aufsicht der Gelehrten aus den Häusern des Lebens zu leben und zu lernen.

Im Kreise der Seinen und unter den Blicken seiner Vasallen glänzte Thutmosis III.; er hatte das Imperium auf seinen Höhepunkt geführt, ein Jahrhundert, nachdem seine Vorfahren den Nomaden die geschundene Beute der wiederholten Invasionen, die das Mittlere vom Neuen Reich trennten, entrissen hatten.

13
Das Gedächtnis der Steine

Die Herrschaft Thutmosis' III., auf ihrem Gipfel angelangt, hinterläßt uns ein trügerisch friedliches Bild des Mannes und seiner Empfindungen. Mehr als zwanzig Jahre nach dem Tode Hatschepsuts wurde die Verfolgung ihres Bildes und ihres Andenkens unter der strengen Aufsicht ihres Neffen, des großen Pharaos und Herrn der Neun Bogen, wiederaufgenommen.

Die Schreiber setzten die Anordnungen des allmächtigen Pharaos unverzüglich und mit großem Eifer in die Tat um. Niemand wäre auf die Idee gekommen, sich ihm zu widersetzen, der seit einem Vierteljahrhundert den Thron innehatte und durch seine Siege sein glanzvolles Bild an allen Enden der Welt bekanntgemacht hatte.

Und doch dürften im Innersten ihrer Seele viele beunruhigt gewesen sein über den plötzlich ausbrechenden Zorn des Hausherrn des Palastes von Theben. Was war plötzlich in ihn gefahren, diese uralten Erinnerungen wieder aufzuwecken? Niemand am Hof erinnerte sich mehr der Pharaonin, ihre Diener waren schon lange in die Gefilde von Jalu eingegangen, und die Gräber dieser Getreuen, von Thutmosis III. der Schmach preisgegeben, erfuhren ihren privaten Totenkult, ohne daß die, welche sich wehmütig jener glanzvollen Regierungszeit entsannen, dies zum Vorwand genommen hätten, sie zum Symbol einer Opposition gegen den regierenden König zu machen.

Das Niltal lebte in Wohlstand unter der Herrschaft

des Pharaos, der nun selber ein ehrwürdiges Alter erreicht hatte: Er zählte bereits mehr als fünfzig Jahre. Die aus den Familien der Getreuen erhobenen Wesire und hohen Würdenträger waren mit diesem Bild des allgegenwärtigen Erobererpharaos als einzig möglichem Bezugspunkt aufgewachsen.

Kein Pharao vor Thutmosis III. hatte soviel Sorgfalt und Energie darein investiert, sich die höheren Verwaltungsränge der Schreiber untertan zu machen, jede Anwandlung einer Rückkehr zur Erblichkeit der Ämter und zur Machtfülle der Lokalpotentaten zu unterdrücken, wie man sie zur Zeit der schwachen Dynastien am Ende des Mittleren Reiches gekannt hatte. Seine strenge Organisation durch ihm direkt unterstellte Weisungsketten, die Überwachung der Provinzen durch hierarchisierte Ebenen von Gerichten und Räten ließen keine Leerstellen im Gefüge der menschlichen Pyramide. Er herrschte mit nie erlahmender Wachsamkeit.

Was war also in Thutmosis III. gefahren, in solcher Weise gegen eine verstaubte, vergessene Mumie zu wüten? Seine kriegerische Herrschaft hatte die der gottlosen Pharaonin unbestreitbar auf den Rang einer, wenn auch gelungenen, Anekdote verwiesen, weit entfernt vom Vorbild der Soldatenkönige der 18. Dynastie. Er handelte nicht im Bemühen, der Geschichte gegenüber ein Exempel zu statuieren, doch fast alle seine späten Nachfolger, selbst die nicht mit ihm verwandten, traten in seine Fußstapfen und geißelten die Usurpatorin oft sogar noch härter als der gedemütigte Bastard selbst.

Diese deplazierte Episode am Ende der Regierungszeit Thutmosis' III. erinnert uns daran, wie wenig uns die lapidaren Zeugnisse, die offiziellen Texte über die Geheimnisse der Menschen einer so fernen Vergangenheit verraten können. Die erneute Verfolgung des Andenkens der Hatschepsut zeugt sicher von einer trotz der lindernden Wirkung der Zeit immer wieder aufgerissenen Wunde.

Hatte die engste Umgebung Thutmosis' III. ein zu wohlwollendes Bild der alten, in ihrer Isolierung an der Schwelle des Todes sicher ergreifenden Frau bewahrt? Man weiß, daß die unmittelbaren Nachfolger Thutmosis' III. dem Andenken der vergessenen Pharaonin auf sehr diskrete Weise einige Rücksichtnahme erwiesen. Der Name einer königlichen Prinzessin, ein in der Nähe von Der el-Bahri angelegtes Grab, einige Beschwörungen reichen aus, den Zweifel wachzuhalten . . . Von da bis zum Gedanken, daß Thutmosis III. bei seiner Gemahlin Meritre, Begründerin des zukünftigen Pharonengeschlechts, oder bei seinen eigenen Kindern ein gewisses, in seinen Augen unerträgliches Mitgefühl verspürte, fehlt nur ein Schritt der Intuition.

Auf jeden Fall zerschlugen die Handwerker noch einige bislang davongekommene Statuen; wiederum wurden Augen, Mund und Nase verstümmelt. Königliche Ornamente wurden ausgemeißelt, aber es hatten ohnehin nur wenige Bilder die vorangegangene Kampagne der Ächtung jener gottlosen Herrschaft überstanden. Der Wut Thutmosis' III. blieb nicht viel Angriffsfläche; sie war dazu verdammt, ins Leere zu laufen, in der Zerstörung noch der geringsten Spuren eine Beschwichtigung für den Sturm zu suchen, der in der Seele des an seinem Haß krankenden Herrschers tobte. Ein wunderliches Schicksal, selbst angesichts der schmerzlichen Jugend des Bastards. Man hätte glauben mögen, daß soviel Ruhm, so viele über die bekannte Welt errungene Siege Thutmosis III. als wirksamer Balsam hätten dienen können.

Es scheint, daß die alte Verletzung bis zum Tode immer wieder aufriß, und doch lagen die Ereignisse, auf denen die Kränkung beruhte, fast ein Dritteljahrhundert zurück, also im Bewußtsein jener Generationen in sagenhafter Vergangenheit.

Das Bild des Pharaos strotzt von Widersprüchen, in einem Augenblick, in dem sein Werk klar und durchsichtig erscheinen sollte, seiner politischen, militärischen und administrativen Effizienz entsprechend. Alles ist aufs schönste geordnet, Ägypten durchläuft fortan mit der Regelmäßigkeit der Sonne den Kreislauf der Jahrhunderte, sein großer Uhrmacher hat es verstanden, ihm den Rhythmus und die Strukturen zu verleihen, die seine immerwährende Rotation auf dem Rad der Geschichte sicherstellen, doch der Demiurg versinkt im Alptraum einer infernalischen Eifersucht . . . Das Kind hat nicht vergessen; es ist in Angst und Haß groß geworden, und nun ziehen sich die Wolken aufs neue über ihm zusammen. Und wenn der große Pharao, zweifellos der glanzvollste von allen, dort die schweren Augenblicke eines gewissermaßen existentiellen Zweifels durchgemacht hätte? Sollte die Unterwerfung der Syrer etwa nichts als ein Köder, eine vergängliche Illusion gewesen sein? Tatsächlich hatten die Revolten immer noch kein Ende genommen.

Sollte die Niederlage des Mitanni-Reichs nur ein räumlich und zeitlich begrenzter strategischer Rückzug hinter den Euphrat gewesen sein? Und doch schickte der König von Mitanni nach wie vor seinen jährlichen Tribut. Aber wenn es sich um ein Täuschungsmanöver handelte, nur dazu bestimmt, Zeit zu gewinnen, während er das nahe Ende des alten Pharaos abwartete? Und all diese Nubier, diese Nomaden, die Thutmosis zu Füßen lagen, nichts als Ungeziefer, das nur darauf lauerte, ihn anzufallen, wenn Krankheit ihn an seinen thebanischen Palast fesseln sollte.

Welche Hölle durchlebte dieser alte Mann im Herbst seines Lebens? Hätte ihm nur die weitere Geschichte erzählt werden können, sie hätten ihn sicher beruhigt. Es gab nichts Solideres als seine militärischen Siege; sein diplomatischer Scharfblick hatte den Orient sicher und für lange Zeit an das ägyptische Staatsschiff gekettet.

Auch dem glänzendsten Herrscher ist es nicht gegeben, die Weltordnung auf ewig zu bestimmen. Der beruhigende Ausblick auf die Geschichte hätte vielleicht doch nur einen Zipfel des Schleiers lüften dürfen, wie eine sich entkleidende Schöne, um nicht die ganze Zukunft zu enthüllen, welche die phantastischen Konstruktionen der allzu ruhmessüchtigen Menschenwesen stets wieder zerschlägt.

War es das, was der Pharao, von fünfzehn Feldzügen ermattet, vage erspürte? Dies könnte die Rückkehr der Gespenster seiner Jugend erklären. Im Ablauf eines Lebens kann es zu erstaunlichen Kehrtwendungen kommen: Thutmosis III. sah sein Lebenswerk vor sich, und sein Zweifel nährte das Bedauern, daß er in solch dramatische Umstände hineingeboren worden war, einen so harten Kampf hatte ausfechten müssen, um sich aus der Ohnmacht zu befreien. Die Angst war geblieben, obwohl er es mit dem Bild der Usurpatorin schließlich hatte aufnehmen, es dann sogar hatte überflügeln können; der Schmerz blieb, nagte an ihm bei der geringsten Beunruhigung.

Das unselige Paar war auf ewig aneinander gefesselt, auf die dauerhafteste Weise, die man sich vorstellen kann, durch das Band, das Mutter und Sohn verbindet, auch wenn Thutmosis nicht Hatschepsuts Schoß entsprungen war. Sie hatte ihn durch ihr Beispiel zum Königtum geführt, als einziges Vorbild, das ihm nach dem Tode seines Vaters blieb, nicht ohne ihn all die Zeit ihre kastrierende Ablehnung spüren zu lassen ... Das genügte, um diese eindrucksvolle Frau zur idealen Zielscheibe der Rachsucht eines von seinem verbissenen Streben nach der Herrschaft über die Welt der Sterblichen aufgeriebenen Mannes zu machen.

Wenige Herrscher haben das Streben des königlichen Demiurgen solchermaßen verkörpert, als ein Zentaurus von kolossalen Kräften, dessen Seele doch der menschlichen Niedertracht ausgeliefert ist: Die Existenz als vergöttlichter Pharao, Thutmosis III. lebte sie und nahm sie an in der Maßlosigkeit seiner Gefühle, wie kein anderer es gekonnt hätte.

Die Qual des Herrn des Nils ist durchaus der Sphäre des Existentiellen zuzuordnen, reichte bis in die tiefsten Schichten seiner Seele. Sie zeugt von der Schwierigkeit, ein zwangsläufig menschliches und tragisches Schicksal zu leben, dem seine herausragende gesellschaftliche Stellung, sein persönliches Drama eine ganz eigene Färbung gegeben hatten.

Der Haß Thutmosis' III. richtete sich nicht gegen bestimmte Erinnerungen, durch schmachvolle emotionale Kränkungen besudelt: Er war gezeichnet durch seine schreckliche, so lange Jahre währende Verstoßung, von ganz und gar königlicher Logik geprägt.

Sicher verabscheute Thutmosis seine Stiefmutter Hatschepsut nicht; er empfand Abscheu vor der widerrechtlichen Machtergreifung der Pharaonin. So machte auch diese zweite Verfolgung oft an der Schwelle der Vernichtung der Seele der Verstorbenen halt. Wie bei der vorangegangenen Kampagne schonte man die religiösen Darstellungen der Toten, die Bildnisse, die dazu bestimmt waren, Hatschepsuts Seele ihr Überleben zu sichern.

*

Der alte Zwist, der Thutmosis III. und Hatschepsut zu Widersachern machte, dauerte also fort, Zeit und Tod zum Trotze. Doch ein solcher Haß läßt sich nicht begreifen ohne ein Band, das die beiden Gegner aneinander fesselt, und noch über den Tod hinaus die aufreizende Gegenwart dieses Schattens heraufbeschwört, eine Quelle der Erbitterung für Thutmosis. Sicher hatte doch diese Beziehung, die eines ödipalen Dramas würdig gewesen wäre, eine affektive Dimension? Sie zehrte noch dreißig Jahre nach dem Ende der Konfrontation an dem alten König, was von einer gewissen Bindung zwischen den beiden Herrschern zeugt, die sich nicht als ideales Mutter- und Sohnpaar hatten anerkennen wollen.

Diese Kontinuität, zweifellos der Krone zuliebe von den beiden sich ihr Leben lang feindlich gegenüberstehenden Verwandten zur Schau getragen, könnte nicht besser zum Ausdruck kommen als in dem offiziellen Bild, das ihren Zeitgenossen und der Welt vorgeführt wurde. Die Bildhauerkunst, zu jener Zeit bevorzugtes Medium der königlichen Propaganda, enthüllt uns merkwürdige Ähnlichkeiten.

Betrachtet man die Gesichter Thutmosis' III. und Hatschepsuts, findet man so viele Übereinstimmungen, daß die einfache Erklärung ihrer genetischen Verwandtschaft – schließlich hatten Hatschepsut und Thutmosis II. denselben Vater, den kühnen Thutmosis I. – nicht ausreicht, die Verblüffung der Besucher der großen Museen in Kairo, Amerika oder Europa zu mindern. Man muß schon über die simple Familiengeschichte hinausblicken, um den merkwürdigen Nachahmungstrieb zu begreifen, der Thutmosis III. beherrschte und in der offensichtlichen künstlerischen Kontinuität zum Ausdruck kommt, die Hatschepsuts und seine Regierungszeit verbindet, ein Konsens trotz der Rivalität der beiden Pharaonen. Man verwundert sich um so mehr, als die Statue, ob aus Sandstein, Diorit oder Granit, eine herausragende Stellung in der ägyptischen Kunst einnimmt, sowohl durch ihre Bedeutung im Totenkult, wo sie den Verstorbenen repräsentiert, als auch in der offiziellen Kunst: kein Tempel, kein öffentlicher Platz ohne das Bild des Königs, in festgeschriebener Haltung erstarrt, die Hände artig auf den Knien liegen, oder aber aufrecht stehend, ein Bein leicht vorgestellt, die Arme herabhängend.

Die Statue verkörpert das Leben, sie stellt das Individuum dar, sie ist Beweis des ewigen Lebens und als solcher unabdingbar. Der schwarzglänzende Stein, von grünen oder rötlichen Farbreflexen durchzogen, bezeugt die Unvergänglichkeit der Mächtigen, unsterblich unter ihrer sorgfältig polierten Haut aus Stein.

Wie konnte Thutmosis III. es ertragen, sein Leben lang mit einem gemeißelten Gesicht zu erscheinen, welches dem der Verfolgten so ähnlich sah, künstlerischen Regeln zuliebe, die weiterzuentwickeln andere ägyptische Könige keine Bedenken haben sollten. Das bezeugen zum Beispiel die erstaunlichen Werke, die unter der Herrschaft Amenophis' IV. ausgeführt wurden. Sie erreichen mit ihren Verzerrungen und Entstellungen erstmals eine karikaturistische Dimension und führen dem verwunderten Blick heutiger Betrachter einen geradezu mißgestalteten Echnaton mit seiner Familie vor. Dieser Amenophis IV., der die Hauptstadt Theben, ihre Priesterschaft und den Reichsgott Amun rundheraus ablehnte und in der Stadt Tell el-Amarna den Grundstein einer neuen Religion legte, löste gleichzeitig eine ästhetische Revolution aus, in der eine expressionistische Kompromißlosigkeit spürbar wird.

Viele Dinge verbanden die beiden verfeindeten Pharaonen – Thutmosis III. und Hatschepsut – ungeachtet ihrer dynastischen Zwistigkeiten und einer besonders unglücklichen Lebensgeschichte. Diese Ähnlichkeiten oder zumindest der künstlerische Einfluß der Stiefmutter und Tutorin fraßen vielleicht am Unterbewußtsein des kämpferischen Königs. Thutmosis III. nahm dieses Erbe bereitwillig an, einschließlich der Gesichter seiner Statuen, welche die Züge seiner Tante trugen. Von da bis hin zu dem Wunsch, die zu markanten Spuren dieses Einflusses erst recht auslöschen zu wollen, ist es nur ein Schritt, der wiederholt wurde bis zum zwanghaften Niedertrampeln des verabscheuten – ihm so ähnlichen – Bildes in Anfällen von Raserei, welche die ganze Regierungszeit des Eroberers durchzogen.

Die Verfolgung des Andenkens der Pharaonin dramatisiert unser Bild jener Zeit, weil sie gegen unser heutiges Empfinden verstößt, das auf das Individuum und die Achtung seiner Unverletzlichkeit bedacht ist. Es ist daher sicher schwer zu erkennen, durch welche Schule der Besonnenheit und politischen Reife der junge Thutmosis unter der Zuchtrute seiner furchterregenden Stiefmutter gegangen war, so daß er zu guter Letzt in ihre unerbittlichen Fußstapfen trat, trotz einer außerordentlichen militärischen und diplomatischen Laufbahn, die zu absolvieren einer verkleideten Frau in Rüstung wohl recht schwergefallen wäre.

Die zerstörerische Wut, der unversöhnliche Haß sind somit in das Kapitel des geheimen Lebens einander feindlich gegenüberstehender Temperamente einzuordnen, wobei darauf hinzuweisen ist, daß zur Zeit der Pharaonen die Zahl der Usurpationen von Monumenten und Statuen Legion war. Die vergöttlichten Herrscher ertrugen es offenbar schlecht, ihre Vorgänger vom unvergänglichen Glanz des Ruhms umgeben zu sehen. Sie zögerten nicht, bei der ersten Gelegenheit ihr monumentales Postament zu benutzen, um ihren eigenen weltlichen Ruhm noch etwas zu erhöhen, indem sie sich Tempel und Statuen, Widmungen und Inschriften aneigneten. In jenen Zeiten mühsamer Handarbeit und langwieriger Bautätigkeit hatte alles seinen Wert.

So konstituierten sich die Dynastien in den Augen der gewöhnlichen Sterblichen: Generationen folgten aufeinander, und doch blieb das Bild des Pharaos immer das gleiche, oder doch fast, dank dieser Bildnisse, die sich schon am Tempeleingang der Bewunderung darboten. So würden Hatschepsut und Thutmosis für die Nachwelt lächeln, während die mandelförmigen Augen von ihren unterdrückten Gefühlen sprechen. Heitere Gesichter, deren hohe Wangenknochen der einzige kühne und in der kodifizierten Darstellung der realen Gestalt besonders herausgestellte Zug waren.

Die Kunst scheint hier ein Gleichgewicht zwischen der Reflexion des Schöpfers und dem von der Gesellschaft auferlegten Regelkanon zu erlangen; eine Art Demut des menschlichen Schicksals, den durch die Altvorderen im Laufe der Jahrhunderte unter dem Diktat der Götter begründeten Traditionen unterworfen. Diese Entwicklung an der Schwelle des Höhepunkts der pharaonischen Geschichte muß uns an die Eleganz der archaischen griechischen Plastik gemahnen, dieser Kuros-Statuen mit ihrem wunderbaren, rätselhaften Lächeln, die sich unseren Fragen, den Fragen der Sterblichen im Angesicht der Ewigkeit für alle Zeiten entziehen.

Tatsächlich wird die Kontinuität von einer Herrschaftszeit zur anderen in diesen Werken vom Beginn der 18. Dynastie recht gut deutlich; in diesem Sinne haben Hatschepsut und Thutmosis die Regierungskunst auf den gleichen Modus gebracht. Ihre Statuen vereinen in sich Realismus und Harmonie, geben ein ganz klein wenig vom Geheimnis der Seelen preis, wahren aber gleichzeitig eine deutliche Zurückhaltung, als ob der einzelne, selbst der Pharao, hinter einem höherstehenden Interesse zurücktreten müsse, einer tausendjährigen nilotischen Wesenheit, der er mehr zugehörig ist, als daß er sie beherrscht.

Die Kunst dieses 15. Jahrhunderts vor unserer Zeitrechnung verkörpert symbolisch die politische Realität jener Zeit. Den thebanischen Pharaonen ist es gelungen, das Tal wieder zu einen, sie sind die neuen Herren des Landes und werden es, wie alle hoffen, auf Jahrhunderte hinaus bleiben. Doch noch ist ihnen eine gewisse Befangenheit eigen, eine Art provinzieller Bescheidenheit. Es ist eine Kunst voller Zurückhaltung, eine artige Kunst, die uns hier begegnet.

Der künstlerische Regelkanon der vorangegangenen Jahrtausende wird aufs genaueste beachtet: Streng definierte Proportionen, anmutige, aber nicht ungezwungene Körperbewegungen, eine gewisse Starrheit des Körpers und der Gliedmaßen, stereotype Hintergrunddarstellungen, harmonische Farben ohne allzu ausschweifende Fülle verschiedener Farbtöne.

Verweilt man nicht allzu lange vor den aus dieser Zeit datierenden Wandbildern, so würde man schwören, daß sich seit der Zeit der Pyramiden, mehr als tausend Jahre zuvor, nichts geändert hat. Als Mann der Tradition würde Thutmosis III. einer solchen Legende nicht abschwören, nicht er, der gedemütigte Bastard.

Hätte er die Doppelkrone ohne Schwierigkeiten erlangt, so hätte der dritte Thutmoside der Nachwelt vielleicht das nichtssagende Bild einer all den anderen ähnelnden steinernen Maske hinterlassen, ohne Unebenheiten; ein Herrscher, dessen Vermächtnis auf dem Gebiet der Skulptur, der Gemälde und der Architektur ganz und gar identisch mit dem seiner Vorgänger und Nachfolger gewesen wäre. Trotz seiner unverbrüchlichen Treue zu der großen Tradition des Alten und Mittleren Reiches konnte Thutmosis III., der Demiurg, sich der Einführung gewisser Neuerungen nicht enthalten, nicht so sehr in bezug auf die immer noch respektierte Form, sondern mehr durch Fülle und kreative Vielfalt der künstlerischen Aussage, die im Dienste einer ehrgeizigen Politik stand.

Der Tempel von Karnak war bevorzugte Stätte der Bauarbeiten des Herrn des Nils. Der auf das Urteil der Nachwelt bedachte Pharao bereicherte ihn um einen neuen Pylon, selbstverständlich höher als der von Hatschepsut errichtete. Weitere Obelisken wurden aufgestellt, um den Glanz der befeindeten Tante zu relativieren.

Thutmosis III. machte an diesem Punkt nicht halt, sondern ließ seinen eigenen Totentempel neben der Domäne des Amun erbauen. Neu an seinem »Millionenjahrhaus« – wie es in der beziehungsreichen Sprache der Ägypter genannt wurde – war die Weitläufigkeit dieses königlichen Palastes sehr speziellen Typs.

Thutmosis III. hob seine Abstammung von dem großen Reichsgott hervor und drückte seinen Stempel einem Tempelbauwerk auf, an dem sich vor ihm schon Dutzende Pharaonen seit der Zeit des Mittleren Reiches betätigt hatten.

Er ließ auch, in Bild und Schrift, seine mythische Bestimmung zum Nachfolger seines Vaters auf Befehl des Amun in Erinnerung rufen, die schon in seiner Jugend erfolgt sei. Der Thutmoside war zu allem bereit, um dem von Hatschepsut auf den Tempelwänden von Der el-Bahri verewigten Mythos der göttlichen Geburt zu begegnen. Erneut fühlte sich der siegreiche König im fortgeschrittenen Alter aufgefordert, seine Handwerker an diesem Thema arbeiten zu lassen, ein Beweis, soweit es dessen noch bedarf, für die tiefe innere Wunde eines Pharaos, der sich seines Bildes der Nachwelt gegenüber niemals sicher war.

Diese eindrucksvollen Arbeiten hätten bereits ausgereicht, ihn zu einem Neuerer auf dem Gebiet der Architektur zu machen. Doch die Motive der Ausschmückung belehren uns noch deutlicher über seine Herrschaftszeit und die Neuorientierung der königlichen Propaganda; eine regelrechte politische Abhandlung, welche die Regierung des Tals mit den Mitteln seiner Zeit rechtfertigt: Mythos, Legende, Wunder . . . So wurden die ersten Flachreliefs, die in allen Einzelheiten von den militärischen Großtaten eines Herrschers erzählen, auf einer Seite des innerhalb der Umfassungsmauer von Karnak errichteten Pylons angebracht. Sie zeigen den Pharao, wie er seinen orientalischen Gegnern entgegentritt, die feindlichen Scharen zersprengt und unter dem wohlwollenden Schutz des Gottes Amun die Ordnung der Welt erschüttert. Die wiederkehrenden Motive, der lebendige Ausdruck der Modelle, die Inszenierung und die Figurengruppen vermitteln einen genauen Eindruck von dem, was die Herrschaft Thutmosis' III. ausmachte.

Das Ganze ist nicht weniger als eine Zusammenfassung der Situation der Neun Bogen: Die Außenwelt bricht in das abgeschirmte, erstarrte Universum des ägyptischen Kunstkanons ein. Das Tal öffnet sich dem Unbekannten, um es zu beherrschen. Man spürt indessen die Neugier der Künstler, die Freude daran haben, diese bizarr ausstaffierten Gestalten mit ihren so fremdartigen Gesichtern, Haartrachten, Helmen – bei den Soldaten vom Nil wenig gebräuchlich – und Waffen in allen Einzelheiten wiederzugeben. Eine regelrechte Parade des Fremdartigen, Barbarischen, dem Ägypten hier prahlerisch entgegentritt.

Die in Stein gehauenen Annalen berichten dasselbe, in Hieroglyphenform übertragen und so nur jenen Gelehrten zugänglich, welche diese geheiligte Zeichensprache beherrschten. Auch hier lädt der Künstler den Betrachter ein, von einem Feldzug zum nächsten die weite Welt auf den Spuren des Pharaos zu durchstreifen. Schlachtenberichte, Erwähnungen verschiedener Länder und lange Aufzählungen der Tribute sprechen von der Anziehungskraft dieser fernen Horizonte, denen dic Ägypter nicht widerstehen konnten.

Lange Zeit dazu bestimmt, die Welt der Menschen des Niltals und die der Götter zueinander in Beziehung zu setzen, sah diese Kunst, deren Weiterentwicklung oft in kaum wahrnehmbarem Tempo verlief – so sehr war sie vom Willen beherrscht, die Kontinuität zu verkörpern –, sich unversehens innerhalb von nur dreißig Jahren mit einer tiefgreifenden geschichtlichen Wandlung konfrontiert. Thutmosis III. war ihr Handlungsträger, und das Gewicht dieser historischen Verantwortung tritt schon zu seinen Lebzeiten in diesen Kunstformen deutlich zutage, die nicht ausschließlich von ihm, sondern oft auch von anderen hochgestellten Würdenträgern des Hofes in Auftrag gegeben wurden. Schreiber, Priester, Offiziere lassen die Wände ihrer Grabstätten unweigerlich mit exotischen Szenen ausmalen. Diese Bilder, die den Toten auf seiner Reise in die Unendlichkeit begleiten und ihm als Lebensumfeld dienen sollen, werden nicht leichtfertig ausgewählt, sondern geben vielmehr die neue geistige Landschaft einer Zivilisation wieder. Ein durchaus verläßliches Symbol, wie die tausend Jahre später entstandenen Spiel- und Festszenen in den etruskischen Gräbern von Tarquinia, in der Nähe von Rom, die uns eher von einer Lebensphilosophie als von belanglosen Zerstreuungen berichten.

Sehr bald übernimmt Ägypten andere stilisierte Formen der Landschafts- und Personendarstellung. Die unter der Herrschaft Thutmosis III. entstandene Kunst hat den kurzlebigen Reiz der Blütezeit, noch der Stabilität der Werte verhaftet, durch die es ihr möglich wurde, kraft ihrer Kohärenz und Eigenständigkeit eine solche Eindringlichkeit zu erlangen, aber schon dem Druck der Geschichte ausgesetzt.

Die vom Herrn des Nils in Gang gesetzte Entwicklung würde die hegemonisch gewordene Zivilisation zwingen, sich den Besiegten zu öffnen und damit einen Teil ihres Kulturerbes aufzugeben – in Erwartung der unausweichlichen Stunde ihres eigenen Niedergangs.

Die Vorahnung, welche die Zeitgenossen Thutmosis' III. vielleicht verspürten, über ihre Bewunderung für die Siege des glanzvollen Herrschers hinaus, sollte sich bestätigen: Die ägyptische Kunst erlebte unter den folgenden vier Pharaonen eine beachtliche Entwicklung.

Thutmosis III. hatte eine imperiale Kunst geschaffen, und wenn auch die Tradition ihn daran hinderte, einer schöpferischen Prachtentfaltung freien Lauf zu lassen, die seiner Eroberungen würdig gewesen wäre, sollten seine Nachfolger doch weniger Bescheidenheit zeigen. Die Blüte eines phantasiereicheren, vielfältigeren Ausdrucks wurde tonangebend für ein verfeinertes imperiales Lebens, gegründet auf die Vergnügungen eines Hofes, der sich nach Belieben bei den Kulturbeiträgen der besiegten Völker bediente.

Im Laufe der Jahrzehnte wich die Starrheit der Bildhauerkunst nach und nach einem Naturalismus, der, wenn er auch niemals die Anmut der hellenistischen Plastik erreichte, doch den Rhythmus der Körperbewegungen mit größerer Gewandheit wiederzugeben vermochte. Man ist versucht, hierin einen Fortschritt zu erblicken, ganz bestimmt in technischer und sicher auch in ästhetischer Hinsicht. Doch muß man sich in acht nehmen, in der Aufeinanderfolge der Jahrhunderte keinen geschichtlichen Fortschritt zu sehen. Und wenn auch jedem einsichtig ist, daß glanzvolle Zivilisationsphasen sich mit Augenblicken des Rückfalls in trostlose Barberei abwechseln, so ist es doch schwieriger, begreiflich zu machen, daß ein künstlerisches Regelwerk nicht im Lichte unseres Geschmacks zu analysieren ist, sondern vielmehr im Hinblick auf seine eigentliche Bedeutung. Die kühnen Arabesken der Wandbilder eines Thutmosis' IV. – des Enkels von Thutmosis III. – sollten tatsächlich eine andere Haltung zur Tradition und Ursprünglichkeit der ägyptischen Zivilisation einführen. Einen noch ganz von der durch Hatschepsut erteilten Lektion in Bescheidenheit durchdrungenen Thutmosis III. hätten sie vielleicht schwindeln gemacht. Die Welt des Nils veränderte sich rasch, warf ihre Blicke so weit . . .

In Theben verblaßte die Erinnerung an die vergangenen Jahrhunderte, wenn sich auch am Leben des einfachen Volkes nicht viel änderte. Am Hof aber lebte der allmächtige Pharao jetzt nicht mehr nur nach thebanischer, sondern auch nach orientalischer Zeitrechnung, und das Raffinement, der protzige Luxus der asiatischen Fürstenhöfe zersetzten nach und nach die ägyptische Schlichtheit.

Wohl bereicherte diese Entwicklung die Palette der Farben und Formen; die Fresken erstrahlten unter dem Einfluß eines bezaubernden Naturalismus. Noch in unseren Tagen steht man voll staunender Bewunderung vor diesen Jagdszenen, den geschmeidigen Tänzerinnen, den tausend schillernden Szenen des Lebens in diesem Schlaraffenland. Diese Weiterentwicklung der Kunst setzt sich auch zur Zeit des nächsten Pharaos, Amenophis' III., fort, deren Kunst der großen Öffentlichkeit vor kurzem in Paris im Rahmen einer großartigen Ausstellung vorgestellt wurde. Die verfeinerte Körperhaltung der Modelle, die Sorgfalt, die noch dem kleinsten Detail gewidmet wurde, zeigen uns, welch bemerkenswerter Glanz das von Thutmosis III. gegründete Reich krönte. Nicht ein falscher Ton stört die Ordnung der königlichen Kunst, und eine liebliche Anmut beseelt die Bildnisse, die Statuen, von der allerkleinsten bis zum steinernen Koloß. Die nachfolgenden Jahrhunderte sollten sich schwertun, eine vergleichbare Feinheit zu erreichen, vor allem unter den Ramessiden der 19. Dynastie.

Diese Verfeinerung, die Thutmosis III. nicht auf die Spitze ihrer Entwicklung hatte treiben können oder wollen, sollte Jahrzehnte hindurch den Hof von Theben erhellen, der vom Neffen der Hatschepsut vorgezeichneten Bahn folgend. Indessen mag die Geschwindigkeit, mit der man sich von den strengeren Regeln der tausendjährigen Kunst des Nils entfernte, die weniger auf Festlichkeiten und Vergnügungen versessenen Gelehrten in ihren Häusern des Lebens beunruhigt haben.

Die Künstler wurden von einer kurzlebigen Welle getragen. Das Ägypten des 14. Jahrhunderts lebte auf einem Scheitelpunkt des Wohlstands, der sich in den Szenen des Tempels von Karnak bereits ankündigte. Thutmosis schmettert hier unzählige Feinde nieder, herrliche Wiedergabe einer Bewegung, die dazu geeignet war, den zukünftigen Reichtum des Landes zu begründen und zugleich seinen Nachfolgern die nötige Kühnheit zu verleihen, ihren Ruhm durch eine von den uralten Erfahrungen befreite Kunst preisen zu lassen.

So nimmt das Echo späterer Zeiten den Kernpunkt des Dilemmas wieder auf, das Thutmosis und Hatschepsut, über ihren persönlichen Haß hinaus, zueinander in Gegensatz brachte. Hatte Ägypten recht daran getan, sich der Welt zu öffnen; konnte ihm dies gelingen, ohne sich selbst dabei zu verlieren? Zweifellos hatten viele Alpträume des alternden Königs hier ihren Ursprung. Und er hatte nicht die Gelegenheit, die schillernd gemalten Szenen zukünftiger Jahrhunderte zu betrachten, die ihn noch tiefer in wehmütige, unruhige Grübelei gestürzt hätten.

14
Der alte Soldat

Thutmosis III. hatte sein Jubiläum gefeiert; nichts konnte ihm mehr den Ruhm nehmen, den er im Verlauf der vielen Schlachten gewonnen hatte, die nun für die Ewigkeit auf den Mauern seines Monuments eingegraben waren. Und doch entdeckt man in den Annalen seiner Regierungszeit einen siebzehnten Feldzug, der den alten Mann – er war damals um die sechzig Jahre – noch einmal zur Niederschlagung einer allerletzten Revolte in den aufrührerischen Orient führte.

Er brauchte keine Anweisungen zu erteilen, um seinen Vorbereitungen den letzten Schliff zu verleihen; jeder im Tal war unter dem Banner seiner Offiziere groß geworden. Thuti, der verdiente General, Nebaui, Antef hatten genügend Mühe darauf verwendet, ein Berufsheer aufzustellen, daß der alte Herr des Nils sich nicht mit der langwierigen Aufgabe plagen mußte, ein Verzeichnis seiner Bataillone aufzusetzen.

Die Truppenkorps strömten zu den Einschiffungshäfen: Die Nil- und Mittelmeerflotte war imposant. Die langen Barken nahmen ihre Ladung an Menschen und Ausrüstung auf und segelten nach Norden, zum Delta. Die Bevölkerung schenkte diesem ständigen Kommen und Gehen schon lange keine Aufmerksamkeit mehr. Die Armee war allgegenwärtig im Königreich, ihre Lager über zahlreiche Provinzen verstreut, und jede Familie hatte einen Verwandten, der unter dem Kommando der gestrengen Offiziere alt geworden war. Ägypten war Teil eines Imperiums; der Beruf des

Soldaten war genauso alltäglich geworden wie der des Töpfers. Selbst das Werkzeug dieser neuen Handwerker des Imperiums hatte sich verbessert. Das prächtige Krummschwert der Syrer hatte Neider gefunden; die Streitwagengeschwader waren Teil der ägyptischen Strategie geworden, geeignet, noch die mächtigsten Könige des Orients mit Neid zu erfüllen.

Bald würde man auf dem unruhigen Meer die großen Segel hissen, und Dutzende von Schiffen würden gen Sonnenaufgang segeln, nach dem getreuen Phönizien, wo das Abenteuer immer wieder seinen Anfang nahm. Niemals zuvor waren die Ägypter so stark gewesen: Thutmosis III. hatte die Armeekorps aufs beste organisiert. Sie repräsentierten jetzt die Regionen des Landes, so ging die Aushebung von Rekruten ohne Probleme vor sich. Aus den sechzehn früheren Feldzügen waren genug fähige Offiziere hervorgegangen, so daß der Feldherr keine strategischen Zwistigkeiten mehr befürchten mußte, die sich beim Kampf auf fremdem Terrain stets verhängnisvoll auswirkten.

Der Pharao mußte sich eingestehen, wenn es ihm auch schwerfallen mochte, daß dieser wieder und wieder unterworfene Orient nicht zur Vernunft, oder zumindest nicht zu ägyptischer Logik, zu bekehren war. Die Berge des Libanon, die alsbald aus dem Meeresdunst aufragten, würden sicher niemals die friedliche Grenze des Nillandes sein, wie er es in der Euphorie der ersten Siege gehofft hatte.

Thutmosis III. hatte sich zu dieser langen Reise entschlossen, ohne die Angelegenheit besonders zu dramatisieren. Die Annalen von Karnak streichen die Großtaten dieser Kriegsfahrt nicht stärker heraus als gewöhnlich.

Der Pharao wußte sich jedoch von den Jahren und von seinem unermüdlichen Streben, die Organisation seines riesigen Tals zu vervollkommnen, aufgerieben. Er verfügte über genug Energie, um sein Alter vergessen zu machen, aber er war nicht mehr so rege und hatte diesen neuen Feldzug gegen den offensichtlich begriffsstutzigen König von Kadesch nicht eben frohen Herzens angetreten. Der Monarch hätte gerne seinen Sohn, den zukünftigen Amenophis II., an seiner Stelle ausgesandt. Wie hätten die Provinzfürsten von Phönizien diese Entscheidung aufgenommen? Hier herrschte der Pharao durch seine Präsenz, diese subtile Kraft, ausreichend zur Schau gestellt, so daß es dem Herrscher erspart blieb, sich ihrer zu bedienen. Thutmosis III. wußte, daß ohne diese Zuchtrute, mit der ganzen Feinfühligkeit gehandhabt, welche die orientalische Diplomatie erforderte, sein politisches Bauwerk zu deutliche Zeichen der Zerbrechlichkeit erkennen lassen würde.

Bald würde Anubis seine Schritte lenken, nicht über das weite Meer, sondern auf den finsteren, unterirdischen Pfaden der Gefilde von Jalu, zum Gericht der Götter und des Osiris. Dann würde es früh genug sein, Amenophis das Ringen mit diesen unberechenbaren Syrern zu überlassen. Thutmosis wollte ihn nicht von der Macht fernhalten; ganz im Gegenteil entsann er sich doch nur zu gut seiner eigenen verspotteten Kindheit. Er plante, ihn noch stärker an der Regierung des Tals zu beteiligen, doch im Orient, seiner geheimen Domäne, fühlte der König sich zu Hause, in diesem Teil des Imperiums, zu dessen Erringung niemand vor ihm etwas beigetragen hatte. Phönizien war sein Hausgarten.

Der alte Mann war hin- und hergerissen zwischen der Besorgnis, daß diese aufständischen Städte ihm für alle Zeiten Widerstand leisten würden, und der Freude, sich immer noch in der Lage zu fühlen, ihnen eine

Tracht Prügel zu erteilen, die sie wieder zu eingeschüchterten, fußfälligen Untertanen machen würde. Die Zeit mochte seine ohnehin gedrungene Gestalt zusätzlich gebeugt haben, sein Gesicht zeigte nicht mehr die scharf vorspringenden Wangenknochen und die Zartheit einer entschwundenen Jugend, doch nichts konnte seine Entschlossenheit aufhalten. Wenige Offiziere hätten es gewagt, nach einem falsch ausgeführten Befehl seinem Blick zu trotzen.

Die Überfahrt würde noch einige Stunden dauern. Thutmosis meinte, jede Stelle dieses Meeres zu kennen, und hätten die Wolken nicht unablässig mit den Farbschattierungen der Wellen gespielt, so hätte er sich auf einem Nil von riesenhaften Proportionen glauben können. Das große grüne Meer machte ihn träumen, in der offenen Kabine seines Flaggschiffs. Er dachte ohne Bedauern an all die Jahre zurück, die er fern von seinem Palast verbracht hatte, und mochte sich damit unterhalten, die Dutzende von Monaten zu zählen, die er im königlichen Feldzelt irgendwo in der syrischen Steppe gelebt hatte. Siebzehn Feldzüge seit dem Tode Hatschepsuts vor etwas mehr als zwanzig Jahren! Fast ein Menschenleben, das er damit verbracht hatte, den Revolten nachzueilen, von einer Zitadelle zur anderen.

Niemals würde er Megiddo vergessen, die Mauern der Festung waren ihm noch im Gedächtnis, als hätte er die rebellische Stadt erst gestern belagert. Selbst die kleine Grenzstadt Gaza hatte ihm damals die Stirn geboten: Heute konnte er darüber lächeln . . .

Jetzt säumten königliche Stelen die Straßen Syriens, von den Gebirgsausläufern Anatoliens bis zum Euphrat kannte jeder seinen Namen, und doch wagte der König von Kadesch es immer noch, ihm den Tribut zu verweigern und ihn herauszufordern.

Diese endlose Geschichte hatte etwas Unbegreifliches, wenn nicht die Absicht der Götter dahintersteckte, die ihm seine Macht neideten. Er hielt doch die Familie des Königs als Geiseln; man könnte glauben, daß der Harem des syrischen Palastes ihm neue schaffen wollte. Wozu es zu verstehen suchen? Solange Thutmosis noch die Kraft dazu hatte, würden seine Schiffe nach dem Orient segeln. Und nach seinem Tod? Es war besser, nicht daran zu denken: Niemand würde in der Lage sein, einen Pharao aus dem Orient zu vertreiben, aber es gab genug Unvorsichtige, die ihn Jahr für Jahr wieder herausforderten.

Thutmosis dachte lieber an seinen Sieg über das Mitanni-Reich. Er hatte nicht die Absicht, nach Naharina zurückzukehren, falls die Rebellen ihn nicht zu einem Großreinemachen in seiner Domäne nötigten. Seine Stele würde weiterhin an den Ufern des Euphrat stehen, als stumme Warnung. Es war so lange her . . .

Phönizien hatte ihn seit zwei oder drei Jahren nicht gesehen. Seine Vasallen würden ihm zweifellos einen prächtigen Empfang bereiten. Es würde noch mehr Fußfälle und Lobreden, ihm unverständliche Gesänge und ihm zu Füßen gelegte Schätze geben. Dies schien ihm ermüdender als der Kampf. Würde er noch die Kraft haben, die Zügel des Streitwagens zu führen, ohne Zittern seine Pfeile abzuschießen?

Angeblich befand sich Tunip im Aufstand. Wie oft hatte er diesen kleinen Ort in den staubigen Hügeln belagert? Dreimal, viermal? Sie hatten jedenfalls genug Steine in diesem Land, um die in Brand gesteckten und zerstörten Mauern immer wieder aufzurichten.

Von Zeit zu Zeit dachte Thutmosis darüber nach, daß Amenophis diese Seestraße unbedingt erhalten mußte. Er hatte es ihm tausendmal wiederholt: Ohne sie gab es keine stattlichen Zedernstämme, um die Schiffe zu bemasten oder die Säle der Paläste zu dekken. Und das Gold, all das Gold, mit dem er die Priester beglücken konnte dank der von zwanzig Völkern geleisteten Tributzahlungen ... Ägypten war verwöhnt wie ein mit Naschwerk großgezogenes Kind. Er war voller Freude und Stolz darüber, aber man mußte sich vor einer Entwöhnung in acht nehmen.

Plätschern riß ihn aus seinen Träumereien, Byblos war in Sicht, und die Bataillone würden bald auf dem Weg in die vertrauten Berge sein. Jenseits des Gebirges würde eine neue Schlacht zu schlagen sein. Was trieb ihn bloß, den König von Mitanni, Aufruhr unter den Syrern zu säen? Als ob mit jeder neuen Herrschaftszeit das besiegte Reich seinen unmittelbaren Nachbarn beweisen müßte, daß es immer noch die Kraft hatte, den ägyptischen Riesen herauszufordern.

Wenn er der mitannische König gewesen wäre, hätte er nicht ein ähnliches Bedürfnis empfunden, weniger um die ägyptischen Streitwagengeschwader zu besiegen, als vielmehr, um seinesgleichen die Zähne zu zeigen, diesen orientalischen Reichen, von denen einige begannen, beunruhigende Anzeichen von Stärke erkennen zu lassen? Man hatte Thutmosis von den Ambitionen des Hatti-Reiches berichtet. Es zahlte Tribut, das schon, aber die ägyptischen Zitadellen der Region meldeten von Jahr zu Jahr mehr Streifzüge an die Grenzen des Euphrat. Mitanni war beunruhigt; Thutmosis konnte nichts mehr dagegen tun. Würde Amenophis sich einem neuen Anwärter auf die Herrschaft über den Orient stellen müssen, zu einem Zweikampf mit unsicherem Ausgang?

*

Die Wochen, die dem Eintreffen des Pharaos auf seinen phönizischen Besitzungen folgten, erinnerten an die vorausgegangenen Feldzüge: Die phönizischen Lagerhäuser waren voll wimmelnder Geschäftigkeit, in den überfüllten Städten mischten sich Menschen jeder Herkunft zu einem erstaunlichen Schauspiel. Die Libyer drängten sich in einem Teil des ägyptischen Lagers, und wenn diese Söldner der Wüste sich auch darauf eingelassen hatten, dem Pharao zu dienen, fragten sie sich doch, was das Schicksal an den Ufern dieses unbekannten Meeres für sie bereithielt.

Die Bataillone der ägyptischen Armeekorps kannten diese Bedenken nicht; für sie war alles klar. Nach dem Entladen der Intendanturgüter, dem Zusammenbau der Streitwagen blieb noch die Aufgabe, Ordnung in die Truppe zu bringen. Bald würden Tausende von Männern bereit sein, sich zu dem wochenlangen Marsch auf den Straßen des Hinterlandes aufzumachen, den ledernen Schild an der Seite.

Der Horizont lockte zum Abenteuer: Die bewaldeten Berge des Libanon boten jene Atmosphäre des Fremdartigen, welche die Soldaten vom Nil auf ihren Zügen durch die weite Welt schätzen gelernt hatten. Die Wälder mit ihren unbekannten Pfaden, die üppige Vegetation der Hochlandregionen und selbst dieser eisige, pappige Schnee, den die Veteranen den Jungrekruten mit großem Vergnügen beschrieben, trugen zur Anziehungskraft dieser Gegend bei.

Niemand machte sich wirklich Sorgen um den Ausgang dieser Kampagne. Niemals hatte die syrische Koalition den Sieg davongetragen; man mußte sie nur wieder einmal züchtigen.

Der Norden des heutigen Libanon barg keine Geheimnisse mehr für Thutmosis III. und seine Offiziere. Sie befanden sich hier auf erobertem Boden, und der Pharao hatte es seit über zwei Jahrzehnten verstanden, das Land wirkungsvoll zu organisieren. Die Armee fand Gelegenheit zur Rast in den ägyptischen Festungen, die entlang der Straße errichtet worden waren. Die dort stationierten Offiziere eilten herbei, sich dem Pharao zu Füßen zu werfen. Diese Getreuen lebten hier das ganze Jahr hindurch, unermüdliche Bewacher der Reichsgrenzen. Thutmosis III. hatte damit die alten Grenzbefestigungen des Deltas weit nach Norden vorgeschoben. Schon vor seiner Zeit hatten die Ägypter Schutzwälle von eindrucksvollen Proportionen angelegt, doch sie waren an das Tal gebunden, entlang der Ostgrenze des Deltas im Norden oder an der nubischen Grenze im Süden.

Diese Garnisonsstädte hatten natürlich ihren Nutzen. Wurden sie jedoch belagert, so hatte dies in der Vergangenheit stets Gefahr für Ägypten bedeutet. Die Eindringlinge standen dann schon vor seinen Toren.

Das von dem Erobererpharao erdachte militärische System gab diesen Gliedern des Schutzpanzers erst ihren eigentlichen strategischen Sinn, während die früheren Festungen eher Posten zur Beaufsichtigung der Wüstennomaden gewesen waren. Hier handelte es sich um Stützpunkte, die auf Hunderten von Kilometern über ganz Syrien verteilt waren, wo es an befestigten Städten für die den Besiegten aufgezwungenen Garnisonen nicht mangelte. In Nubien war Thutmosis III. nicht dem Vorbild dieses syrischen Fächers gefolgt, welcher der Präsenz zahlreicher, bedrohlicher Völker Rechnung trug; hier hatte er eine Kette von Festungen entlang des Nils gelegt, bis zu tausend Kilometer südlich der ägyptischen Grenze und des ersten Katarakts. So war ein wirkungsvolles Geflecht von Garnisonen entstanden, die das Land im Auge behielten, die Autorität des Pharaos durchsetzten und Druck ausübten, damit die dem Herrn des Nils geschuldeten Tribute in voller Höhe und alljährlich gezahlt wurden.

Die Syrer waren keinen allzu harten Zwängen ausgesetzt, mit Ausnahme der Steuern, die an die ägyptischen Beamten zu entrichten waren, jene Schreiber mit den rasierten Köpfen, an deren Durchreise durch ihre Dörfer die Menschen sich mittlerweile gewöhnt hatten. Wie hätte auch ein König, dessen Residenz mehrere Reisewochen entfernt lag, ob zu Land oder zu Wasser, seine Untertanen dazu zwingen können, ihm in allen Dingen gehorsam zu sein?

Das persische Reich sollte tausend Jahre später den Fehler begehen, die Ländereien des Orients vom Nil bis zum Indus durch die Einsetzung von Provinzgouverneuren, den sogenannten Satrapen, beherrschen zu wollen. Die Könige der iranischen Hochebene glaubten, daß die direkte Verwaltung Anatoliens, Syriens und sogar des eroberten Ägypten reibungslos und mit Zustimmung der Bevölkerung erfolgen könne, die sich großmütigen Herren willig unterwerfen würde. Man weiß, wohin dies führte, zunächst zur Schlacht von Marathon, im 5. vorchristlichen Jahrhundert. Den Fußsoldaten der kleinen griechischen Stadt Athen gelang es, das gewaltige Heer, das der persische König in Griechenland versammelt hatte, zurückzuwerfen. Das Land der Hellenen war für schuldig befunden worden, der Autorität des Herrn des Orients getrotzt zu haben, indem es seine unterworfenen und revoltierenden Brüder auf der anderen Seite der Ägäis, in Ionien, unterstützte.

Fast zwei Jahrhunderte später sollte ein anderer Grieche, Alexander der Große, seinerseits die persischen Armeen auf ihrem eigenen Territorium nacheinander zerschlagen und innerhalb weniger Jahre dieses ganze riesige Gebiet erobern. Der König des persischen Reiches konnte nicht verhindern, daß seine Provinzen sich dem jungen Herrn des Orients anschlossen.

Und wieder vollbrachten die Phalangen der griechischen Fußsoldaten wahre Wunder, zersprengten wie bei Marathon die Reihen der Bogenschützen und Speerwerfer, während die Reitersoldaten im allgemeinen Durcheinander über ihre Schicksalsgefährten stürzten. Wiederum trug die zahlenmäßige Überlegenheit, die größere Vielfalt nicht zur Erleichterung des Sieges bei, ganz im Gegenteil. Jeder suchte, dem Tod im Dienste eines praktisch unbekannten Gebieters zu entgehen; die Strategie wurde unablässig durch die zusammenhanglosen Manöver der einzelnen Truppenabteilungen durcheinandergebracht.

Thutmosis III. lagen solche Absichten fern; seine Armee hatte ihren Zusammenhalt trotz der Präsenz von Söldnern gewahrt. Griechenland war für ihn nur ein nebelhafter Begriff aus dem Munde unbekannter Händler, die es als Gesandte an seine Gestade verschlagen hatte. Er wünschte sein Reich nicht ins Unendliche auszudehnen; noch schützte ihn die alte Weisheit der Niloten vor dem ehrgeizigen Wahn anderer Erobererkönige: Jenseits des Niltals war kein Heil zu finden!

Man wußte wohl, seit Menschengedenken, daß hinter dem Wüstenhorizont des Niltals das Unbekannte begann. Das bedrohliche rote Land – die Sahara – hatte genügt, den ägyptischen Herrschern mehr als ein Jahrtausend lang die Relativität der menschlichen Herrschaft begreiflich zu machen.

Thutmosis III., von seinen allzu rührigen Nachbarn herausgefordert, von seinem Rachedurst angesichts eines allzu widrigen persönlichen Schicksals getrieben, hatte sich entschlossen, von dieser altväterlichen Vorsicht abzulassen. Sie wurde der unausweichlichen Konfrontation mit anderen Völkern immer weniger gerecht, in einem durch Wanderungsbewegungen und territoriale Eroberungen immer stärker aufgerührten Orient. Zumindest war er klug genug gewesen, an den Ufern des Euphrat haltzumachen, dort, wo die Grenzen des Möglichen und Vernünftigen erreicht waren.

Die Verwaltung Syriens barg in sich keine unüberwindlichen Probleme: Thutmosis III. hatte seine Schreiber dort eingesetzt, von seinen Garnisonen unterstützt. Er hatte die Klugheit besessen, den lokalen Kleinkönigen freie Hand hinsichtlich der Regierung ihrer Untertanen zu lassen, die seit Jahrhunderten den Dynastien ihrer Kultur ergeben waren. Es genügte, daß die kriegslustigen Fürsten dem Herrn des Nils huldigten, damit das ganze Land Jahrhunderte hindurch in Frieden leben konnte.

Die Einigung unter dem nilotischen Banner mochte sogar einen diesem Kreuzweg des Orients bisher unbekannten Frieden bringen. Bisher war immer wieder irgendein Fürst auf die unglückliche Idee gekommen, seinen Nachbarn herauszufordern, um einen Schatz zu plündern, oder um nach Ankunft einer vom anderen Ende der Welt angereisten Karawane die Lagerhäuser zu leeren.

Die Menschen respektierten das von den Königen angebotene Gleichgewicht nicht, hier noch weniger als anderswo. Die königliche Armee stand heute vor Tunip, das sie eigentlich vor rund zehn Jahren bereits besiegt und gezüchtigt hatte. Bald würde man die hölzernen Sturmleitern an die Steinwälle legen; das übrige würde ein Kinderspiel sein. Die Garnison von Tunip verfügte nicht über die Mittel, den Angriffswellen Hunderter von Soldaten zu widerstehen, welche die Verteidiger durch ihre bloße Zahl übermannen würden. Die Soldaten würden den Pöbel durch die Straßen jagen, und schwarze Rauchsäulen würden den Himmel auf Tage hinaus verdüstern. Der besiegte Fürst würde dem Pharao zu Füßen sinken, aufs neue ewige Treue schwören und die Reste seines goldenen Geschirrs, die Kleinodien seines in Schutt und Asche gelegten Palastes aushändigen.

Wie lange würde er sich ruhig verhalten, nach dem Abmarsch der Armeekolonnen vom Nil? So lange, wie es dauern würde, seine Festungsmauern wieder aufzubauen, die Wunden seiner Kämpfer zu versorgen oder Ergebenheit zu heucheln, während er erneut nach mächtigen Grenznachbarn schielte.

Als nächstes war das aufständische Kadesch an der Reihe. Die Stadt, die sich schon zum zehnten Mal erhoben hatte, würde einen hohen Preis zahlen; die Soldaten vom Nil würden sich nicht lange bitten lassen, zum letzten Sturm auf ihre Mauern anzutreten.

Tagelang loderte die Stadt unter den Blicken des Pharaos Thutmosis III. Die Zerstörung von Kadesch mochte dem alten Gebieter der Neun Bogen über den lehrreichen Anblick, den sie den Bewohnern des Landes bot, hinaus Stoff zum Grübeln geben. Kadesch lag im Herzen einer seit fast einem Vierteljahrhundert unterworfenen Region, nur ein Augenblick in der Geschichte, aber eine Ewigkeit für diesen Pharao mit seiner langen und außerordentlich ausgefüllten Regierungszeit. Und doch hatte Kadesch ihm immer wieder getrotzt, als ob all seine Armeen, die Größe seines Reichs in den Augen dieser Händler und Provinzkönige des Landes Amurru nichts bedeuteten.

Die Ägypter hatten lange gebraucht, um sich an den Wankelmut der Menschen des Orients zu gewöhnen. War es Thutmosis III. überhaupt je gelungen? Drei schöne Gemahlinnen aus dieser Region hätten es ihm möglich machen sollen, die Mentalität ihrer Klans besser zu durchschauen . . . Die Unterschiede zwischen den Ägyptern und den Orientalen lagen nicht so sehr auf kultureller Ebene. Sie sahen sich fortan einer Geschichte gegenüber, die sich auf zwei Modi, zwei Ablaufgeschwindigkeiten gründete, welche nicht miteinander zu vereinbaren waren. Hier gingen die Uhren anders als im alten und traditionsbewußten Niltal. Dort lebten die Menschen noch im Rhythmus einer tausendjährigen, fast unveränderten Geschichte, der die regelmäßigen Hochwasser des Nils, die pharaonische Institution und die so stabile soziale Pyramide einen Beigeschmack von Ewigkeit gaben. Nicht so in Syrien! Wenn Ägypten der letzte Überlebende der großen Reiche vom Anbeginn der Geschichte war, jener Täler, in denen die ersten Königreiche entstanden waren, aus den großen Menschenmassen, die von den günstigen Ackerbaumöglichkeiten angelockt wurden, so war die syrische Hochebene sehr früh mit ihrer Lage als Knotenpunkt konfrontiert worden. Ihr verdankte sie ihren Reichtum, aber auch ihre Gefährdung durch Invasionen und die Gelüste der Nachbarn, die stets stärker waren als die Kleinkönige der Handelsstädte.

Mit der Entstehung verschiedener Staaten im Verlauf des zweiten Jahrtausends vor unserer Zeitrechnung hatte sich diese Lage noch verschärft. Syrien – das Land Amurru – hatte seine Vasallenpflichten unter dem Banner des alten Mesopotamien gegen wechselnde und vielfältige Bündnisse mit den verschiedenen Reichen eintauschen müssen, die überall im Norden des Fruchtbaren Halbmondes im Entstehen begriffen waren.

Die Vielzahl der politischen Akteure, das Aufkommen strategischer Kriege und Unterwerfungen, mehr bedurfte es nicht, um das Rad der Geschichte des Orients zu beschleunigen und die Ägypter schwindeln zu machen. Fortan dachte man nicht mehr in Jahrhunderten unveränderter Vorherrschaft, innerhalb eines Menschenlebens konnten sich tiefgreifende Umwälzungen vollziehen. Städte fielen in die Hand neuer Könige; der zum Greis gewordene Knabe sah sein Werk an seinem Lebensabend in Schutt und Asche liegen.

Vor diesem Hintergrund durfte Thutmosis III. nicht auf unverbrüchliche Bündnisse hoffen; die Syrer waren treulos, dem ständigen Druck einer sich unablässig wandelnden Geschichte ausgesetzt. Wie hätten sie die Forderungen des Mitanni-Reichs ignorieren können, da dieses doch eine lebenswichtige Rolle spielte angesichts der aufkeimenden Macht der Hethiter, der sprießenden Ambitionen der Assyrer? Es wollte um jeden Preis seine Herrschaft über das Land Amurru festigen und die Gelüste der anderen Monarchen zum Schweigen bringen. Wieviel Zeit blieb ihm? Schon der Enkel Thutmosis' III. sollte in seiner Regierungszeit das große Reich, das sein Großvater bekämpft hatte, unter dem Ansturm der hethitischen Krieger zusammenbrechen sehen. So hatte das Mitanni-Reich kaum den Zeitraum von zwei oder drei ägyptischen Dynastien überdauert.

Thutmosis III. war sich der Schwierigkeit der bevorstehenden Jahrhunderte wohl bewußt. Diese stürmische Phase der Geschichte würde außerordentlich bedeutsam sein als Begründerin von Zivilisationen und Hort der an diesem wichtigsten Kreuzweg der Menschheit angehäuften Reichtümer. Gleichzeitig würde sie die Kräfte der Könige erschöpfen, die sich mit der unmöglichen Aufgabe konfrontiert sahen, die Risse der Zeit zu stopfen. Und Thutmosis war der erste, sich daran zu versuchen.

Kadesch brannte; Thutmosis III. glaubte, sein eigenes Werk in einem grausigen Ritual sich verzehren zu sehen.

Die Tribute, der Austausch von Gesandten, die Prinzen, die er als Geiseln an seinem Hof in Theben hielt, so viele Dinge hatte der Neffe der Hatschepsut sich ausgedacht, um das aus seinem unsinnigen Ehrgeiz entstandene Gebäude zu zementieren ... Am Abend seiner Herrschaft spürte Thutmosis III., daß das Reich vielleicht einer weiteren Festigung bedurft hätte.

Gewiß hätte das Eintreffen Hunderttausender von Nilbauern die Syrer und Phönizier in der nilotischen Menschenmasse schlicht untergehen lassen, aber war eine solche Politik für einen Pharao vorstellbar?

Zu einem späteren Zeitpunkt der Geschichte sollten die beiden dem Niltal vergleichbaren Großreiche diese radikale Lösung wählen. Rom verstand es, seine Veteranen über das Reich zu verteilen, indem es ihnen Kolonien in allen Provinzen gab. Diese auf erobertem Boden begründeten Siedlungen waren der Nährboden einer schnellen und durchgreifenden Latinisierung, eine Art Modell für die Besiegten, die Grundlage eines um eine Sprache, eine Lebensform und eine Stadt-, eine Kaiserkultur, geeinten Imperiums. China würde ähnlich vorgehen. Doch im Unterschied zu den wenig zahlreichen Römern, denen es gelang, ein Gesellschaftsmodell durch ihre schlagkräftigen Armeen zu exportieren, überschwemmte das bereits von mehreren hundert Millionen Menschen bevölkerte China mit seinen Invasionen die äußeren Regionen der großen, schlammigen Ebenen, überrannte die anderen Völker. So wurden die Han – die ursprüngliche chinesische Volksgruppe – zum alleinigen Ausgangspunkt der Besiedelung des Reichs der Mitte.

Die Kaiser von China gab es zur Zeit Thutmosis' III. seit einigen Jahrhunderten, doch das Niltal hatte nicht ein Zehntel der Bevölkerung dieses menschlichen Ballungsraums des Fernen Ostens ... An der Schwelle der Weltgeschichte zahlte Thutmosis III. den Preis für das archaische Wesen Ägyptens. Es existierte dank der Oase des Tals, war im Frieden aufgeblüht und hatte es seit dem Ende der vorgeschichtlichen Zeit verstanden, seine Stämme zu einen, doch die Zeit war stehengeblieben. Die Nilbauern wußten weder mit den Sandwüsten des Sinai etwas anzufangen, noch mit den steinigen Hügeln Kanaans und Syriens. Überdies lebte dort eine sehr zahlreiche Bevölkerung, und das Land Amurru war keineswegs jungfräulicher Boden, der auf seine Eroberung wartete, wie ihn die Chinesen in westlicher Richtung vorfanden, als sie die Täler der großen Flüsse verließen.

Der menschliche Ameisenhaufen des Orients war von großer Vielfalt, und Ägypten hatte nicht die Mittel, sich die Gesamtheit dieser Völker einzuverleiben. Thutmosis III. hatte, bewußt oder unbewußt, für die ganze Region Polizist gespielt. Unter dem Deckmantels des Bestrebens, sein Tal vor Plünderern zu schützen, hatte der König von Ägypten die ganze Umgebung befriedet, die unruhigen Völker unterworfen im Namen von Interessen, die dem Gemeinrecht zuwiderliefen. Die Handelsstädte vom Nildelta bis zum Euphrat wurden unter ein und derselben Autorität versammelt, zum Nutzen des gegenseitigen Austauschs. Seit Menschengedenken hatte es so etwas nicht gegeben.

Seine ursprüngliche Absicht war seit langem in völlige Vergessenheit geraten. Wer dachte noch daran, die Nomaden zurückzudrängen, welche die Grenzstädte des Niltals zu plündern drohten? Ganz andere Aufgaben nahmen die Aufmerksamkeit des Herrschers in Anspruch; von Eroberung zu Eroberung hatte der Erbe der Doppelkrone sich zu einem triumphalen Reichsgründer gewandelt . . .

Was würde aus Kadesch und all den anderen Städten werden? Thutmosis III. würde seine Beute nicht fahrenlassen; dies hätten sie sich auch nicht erhofft. Selbst wenn er es gewollt hätte, wäre ein solcher Rückzug der ägyptischen Macht unmöglich gewesen. Zu viele Bande waren zwischen den Völkern geknüpft worden; die phönizischen Lagerhäuser quollen über von Waren, die für den Hof von Theben bestimmt waren.

Thutmosis III. mußte die Folgen seiner Politik der Stärke auf sich nehmen. Ägypten befand sich im Aufbruch; eine Umkehr, zurück zur ruhigen Abgeschiedenheit, war nicht mehr möglich. Die benachbarten Reiche hätten diesen Rückzug sofort als Eingeständnis der Schwäche ausgelegt, und die gestern noch Besiegten hätten mit Verachtung auf den Pharao geblickt, mehr noch vielleicht als auf die verstorbene Hatschepsut. Was das weitere Vorrücken anging, so gebot die grundlegendste Vorsicht, jede neue Eroberung aufzuschieben. Die Ausläufer der anatolischen Berge markierten in gewisser Weise die natürliche Grenze des Reichs. Jenseits der mittlerweile bekannten und von den ägyptischen Kolonnen oft genug durchstreiften syrischen Hochebene gelegen, waren diese Berge des Nordens die drohenden Schlupfwinkel rivalisierender Völker.

Die Soldaten vom Nil wären aus diesen Bergen im übrigen nicht lebend wieder herausgekommen. Man muß nur einmal den schmalen Gebirgspaß überquert haben, der von der Mittelmeerküste Kilikiens zur anatolischen Hochebene führt, über die schneebedeckten Berge des Taurus, um bei dem bloßen Gedanken an einen Streifzug in das Land der Hethiter zu erschaudern.

Thutmosis III. hatte sich selbst dazu verdammt, die Rolle des wachsamen Gebieters über diese Region zu spielen, und diese Aufgabe gab er an all seine Nachkommen weiter.

15

Der Tod des Pharaos

Die letzten Jahre des kriegerischen Pharaos verliefen friedlich. Die besiegten Völker enthielten sich jeder Anwandlung von Unabhängigkeitsstreben, als ob die vielen Feldzüge sie schließlich doch stärker zermürbt hätten als den unermüdlichen Soldaten.

Der thebanische Hof hatte den Herrn des Nils schon zu Lebzeiten zum Gott gemacht. Von seinen alten Dienern oder deren ihrerseits zu ergebenen Schreibern gewordenen Kindern umgeben, ging Thutmosis III. seinen täglichen Geschäften nach, ohne sich allzusehr um weitere Verbesserungen der Organisation des Tals zu kümmern. Nichts störte das Leben des Palastes um diese Zeit gegen Mitte des 15. vorchristlichen Jahrhunderts. Wie jeder Mensch, dem die Götter ein langes Leben schenken, hatte er erleben müssen, wie einige seiner Kinder ihm in die Gefilde von Jalu vorangingen. Eine seiner Töchter starb jung, seine syrischen Frauen würden sie nicht in dem bereits vorbereiteten Grab im Tal der Könige bestatten.

So verstrich die Zeit am unveränderlichen Lauf des Nils. Thutmosis III. hätte vor dem Tode zittern können, ob dem seinen oder dem der ihm Nahestehenden. Er hatte die Furcht vor der Vergessenheit während seiner geknechteten Jugend unter Hatschepsut nur zu gut kennengelernt. Doch das Lachen der vielen Königskinder wirkte beruhigend auf ihn.

Die liebevolle Beziehung zu seiner ersten Gemahlin, Meritre, die Fruchtbarkeit seiner beiden anderen königlichen Gemahlinnen und seiner Nebenfrauen hatten ihm Söhne und Töchter beschert, die, um das Überleben der Dynastie zu sichern, untereinander heiraten würden oder bereits miteinander vermählt waren. Nach einer mehr als zwanzigjährigen Regierungsdauer war die königliche Sippe wiederhergestellt, ganz im Gegensatz zu der grausamen Isolierung Hatschepsuts, die allein, ganz auf ihre beiden unvermählt gebliebenen Töchter konzentriert, gelebt hatte.

Thutmosis III. herrschte voller Autorität über diese kleine königliche Gesellschaft. Er mußte wohl gelegentlich den internen Eifersüchteleien Einhalt gebieten, für die Beachtung der feingesponnenen Hierarchie der Gemahlinnen und ihrer Nachkommenschaft sorgen. Sie war die eigentliche Garantie der Fortdauer seines Werks; sein Nachfolger würde sich nur dann richtig durchsetzen können, wenn er auf die rückhaltlose Ergebenheit seiner Brüder und Schwestern, seiner ersten Diener, zählen konnte. Nur ein einziges Wesen konnte vergöttlichter Pharao, Herr des Nils, sein.

Thutmosis III. hatte darauf schon seit seiner Thronbesteigung achtgegeben. Die barmherzigen Götter hatten ihm hierin jede notwendige Hilfestellung gegeben, als ob sie Wiedergutmachung leisten wollten für das grausame Spiel, das sie zu Zeiten der Hatschepsut getrieben hatten, als die Zufälligkeiten der dynastischen Erbfolge eine Frau auf den gottlosen Gedanken gebracht hatten, ein aussichtsloses Matriarchat zu begründen.

Die Geburt des Sohnes der ersten Gemahlin, Amenophis, in der frühen Zeit seiner Herrschaft hatte die Frage der Nachfolge entschieden. Sie hätte durch den vorzeitigen Tod oder eine Krankheit des Kleinen zunichte werden können, doch Amun hatte den Sprößling Thutmosis' III. mit allen Eigenschaften ausgestattet, die der glückliche Vater sich nur hätte erträumen können. Von

Jugend an hatte Amenophis seinem Vater in nichts nachgestanden: Er war ein unfehlbarer Streitwagenlenker, kannte kein Zögern, sich mitten ins Handgemenge zu werfen, und die Handhabung des Bogens barg für ihn schon bald keine Geheimnisse mehr. Dem guten Beispiel seines Vaters folgend, hatte er sehr schnell die Fähigkeiten des Athleten und den Sinn für Strategie in sich vereint.

Thutmosis III. hätte ihm in aller Ruhe die Führung seiner Feldzüge überlassen können; Amenophis II. war des Titels eines Feldherrn mehr als würdig. Seine für einen Niloten eindrucksvolle Größe und seine ganz und gar außergewöhnliche Körperkraft hatten ihm schon früh eine Aura verliehen, die den Erbprinz zu einer aus der Masse herausragenden Persönlichkeit machten. Diese Stärke kränkte den alten Oberbefehlshaber der Armee nicht: Thutmosis III. hatte sein Quantum Ruhm gehabt. Was konnte er sich der Nachwelt gegenüber mehr erhoffen, als von seinem eigen Fleisch und Blut erreicht, ja übertroffen zu werden?

Amenophis II. war der ganze Stolz Thutmosis' III., der so sehr, vielleicht über das Gebot der Vernunft hinaus, danach trachtete, dem Bild des kriegerischen Pharaos, diesem Wahrzeichen der Thutmosiden, gerecht zu werden. Das hatte Hatschepsut auslöschen wollen, indem sie den kleinen Bastard vom Thron verdrängte, um der Legitimität des Blutes der Ahmessiden-Königinnen zum Triumph zu verhelfen.

Die königlichen Gene Thutmosis' III. kamen in dem kraftvollen Körper seines Sohnes aufs herrlichste zur Geltung. Wer hätte angesichts einer solchen genetischen Alchimie die göttliche Geburt Thutmosis' III. durch die Zeugungskraft des Amun bezweifelt? In einer Zeit, da der Pharao zugleich noch Klanoberhaupt war, Anführer der Menschen einer Stammesgesellschaft, war Amenophis der beste Garant des Lebenswerks seines Vaters. So war niemand erstaunt, als der alte Pharao mit über sechzig Jahren die Krönung Amenophis' ankündigte. Im Jahre 1451 vor unserer Zeitrechnung erlebte Ägypten das Glück, zwei Pharaonen das Reich regieren zu sehen. Sie bildeten zweifellos das schönste königliche Zweiergespann, das man sich vorstellen kann, Tradition und Kraft, der knorrige Stamm und sein bemerkenswerter Sproß.

Eine solche Vorsichtsmaßnahme ist nicht ungewöhnlich in der Geschichte Ägyptens. Viele Pharaonen suchten so durch eine unter ihrer eigenen Autorität vollzogene Krönung der zerrüttenden Wirkung der Zeit zu trotzen und die zukünftige Herrschaft zu sichern. Hatschepsut hatte behauptet, von ihrem Vater Thutmosis I. an der Macht beteiligt worden zu sein; auf jeden Fall ist gesichert, daß der Großvater Thutmosis' III. schon zu seinen Lebzeiten seinen Sohn, Thutmosis II., und seine Tochter auf das Sprungbrett der Macht gehoben hatte.

Für Thutmosis III. hatte diese prunkvolle, so selten gefeierte Zeremonie dennoch symbolischen Wert. Der alte König gab das Zepter ein für alle Mal den Bastarden in die Hand, den Erben des der Vergessenheit preisgegebenen Thutmosis II. Und die Königinnen würden diesem folgerichtigen Sieg der Soldatenpharaonen beifällig im Schatten beiwohnen. Die erste königliche Gemahlin, Meritre, setzte dem keinen Widerstand entgegen. Sie hatte ihr Lager seit dem Tag ihrer Vermählung mit Thutmosis III. gewählt, gab dem Leben im Schatten dieses außergewöhnlichen Mannes den Vorzug vor den tollen Träumen Hatschepsuts. Heute bestieg ihr Sohn seinerseits den so begehrten Thron, und die Mutter war glücklich in der Gewißheit, ihre Aufgabe als Erzeugerin erfüllt zu haben: das heilige Blut der königlichen Frauen an den Herrn des Nils weiterzugeben. Sie erfüllte damit die

Pflicht, welche die Götter ihr auferlegt hatten, um den reibungslosen Lauf des Universums auch weiterhin zu sichern. Auch Meritre hatte ihren Anteil an der Ewigkeit gewonnen, und ihr Sohn sollte dereinst seine beiden Eltern durch einen von kindlicher Liebe erfüllten Totenkult ehren.

Der Hof durfte hier dem schönsten Sieg Thutmosis' III. beiwohnen. Indem er das Zepter und die Geißel symbolisch seinem Sohn anvertraute, übergab er ihm die Werkzeuge des Sieges und rettete sein politisches Werk. Welcher der beiden Protagonisten mag dem anderen dankbarer gewesen sein? Der Sohn, der geduldig auf die Stunde des Generationswechsels gewartet hatte, durch die langen Jahre hindurch die Energie, den Mut, die Gewitztheit seines unbeugsamen, klugen Vaters bewundernd? Der amtierende Pharao, der von Tag zu Tag die Fähigkeiten dieses Thronfolgers entdeckte, der ihm in jeder Hinsicht ebenbürtig war? Eine unverhoffte Feststellung für einen Mann, der ein Reich von gigantischen Ausmaßen erobert hatte, getrieben von der Herausforderung, die er einem Hof entgegenschleuderte, welcher ihn in seiner Jugend bei lebendigem Leibe begraben hatte.

Thutmosis III. sah vor sich einen König, der seines Reiches würdig war, einen Riesen voller Entschlossenheit und Ungestüm, einen außergewöhnlichen Soldaten. Er würde sich nicht den kleinsten Teil des Territoriums entreißen lassen, das der Patriarch in seinem Eroberungsrausch annektiert hatte. Unter der äußeren Hülle des neuen Pharaos sah ein zweiter Thutmosis III. mit Begeisterung der Stunde der Schlacht entgegen. Für eine Weile zumindest konnte der alte König unbesorgt sein . . .

Unter einer solchen Herrschaft lebte das Reich im Frieden; die beiden Herrscher konnten einige Monate mit vereinten Kräften daran arbeiten, Provinztempel wiederaufzurichten, die unter den Hunderten von Heiligtümern der zweiundvierzig Provinzen in Vergessenheit geraten waren, Gesandte aus fernen Ländern zu empfangen.

Amenophis stand ganz in der Tradition der Thutmosiden. Er liebte das Unbekannte, wollte die fremdländischen Grenzgebiete des Reichs entdecken, wenn auch die Erfahrung seines Vaters ihn davon abhielt, neue asiatische Besitzungen zu annektieren. Das Reich genügte sich fortan selbst. Während der bevorstehenden fünfundzwanzig Jahre seiner Herrschaft gewann der ungestüme Erbprinz lediglich einige Ländereien am Oberlauf des Nils hinzu, in Richtung auf das wilde Afrika im Süden Nubiens, das Thutmosis III. unbeachtet gelassen hatte.

Es war wohl notwendig, daß der Sohn eine Stätte der Bewährung fand, eine Gegend, in der sein Vater noch nicht bis an unüberwindliche Grenzen vorgestoßen war. Sicher besprach er dieses Unternehmen mit dem alten König und erhielt dessen Segen. Es lag keine große Gefahr darin, den Fluß hinaufzufahren und die afrikanischen Stämme zu unterwerfen, die an seinen Ufern verstreut lebten.

Wollte der Riese seinerseits die Quellen dieses sagenhaften Stroms entdecken, einen Ruhmestitel erwerben, der ihn mit ebensolchem Glanz umgeben würde wie seinen Vater, dessen so ganz und gar außergewöhnliches Werk schon zu seinen Lebzeiten allgemeine Anerkennung fand?

*

Die ersten heißen Tage des Niltals waren da, die Ernte versprach gut zu werden, und die schwarze Erde verwandelte sich in grünende Felder. Es war ein Frühling, wie die Niloten ihn liebten, bald würde die Zeit der Ernte kommen. Ägypten schwirrte vor Geschäftigkeit, und es geschah in dieser Jahreszeit des Schomu, daß Thutmosis III. zu seinen Ahnen gerufen wurde.

Die Annalen der Herrschaft schweigen dazu, doch nichts läßt an eine institutionelle Krise denken. Thutmosis III. starb eines natürlichen Todes; das Leben hatte diesen Mann von erstaunlicher Energie verbraucht, und mit seinen fast siebzig Jahren hatte der Pharao ein kanonisches Alter erreicht.

In diesem 15. Jahrhundert vor unserer Zeitrechnung war das Leben an den Ufern des Nils meist von kurzer Dauer. Selbst wenn man eine sehr hohe Kindersterblichkeit abzieht, wie man sie auch in unseren Tagen in den ärmsten Ländern des Planeten findet, betrug die Lebenserwartung der glücklichen Überlebenden im Durchschnitt nicht mehr als etwa vierzig Jahre. So versteht man schon eher die Sorgfalt, die dem Totenkult und der Herrichtung des Grabes gewidmet wurde, dieses Garanten eines Lebens im unendlich viel wichtigeren Jenseits. Die Familien der Wohlhabenden und der Herrscher waren zwar insofern privilegiert, als sie eine ausreichende Ernährung genossen, die Segnungen einer Medizin in Anspruch nehmen konnten, die schon über zahlreiche Heilmittel verfügte. Doch trotz chirurgischer Eingriffe und umständlich zubereiteter Arzneitränke wußte man schwerere Leiden nicht zu bekämpfen, und viele pharaonische Mumien offenbaren uns einen kläglichen Gesundheitszustand. Die Ägyptologen fanden solche, die an Arthrose, Hautkrankheiten, Tumoren und sonstigen Deformierungen des Skeletts litten, Zeugnisse einer seit ihren frühesten Tagen leidenden Menschheit. Die Liste der Herrscher bestätigt uns im übrigen das frühe Ableben vieler Pharaonen, und nur selten war der Krieg die Todesursache.

Während die Einbalsamierer sich auf den Weg zum Palast machten, ging das mit fester Hand regierte Reich weiterhin seinen Geschäften nach, wenn man sich auch die Bestürzung seiner Einwohner vorstellen kann. Der Pharao hatte sie verlassen, er, der ihnen genauso dauerhaft erschienen war wie seine granitenen Obelisken; der Mann, der unzählige Feinde bezwungen hatte, mußte sein Leben aushauchen wie jeder andere Greis. Die einfachen Leute hinterlassen keine schriftlichen Zeugnisse, aber viele der alten Soldaten mögen wohl geweint haben, auf diesem Boden, den der dankbare Pharao ihnen anvertraut hatte.

Am Hof war die Trauer durch ein ebenso altehrwürdiges wie pedantisches Protokoll geregelt, dessen Zeremonialmeister Amenophis II. war. Zwei Monate lang würden sich die Einbalsamierer an der sterblichen Hülle ablösen, die, in Natronsalz gepackt, nach und nach ausgedörrt wurde, und den Leichnam für das Leben in der Ewigkeit vorbereiten. Die Muskeln des Kriegerkönigs würden dahinschwinden, die Haut sich in Pergament verwandeln, während das Herz und die Eingeweide entnommen, mit Salben, deren Geheimnis man sorgfältig hütete, behandelt und dann in Kanopenvasen verwahrt wurden.

Thutmosis III. war nun nicht mehr wiederzuerkennen, selbst für seine engsten Vertrauten, doch die Ägypter legten keinen Wert auf das Bild ewiger Jugend. Sie suchten lediglich in ihrer großen Weisheit, einen Körper zu bewahren, der die Seele nach der Rückkehr von ihrer Reise nach dem Land der Toten beherbergen könnte.

Amenophis regierte das Land, doch noch dachte jeder vor allem an die Mumie, die im Innersten des thebanischen Palastes heranreifte.

Das Wichtigste war jedoch von dem verstorbenen Pharao selbst vorbereitet worden: Sein Grab erwartete ihn im Tal der Könige, unweit des Grabes der Hatschepsut. Wenige Menschen konnten sich rühmen, in die düstere Höhle vorgedrungen zu sein, die seinen Leichnam aufnehmen würde, von mehreren Holzsärgen umschlossen, die ihrerseits in einem steinernen Sarkophag ruhten. Sie hätten am Ende des langen Ganges, der zur Kapelle und zur Grabkammer führte, eine Ausschmückung vorgefunden, die so recht dem Bild des dahingegangenen Pharaos entsprach: Fresken mit schlichten Motiven, stilisierte Zeichnungen und Wiedergaben aus den Totenbüchern, alles Beweise, wie sehr Thutmosis III. sich an die traditionellen Regeln der ägyptischen Kunst gebunden fühlte. Sein Grab hätte ebensogut das eines mehrere Jahrhunderte zuvor verstorbenen Pharaos oder die letzte Ruhestätte eines hohen Würdenträgers sein können.

Thutmosis III. brüstete sich vor allem nicht seiner kriegerischen Taten. Für einen Mann, der sich bereitmachte, sich dem Richterspruch Dutzender unter Osiris versammelter Götter auszuliefern, schickte es sich, vor allem seiner Fehler und seiner Reue zu gedenken. Die Stunde gehörte dem Gebet; die Zeiten des Ruhms und der Siege, der unterwürfigen Menschenmengen, die dem Eroberer zujubelten, waren vorbei.

In den Eingeweiden der Erde schrumpfte die fleischliche Hülle zur papiernen Haut der Mumie. Die Eitelkeit des menschlichen Tuns blieb an der Schwelle des Grabes zurück, als ob all diese großen Taten nichts gewesen wären als die Episoden einer vor den Menschen seiner Zeit aufgeführten Komödie.

Amenophis würde fortan den Seinen gegenüber für die Größe des Landes verantwortlich sein; Thutmosis hatte dieser Realität den Rücken gewandt. Und er hatte es verstanden, diese Stunde Jahre zuvor, auf der Höhe seines Ruhmes, vorzubereiten.

Thutmosis III. ging ohne Großtuerei, die Wände seines Grabs tragen keine Spuren ästhetischer Ausschweifungen, wie man sie aus den Gräbern so vieler Könige anderer Reiche und zukünftiger Zeiten kennt.

Die Grabanlage war natürlich prunkvoll und mußte die Schätze enthalten, die für das Überleben des Monarchen notwendig waren, doch Ägypten verfiel nicht in einen übersteigerten, den verstorbenen Herrschern geweihten Kult. Hier herrschte nicht die Grausamkeit der Riten vieler antiker Völker: Kein Pharao hätte verlangt, daß man seinen Sarkophag mit Hunderten niedergemetzelter Diener, geopferten Konkubinen und zerstückelten Pferdekörpern umgab, wie man sie in den Hügelgräbern der Skythen in den Steppen nahe dem Schwarzen Meer finden sollte.

Die Kinder des Nils wünschten auch keine den Augen der Lebenden zur Schau gestellten Monumente, als pflichtschuldige Bezeugung der in den Herzen bewahrten Erinnerung. Die Herrscher zogen sich zurück, fern von den Blicken der Menschen. Sie wahrten ihre Intimsphäre im Schatten des heiligen Gebirges, in der Domäne der Götter; ein merkwürdiges Schicksal für diese zu Lebzeiten vergöttlichten, im Jenseits jedoch eher bescheidenen Menschenwesen, wenn die Totentempel am Westufer des Nils uns nicht in Erinnerung rufen würden, wieviel Wert die Pharaonen auf den ihren Vorfahren geweihten Kult legten.

Zweifellos hatte Thutmosis III. recht daran getan, seine Weisheit zu bezeugen, indem er sein Grab beizeiten herrichten ließ. Menschenwerke sind nicht von langer Dauer, und sobald die Nachricht von seinem Tode in Syrien eintraf, verbündeten sich all seine Feinde von gestern, um das ägyptische Joch abzuschütteln.

Der Tote würde keinen achtzehnten Feldzug mehr anführen, und die Verbündeten hofften wohl, sich einem weniger tüchtigen nilotischen Feldherrn gegenüber zu sehen. Die Reaktion Amenophis' II. war vorhersehbar, aber sie übertraf alle Befürchtungen der Aufständischen, die sich plötzlich des eingegangenen Risikos bewußt wurden.

Thutmosis III. war tot, doch die ganze in mehr als zwanzigjähriger Herrschaft aufgebaute Infrastruktur funktionierte immer noch aufs vortrefflichste. Innerhalb weniger Monate konnte die Nilflotte Männer, Streitwagen und die notwendige Ausrüstung transportieren, die eine solide Basis für den ägyptischen Gegenangriff schuf.

Das von Thutmosis III. aufgestellte Berufsheer war im Verlaufe der Feldzüge zu einem äußerst gefährlichen Werkzeug geworden, mit seinen zahlreichen, disziplinierten Armeekorps und den vielen Söldnern aus allen Gegenden des Reichs. Die unter der Autorität des Pharaos entstandene Offizierskaste hatte als Kommandoeinheit im Orient sicherlich nicht ihresgleichen. Es hätte eines miserablen Feldherrn bedurft, diese Truppe zur Niederlage zu führen. Der Beweis für den Erfolg Thutmosis' III. war ohne Zweifel der Mann, der die Armee führte, an der Spitze der Streitwagen über die Pisten jagte und es keinem anderen überließ, die Schlacht zu eröffnen. Amenophis II. hatte sich nicht nur seines Vaters Kenntnisse der Kriegskunst angeeignet, sondern auch seine Kühnheit. Diese Kaltblütigkeit in Verbindung mit den überraschendsten strategischen Zügen machte ihn zum Schwertarm des toten Königs, und die Aufständischen dürften geglaubt haben, sich in die Zeit des ägyptischen Triumphs von Megiddo zurückversetzt zu sehen.

Die auf die liebevolle Erziehung des jungen Prinzen verwendeten Jahre sollten heute ihre Früchte tragen.

Thutmosis III. hatte ein vortreffliches Geschlecht begründet. Die alten Offiziere des verstorbenen Pharaos vergaßen ihren Herrn darüber, wie dieser Riese mit dem blauen Kriegshelm sich auf die vordersten Linien der Syrer stürzte, inmitten des Zusammenstoßes der beiden Armeen. Die Körperkraft des Sohns von Thutmosis und Meritre, seine Geschicklichkeit als Bogenschütze machten den Schutz durch eine Elitetruppe unnütz. Die begeisterte Armee folgte ihm ohne Furcht vor einer Niederlage.

Im Laufe der Monate arbeitete sich die Armee durch Syrien vor und fegte dabei jeden Widerstand vor sich hinweg. Überall brannten die Städte, lagen die Zitadellen in Trümmern, und als die Phönizier die Nachricht von dem Gemetzel vernahmen, gratulierten sie sich dazu, ihre Treuepflicht dem Herrn des Nils gegenüber respektiert zu haben.

Syrien war ein Trümmerfeld: Amenophis II. hatte nicht die Geduld, die Widerspenstigen zu überzeugen, wie es sein Vater zwei Jahrzehnte zuvor mit einer Mischung von Gewalt und Diplomatie getan hatte. Muß man nicht in dieser Reaktion von außerordentlicher Brutalität den Verdruß eines Herrschers angesichts der Infragestellung des väterlichen Lebenswerks sehen? Die syrischen Provinzfürsten sollten dies mit ihrem Leben bezahlen, und die öffentliche Hinrichtung der Gefangenen in Theben ist in die Annalen der ägyptischen Geschichte eingegangen.

Königin Meritre war erleichtert, ihren Sohn Amenophis zurückkehren zu sehen. Trotz ihrer mütterlichen Furcht hatte sie voll Stolz gespürt, wie sehr es dem Nachfolger Thutmosis' III. am Herzen lag, das väterliche Erbe zu bewahren. Die 18. Dynastie saß fest im Sattel; das von Thutmosis III. eroberte und organisierte Imperium hielt auch nach seinem Tode weiter stand.

Amenophis II. konnte ins Niltal zurückkehren, der Orient hatte verstanden, daß das Werk Thutmosis' III. unverändert bleiben würde. Während der fünfundzwanzigjährigen Herrschaft von Thutmosis' Sohn blieb das Land Amurru gefügig, und man verzeichnete keinen Feldzug von größeren Ausmaßen, ein zusätzlicher Beweis für die Weitsicht des alten Pharaos.

*

Thutmosis III. ruhte in Frieden im Tal der Könige; die Priester zelebrierten voller Eifer den offiziellen Kult in seinem Totentempel in der thebanischen Ebene, und die Annalen der Schreiber zeugten immer noch von seiner Macht. Sein Name floß häufig aus ihren Schreibbinsen, und sein Andenken würde ins Gedächtnis der Jahrhunderte eingegraben bleiben. Über den Tod hinaus sollte er ein großer Herrscher bleiben, und der Tempel von Der el-Bahri legte hiervon Zeugnis ab: Seine Besucher in jener fernen Vergangenheit konnten hier und da den Namen Thutmosis' I. und den seines Sohnes lesen, und natürlich nannten die Hieroglyphen immer wieder Thutmosis III.. – doch Hatschepsut findet keine Erwähnung.

Die Getreuen der Hauptstadt hätten die Erlaubnis benötigt, bis in den hintersten Winkel der düsteren Räume der obersten Terrasse vorzudringen, um dort die letzten Spuren des Namens der gottlosen Pharaonin zu finden. Doch solches wagte niemand, und in diese in die Felswand des Westgebirges eingebetteten Teile des Heiligtums, die Amun und dem Andenken Thutmosis' I. geweiht waren, verirrte sich nur hin und wieder ein Priester. Thutmosis III. hatte gute Arbeit geleistet; der Stein des usurpierten Monuments pries seinen Ruhm und den seines gerächten Vaters. Die Kinder entdeckten mit staunenden Augen diese Expedition nach Punt, die der Sieger von Megiddo angeordnet hatte.

So hatte Thutmosis III. vom Euphrat bis zu den fernsten Ufern des Roten Meers geherrscht, den seinem Willen unterworfenen nubischen Nil nicht zu vergessen? Die Schreiber lehrten die Kinder in den Häusern des Lebens die geschönte Legende des verstorbenen Helden, und Thutmosis' Seele konnte von seinem Grab aus die Kinderstimmen sein Heldenepos aufsagen hören.

Der Tod hatte die beiden Intimfeinde in den Gefilden von Jalu wiedervereint, doch das änderte nichts: Die von Thutmosis III. angeordnete Verfolgung blieb bestehen, und Amenophis II. würde ihr nicht Einhalt gebieten. Die Wut seines Vaters hatte jede Vergebung ausgeschlossen, wenn auch einige Mitglieder der Familie ihre Grabstätte in der Nähe von Hatschepsuts Grab anlegen ließen oder ihren Namen einer ihrer Töchter gaben.

Die 18. Dynastie zählte offiziell nur männliche Pharaonen, keine Frau sollte die Linie der großen Soldaten entwürdigen. Das gesamte Reich war mit Gedächtnisverlust geschlagen, als ob der alte König auch über den Tod hinaus dem Volk und den Schreibern noch seine unerbittlichen Befehle diktierte. Eine solche Autorität mußte ihre Auswirkungen auf die nachfolgenden Jahrhunderte haben; nur Amenophis hätte der Wahrheit wieder zu ihrem Recht verhelfen können, aber dazu verehrte er seinen Vater zu sehr. Schließlich heiligte die Erinnerung der Menschen den Triumph Thutmosis' III. Seine Jugend war vor der Nachwelt gerächt. In den Augen aller kommenden Dynastien hatte der Sohn Thutmosis' II. seit seiner Kindheit ohne die geringste Opposition regiert, und kein Makel hatte seine ruhmreiche Herrschaft getrübt. Nichts hätte normaler sein können für den ersten Herrscher, der sich zum Sohn des Amun erklärt hatte. So hatte schon Manetho, im 3. Jahrhundert v. Chr., große Schwierigkeiten, die Spur der besiegten Königin wieder aufzunehmen; dieser Mann der Wissenschaft war ein Priester der aussterbenden ägyptischen Religion. Dem in esoterischem Wissen bewanderten Gelehrten war es in den Sinn gekommen, das, was er von der langen pharaonischen Geschichte wußte, auf griechisch – zu jener Zeit die Sprache der Regierenden Ägyptens – niederzulegen. Zwischen den hellenischen Soldaten, die sich im Gefolge Alexanders des Großen an den Ufern des Nils niedergelassen hatten, und der ägyptischen Zivilisation kam es zu einer gewissen Osmose. Manetho lag daran, die jahrtausendealte Erinnerung seines Tals zu bezeugen, in diesem Augenblick, in dem seine ursprüngliche Kultur auf die fremden Herrscher überging, eine Tradition, welche die Ptolemäer, die auf den kurzen und triumphalen Eroberungszug Alexanders des Großen gefolgt waren, mit Stolz erfüllte.

Seinem Werk ist es zu verdanken, daß uns eine mehr oder weniger vollständige Liste der Pharaonen und Dynastien überliefert ist. Sie belehrt uns über diese vergessene Zeit, und Thutmosis III. nimmt darin einen wichtigen Platz ein – ohne Hatschepsut, die aus den Papyri, den Monumenten getilgt wurde und ihrerseits der Vergessenheit anheimfiel, in die sie zur Zeit ihrer Regierung ihren unglückseligen Verwandten gestürzt hatte.

Die von Thutmosis III. eingeleitete Verfolgung sollte sich so durch die Jahrhunderte fortpflanzen, und es erforderte den ganzen Scharfsinn der Ägyptologen des 19. Jahrhunderts, die offizielle Geschichtsschreibung in Frage zu stellen, die das Werk des um sein Bild in der Nachwelt besorgten Pharaos war. Champollion, Mariette und schließlich Naville untersuchten Der el-Bahri. Sie waren bei der Freilegung der im Sand versunkenen Ruinen zugegen, und die westliche Wissenschaft ergründete nach und nach das Geheimnis der ausgelöschten Namen, der sorgfältig ausgemeißelten Inschriften, der weiblichen und männlichen Bildnisse und all der anderen Widersprüchlichkeiten.

Unsere heutigen Entdeckungen scheren die gerächte Seele Thutmosis' III. wenig. Diese Unbekannten, die gekommen waren, die Gräber zu durchwühlen, die umgestürzten Säulen wieder aufzurichten, würden ihm in den Gefilden von Jalu niemals begegnen. Er hatte über die Menschen seiner Zeit herrschen wollen, über diese Sterblichen, die in der Lage waren, ihn zu verstehen, ihn, den Herrn des Nils! Seine Herausforderung war erfolgreich gewesen ... Was wußte er von zukünftigen Zeiten und von dieser fremden Welt, in der man nicht einmal mehr seine Sprache verstehen würde? Seine Legende sollte seinen Ruhm verbreiten, solange es Pharaonen geben würde – danach ... In einer Zivilisation, in der das Überleben der Seele viel mehr zählte als das kurze irdische Dasein, hatte er diesen zweiten Kampf gegen die Usurpatorin führen müssen, über die Jahrhunderte hinweg, und er hatte ihn gewonnen, einmal mehr. Größe und Niedrigkeit des menschlichen Schicksals, und sei es das eines Pharaos! Ein Mann mußte seine eigene Legende noch vor seinem Tode gestalten, um eine Jugend voller Demütigungen auszulöschen.

Doch niemand entgeht seinem Schicksal. Thutmosis III. mochte seine Legende noch so schön verewigt haben, der Ägyptologe Gaston Maspero fand ihn in kläglichem Zustand vor ... im Jahre 1881. In Luxor, einer Stadt am Nil, die auf den Ruinen des alten Theben emporgewachsen war, florierte seit langem ein schwungvoller Handel mit pharaonischen Objekten. Die Einwohner des Tals hatten solchen Verlockungen nicht widerstehen können und die Plünderungen der königlichen Mumien, zu denen es seit dem Ende des Neuen Reiches häufiger gekommen war, nahmen mit dem Interesse, das die Europäer Ägypten seit Ende des 18. Jahrhunderts entgegenbrachten, weiter zu. Maspero gelang es, den Weg dieses lukrativen Handels bis zu seiner Quelle zurückzuverfolgen: Ein tiefes Felsversteck in der Der el-Bahri überragenden westlichen Felswand, in das er 1881 vordrang. Dort fand er zahlreiche, bunt durcheinandergeworfene Mumien. Die meisten waren vor langer Zeit ihres Goldes, ihrer Juwelen und anderer Reichtümer beraubt worden, dieser kostbaren Zeichen ihres königlichen Ranges.

Die Forscher wußten, daß sie kein Königsgrab vor sich hatten: Das Tal der Könige hatte seine reich geschmückten Grabstätten bereits preisgegeben, doch sie waren alle schon vor langer Zeit geplündert worden. Erst 1922 sollten Carter und Carnavon das des Tutanchamun entdecken, das seinen unversehrten Zustand dem Geröll verdankte, unter dem sein Eingang perfekt verborgen gelegen hatte. Tatsächlich erklärte sich das Versteck, in dem die größten Namen der pharaonischen Geschichte Zuflucht gefunden hatten, aus sehr frühen Plünderungen gegen Ende der 20. Dynastie, im 11. Jahrhundert vor unserer Zeitrechnung. Da es ihnen nicht gelang, den Plünderern der königlichen Nekropole Einhalt zu gebieten, hatten die Pharaonen den Priestern erlaubt, ihrerseits in die Gräber im Tal der Könige einzudringen und die ihrer Ausstattung beraubten Mumien unter strengster Geheimhaltung in eine besser verborgene letzte Ruhestätte zu schaffen.

Es ging nicht mehr darum, die verschwundenen Schätze zu behüten, und in der Eile hielt man sich nicht allzu lange mit Fragen nach dem Überleben der königlichen Seelen in solch engem Beieinander auf. So ruhte Hatschepsut durch eine grausame Ironie der Geschichte drei lange Jahrtausende hindurch nur wenige Meter von Thutmosis III. entfernt. Vielleicht versöhnte Thutmosis I. durch seine Gegenwart die Geister der beiden Verwandten und unnachgiebigen Feinde. Was die Mumie Thutmosis' III. anging, machte sie einen sehr ramponierten Eindruck. Der größte Pharao der Geschichte hatte schwer unter den Plünderern zu leiden gehabt, und sein Körper hatte irreparablen Schaden genommen. In drei Stücke zerteilt, in Fetzen hängend, waren seine kläglichen Überreste nun ihrerseits nicht mehr in der Verfassung, seine leidgeplagte Seele aufzunehmen.

Es wäre gleichwohl ungerecht, die Lebensbeschreibung Thutmosis' III. mit dem beklagenswerten Schauspiel seiner armen, besudelten Mumie zu schließen. Der Mann, dem es gelang, das ägyptische Imperium aus dem Boden zu stampfen, läßt sich nicht auf einen zu Pergament gegerbten Leichnam reduzieren. In seinem Werk und vor allem im Nachhall seines Wirkens muß man die Spuren seiner Unsterblichkeit suchen. Die Glanzzeit der großen Pharaonen im 15. und 14. Jahrhundert vor unserer Zeitrechnung spricht von seinem Andenken, dem des größten aller Pharaonen. Und jene goldenen Jahrhunderte sind nicht zu enträtseln ohne diesen geschichtlichen Schlüssel, die wahre Legende des Herrn des Nils, die keine menschliche Böswilligkeit je entstellen kann.

16
Herr der Zeit

Die fanatische Energie, die Thutmosis III. ein Drittel-jahrhundert lang aufgewandt hatte, diente offenbar nicht nur dem Ziel, seiner Autorität und der Größe seiner Regierung ein festes Fundament zu schaffen. Und selbst der Wunsch, das demütigende Bild der Pharaonin Hatschepsut auszulöschen, kann ein solches kriegerisches und imperiales Abenteuer nicht erklären, wie es kein Pharao je zuvor unternommen hatte.

In keiner antiken Zivilisation war das Kontinuitätsempfinden und -streben stärker ausgeprägt als bei den Ägyptern, die Achtung vor Werten, die ebensogut sozialer wie politischer und religiöser Natur waren. Das Leben des Pharaos war untrennbar mit dem seiner Vorfahren verbunden, und seine beschwerliche Aufgabe erfüllte er in Erwartung der Herrscher, die da nach ihm kommen würden. Sicher ist es das, was heutzutage so viele Menschen fasziniert und aus diesem außergewöhnlichen Tal eine Art Gedächtnis der Welt macht. Es lädt Millionen von Menschen des 20. Jahrhunderts zum außergewöhnlichen Schauspiel seiner grandiosen Monumente ein; Menschen, die in einer modernen Gesellschaft jeglicher Vorstellung von Dauerhaftigkeit beraubt sind, da diese Gesellschaft, im Gegensatz zu der des Thutmosis, auf ununterbrochenen, vorprogrammierten Wandel und ständige Brüche gegründet ist, alles hinter der trügerischen Maske des Fortschritts.

An eindrucksvollen Monumenten mangelt es nicht auf unserer Erde, die von so unterschiedlichen Zivilisationen bevölkert war, bevor unser Jahrhundert antrat, die Menschen und Kulturen zu vereinheitlichen. China und seine Große Mauer, die Tempel von Indien und viele andere Wunderwerke könnten unseren Zeitgenossen ebenso als Brunnen der Zeit dienen, welche die ratlosen Besucher zu einem lindernden Eintauchen in ihre Tiefen einladen, in diesem Jahrhundert, in dem die Museen Könige sind und alte Steine einen fast religiös anmutenden Schutz genießen.

Ägypten ragt jedoch aus der Menge heraus, sicherlich wegen seiner besonderen Lage als Oasental, dieser Einheitlichkeit, die selbst für archäologisch unbewanderte Touristen spürbar ist. Der Rahmen recht gleichförmiger Klima- und Naturverhältnisse hätte wenig zu bedeuten, wenn nicht der Geist dieser Zivilisation die morastigen Ufer geformt, so weit auseinanderliegende Provinzen wie das wüste Nubien und das Delta mit seinen Sumpfdickichten geeint hätte. Dutzende von Pharaonen haben sich mehr als zwei Jahrtausende hindurch dieser Aufgabe gewidmet. Thutmosis III. war sicher der, dem es durch die Größe seines Werks, die organisatorische Effizienz, mit der er das große Gemeinwesen Ägypten im 15. Jahrhundert vor unserer Zeitrechnung ausstattete, gelungen ist, diese Krone der Zivilisationen auf ihren Höhepunkt zu führen.

Der Glanz seiner Herrschaft erhellt den Zenit der ägyptischen Geschichte, das Heldenepos einer Handvoll großer Pharaonen der 18. Dynastie, und doch, wenn der Geist Thutmosis' III. heute das Tal besuchen könnte, das er auf dem Gipfel seines Ruhms zurückließ, dürfte ihm die Bilanz zumindest widersprüchlich erscheinen . . . Er war unbestreitbar der größte unter den Herren des Nils, aber konnte er wirklich als Herr der Zeit überdauern, über den Abschluß seiner der Geschichte entgegengeschleuderten Herausforderung hinaus? Der Mann, der ein so dramatisches Schicksal durchlebte, fand in sich selbst die Kraft, die von seiner Familie auferlegte Prüfung zu meistern. Indem er sein Schicksal transzendierte, gelang es ihm, wie keinem Herrscher der pharaonischen Epoche vor oder nach ihm, die Geschicke seines ganzen Landes auf eine höhere Stufe zu heben.

Würden seine Nachfolger sein Erbe bewahren können, konnten sie ermessen, wieviel sie ihm schuldeten und welch furchtbare Bürde der Demiurg ihnen auferlegt hatte? Von der Herrschaftszeit Thutmosis' III. an würde der Pharao die Verpflichtung wahrnehmen müssen: ein zu den Menschen herabgestiegener Gott zu sein oder dies doch zumindest glauben zu machen! Hatte der kriegerische König recht daran getan, ein solches Abenteuer zu wagen, inmitten des großen Strudels der Geschichte?

Die Last einer solchen Aufgabe dürfte dem ersten Nachfolger Thutmosis' III., dem Hünen Amenophis II., nicht entgangen sein. Der von ungeheurer körperlicher Kraft, aber auch von sittlichem Eifer erfüllte Pharao griff den Faden des gewagten Unternehmens Thutmosis' III. da auf, wo dieser es verlassen hatte, und die fünfundzwanzig Regierungsjahre des Sohnes der Meritre erwiesen sich als würdige Fortsetzung der vorigen Herrschaft.

Die militärische Niederschlagung des syrischen Aufstandsversuchs nach dem Tode Thutmosis' III. wurde bereits erwähnt. Immer mehr ägyptische Festungen entstanden in diesem asiatischen Grenzland und weit im Süden, im Herzen des heutigen Sudan. Die Fürsten der eroberten Ländern blieben furchtsame Geiseln. Die Schreiber der Pharaonen bereisten unablässig die Wüstenstraßen des Orients, fuhren den Nil hinauf bis zum vierten Katarakt, besuchten die unterworfenen Städte, Fürsten, die willens waren, Gold und Silber zu zahlen, notwendige Unterpfänder ihrer Friedfertigkeit, Tribute, die dazu dienten, dem ägyptischen Frieden Geltung zu verschaffen.

Uns überrascht nicht so sehr der Frieden, der im Imperium herrschte, noch die Charakterstärke eines Pharaos, der durch die strenge und anspruchsvolle Schule Thutmosis' III. gegangen war, als vielmehr die Tatsache, daß dieser Athlet, dem es an eigener Persönlichkeit nicht mangelte, bereit war, sich an eine vorgegebene Gußform anzupassen. Kein Pharao vor ihm hatte über ein solches Imperium verfügen können, ein so durchorganisiertes Reich mit seinen hierarchisch gegliederten Gerichten, seinen Myriaden von nach Provinzen gruppierten Schreibern, seinen Überwachungsnetzen, die in wenigen Jahren zu Augen und Ohren des Pharaos geworden waren. Grenzte das Ganze an solche Maßlosigkeit, war das Reich so komplex und imposant, daß es dem vom Schicksal auserkorenen Nachfolger nur eine Wahl ließ – dieses gewaltige Staatsschiff so gut zu steuern, wie es eben ging?

Die Kampfeslust Amenophis' II., der in allen Dingen, mit Ausnahme seiner Körpergröße, das genaue Gegenteil seines kränklichen Großvaters Thutmosis' II. war, die Autorität seiner Entscheidungen im Felde, seine Härte den Besiegten gegenüber sprechen für diese Deutung. Die Deportation Tausender von orientalischen Gefangenen nach Ägypten, das von Kriegssklaven überquoll, beweist, daß auch er als kompromißloser Herrscher ein bedeutendes Imperium hätte erobern können, wäre das Werk nicht bereits getan gewesen. Sicher legte auch er Wert darauf, Tempelpylone und Paläste zu errichten, überall seine Kriegerstatuen aufzustellen; das war man seinem Ruhme schuldig. Und doch dürfte es schwergefallen sein, sich die Wechselfälle einer friedlichen Herrschaft zum Leitmotiv zu wählen. Wie konnte ein mit einer solchen Armee und einem hitzigen Temperament ausgestatteter König sich mit der besonnenen Verwaltungstätigkeit eines ehrwürdigen Patriarchen bescheiden?

In den Augen der ausländischen Monarchen war an dieser Rolle als Hüter des Imperiums nichts Schmachvolles, und Amenophis II. wurde die ganze Dauer seiner Herrschaft hindurch der gleiche Respekt entgegengebracht wie seinem Vater. Das Mitanni-Reich bemühte sich fortan ganz offen um ein Bündnis mit Ägypten, und der Wagemut Thutmosis' III. machte sich fast ein halbes Jahrhundert nach seiner Expedition zum Euphrat bezahlt. Die Könige der Hurriter hatten begriffen, daß sie gegen die ägyptische Organisation nicht ankamen. Der Nil war unerreichbar, da Thutmosis III. es verstanden hatte, durch seine Angriffskriege dem Tal noch besseren Schutz zu sichern. Dank der Annektierung der phönizischen Häfen durch die Ägypter wurde der Krieg zwangsläufig in die Länder der orientalischen Völker getragen. Da konnte man sich ebensogut gleich mit dem lästigen Nachbarn verbünden.

Eine gewisse Tatenlosigkeit, in welche die Regierung Amenophis' II. versank, resultiert eher aus ihrer zeitlichen Einordnung inmitten dieser hervorragenden 18. Dynastie. Dem Sohn Thutmosis' III. blieben kaum Hindernisse zu überwinden, sein Vater hatte ihm die Doppelkrone übergeben, und niemand machte ihm seinen Herrschaftsanspruch streitig. Durch seine Mutter, Meritre, war er Erbe der Königinnen von heiligem Geblüt, was keiner der letzten drei Pharaonen seit Amenophis I. für sich hatte in Anspruch nehmen können. Sein Geschlechtsname verband ihn also nicht nur mit dem Gott Amun, sondern auch mit dem Großvater Thutmosis' III., Amenophis I., dem ersten großen Pharao der Dynastie. Amenophis I. allein war der Sohn zweier Königskinder gewesen und hatte so die Linie seiner Nachkommen gefestigt, in der den Prinzen Königinnen von edlem Geblüt zur Seite standen, ohne leider voraussehen zu können, daß die beiden Linien einander um dieser Legitimation willen zerfleischen würden, was schließlich im Drama der Auseinandersetzung zwischen Hatschepsut und dem jungen Thutmosis III. gipfeln sollte.

Durch Thutmosis III., seinen erlauchten Vater, hatte Amenophis II. Anteil an der Errichtung des Imperiums. Meritanon, seine Schwester, ihm ebenbürtig in der königlichen Hierarchie, hatte seitens ihres herrischen, durch den Konflikt seiner Jugend gebrandmarkten Vaters keinerlei Ermutigung hinsichtlich des Anspruchs auf die Krone erfahren.

Das Fehlen einer Herausforderung, welche die gesammelten Errungenschaften seiner Vorgänger hätte gefährden können, brachte den jungen Amenophis II. um eigenen Ruhm. Diese Episode der ägyptischen Geschichte läßt uns das grausame Geschick des jungen Thutmosis III. in einem anderen Lichte sehen. War sich der verstorbene Herrscher vielleicht im Alter der – teuer erworbenen – Chance bewußt geworden, die es bedeutete, sich gegen ein widriges Geschick behaupten zu müssen? Hatte er den Göttern dafür gedankt, daß sie in auf solche Weise bis an die äußersten Grenzen seiner Persönlichkeit getrieben hatten? Ohne es zu ahnen, hatte er die große Herrschaft der Hatschepsut fortgeführt, und es war das Ringen dieser beiden Egos von ungeheurem Ausmaß gewesen, das dem ägyptischen Tal seinen bis dahin in der antiken Welt unerreichten imperialen Status eingetragen hatte.

Amenophis II. betrat den Ring erst nach diesem Kampf der Giganten. Zumindest vollbrachte er die Kraftleistung, das Ergebnis dieses geschichtlichen Bebens zu erhalten. Er erkannte den Euphrat als Grenze im Orient an und hielt sich voll Besonnenheit an die von seinem Vater vorgegebenen Beschränkungen. Hätte er etwas anderes tun können? Die Berge des Orients zu stürmen, wäre sicher militärisch möglich gewesen, obwohl die Hethiter in Anatolien gefährlich und die iranischen Gebirge von kriegerischen Horden bevölkert waren. Aber ein solches Abenteuer allein um des persönlichen Ruhmes willen war nicht zu rechtfertigen. Amenophis II. hatte zweifellos schon erkannt, welche Risiken sein Vater eingegangen war, indem er seine Besitzungen so weit in einen bevölkerungsreichen und kampfeslustigen Orient hinein ausgedehnt hatte, in die unbeständigen Königreiche dieses Kreuzweges der antiken Welt.

Diese Feststellung erklärt seine wenig gewagten nubischen Eroberungen, und trübt das glanzvolle Bild der Herrschaft Thutmosis' III. ein wenig. Im Laufe der Jahre erwies sich, daß sein Reich leichter zu erobern als zu bewahren war.

Im Jahre 1425, dem Todesjahr des machtvollen Amenophis' II., zweifelte jedoch niemand an der Stabilität des Gebäudes. Thutmosis III. war erst ein Vierteljahrhundert zuvor in die Gefilde von Jalu eingegangen. Es würde anderer Monarchen und Prüfungen bedürfen, um die Beständigkeit des Werks dieses kriegerischen Königs beurteilen zu können.

Durch die Erfahrungen seines Vaters klug geworden, hatte Amenophis II. auf die Fortführung der dynastischen Linie geachtet, und sein Sohn, Thutmosis IV., trat seine Nachfolge an, zu einer Herrschaft, die das letzte Viertel dieses 15. Jahrhunderts umfaßte. Dieser neue Monarch litt nicht mehr unter dem langen Schatten, den sein unbequemer Ahne, Thutmosis III., warf. Er hatte völlige Freiheit, das riesige Reich nach seinem Gutdünken zu organisieren, um so mehr, als Gold und Tributzahlungen aus sämtlichen Provinzen zum Hof von Theben strömten.

Für Thutmosis IV. war sein Großvater bereits eine Legende, ein Bildnis an den Mauern von Karnak, eine Darstellung an den Wänden eines Totentempels, und Hatschepsut war nicht länger der Inbegriff des Bösen. Der Erbprinz herrschte nicht nach eigener Wahl über dieses gewaltige Imperium, das mehr als dreitausend Kilometer weit reichte. Zumindest jedoch hatte dieses Territorium den Vorteil, ein Quell unerschöpflicher Reichtümer zu sein, die der Pharao gierig auskostete. Niemals zuvor hatte Theben in solchem Luxus gelebt, die Grabstätten der hohen Würdenträger bezeugen es bis in unsere Tage. Glücklicherweise mußte Thutmosis IV. keine größeren militärischen Unternehmungen anführen; ein halbes Jahrhundert nach seinem Tode stand das von Thutmosis III. errichtete politische Gebäude noch auf sehr sicheren Füßen.

Wenn man die Chronik dieser Herrschaft näher betrachtet, erkennt man jedoch bereits die ersten Risse hinter all dem Gold und den großartigen Fresken der Paläste . . . Thutmosis IV., unseres Wissens durchaus kein kläglicher Herrscher, ist aus einem kuriosen Grunde in die Geschichte eingegangen, wie man ihn in der langen Reihe der Begebenheiten, welche die Regierungszeiten der Pharaonen illustrieren, noch nie erlebt hatte. Gegen alle Sitten und Gebräuche heiratete der junge Herrscher eine Mitanni-Prinzessin. Die Tatsache als solche hätte den Geist seines Großvaters Thutmosis' III., der so reich an syrischen Nebengemahlinnen gewesen war, nicht entsetzen können, aber die schöne Fremde, von den Ägyptern Mutemuja genannt, war die erste Gemahlin des Herrn des Nils!

Zu Zeiten Hatschepsuts und Thutmosis' III. wäre diese Verbindung unvorstellbar gewesen, nicht wegen des gesellschaftlichen Standes der Braut – sie war eine mitannische Prinzessin, Tochter des großen Königs und Rivalen des Pharaos –, sondern aufgrund der gesamten theologischen Denkweise des Niltals. Eine solche Heirat brachte fremdes Blut auf den Thron; in früheren Zeiten wäre dies ein Makel gewesen, der die ganze weitere Linie besudelt hätte . . .

Was war aus dem Blut der Ahmessiden-Königinnen geworden, dieser Frauen, bei denen seit der Gründung der Dynastie stets die Tochter die Mutter ablöste, mit einer Regelmäßigkeit, welche die Männer mit Neid erfüllte? Sie hatten, wie andere Königinnengeschlechter vor ihnen, den Königen das kostbare Blut gegeben, das notwendig war, um aus den jungen Prinzen Wesen von göttlicher Abstammung zu machen.

Die Heirat verlief jedoch störungsfrei: Jeder gab seine Billigung, allen voran die Priesterschaft des Amun, die diese Verbindung als vorteilhaft für die Politik des Reiches ansah. Es mußten schon sehr dringende Umstände vorliegen, um solche Entwicklungen in einer jahrtausendealten Kultur auszulösen.

Ägypten war nicht allein betroffen. Das Mitanni-Reich geriet in zunehmend größere Bedrängnis durch die Angriffe der hethitischen Armeen, die sein Territorium immer weiter zusammenschrumpfen ließen. Vor diesem Hintergrund reichten diplomatische Verträge allein nicht mehr aus, den König von Mitanni zu beruhigen, und eine Verbindung der königlichen Familien sollte eine noch wichtigere Vereinbarung besiegeln. Vorbedingung war, daß die ägyptische Armee dem orientalischen Königreich zu Hilfe eilen würde, das sich in vorderster Linie den unersättlichen Gelüsten des neuen Anwärters auf die Vorherrschaft über den orientalischen Kreuzweg ausgesetzt sah.

Thutmosis III. hätte solcher Vorwände nicht bedurft,

um einen Feldzug oder ein strategisches Bündnis zu beschließen; zu seiner Zeit wäre es hierzu nicht nötig gewesen, zukünftige Pharaonen zu zeugen, die, wie Amenophis III., halbe Mitannier waren. Die Zeiten hatten sich geändert; der Lebensstil des Imperiums hatte Gewohnheiten und Denkweisen viel schneller revolutioniert, als Thutmosis III. es sich hätte träumen lassen, und Ägypten öffnete sich willig orientalischen Einflüssen.

Dieser Einzug der mitannischen Königsfamilie in den Palast von Theben unterstreicht eine andere Schwäche des von Thutmosis III. begründeten Imperiums: Die Osmose zwischen dem Tal und seinem syrischen Schutzwall schritt von Jahr zu Jahr weiter voran, doch diese zum Schutz Ägyptens annektierten Länder wollten nicht länger seine natürlichen Festungsanlagen sein. Die Angst vor dem Zorn des Pharaos verlor an Wirkung; die Syrer verlangten, wie ägyptische Untertanen behandelt zu werden. Unter den gegebenen Verhältnissen war dieses orientalische Land nicht bereit, sich angesichts einer hethitischen Invasion zu opfern.

Der Pharao wurde zum Schutzherrn des gesamten Orients, und die Aufgabe weitete sich mit dem Mosaik der zu verwaltenden Volksgruppen immer mehr aus, selbst wenn man ihnen ihre einheimischen Fürsten beließ. Das ägyptische Reich war in eine Phase der Hybridisation eingetreten, die schützende Isolierung des Tals gehörte der Vergangenheit an. Es hätte eines genauso riesigen Unternehmens wie des imperialen Eroberungszuges Thutmosis' III. bedurft, um diesen Turm zu Babel von internationalem Maßstab noch effizient organisieren zu können. Leider verfügte Ägypten nur noch über Pharaonen, die bestenfalls in der Lage waren, den von ihrem ruhmreichen Vorfahren begründeten Reichsschatz pietätvoll zu verwalten.

Menschen reisten, Waren wurden ausgetauscht, bald

schon sollten sich auch die Götter und die Sprachen zum Besten der kulturellen Entwicklung vermischen. Auch hier hätten der Pharao und seine Schreiber das notwendige Format aufweisen müssen, um einen solchen menschlichen Ameisenhaufen effizient zu verwalten. Den Römern gelang dies, tausend Jahre später, mit ihrer Assimilierung der lokalen Eliten. Nichts dergleichen bei den Ägyptern, es war ein weiter Weg von der Annektierung eines Grenzschutzwalls im Orient bis zum imperialistischen Entwurf der Römer, der sich in seinen politischen und administrativen Facetten auf die Organisation noch des kleinsten Dorfes erstreckte.

Thutmosis III. hatte sicher eine Vorahnung von der Notwendigkeit imperialer Eroberungen gehabt, doch war er dabei das Risiko eingegangen, den politischen Fähigkeiten und den sozialen Strukturen der Menschen seiner Zeit vorauszueilen. Thutmosis IV. versuchte nicht, den sagenumwobenen Pharao zu übertreffen: Theben lag fern jeder Gefahr, das Leben dort war leicht, und niemals zuvor war der Hofstaat zu so vielen Festlichkeiten geladen worden. Die Priesterschaft des Amun wurde immer reicher; niemand hätte gegen die Gewährung solcher Annehmlichkeiten protestiert. Von dieser Blütezeit Ägyptens legen die vielen Kunstwerke Zeugnis ab, die schon seit der Regierungszeit Thutmosis' IV. die strengen, von den Künstlern Thutmosis' III. noch respektierten Regeln vernachlässigten und mit ganz und gar orientalischer Anmut und Farbenpracht neue Wege beschritten.

Die Wandlung des Reiches war von Theben aus sicher nicht wahrnehmbar, doch die Wesire und der Pharao wußten, daß die internationale Lage sich keineswegs zum Vorteil Ägyptens entwickelte. Noch war nichts verloren, aus der Handvoll ägyptischer Bataillone, die man zur Unterstützung des Mitanni-Reiches aussandte, hätte ein Armeekorps werden können. Die phönizischen Häfen stellten eine erstaunlich ergiebige Nachschubbasis für den Fall eines Angriffs der Hethiter dar, Mitanni war nur zwei- oder dreihundert Meilen von Byblos oder Ugarit entfernt. Es fehlte der königliche Wille eines aufbrausenden Amenophis' II., der nach seinem Machtantritt gezeigt hatte, daß die Nachfolge einer glanzvollen Herrschaft nicht unbedingt einen Niedergang bedeuten muß. Thutmosis IV. verstand sich darauf nicht. Das Ausmaß des Imperiums, die Existenz der hethitischen Gefahr erforderten ein allzeit präsentes Engagement. Ägypten lebte zweifellos zu gut, um diesen Einsatz aufzubringen, und nur ein unnachgiebiger Wille hätte ein so übersättigtes Reich noch neu erstarken lassen können.

Thutmosis III. hatte ein Reich für Riesen geschaffen. Wie würde es mit einfachen Menschen an seiner Spitze überdauern können?

Die unter Thutmosis' IV. zu beobachtende Unentschlossenheit sollte sich unter der Herrschaft seines Sohnes, Amenophis' III., noch verschlimmern. Als Sohn der mitannischen Königin und des Pharaos hätte er eigentlich wissen müssen, daß die orientalische Frage fortan von oberster Bedeutung war. Dieser Prinz, Sproß einer diplomatischen Verbindung, hatte sicherlich nicht mehr den Willen, das überalterte Tal vor dem Eindringen alles Fremden zu schützen. Diese erbitterte Verteidigung, auf die jahrtausendelange Isolierung gegründet, hatte ihren Sinn verloren. Die Energie Thutmosis' III. war zuallererst auf den Schutz Ägyptens ausgerichtet gewesen, auf dem Wege der Annektierung benachbarter und bedrohlicher Länder.

Seine Nachfolger waren dabei, die Lektion Thutmosis' III. zu vergessen: Der Pharao konnte sich der Aufgabe, über die Grenzen seines Imperiums zu wachen, nicht lange entziehen.

Dennoch geruhte Amenophis III. nicht, sich um die Beschwerden der syrischen Kleinkönige zu kümmern, die durch die hethitischen Streifzüge in immer größere Unruhe versetzt wurden. Seine Armeen reichten aus, dem befreundeten Mitanni-Reich etwas Unterstützung zu leisten, doch die häufigen hethitischen Einfälle nach Amurru erforderten energischere Maßnahmen. Das 14. Jahrhundert war schon fortgeschritten, als das Mitanni-Reich begann, ernsthafte Anzeichen von Schwäche erkennen zu lassen: Der menschliche Schutzwall, den Thutmosis III. um das Tal errichtet hatte, begann brüchig zu werden. Alles mußte wieder von vorn beginnen, ein solches Imperium mußte unablässig erneuert werden, darin lag die große Schwäche eines politischen Gebäudes von solchen Ausmaßen. Statt dessen rechnete Amenophis III. auf dynastische Intrigen in den orientalischen Regionen, schickte Gesandte aus, um die Entscheidung hinauszuzögern, und tröstete sich mit den immer noch reichlich fließenden Tributen aus dem Orient.

Tatsächlich war Asien durch den thebanischen Hof stärker denn je geblendet. Amenophis III. sollte länger regieren als sein Ahne Thutmosis III., und vergleicht man ihr architektonisches Werk oder die Qualität der Kunstwerke, so scheint nicht der letztere der bedeutendste Pharao dieser Periode zu sein. Und doch war die kostspielige Prachtentfaltung des Palastes von Amenophis III. nur dem Reichsgründer zu verdanken. Die archäologischen Zeugnisse vermitteln uns hier das trügerische Echo eines kulturellen Höhepunkts, der zeitlich versetzt nach dem unter Thutmosis III. erreichten historischen Gipfel eintrat.

Das politische Werk Amenophis' III. ist nicht der Rede wert. Man könnte sich geradezu über die Fügsamkeit der Könige von Kadesch und anderswo verwundern, wenn man sich der aufrührerischen Tradition der Syrier entsinnt und ihrer Bereitschaft, sich um den mächtigsten Herrscher der Region zu scharen. Zu der Bescheidenheit des militärischen und imperialen Werks Amenophis' III. kam eine weitere ungünstige Entwicklung hinzu, die Thutmosis III. zu seiner Zeit zu bannen verstanden hatte. Sie war keine Folge seiner imperialistischen Initiative: Die Hierarchie der Schreiber und Priester hatte schon immer eine natürliche Tendenz gezeigt, sich auszuweiten und regelrechte Zentren der Gegenmacht zu bilden. War der absolute Herrscher nicht die ganze Dauer seiner Regierungszeit hindurch vor ihnen auf der Hut, so sah er sich über kurz oder lang dazu verdammt, seinen Thron mit ihnen zu teilen . . .

Schon Hatschepsut hatte der Amun-Priesterschaft zu viele Zugeständnisse gemacht, als Gegenleistung für die Unterstützung des Mythos von der göttlichen Geburt durch die Priester und die Billigung ihrer Usurpation des ägyptischen Throns. Zum Glück für Thutmosis III. sagte sich die führende Klasse der Priester und Schreiber später größtenteils von ihr los, wodurch es ihm möglich wurde, nachdem er einmal an die Macht gelangt war, hier Männer seines Vertrauens einzusetzen. Auch in diesem Zusammenhang war sein dramatisches Schicksal äußerst enthüllend gewesen, was das Wesen der Herrscher, vor allem aber auch die auf diese Weise wirkungsvoll erprobten Loyalitäten betraf. Unter den nachfolgenden Herrschern, in weniger schwierigen Zeiten, hatte der innere Frieden die Wachsamkeit der Pharaonen deutlich erlahmen lassen. Niemand widersprach einem Herrscher, der seine Schätze so verschwenderisch verteilen konnte, und die Priesterschaft pries diese großen Könige ohne Unterlaß. Tatsächlich bestand der Ruhm der Nachfolger Thutmosis' III. lediglich in dem, was ergebene Künstler sich einfallen ließen und zur Erbauung des Volkes in Stein gravierten.

Die kriegerischen Motive, die imperialen Hymnen, die Jagdszenen, die ein Thutmosis III. als Zeugnis seiner Herrschaft in Stein hatte verewigt sehen wollen, wurden immer wieder nachgebildet und eher heimatverbundenen Monarchen zugeschrieben. Sie verbrachten ihre Zeit meistenteils in ihrem Palast zu Theben, während Thutmosis III. einen guten Teil seines Lebens für seine siebzehn Feldzüge im Orient aufgewandt hatte. Unter solchen Umständen verstand es jeder am Hofe, möglichst viel Kapital aus seiner Stellung zu schlagen. Niemand war darin so geschickt wie die Priesterschaft des Amun, die für den Herrscher unentbehrlich war. Die Bemühungen Thutmosis' III., seinerseits Anspruch auf den Mythos der göttlichen Geburt zu erheben, hatten diesen Einfluß sicher noch gestärkt, doch Hatschepsut war ihm in dieser Maßlosigkeit vorangegangen, und die beiden Verwandten hatten die Amun-Priesterschaft zum Schiedsrichter gewählt.

Wenn Amenophis III. auch die gleiche Unterstützung erhielt, waren die Ansprüche der thebanischen Priesterschaft doch inzwischen sehr viel drückender geworden. Der Pharao und Ästhet begann, sich von seinen dem Gott von Theben ergebenen Hohenpriestern zu trennen, und nahm damit den Kampf gegen einen allgegenwärtigen Klerus auf . . . Hatte der Pharao jedoch noch den moralischen Rückhalt, um sich im Tal durchzusetzen, während er dem Zerfall der imperialen Eroberungen zusah?

Der Kult der wesentlichen Gottheit des ägyptischen Pantheons, des lebenspendenden Tagesgestirns, wurde zur neuen Quelle der Frömmigkeit eines von Zweifeln heimgesuchten imperialen Hofes. Amenophis III. schenkte seine Verehrung Aton, der Sonnenscheibe, zugleich eine Art Gegenbewegung gegen Amun, den lästig gewordenen Reichsgott, und sicherlich auch Ausdruck eines aufrichtigen religiösen Verlangens, welches der persönlicheren Beziehung zwischen einem Schöpfergott und dem menschlichen Wesen den Vorzug gab. Diese Tendenz steigerte sich bis zum Exzeß unter seinem berühmten Nachfolger, Amenophis IV., besser bekannt unter dem Namen Echnaton, oft auch »der Ketzer« genannt, weil er jede Berufung auf Amun verwarf. Theben war vergessen, Amun und seine Priester in Ungnade gefallen, weil sie die Schwäche der Monarchen zu sehr ausgenutzt hatten. Die neue Hauptstadt Tell el-Amarna erlebte das Aufblühen des neuen Kultes zu Ehren Atons, des einzigen Gottes, welcher der schwärmerischen Verehrung durch die Menschen würdig sei. Über diese Initiative Amenophis' IV. und seiner Gemahlin Nofretete hinaus führte die Herrschaft dieses Königs Ägypten seinem Verhängnis entgegen. Sie währte bis zur Mitte des 14. Jahrhunderts, genau ein Jahrhundert nach dem Tod Thutmosis' III. war sie zu Ende.

Die Bilanz der Entwicklung sieht düster aus: Amenophis IV. begriff die Bedeutung des Imperiums genausowenig wie seine Vorgänger, und es war im übrigen auch schon zu spät.

Die syrischen Städte fielen eine nach der anderen, Phönizien versank in Anarchie, und das Land Amurru, dieser ehemalige große Kreuzweg des Handelsverkehrs, wurde zum Schlachtfeld, auf dem die hethitischen Armeen ihre Erfolge feierten.

Hundert Jahre nach dem Tode Thutmosis' III. hatte sein Imperium aufgehört zu existieren, sein Werk lag in Trümmern, und der religiösen Initiative Amenophis' IV. sollte im Inneren seiner Grenzen auch kein größerer Erfolg beschieden sein. Das Ende seiner Herrschaft versank in Intrigen, und danach zerstörten dynastische Zwistigkeiten die Reste der pharaonischen Macht. Sein junger Nachfolger Tutanchamun zog zurück nach Theben. Er unterwarf sich den Amunspriestern, wie schon sein Name erkennen läßt, der eigens geändert wurde, um die Rückkehr zu den jahrhundertealten Traditionen anzuzeigen.

Mit seiner kurzen und ruhmlosen Herrschaft, während der die Mächtigen des Hofs nach ihrem Gutdünken regierten, ging die 18. Dynastie zu Ende. Das oberste Daseinsprinzip Ägyptens war zum Gespött geworden. Dieses Land benötigte, um in Harmonie mit dem mächtigen Fluß zu leben, einen absoluten Monarchen, der die Menschen und die Elemente bändigen konnte. Das ganze militärische, diplomatische, politische und administrative Werk, das Thutmosis III. geduldig ersonnen und realisiert hatte, war vergessen. Sicher hatte doch dieser außergewöhnliche Mann geglaubt, nachdem er seinem eigenen widrigen Schicksal seinen Stempel aufgedrückt hatte, auch das seines schönen Landes erhöhen zu können?

Er hatte es verstanden, auf die neu aufgetretenen Zwänge seiner Zeit zu reagieren, indem er die Nachbarvölker annektierte, bevor sie in sein Land eindrangen. Durch die schicksalhafte Öffnung Ägyptens zur orientalischen Welt hin hatte Thutmosis III. jedoch zugleich ein Imperium geschaffen, das an seine Herrscher überaus hohe Anforderungen stellte. Der Herr des Nils war er gewesen, ganz gewiß. Herr der Zeit, dies zu entscheiden, war nicht an ihm. Die geschichtlichen Umwälzungen eines fortan an Völkern und Invasionen reichen Orients hatten seine für die Ewigkeit bestimmte politische Schöpfung relativiert.

Das dem Austausch mit der Außenwelt geöffnete Ägypten wurde nach und nach in den Strudel der Kriege hineingezogen. Das Land sollte darüber seine Unabhängigkeit und schließlich, einige Jahrhunderte später, seine Zivilisation verlieren.

Zumindest hatte Thutmosis III. sich bemüht, als Erwachsener wettzumachen, was ihm in seiner Jugend versagt geblieben war, einem Pflichtgefühl folgend, das er vielleicht von seiner Intimfeindin übernommen hatte. Ägypten herrschte über den Orient und schrieb das glanzvollste Blatt seiner Geschichte. Thutmosis hatte in den schmerzlichsten Augenblicken seiner Kindheit von einer strahlenden Legende geträumt, und er hatte den Mut und das Glück gehabt, sie in den Augen der Geschichte zu verkörpern.

Allgemeine Chronologie der ägyptischen Geschichte

Um 3000 v. Chr.: Einigung des Tals und erste Dynastien. Narmer ist erster Pharao.

Altes Reich (3.-6. Dynastie) vom 28.-25. Jahrhundert v. Chr.: Zeit der großen Pyramiden unter der 4. Dynastie.
Ägypten annektiert Nubien.
Hauptstadt und Sitz der Pharaonen ist Memphis.
Das Land hat bereits einen sehr hohen Zivilisations- und Organisationsgrad.
Ende des Alten Reiches im 24. Jahrhundert v. Chr. nach inneren Unruhen.

Erste Zwischenzeit, bis zum Ende des 3. Jahrtausends: Verschiedene, miteinander rivalisierende Lokaldynastien.

Mittleres Reich: Gründung durch die Fürsten von Theben (11.-12. Dynastie), das neue Hauptstadt wird. Das Mittlere Reich dauert vom 21. bis zum 18. Jahrhundert.
Die Pharaonen stellen die Ordnung wieder her, organisieren die Verteidigung des Landes und entwickeln die Beziehungen zu Afrika weiter.
Ende des Mittleren Reiches im 18. Jahrhundert mit der Invasion der Hyksos, Nomaden aus der syrischen Wüste.

Zweite Zwischenzeit: Mehrere Lokaldynastien bekämpfen sich; die von den Hyksos begründete Dynastie herrscht zwei Jahrhunderte lang über das Delta.

Neues Reich: Im 16. Jahrhundert vor unserer Zeitrechnung gelingt es den thebanischen Fürsten, das gesamte Tal wiederzuvereinen und die Hyksos zu vertreiben. Der Pharao Ahmose begründet die 18. Dynastie und das Neue Reich.

Die 18. Dynastie führt Ägypten unter der Herrschaft Thutmosis' III. auf den Höhepunkt seiner Macht.

Die meisten der bekannten großen Herrscher gehören dieser Dynastie an, die vom 16. bis zum 14. Jahrhundert regiert.

Nach der unruhigen Regierungszeit Tutanchamuns ergreifen Offiziere aus dem Delta die Macht und begründen die 19. Dynastie. Sie muß sich unter der Herrschaft Ramses' II. im 13. Jahrhundert v. Chr. unablässig mit den Hethitern auseinandersetzen.

Die 20. Dynastie leitet ab 1200 v. Chr. den endgültigen Niedergang Ägyptens ein, trotz der Herrschaft des Erneuerers Ramses III.

Unter der 21. Dynastie zerfällt die Einheit Ägyptens. Es folgen libysche und nubische Dynastien, die das Land unter sich aufteilen. Pianchi, der Nubier, ist noch ein bedeutender König des 8. Jahrhunderts.

Im 7. Jahrhundert wird Ägypten durch die Invasionen der Assyrer zerstört.

Die 26. Dynastie stellt unter der Herrschaft des Psammetich die Einheit wieder her, jedoch unter Einsatz einer Armee griechischer Söldner. Diese Epoche ist nur noch ein schwacher Abglanz der pharaonischen Zivilisation; der Herrscher von Ägypten ist ein normaler Monarch.

Persische Invasion im 6. Jahrhundert: Ägypten steht zwei Jahrhunderte lang unter persischer Herrschaft (die persischen Herrscher maßen sich den Königstitel an: 27. Dynastie). Danach übernehmen wieder ägyptische Könige die Macht und stellen die letzten drei Dynastien.

Von 332 bis 30 v. Chr. lenkt die griechische Dynastie der Ptolemäer das Land. Sie sind die Erben des Generals von Alexander dem Großen, der nach dem Tode des großen Eroberers zum Herrscher des Landes aufsteigt. Unter dem Einfluß der hellenischen Zivilisation vermischen sich in Ägypten wie auch in anderen Regionen des Orients griechische Einflüsse mit der Landeskultur.

Im 1. Jahrhundert v. Chr. versucht die Königin Kleopatra VII., ihr Spiel mit den römischen Generälen zu treiben, die sich in einem Bürgerkrieg gegenüberstehen, welcher das Ende der römischen Republik bedeutet. Sie liiert sich zunächst mit Cäsar, später mit Antonius. Von den gegen Antonius angetretenen römischen Armeen besiegt, begeht Kleopatra Selbstmord; Ägypten verliert seine Unabhängigkeit. Das Land ist fortan eine einfache römische Provinz.

Durch seine Integration in das Oströmische Reich wird Ägypten christlich und byzantinisch. Nur die östliche Hälfte des römischen Reiches kann den Angriffen der Barbaren widerstehen.

Im 7. Jahrhundert n. Chr. wird das Land von den islamischen Armeen erobert.

Chronologie der 18. Dynastie

Unter ihr erlebt das geeinte Ägypten seine Glanzzeit, in der sich der Sinn für Tradition, eine jahrhundertealte Kultur und die Öffnung zur durch die Eroberungen Thutmosis' III. beherrschten Außenwelt verbinden.

Pharaonen im 16. Jahrhundert v. Chr.:

Ahmose, Begründer der Dynastie und Bezwinger der Hyksos.

Amenophis I. festigt die Monarchie.

Thutmosis I. unternimmt die ersten imperialen Eroberungen in Syrien.

Thutmosis II., mit seiner Halbschwester Hatschepsut verheiratet, regiert ohne große politische Ambitionen. Er stirbt 1504, und Hatschepsut wird Regentin im Namen.

Thutmosis III., Sohn des bisherigen Pharaos und einer Nebenfrau.

Pharaonen im 15. Jahrhundert v. Chr.:

Hatschepsut maßt sich sehr bald den Pharaonentitel an und regiert bis 1484, theoretisch in Koregentschaft mit Thutmosis III.

Thutmosis III. setzt sich 1484 die Doppelkrone aufs Haupt und regiert bis 1450. Während dieser langen Regierungszeit gelingt es ihm durch die Eroberung eines weitläufigen Imperiums und die strategische Vorherrschaft über den Orient, sein Land auf den Gipfel seiner Zivilisation und seiner Macht zu führen. Thutmosis III. ist der wichtigste Pharao dieser Dynastie; seinen Nachfolgern fällt nur noch die Aufgabe zu, sein militärisches, politisches und administratives Werk zu bewahren.

Amenophis II. besteigt nach seinem Vater den Thron und erhält sein imperiales Werk am Leben.

Thutmosis IV. verbündet sich mit dem Mitanni-Reich gegen die Bedrohung durch die Hethiter.

Amenophis III. regiert von Ende des 15. Jahrhunderts bis zum ersten Drittel des nachfolgenden Jahrhunderts. Eine lange, durch eine glanzvolle Zivilisation geprägte Regierungszeit.

Pharaonen im 14. Jahrhundert v. Chr.:

Amenophis IV. (Echnaton): Berühmt wegen seines Bruchs mit der Amun-Priesterschaft, seiner Ketzerei, die zu einem dem Aton geweihten Monotheismus tendiert. Er verlegt seine Hauptstadt nach Tell el-Amarna. Die Hethiter werden im Orient zu einer immer größeren Bedrohung.

Tutanchamun: Der junge Pharao kehrt während seiner kurzen, ruhmlosen Regierungszeit nach Theben zurück; tatsächlich wird das Land von dem General Haremhab gelenkt.

Die zweite Hälfte des 15. Jahrhunderts ist voller Wirren: Ein hoher Würdenträger, Eje, und der General Haremhab machen einander die Macht streitig. Schließlich übernehmen aus dem Delta stammende Offiziere die Macht. Sie begründen die 19. Dynastie, die letzte vor dem Niedergang, der auch Ramses II. entstammt.

Chronologie der Regierungszeit Thutmosis' III.

Um 1516 v. Chr.: Geburt des jungen Prinzen Thutmosis als Sohn des Pharaos Thutmosis II. und einer seiner Nebenfrauen, Aset. Thutmosis II. selbst ist Mitregent zu Lebzeiten seines Vaters Thutmosis' I. Die Thronfolge des ägyptischen Reichs scheint keine Probleme aufzuwerfen.

1504 v. Chr.: Thutmosis II., der seinerseits alleinherrschender Pharao geworden ist, stirbt in jungen Jahren. Er hinterläßt seinen Sohn in Abhängigkeit von seiner Halbschwester und ersten Gemahlin, Hatschepsut, in deren Adern das heilige Blut der Königinnen der Dynastie fließt.

Von 1504 bis 1503 v. Chr.: Hatschepsut ist Regentin des Reichs und hat die Vormundschaft über den Thronfolger Thutmosis, ihren Neffen, inne.

1502 v. Chr.: Hatschepsut usurpiert die Doppelkrone Ägyptens und regiert von da an als Alleinherrscherin bis zu ihrem Tode im Jahre 1484. Sie beruft sich dabei mit Einverständnis des thebanischen Hofs auf ihr genetisches Erbe. Zwanzig Jahre lang lenkt sie das Land klug und besonnen.

Während ihrer Herrschaftszeit plant sie, ihre ältere Tochter, Nofrure, die ihrer Verbindung mit Thutmosis II. entstammt, anstelle des Bastards Thutmosis III. krönen zu lassen. Doch die junge Frau stirbt um das Jahr 1490.

1489 v. Chr.: Hatschepsut gibt dem seines Thrones beraubten Pharao endlich Gelegenheit zu einer Militärexpedition gegen die Orientalen, die zu bekämpfen sie versäumt hat.

Ab 1483 v. Chr.: Thutmosis III. übt die alleinige Macht über Ägypten aus. Er sichert die königliche Nachkommenschaft durch seinen Sohn, den zukünftigen Pharao Amenophis II.

Der Beginn seiner Herrschaft ist von der Verfolgung des Andenkens der Hatschepsut geprägt, welche in den letzten Lebensjahren Thutmosis' III. noch einmal aufflammt.

In siebzehn Feldzügen unterwirft er den Orient, der sich einem zaghaften Ägypten gegenüber immer aufrührerischer gebärdete.

Schon im ersten Jahr seiner Regierung belagert der Pharao Megiddo.

1476 v. Chr.: Thutmosis III. erobert die aufständische Stadt Kadesch und behauptet sich in Syrien, nachdem er in Phönizien seine Seestützpunkte eingerichtet hat.

Um 1472 v. Chr.: Anläßlich seines achten Feldzuges unterwirft Thutmosis III. das Mitanni-Reich. Sein Imperium erstreckt sich jetzt von Nubien bis zum Euphrat und wird mehr als ein Jahrhundert lang unverändert so bleiben.

Bis 1460 v. Chr. dauern die Militärexpeditionen an.

Die letzten Lebensjahre des Monarchen verlaufen ohne größere Erschütterungen, mit Ausnahme einiger Expeditionen nach Nubien und Asien.

Amenophis II. wird zu Lebzeiten seines Vaters an der Regierung beteiligt.

1450 v. Chr.: Thutmosis III. stirbt nach einer tatsächlichen Regierungsdauer von über dreißig Jahren und hinterläßt Ägypten auf dem Höhepunkt seiner Macht.

Bibliographische Angaben

Alfred, C., *New Kingdom in art in ancient Egypt during the eighteenth dynasty*, London 1961.

Baines, J., *Atlas de l'Égypte ancienne*, Paris 1981.

Barguet, P., *Le Livre des morts des anciens Égyptiens*, Paris 1967.

Breasted, J. H., *Ancient record of Egypt*, Band II, Chicago 1927.

Bucher, P., *Le texte des tombes de Thoutmosis III et d'Aménophis II*, Kairo, Mémories de l'Institut français de Caire, 1932.

Contenau, G., *La civilisation des Hittites et des Mitanniens*, 1934.

Daumas, F., *La civilisation de l'Égypte pharaonique*, Arthaud, 1965.

Drioton, E. und Vandier, J., *Les peuples de l'Orient méditerranéen*, Band II, Paris 1962.

Dunham, D., *»A fragment of the mummy wrapping of Thutmosis III«*, *Journal of Egyptian Archaeology*, Band 17, 1931.

Edgerton, W. F., *The thutmosis succession*, The Oriental Institute of the University of Chicago: studies in ancient oriental civilization, Chicago 1933.

Faulkner, R. O., *»The battle of Megiddo«*, *Journal of Egyptian Archaeology*, Band 28, 1942.

Faulkner, R. O., *»The Euphrates campaign of Thutmosis III«*, *Journal of Egyptian Archaeology*, Band 32, 1946.

Fèvre, F., *La pharaonne de Thèbes, Hatchepsout, fille du soleil*, Paris 1986.

Fèvre, F., *Le dernier pharaon, Ramsès III ou le crépuscule d'une civilisation*, Paris 1992.

Gardiner, A. H., *»Thutmosis III returns thanks to Amun«*, *Journal of Egyptian Archaeology*, Band 38, 1952.

Gardiner, A. H., *Egypt of the pharaos*, Oxford 1961.

Garelli, *Le Proche-Orient asiatique*, Paris 1963.

Gilbert, *Le sens des portraits intacts d'Hatchepsout*, Chronique d'Égypte, 1953.

Grapow, H., *Studien zu den Annalen Thutmosis' III.* Abhandlungen der deutschen Akademie der Wissenschaften, Berlin 1950.

Hayes, W., *Egyptian internal affairs of Thutmosis I to the death of Amenophis IV*, The Cambridge Ancient History, Band II, 1973.
Lauffrey, J., *Karnak d'Égypte, domaine du divin*, Paris, CNRS, 1979.
Lipinska, J., *»Names and history of the sanctuaries built by Thutmosis III at Deir el Bahari«*, Journal of Egyptian Archaeology, Band 53, 1967.
Loret, V., *»Le tombeau de Thoutmès III«*, Bulletin de l'Institut égyptien, 1898.
Naville, E., *The temple of Deir el Bahari*, London 1908.
Nelson, H. H., *The Battle of Megiddo*, Chicago 1913.
Neubert, O., *La Vallée des Rois*, Paris 1969.
Parrot, A., *Archéologie mésopotamienne*, 2 Bände, 1946-1953.
Redford, D., *History and chronology of the eighteenth dynasty of Egypt*, Toronto 1967.
Ricke, H., *Der Totentempel Thutmosis' III.*, Beiträge zur ägyptischen Bauforschung und Altertumskunde, Band 3, Kairo 1939.
Vandier, J., *Manuel d'archéologie égyptienne*, Picard 1962-1979.
Werbrouck, M., *Le temple de Deir el Bahari*, Brüssel 1949.
Woldering, I., *Égypte, l'art des pharaons*, Paris 1967.

Glossar

Akkadisch: Die Sprache Mesopotamiens, die als diplomatische Sprache des gesamten Orients diente. Das akkadische Reich dominiert diese Region im 3. Jahrtausend vor unserer Zeitrechnung.

Alexander der Große: König von Makedonien von 336 bis 323 v. Chr. Er erbt Griechenland von seinem Vater Philipp II. und vernichtet das persische Reich in einer gigantischen, zehn Jahre währenden Militärkampagne, die ihn bis zum Indus führt. Mit dreiunddreißig Jahren erliegt er in Babylon einer Krankheit.

Alexandria: Ägyptische Hafenstadt am Mittelmeer, nach dem Durchzug Alexanders des Großen im Jahre 332 gegründet, später Hauptstadt der griechischen Ptolemäer-Dynastie.

Amarna (Tell el): Ort in Mittelägypten, in den Echnaton seinen Hof verlegt. Die Stadt wird nach dem Scheitern der atonischen Religion aufgegeben.

Amenemhet: Name mehrerer Pharaonen der 12. Dynastie im 20. Jahrhundert v. Chr.

Amun: Gott von Theben, der nach und nach mit Min und später auch mit Re verschmilzt. Seine Macht korrespondiert mit dem Glanz der Hauptstadt des ägyptischen Reichs.

Amurru: Bezeichnung des heutigen Syriens, der nördlich von Palästina und im Hinterland Phöniziens gelegenen Regionen.

Anubis: Hundsköpfiger Gott, der eine wichtige Rolle bei den Bestattungsriten und der Mumifizierung spielt.

Assyrien: Region, die den Oberlauf des Tigris, den Norden Mesopotamiens umfaßt. Ab dem 3. Jahrtausend v. Chr. bildet sich hier das Volk der Assyrer durch Vermischung der einheimischen Bevölkerung mit semitischen Stämmen. Ab Mitte des 2. Jahrtausends v. Chr. von Bedeutung, erobern die Assyrer schließlich das gesamte östliche Mittelmeerbecken und errichten hier zwischen dem 9. und dem 7. Jahrhundert v. Chr. ihre grausame Herrschaft. Sie setzen im 7. Jahrhundert der Unabhängigkeit Ägyptens ein Ende.

Attika: Bezeichnung der griechischen Halbinsel, auf der Athen liegt.

Atum: Schöpfergott, zunächst mit dem Wasser (Urmeer) in Verbindung gebracht, später von dem Sonnengott Re beeinflußt.

Ba: Vogelgestaltige Seele des Toten, eine Verkörperung des unsterblichen Geistes.

Babylon: Mesopotamische Stadt am Mittellauf des Euphrat, die im 18. und 17. Jahrhundert v. Chr. die gesamte Region beherrscht.

Chons: Thebanischer Gott, der mit dem Mondkult in Zusammenhang steht und als Sohn Amuns gilt.

Der el-Bahri (Kloster des Nordens): Arabischer Name des Ortes, an dem die Pharaonin Hatschepsut ihren bemerkenswerten Totentempel in Terrassenbauweise errichten ließ.

Djoser: Pharao der 3. Dynastie, sein Baumeister und Wesir Imhotep errichtete für ihn die große Stufenpyramide von Sakkara.

Ebla: Stadt im Land Amurru, wo durch archäologische Grabungen weitläufige Ruinen freigelegt wurden.

Echet: Erste Jahreszeit des ägyptischen Jahres, die Überschwemmungszeit, entspricht unserem Sommer.

Echnaton: Von Amenophis IV. angenommener Name; er führt den Sonnenkult des Aton als eine Art Monotheismus ein, bricht mit der Amun-Priesterschaft und verläßt die Hauptstadt Theben.

Elamiter: Volk der iranischen Hochebene im 2. Jahrtausend v. Chr., das an der Zerstörung Babylons beteiligt war.

Erster Prophet: Titel des Hohenpriesters des Gottes Amun.

Etrusker: Volk Mittelitaliens (Toskana), das in der ersten Hälfte des letzten Jahrtausends v. Chr. den Höhepunkt seiner Zivilisation erreicht. Von den in Süditalien ansässigen Griechen bedrängt, setzen die Etrusker sich ihrerseits gegen das junge Rom durch, bevor sie sich seiner aufsteigenden Macht unterwerfen müssen und ihre Kultur verlorengeht. Diese Zivilisation ist vor allem durch ihre Grabkunst bekannt.

Gilgamesch: Mesopotamischer Herrscher und Sagenheld aus dem 3. Jahrtausend v. Chr., der im Mittelpunkt einer großen Sammlung von Erzählungen zur Weltentstehung steht.

Hammurabi: König von Babylon im 18. und 17. Jahrhundert v. Chr., Gründer eines großen Reiches und Erschaffer eines komplexen Gesetzeswerkes.

Hannibal: Karthagischer Feldherr im von Karthago beherrschten Südspanien. Gegen Ende des 3. Jahrhunderts v. Chr. überschreitet er mit seiner Armee und deren Elefanten die Alpen und schlägt die Römer in Italien.

Hathor: Große kosmische Göttin, mit Re in Verbindung gesetzt. Sie verkörpert die Liebe und die Fruchtbarkeit.

Haus des Lebens: Zu jedem Tempel gehörige Stätte theologischen Forschens, welche die Papyri erstellt. Die dort ihr Leben lang tätigen Priester begründen den Kult und bilden das Gedächtnis der ägyptischen Kultur.

Hethiter: Erstes Volk indogermanischer Herkunft, das sich in Kleinasien niederläßt (Anatolien). Es gründet ab Mitte des 2. Jahrtausends v. Chr. das Reich Hatti, dringt dann im 13. Jahrhundert bis nach Palästina vor, wo es Ramses II. in der Schlacht von Kadesch gegenübertritt. Das Hatti-Reich bricht wenig später unter dem Ansturm der Wandervölker des Mittelmeerraums (Seevölker) zusammen.

Horus: Großer Himmelsgott, Sohn des Osiris, dessen Tod er im Zweikampf mit Seth rächt. Er verkörpert die Macht des Pharaos.

Hurriter: Kriegervolk, das über das Mitanni-Reich am Oberlauf des Euphrat herrscht. Es setzte sich zusammen aus einer den indogermanischen Invasionen des 2. Jahrtausends v. Chr. entstammenden Aristokratie und lokalen Bevölkerungsgruppen. Die Hurriter sind als einzige Macht in der Lage, Thutmosis III. im Orient die Stirn zu bieten. Nach seinem Sieg paktieren sie im folgenden Jahrhundert mit den ägyptischen Herrschern, um der Bedrohung durch die Hethiter entgegenzutreten, der sie jedoch schließlich unterliegen.

Hyksos: Semitische Nomaden aus dem Orient, die durch die erste Welle der aus den Bergen nördlich des Orients kommenden indogermanischen Invasionen nach Ägypten gedrängt werden. Diese Nomaden fallen im 18. Jahrhundert v. Chr. in Ägypten ein, setzen dem Mittleren Reich ein Ende und gründen die 15. und 16. Dynastie, die über das Nildelta herrschen.

Hypostylon: Säulenhalle.

Indogermanen: Gruppe von Völkern, die eine Sprachfamilie, keine ethnische oder politische Gemeinschaft bilden. Diese Nomaden aus den Grenzgebieten Europas und Asiens schwärmen im 2. Jahrtausend v. Chr. in Richtung Indus, Orient und Europa aus, wo sie sich mit der örtlichen Bevölkerung vermischen.

Jalu: Die Gefilde von Jalu waren das Land der Toten, das symbolisch im Westen des Niltals angesiedelt wird.

Ka: Seele des Toten.

Kadesch: Stadt in Syrien, dem Land Amurru. Mehrere Male von Thutmosis III. belagert und besiegt, befindet sie sich stets im Zentrum der Revolten gegen das ägyptische Reich. Im Jahre 1294 v. Chr. findet unweit der Stadt eine Schlacht von ungewissem Ausgang zwischen dem Pharao Ramses II. und dem Hethiterkönig Muwatalli statt.

Kanaan: Bezeichnung eines Teils von Palästina. In dieser zwischen Ägypten und Phönizien gelegenen Küstenregion siedeln sich nach der Zeit Thutmosis' III. die Philister und dann die Hebräer an.

Karthager: Bewohner von Karthago, der von den phönizischen Kaufleuten des Libanons in der Nähe des heutigen Tunis gegründeten afrikanischen Stadt. Sie beherrscht den westlichen Mittelmeerraum im 1. Jahrtausend v. Chr., bis sie in den Punischen Kriegen Rom unterliegt.

Kassiten: Volk der iranischen Hochebene, Herren von Mesopotamien im 15. Jahrhundert v. Chr.

Keftiu: Ägyptische Bezeichnung für die Kreter.

Kusch: Bezeichnung eines Teils von Nubien, südliche Provinz Ägyptens, zwischen dem zweiten und dem vierten Nilkatarakt.

Maat: Göttin der Gerechtigkeit, deren Symbol die Feder ist.

Memphis: Die Stadt an der Grenze zwischen dem oberägyptischen Niltal und dem unterägyptischen Delta ist die erste Hauptstadt Ägyptens zur Zeit des Alten Reiches. Memphis bleibt durch die ganze pharaonische Geschichte hindurch eine Stadt von Bedeutung.

Migdol: Befestigtes und zinnenbewehrtes Tor der syrischen Festungen, das nach der Eroberung dieses Landes die ägyptische Baukunst inspiriert.

Min: Fruchtbarkeitsgott, zweifellos afrikanischen Ursprungs.

Mitanni: Reich der Hurriter im 2. Jahrtausend v. Chr., an der Grenze zwischen Anatolien und Mesopotamien gelegen. Es erreicht im 16. Jahrhundert v. Chr. den Höhepunkt seiner Macht und bietet Thutmosis III. zunächst die Stirn, bevor die ägyptische Vorherrschaft über den Orient und der zunehmende Druck der Hethiter seinen Niedergang einleiten. Das Mitanni-Reich bemüht sich unter der 18. Dynastie um ein Bündnis mit den Ägyptern, verheiratet seine Prinzessinnen mit Pharaonen, fällt aber schließlich den Angriffen erst der hethitischen Krieger und dann der Assyrer zum Opfer.

Monthu: In Theben verehrter Kriegsgott.

Mut: Geiergestaltige Muttergöttin.

Naharina: Nördliche Provinz Syriens, an der Grenze zum Mitanni-Reich.

Neun Bogen: Dieser Begriff bezeichnet für die Ägypter die Schöpfung, ein Universum, das sich in ihren Augen auf das Nilbecken, die Mittelmeerwelt und ihre Grenzbereiche beschränkt.

Nomus: Provinz und Verwaltungsbezirk des pharaonischen Ägyptens, von einem Gouverneur regiert.

Opet: Bezeichnet den Amun-Tempel von Theben.

Osiris: Gott der Zivilisation; von seinem Bruder Seth getötet. Er symbolisiert die Wiedererstehung des Lebens, vor allem dank seiner Gemahlin Isis, und herrscht über die Totenwelt.

Per-Ramesse: Stadt im Delta, die unter der Herrschaft Ramses' II. ägyptische Hauptstadt wird.

Perser: Ein Volk, das sich im 2. Jahrtausend v. Chr. auf der iranischen Hochebene ansiedelt, im folgenden Jahrtausend zur Großmacht aufsteigt und um das 6. Jahrhundert v. Chr. unter seinen allmächtigen Königen ein riesiges Imperium erobert, das sich über das gesamte östliche Mittelmeerbecken erstreckt.

Phönizien: Küstenregion des östlichen Mittelmeers, am Fuße der Berge des Libanon, von Seefahrern und Kaufleuten bevölkert. Hier entsteht im 3. Jahrtausend v. Chr. eine glanzvolle Zivilisation unabhängiger, wohlhabender Städte (Sidon, Byblos, Ugarit). Als Knotenpunkt des kosmopolitischen Handelsverkehrs unterhält Phönizien schon sehr früh Verbindungen mit Ägypten, doch erst Thutmosis III. integriert es dauerhaft in das nilotische Reich.

Projet: Saatzeit, entspricht unserem Winter.

Ptah: Wichtiger Gott des ägyptischen Pantheons, Schöpfergott der Weltentstehungslehre und Schutzgott der Künstler.

Ptolemäer: Ptolemaios, griechischer Feldherr in Diensten Alexanders des Großen, erhält Ägypten bei der Teilung des Reichs des verstorbenen Eroberers im

Jahre 304. Seine Nachkommen regieren Ägypten unter dem gleichen Namen und begründen so die Lagidendynastie, die bis 30 v. Chr. herrscht. Unter ihrer Herrschaft entsteht eine Zivilisation, in der sich pharaonische Traditionen und hellenistische Einflüsse vermischten. Kleopatra ist die letzte Königin dieser Dynastie; nach ihr wird Ägypten römische Provinz.

Ramses II.: Pharao der 19. Dynastie. Er regiert während der ersten beiden Drittel des 13. Jahrhunderts v. Chr. Während seines langen Lebens führt er zahlreiche Feldzüge, die das ägyptische Rcich unter großen Schwierigkeiten vor den Angriffen der Hethiter, denen er sich bei Kadesch entgegenstellt, bewahren sollen.

Re: Sonnen- und Schöpfergott, der über das ägyptische Pantheon herrscht.

Sakkara: Sehr alte, von vielen Pharaonen genutzte Nekropole am Rande der Wüste westlich von Memphis. Hier liegt die Stufenpyramide des Djoser.

Santorin: Insel der südlichen Kykladen, die der kretischen Zivilisation angehörte. Ihr Vulkan explodiert um die Mitte des 2. Jahrtausends v. Chr. und zerstört Teile der Insel. Die nachfolgende Flutwelle verheert die Küsten von Kreta. Diese Katastrophe ist vielleicht der Ursprung des Atlantis-Mythos.

Schomu: Erntezeit, sie entspricht unserem Frühling und geht der alljährlichen Nilschwelle voraus.

Sesostris: Name mehrerer Pharaonen der 12. Dynastie, die im 20. und 19. Jahrhundert v. Chr. regiert.

Sethos I.: Pharao der 19. Dynastie, Vater Ramses' II.

Skythen: Indogermanisches Nomadenvolk aus den an das Schwarze Meer grenzenden Steppen. Es behauptet sich im 1. Jahrtausend v. Chr. durch seine kriegerischen Fähigkeiten und ist uns durch seine Hügelgräber und seine Goldschmiedekunst bekannt.

Sumer: Erste große Zivilisation im südlichen Mesopotamien, im 4. Jahrtausend v. Chr. entstanden. Gründung hochentwickelter Stadtstaaten, Erfindung der Keilschrift.

Thot: Gott der Schrift, der Schreiber, des Wissens. Er wird als Ibis dargestellt; sein Name ist in dem Thutmosis' enthalten.

Totenbuch: Sammlung von Texten und Zauberformeln, die Gebete und Anweisungen enthält, welche die Verstorbenen während ihrer Reise ins Jenseits benötigen. Teile davon wurden den Toten auf Papyrusrollen ins Grab mitgegeben.

Tutanchamun: Pharao vom Ende der 18. Dynastie. Er gelangt sehr jung auf den Thron, regiert aber nur kurze Zeit. Unter seiner Regierung geht die Macht der Pharaonen dieser Dynastie in Intrigen und Usurpation unter.

Wesir: Bezeichnung der Ägyptologen für den obersten Diener des Pharaos, der für das obere bzw. untere Niltal zuständig war.

Band 64132

Arnold C. Brackman

Sie fanden den goldenen Gott

Das Grab des Tutanchamun und seine Entdeckung

Im November 1922 glückt Howard Carter die sensationellste archäologische Entdeckung des Jahrhunderts: Er findet das einzigartige, unbeschädigte Grab Tutanchamuns, dessen Grabbeigaben später in einer großangelegten Wanderausstellung die ganze Welt in Erstaunen versetzen werden. Eines der spannendsten Kapitel der Archäologiegeschichte wird geschrieben.
Der amerikanische Journalist und Auslandskorrespondent Arnold C. Brackman ist auf den Spuren des glücklichen Entdeckers gereist und stellt in diesem Buch die gesamte Vorgeschichte des Forschungsabenteuers dar: Probleme, Auseinandersetzungen und Intrigen, die Reaktion der Öffentlichkeit und die Bedeutung des Fundes für die Wissenschaft.

BASTEI LÜBBE